U0482254

战国王年问题研究

A Study on the King's Chronicle of the Warring States Period

熊贤品 著

中国社会科学出版社

图书在版编目（CIP）数据

战国王年问题研究／熊贤品著 . —北京：中国社会科学出版社，2017.9

（中国社会科学博士后文库）

ISBN 978-7-5203-1189-2

Ⅰ.①战⋯ Ⅱ.①熊⋯ Ⅲ.①中国历史—历史分期—研究—战国时代 Ⅳ.①K231.07

中国版本图书馆 CIP 数据核字（2017）第 249818 号

出 版 人	赵剑英
责任编辑	郭　鹏
责任校对	冯英爽
责任印制	王　超

出　　版	中国社会科学出版社
社　　址	北京鼓楼西大街甲 158 号
邮　　编	100720
网　　址	http://www.csspw.cn
发 行 部	010-84083685
门 市 部	010-84029450
经　　销	新华书店及其他书店
印刷装订	北京君升印刷有限公司
版　　次	2017 年 9 月第 1 版
印　　次	2017 年 9 月第 1 次印刷
开　　本	710×1000　1/16
印　　张	24.75
字　　数	397 千字
定　　价	89.00 元

凡购买中国社会科学出版社图书，如有质量问题请与本社营销中心联系调换
电话：010-84083683
版权所有　侵权必究

第五批《中国社会科学博士后文库》编委会及编辑部成员名单

（一）编委会

主　任：王京清
副主任：马　援　张冠梓　俞家栋　夏文峰
秘书长：张国春　邱春雷　刘连军
成　员（按姓氏笔画排序）：
　　　　卜宪群　方　勇　王　巍　王利明　王国刚　王建朗　邓纯东
　　　　史　丹　刘　伟　刘丹青　孙壮志　朱光磊　吴白乙　吴振武
　　　　张　翼　张车伟　张世贤　张宇燕　张伯里　张星星　张顺洪
　　　　李　平　李　林　李永全　李向阳　李国强　杨　光　杨　忠
　　　　陆建德　陈众议　陈泽宪　陈春声　卓新平　房　宁　罗卫东
　　　　郑秉文　赵天晓　赵剑英　高　洪　高培勇　曹卫东　曹宏举
　　　　黄　平　朝戈金　谢地坤　谢红星　谢寿光　谢维和　裴长洪
　　　　潘家华　冀祥德　魏后凯

（二）编辑部（按姓氏笔画排序）：

主　任：张国春（兼）
副主任：刘丹华　曲建君　李晓琳　陈　颖　薛万里
成　员：王　芳　王　琪　刘　杰　孙大伟　宋　娜　苑淑娅　姚冬梅
　　　　郝　丽　梅　枚　章　瑾

序　言

博士后制度在我国落地生根已逾 30 年，已经成为国家人才体系建设中的重要一环。30 多年来，博士后制度对推动我国人事人才体制机制改革、促进科技创新和经济社会发展发挥了重要的作用，也培养了一批国家急需的高层次创新型人才。

自 1986 年 1 月开始招收第一名博士后研究人员起，截至目前，国家已累计招收 14 万余名博士后研究人员，已经出站的博士后大多成为各领域的科研骨干和学术带头人。这其中，已有 50 余位博士后当选两院院士；众多博士后入选各类人才计划，其中，国家百千万人才工程年入选率达 34.36%，国家杰出青年科学基金入选率平均达 21.04%，教育部"长江学者"入选率平均达 10% 左右。

2015 年底，国务院办公厅出台《关于改革完善博士后制度的意见》，要求各地各部门各设站单位按照党中央、国务院决策部署，牢固树立并切实贯彻创新、协调、绿色、开放、共享的发展理念，深入实施创新驱动发展战略和人才优先发展战略，完善体制机制，健全服务体系，推动博士后事业科学发展。这为我国博士后事业的进一步发展指明了方向，也为哲学社会科学领域博士后工作提出了新的研究方向。

习近平总书记在 2016 年 5 月 17 日全国哲学社会科学工作座谈会上发表重要讲话指出：一个国家的发展水平，既取决于自然科学发展水平，也取决于哲学社会科学发展水平。一个没有发达的自然科学的国家不可能走在世界前列，一个没有繁荣的哲学社会科学的国家也不可能走在世界前列。坚持和发展中国特色社会主义，需要不断在实践和理论上进行探索、用发展着的理论指导发展着的实践。在这个过程中，哲学社会科学具有不可替代的重要地位，哲学社会科学工作者具有不可替代的重要作用。这是党和国家领导人对包括哲学社会科学博士后在内的所有哲学社会科学领域的研究者、工作者提出的殷切希望！

中国社会科学院是中央直属的国家哲学社会科学研究机构，在哲学社会科学博士后工作领域处于领军地位。为充分调动哲学社会科学博士后研究人员科研创新积极性，展示哲学社会科学领域博士后优秀成果，提高我国哲学社会科学发展整体水平，中国社会科学院和全国博士后管理委员会于2012年联合推出了《中国社会科学博士后文库》（以下简称《文库》），每年在全国范围内择优出版博士后研究成果。经过多年的发展，《文库》已经成为集中、系统、全面反映我国哲学社会科学博士后优秀成果的高端学术平台，学术影响力和社会影响力逐年提高。

下一步，做好哲学社会科学博士后工作，做好《文库》工作，要认真学习领会习近平总书记系列重要讲话精神，自觉肩负起新的时代使命，锐意创新、发奋进取。为此，需做到以下几点。

第一，始终坚持马克思主义的指导地位。哲学社会科学研究离不开正确的世界观、方法论的指导。习近平总书记深刻指出：坚持以马克思主义为指导，是当代中国哲学社会科学区别于其他哲学社会科学的根本标志，必须旗帜鲜明加以坚持。马克思主义揭示了事物的本质、内在联系及发展规律，是"伟大的认识工具"，是人们观察世界、分析问题的有力思想武器。马克思主义尽管诞生在一个半多世纪之前，但在当今时代，马克思主义与新的时代实践结合起来，越来越显示出更加强大的生命力。哲学社会科学博士后研究人员应该更加自觉坚持马克思主义在科研工作中的指导地位，继续推进马克思主义中国化、时代化、大众化，继续发展21世纪马克思主义、当代中国马克思主义。要继续把《文库》建设成为马克思主义中国化最新理论成果的宣传、展示、交流的平台，为中国特色社会主义建设提供强有力的理论支撑。

第二，逐步树立智库意识和品牌意识。哲学社会科学肩负着回答时代命题、规划未来道路的使命。当前中央对哲学社会科学愈发重视，尤其是提出要发挥哲学社会科学在治国理政、提高改革决策水平、推进国家治理体系和治理能力现代化中的作用。从2015年开始，中央已启动了国家高端智库的建设，这对哲学社会科学博士后工作提出了更高的针对性要求，也为哲学社会科学博士后研究提供了更为广阔的应用空间。《文库》依托中国社会科学院，面向全国哲学社会科学领域博士后科研流动站、工作站的博士后征集优秀成果，入选出版的著作也代表了哲学社会科学博士后最高的学术研究水平。因此，要善于把中国社会科学院服务党和国家决策的大智库功能与《文库》的小智库功能结合起来，进而以智库意识推动品牌意识建设，最终树立《文库》的智库意识和品牌意识。

第三，积极推动中国特色哲学社会科学学术体系和话语体系建设。改革开放30多年来，我国在经济建设、政治建设、文化建设、社会建设、生态文明建设和党的建设各个领域都取得了举世瞩目的成就，比历史上任何时期都更接近中华民族伟大复兴的目标。但正如习近平总书记所指出的那样：在解读中国实践、构建中国理论上，我们应该最有发言权，但实际上我国哲学社会科学在国际上的声音还比较小，还处于有理说不出、说了传不开的境地。这里问题的实质，就是中国特色、中国特质的哲学社会科学学术体系和话语体系的缺失和建设问题。具有中国特色、中国特质的学术体系和话语体系必然是由具有中国特色、中国特质的概念、范畴和学科等组成。这一切不是凭空想象得来的，而是在中国化的马克思主义指导下，在参考我们民族特质、历史智慧的基础上再创造出来的。在这一过程中，积极吸纳儒、释、道、墨、名、法、农、杂、兵等各家学说的精髓，无疑是保持中国特色、中国特质的重要保证。换言之，不能站在历史、文化虚无主义立场搞研究。要通过《文库》积极引导哲学社会科学博士后研究人员：一方面，要积极吸收古今中外各种学术资源，坚持古为今用、洋为中用。另一方面，要以中国自己的实践为研究定位，围绕中国自己的问题，坚持问题导向，努力探索具备中国特色、中国特质的概念、范畴与理论体系，在体现继承性和民族性，体现原创性和时代性，体现系统性和专业性方面，不断加强和深化中国特色学术体系和话语体系建设。

新形势下，我国哲学社会科学地位更加重要、任务更加繁重。衷心希望广大哲学社会科学博士后工作者和博士后们，以《文库》系列著作的出版为契机，以习近平总书记在全国哲学社会科学座谈会上的讲话为根本遵循，将自身的研究工作与时代的需求结合起来，将自身的研究工作与国家和人民的召唤结合起来，以深厚的学识修养赢得尊重，以高尚的人格魅力引领风气，在为祖国、为人民立功立德立言中，在实现中华民族伟大复兴中国梦征程中，成就自我、实现价值。

是为序。

中国社会科学院副院长
中国社会科学院博士后管理委员会主任
2016 年 12 月 1 日

序

在《战国王年问题研究》付梓之际，熊贤品博士嘱我为序。

《战国王年问题研究》是熊贤品的博士学位论文。熊贤品2011年在河南大学李玉洁、涂白奎教授指导下完成硕士学业之后，又到武汉大学历史学院罗运环教授门下攻读了博士学位。2015年8月，他来到中国社会科学院历史研究所，从事博士后的研究工作，和我建立了博士后合作关系。在短短一年时间里，他不但撰写了《巴灭国再探》等五六篇学术论文、从事着博士后基金面上资助项目"清华简《系年》与战国王年问题研究"、写出"博士后出站报告"的部分章节，而且还修改了他的博士学位论文《战国王年问题研究》，并被入选第五批《中国社会科学博士后文库》，即将由中国社会科学出版社出版印行。我真为他取得的这些成绩高兴。

战国王年问题是一项很有难度、很有意思的研究。从事战国王年研究，它涉及当时的称元法、历法、君主名号、国君是即位当年改元还是次年改元、君主在位纪年以外的纪年以及天文史料等一系列问题，要想把这些融会贯通而做出研究上的推进，是异常艰辛而繁杂的。在这一课题的系统研究中，给我印象比较深的是陈梦家《六国纪年》、杨宽《战国史料编年辑证》、平势隆郎《新编史记东周年表——中国古代纪年研究序章》和《中国古代纪年研究》，以及吉本道雅《〈史记〉战国纪年考》等。然而早在清代，据《竹书纪年》研究战国年代，对《史记·六国表》进行订误，研究《战国策》的年代序列等，即已盛行；到了睡虎地秦墓竹简《编年记》发现后，学术界关于战国年代的探讨有很多成果问世；再到近年，随着清华简《系年》等材料的公布，关于战国年代问题又涌现出许多论文。真可谓成果丰富且庞杂分散，但目前并没有系统对这些成果进行整理的专门论述，很不方便学者们的利用和进一步研究。正因为如此，熊贤品《战国王年问题研究》总的意旨是："试图总结近30年来学界在战国年代方面的成果，方便学界的相关探讨；并试着在前辈学者已有的基础上，结合新出材料，对这些已经较为公认的看法进行再检验，看看这些认识是否成立，并确认一些前辈学者较为合理的观点，避免在以后的研究工作中以不误为有误的现象。同时结合新出资料，也做出自己的思考，对相关问题进行一些探讨。"从这个意义上讲，我认为《战国王年问题研究》对于研究战国史的人来说，是非常有用的一部著作。

学问的推进每每与新资料的发现密不可分。如前所述，清华简《系年》自公布以来，已经出现了许多研究成果。这部《战国王年问题研究》，即是结合《系年》来探讨战国史的一部新作。

纵观20世纪的简帛学研究，学者们越来越注意到简帛材料中典籍与文书两大类之别，意识到要采用不同的方法来进行研究，其中一个重要认识就是：简帛的研究，不能仅仅限于据之以考史，更要对出土简帛材料自身，用考古学的方法，对其形态、编联、缀合等加以关注和研究。如果说20世纪初提出的"二重证据法"，重在强调将出土的文字材料与传世古籍相对应，关注出土材料中的有文字部分，从而更多的是赋予"考史"之含义。现在随着相关研究的深入，学者们早已认识到，对出土简帛材料等的运用，除了将之与传世文献对比而考史之外，也应当对出土文献本身的特点充分加以关注，运用相关的各种方法进行研究，学术界在这方面已经有很多成果，如出土的甲骨、简帛的形态学研究等，实际上也体现了"二重证据法"在当下的新发展。

但用出土材料来考史，仍然是简帛学研究中的一个重要领域，此前已有学者就楚简中的齐国、楚国史料等，撰写了专门据之以研究东周齐、楚等国别史的著作；清华简《系年》的内容极其丰富，吸引了学者的注意，如其所记载的两周之际的历史，具有重要的价值，极大地推进了这一段历史的研究；又如关于战国初年三晋诸国的记载，使得"三晋为侯"的历史进一步明确。而熊贤品则意识到清华简《系年》提供了重新探讨战国年代问题的契机，本书稿即反映了他在此方面的一些思考。首先，书中指出，有关战国初期的史料较为稀少，而近来公布的清华简《系年》中，则有一些战国初期年代的相关资料，可以和传世文献，及记载战国晚期历史的睡虎地秦简《编年记》等，构成一个初步衔接的战国早、中、晚的史料序列，由此可以在已有的基础上，就战国年代问题进行一些新的探讨。其次，在具体的研究中，作者在书中整理了近几十年来学界相关的研究成果，并一一列表，便于参考；又结合清华简《系年》，对其记载的楚、宋、晋、赵等国的年代进行了新的讨论；同时，在学术界已有成果的基础上，就秦灭卫国之年、《诅楚文》的年代等相关问题，进行了更进一步的探讨，相关的研究都表现出一定新意，推动了相关问题的探讨；在周王朝及秦、魏、越、齐、中山、燕等诸国年代的探讨上，也充分收集相关材料，并做出自己的判断。作者又将经校订后的《史记·六国年表》"史事—王年"对照表，附于书末，既是全书的总结，也便于研究和资料的检索、利用。综观全书，熊贤品博士初步建立了一个战国王年的框架；但也有一些可补充之处，如战国时期的曾国王年问题，又如战国时期国君是即位当年改元还是次年改元的问题，书中没有予以讨论，这也是应当加以注意的。

2001年，杨宽先生历经半世纪编纂的《战国史料编年辑证》一书出版，是战国年代及战国史研究上承前启后的一座丰碑。本书稿则是新世纪以来，继杨宽先生的著作之后，又一部探讨战国年代问题的专著。我们应当看到，战国年代及战国史的研究还涉及很多重要内容，希望熊贤品能在已有基础上继续关注和探讨，从而推动战国史的相关研究。

王震中
2016年9月8日写于北京密云栗林山庄

摘　要

战国时期文献记载较为缺乏，在历史年代方面存在一些不明晰之处，由于此时期的王年纪年是其中最为主要的纪年法，对此一问题进行研究，是探讨战国年代问题的关键所在，也有助于战国史研究的深入开展。

首先，本书就已经较为明确的秦、魏、越、东周王朝、齐、韩、中山、燕国等的王年问题，进行一些补论。

其中第一章主要探讨了秦国世系中，秦敬公是否为秦国国君中的一世，并在此基础上重新探讨了《诅楚文》的时代，并结合包山楚简探讨了巴国的灭亡时间。

第二章主要结合学界已有意见，探讨了魏国世系中，魏文侯、魏武侯等的年代问题，并对新出的《十九年相邦瘠戈》铭文的年代进行了讨论。

第三章主要结合铜器铭文中的越国王名与世系，探讨了越国的王年问题，并结合《越王差徐戈》探讨了越国迁都吴的年代。

第四章对周、齐、韩、中山、燕诸国的国君年代问题进行了讨论，其中东周王朝部分，主要探讨了周敬王、周元王的年代问题；齐国部分，主要在学界已有基础上，探讨了田悼子、田和、田侯郯、后齐桓公等的年代，并探讨了清华简《系年》中所见战国初期齐国的一些史事；韩国部分，主要对韩列侯、韩哀侯、韩懿侯、韩昭侯等的年代进行了探讨；中山国部分，则结合中山国铜器铭文资料，对其国君世系与年代进行了一些概述；燕国部分，主要探讨了燕成公年代及燕愍公、燕闵公、燕文公的关系和燕简公与燕釐公的关系等。

其次，结合清华简《系年》等出土文献，对一些诸侯国的王年问题进行探讨。其中第五章主要结合《系年》所见战国初期楚国的相关记载，对楚国王年问题进行了探讨；第六章主要讨论晋国王年问题，其中先讨论了清华简《系年》中所见东周时期晋国的世系，然后讨论了晋烈公以后晋国的国君世系问题；第七章主要结合《系年》，探讨了赵国初期赵简子至赵献侯四世的年代问题；第八章则结合《系年》所见宋君朝楚等相宋国史事有关记载，探讨了宋国国君的年代问题；第九章则以鲁穆公的年代为出发点，系统探讨了鲁国的国君年代；第十章则围绕卫出公的年代问题，对《史记》所记载的卫国国君世系，及其灭亡年代问题进行了探讨，由于第十章已被《中国史研究》录用，本书只存目。

附录部分则在上述讨论的基础上，对《史记·六国年表》中史事的王年系年进行校正，以方便对《六国年表》的使用。

关键词： 战国　王年　清华简　《系年》

Abstract

Warring States historical documents are very scant, the chronicle of this period is thus unclear. As consulting the king's chronicle is one of the most important dating method to study this issue, which is the key to solve the chronicle problem of the Warring States period, and it will contributes to further research of the history of this period.

Part one of the book is a supplementary study on the king's chronicle problems of some states that include Qin, Wei, Yue, Eastern Zhou dynasty, Qi, Han, Zhongshan, and Yan.

The first chapter mainly discusses whether king Jinggong is the first ruler in the king's list of the Qin State; and on this basis, it re-examines the year when that *Text of Cursing the Chu State* had been written; at the same time, it is combined with the Chu bamboo slips that were excavated from the Baoshan chu tombs, it also discusses the dating of the demise of the Ba state.

Combined with the existing academic views on the king's list of the Wei state, the second chapter mainly discusses the years of king Wenhou's reign and Wuhou reign. And it discusses the year of a newly excavated dagger-axe named *dagger-axe of the prime minister cast in the nineteenth year* (《十九年相邦疌戈》).

The third chapter incorporates the discussion of the names and lineage of the Kings of the Yue state in bronze inscriptions, it explores the year of the king's reign of Yue, and also discusses the dating of the capital relocation of Yue to that of the Wu state.

The fourth chapter discusses the year of the king's reign of other states including the Eastern Zhou dynasty, Qi, Han, Zhongshan and Yan. As for the Eastern Zhou dynasty, it mainly discusses the years of kings Jing's and Yuan's reign. As for the Qi state, it studies the year of king *Tiandaozi*, Tianhe, Tianhoutan, and the later Huangong's reign. At the same time, it explores some historical events of Qi in the early Warring States period, which were mentioned in the Tsinghua bamboo slips *Jinian*. Concerning the Han state, it mainly discusses the years of Aihou, Yihou, Zhaohou's reign. As for Zhongshan, combined with the bronzes inscriptions of the Zhognshan, it expounds the years and lineage of kings of Zhongshan. At last, it investigates the year of king Chenggong's reign of the Yan state and the relationship between MinGong（愍公）, Mingong（闵公）and Wengong, and the relationship between Jiangong and Ligong.

Part two of this book, is mainly based on the unearthed documents such as the Tsinghua bamboo slips *Jinian*, It explores the king's chronicle of some states. The fifth chapter discusses king's chronicle of the Chu state combined with the records of the early Warring States about Chu found in the Tsinghua Bamboo Slips *Jinian*. The sixth chapter studies the king's chronicle of the Jin state. It firstly discusses the lineage seen in *Jinian*, and then discusses the lineage after king Liegong. The seventh chapter discusses four king's chronicle from Jianzi to Xianhou of the Zhao state. The eighth chapter is combined with the related records in *Jinian*; it discusses the king's chronicle of the Song state. The ninth chapter systematically discusses the the king's chronicle of the Lu state based on the year of king Mugong. Focusing on the year of king Chugong's reign, the tenth chapter mainly discusses the lineage of the kings of the Wei state recorded in the *Shiji*, and also studies the dating of fall of the Wei state. Since the tenth chapter has been hired by Study of the history of Chinese, this book only save the directory.

On the basis of the above discussion, the appendix of the book

Abstract

revised the Chronology of the six states in Shiji, and makes it more convenient to use.

Keywords: warring states; king's chronicle; the bomboo Slips Collected in Tsinghua University; *Jinian*

目 录

凡 例	(1)
绪 论	(1)
一 研究缘起	(1)
二 研究对象	(3)
1. 战国年代范围	(4)
2. 诸"王"的身份与范围	(5)
三 已有成果述评	(6)
1. 战国年代及王年问题总体性研究的情况	(6)
2. 战国王年问题分国研究概述	(11)
四 研究的方法与基本思路	(26)
1. 研究方法	(26)
2. 本书写作思路	(27)
第一章 秦国王年问题	(29)
一 秦灵公年代问题	(30)
二 秦简公与秦敬公、秦惠公年代问题	(35)
三 关于改订秦出子至秦庄襄王年代的几个问题	(39)
四 关于秦王政二十六年未统一六国说的几个问题	(53)
五 从包山楚简看巴灭国时间及其相关问题	(55)
六 《诅楚文》年代再研究	(65)

第二章　魏国王年问题 (73)

一　魏献子至魏桓子年代 (74)

二　魏文侯年代问题 (77)

三　附论关于改订魏武侯、魏惠王、魏襄王年代的几个问题 (82)

　　1. 魏武侯年代问题 (82)

　　2. 魏惠王年代问题 (84)

　　3. 魏襄王年代及魏哀王、《竹书纪年》"今王"问题 (90)

四　魏昭王在位十九年的物证——论《十九年相邦瘠戈》的年代 (94)

第三章　越国王年问题 (101)

一　越王勾践(欲替、菼执)与鹿郢年代问题 (105)

二　越王不寿(丌旻居、丌北古、盲姑)、朱句、翳年代问题 (107)

三　越王差徐(者差其余、初无余之、无余之、莽安)年代问题 (109)

四　越王无颛(王之侯、王子搜、旨邵豕蕾、菼蠋卯)年代问题 (125)

五　越王无强年代问题 (129)

第四章　周、齐、韩、中山、燕诸国王年问题 (135)

一　周王年问题 (135)

　　1. 周敬王年代 (136)

　　2. 周元王年代研究 (138)

　　3. 关于改订周定王至周赧王年代的几个问题 (139)

二　齐国王年问题 (141)

　　1. 改订战国时期姜齐世系中齐宣公、齐康公年代的几个问题 (142)

　　2. 战国田齐世系中田悼子至齐王建诸王年代补论 (144)

三 韩国王年问题 ……………………………………………… (162)
　　1. 韩列侯年代问题 ……………………………………… (164)
　　2. 韩哀侯年代问题 ……………………………………… (167)
　　3. 韩懿侯年代问题 ……………………………………… (169)
　　4. 韩昭侯年代问题 ……………………………………… (173)

四 中山国王年问题 …………………………………………… (176)
　　1. 中山武公年代问题 …………………………………… (177)
　　2. 中山桓公年代问题 …………………………………… (179)
　　3. 中山成公年代问题 …………………………………… (182)
　　4. 中山王䚛 ……………………………………………… (182)
　　5. 中山王𧊒䇾 …………………………………………… (186)
　　6. 中山王尚 ……………………………………………… (187)

五 燕国王年问题 ……………………………………………… (193)
　　1. 燕成公年代问题 ……………………………………… (194)
　　2. 燕愍(闵、文)公年代问题 …………………………… (201)
　　3. 燕易王年代问题 ……………………………………… (205)
　　4. 燕王哙年代问题 ……………………………………… (208)
　　5. 燕昭王年代问题 ……………………………………… (210)
　　6. 小结 …………………………………………………… (220)

第五章　楚国王年问题 ………………………………………… (222)
一 楚简王与楚惠王年代 ……………………………………… (223)
二 楚声王与楚悼王年代 ……………………………………… (226)
三 楚肃王与楚宣王年代 ……………………………………… (231)
四 改订楚威王与楚怀王年代的几个问题 …………………… (234)
五 改订楚顷襄王以下诸王年代的几个问题 ………………… (235)

第六章　晋国王年问题 ………………………………………… (241)
一 清华简《系年》所见东周晋国世系及年代 ……………… (243)
　　1.《系年》所见晋献公至晋顷公年代 ………………… (244)

2.《系年》"晋简公"与《史记》"晋定公" ……………………（248）
   3.《系年》、《竹书纪年》"晋敬公"与传世文献
      "晋哀（懿）公" ……………………………………………（249）
   4.《系年》"晋幽公"与"晋烈公"年代 ……………………（253）
   5.《系年》晋世系未记载"晋出公" ………………………（255）
   6.《系年》所见晋国世系年代 ……………………………（260）
 二 晋国末世诸王年代 …………………………………………（261）
   1. 晋桓公是否为晋国国君中的一世及其年代 ……………（261）
   2. 晋孝公、晋静公是否为晋国国君 ………………………（263）

第七章 赵国王年问题 …………………………………………（265）
 一 赵简子至赵献侯四世年代 …………………………………（267）
 二 赵烈侯与赵武公、赵敬侯年代 ……………………………（277）
 三 改订赵成侯、赵肃侯、赵武灵王、赵王迁年代的
    几个问题 ……………………………………………………（279）
 四 小结 …………………………………………………………（282）

第八章 宋国王年问题 …………………………………………（283）
 一 宋悼公与宋昭公年代问题 …………………………………（284）
 二 宋休公年代问题 ……………………………………………（286）
 三 宋桓侯年代问题 ……………………………………………（287）
 四 宋剔成年代问题 ……………………………………………（289）
 五 宋王偃年代问题 ……………………………………………（293）
 六 小结 …………………………………………………………（296）

第九章 鲁国王年问题 …………………………………………（297）
 一 战国鲁末世四君的年代 ……………………………………（298）
 二 战国早期鲁哀公至鲁穆公四世国君年代 …………………（300）
 三 鲁共公与鲁康公年代 ………………………………………（304）
 四 小结 …………………………………………………………（306）

第十章　卫国王年问题 …………………………………（308）

结　语 ………………………………………………………（309）

附录——《史记·六国年表》史事对应王年校正 …………（311）

参考文献 ……………………………………………………（332）

索　引 ………………………………………………………（353）

后　记 ………………………………………………………（360）

Contents

Notes on the Use ··· (1)

Introduction ·· (1)

0.1　The reason for the study ································ (1)
0.2　The object of the study ································· (3)
0.2.1　The era of the Warring States Period ·············· (4)
0.2.2　The identity and scope of the kings ················ (5)
0.3　A review of the results ·································· (6)
0.3.1　The overall situation of the study on the Warring States
　　　Period and King's chronicle ··························· (6)
0.3.2 An overview of sub-national Studies on the King's chronicle ········ (11)
0.4　Research methods and basic ideas ···················· (26)
0.4.1　Research methods ···································· (26)
0.4.2　Thesis ideas and framework ························ (27)

Chapter 1　The King's Chronicle of Qin ······················ (29)

1.1　The period of QinLinggong ······························ (30)
1.2　The period of QinJiangong, QinJinggong, QinHuigong ······ (35)
1.3　The king's chronicle from QinChuzi to
　　 QinZhuangxiangwang ····································· (39)
1.4　Refuting the views of QinWangzheng without reunification
　　 of China ·· (53)
1.5　Discuss the demise of the country of Ba from
　　 Baoshanchujian ·· (55)

1.6　A Study of the Time of ZuChuwen ················ (65)

Chapter 2　The King's Chronicle of Wei ················ (73)

2.1　The king's chronicle from WeiXianzi to WeiHuanzi ············ (74)

2.2　The period of WeiWenhou ················ (77)

2.3　A study on the re-revised of the king's chronicle of WeiWuhou, WeiHuigwang, WeiXiangwang ················ (82)

2.3.1　The period of WeiWuhou ················ (82)

2.3.2　The period of WeiHuiwang ················ (84)

2.3.3　The period of WeiXiangwang, WeiAiwang, and "JinWang" of *ZhuShuJiNian* ················ (90)

2.4　The evidence of WeiZhaoWang's region of nineteen years
　　—A discuss of the time on *ShijiunianXiangBangMao* bronze dagger-axe ················ (94)

Chapter 3　The King's Chronicle of Yue ················ (101)

3.1　The period of GouJian and LuYing ················ (105)

3.2　The period of BuShou, ZhuGou, Yi ················ (107)

3.3　The period of ChaXu ················ (109)

3.4　The period of WuZhuan ················ (125)

3.5　The period of WuJiang ················ (129)

Chapter 4　The King's Chronicle of Zhou, Qi, Han, ZhongShan, Yan ················ (135)

4.1　The King's Chronicle of Zhou ················ (135)

4.1.1　The period of ZhouJingwang ················ (136)

4.1.2　The period of ZhouYuanwang ················ (138)

4.1.3　The king's chronicle from ZhouDingwang to ZhouNanwang ······ (139)

4.2　The King's Chronicle of Qi ················ (141)

4.2.1　The king's chronicle from QiXuangong to QiKanggong ············ (142)

4.2.2　The king's chronicle from TianDaozi to QiWangjian ············ (144)

4.3　The King's Chronicle of Han ················ (162)

4.3.1	The period of HanLiehou	(164)
4.3.2	The period of HanAihou	(167)
4.3.3	The period of HanYihou	(169)
4.3.4	The period of HanZhaohou	(173)
4.4	The King's Chronicle of ZhongShan	(176)
4.4.1	The period of ZhongShanWugong	(177)
4.4.2	The period of ZhongShanHuangong	(179)
4.4.3	The period of ZhongShanChenggong	(182)
4.4.4	The period of ZhongShanWangCuo	(182)
4.4.5	The period of ZhongShanWangXieci	(186)
4.4.6	The period of ZhongShanWangShang	(187)
4.5	The King's Chronicle of Yan	(193)
4.5.1	The period of YanChenggong	(194)
4.5.2	The period of YanMingong	(201)
4.5.3	The period of YanYiWwang	(205)
4.5.4	The period of YanwangKuai	(208)
4.5.5	The period of YanZhaoWwang	(210)
4.5.6	summary	(220)

Chapter 5 The King's Chronicle of Chu .... (222)

5.1	The period ofChuJianwang and ChuHuiwang	(223)
5.2	The period of ChuShengwang and ChuDaowang	(226)
5.3	The period of ChuSugwang and ChuXuanwang	(231)
5.4	The period ofChuWeiwang and ChuHuaiwang	(234)
5.5	A series of the King's chronicle from ChuQingxiangwang	(235)

Chapter 6 The King's Chronicle of Jin .... (241)

6.1	The King's Chronicle of Jin in *JiNian*	(243)
6.1.1	The period from JinXiangong to JinQinggong of *JiNian*	(244)
6.1.2	The period of JinJiangong of *JiNian*, and JinDinggong of Records of the Historians	(248)

6.1.3　The period of JinJinggong of *jiNian*, and JinAi(Yi)gong of ancient literature ·· (249)
6.1.4　The period of JinYougong and JinLiegong of *JiNian* ············ (253)
6.1.5　*JiNian* lacks records of JinChugong ································ (255)
6.1.6　The king's chronicle of Jin of *JiNian* ······························· (260)
6.2　The king's chronicle of Jin of The last few kings ·················· (261)
6.2.1　Whether JinHuangong is a generation of monarchs, and the period ··· (261)
6.2.2　Whether JinXiaogong, JinJinggong are monarchs ················ (263)

Chapter 7　The King's Chronicle of Zhao ································ (265)

7.1　The King's Chronicle from ZhaoJianzi to ZhaoXianhou ······ (267)
7.2　ZhaoLiehou, ZhaoWugong, ZhaoJinghou ···························· (277)
7.3　A study on the re-revised of the king's chronicle of ZhaoChenghou, ZhaoSuhou, ZhaoWulingwang, ZhaoWangQian ··· (279)
7.4　summary ·· (282)

Chapter 8　The King's Chronicle of Song ································· (283)

8.1　The period of SongDaogong and SongZhaogong ··············· (284)
8.2　The period of SongXiugong ·· (286)
8.3　The period of SongHuanhou ·· (287)
8.4　The period of SongTicheng ··· (289)
8.5　The period of SongWangYan ·· (293)
8.6　summary ·· (296)

Chapter 9　The King's Chronicle of Lu ···································· (297)

9.1　The King's Chronicle of the last four kings of Lu ············· (298)
9.2　The King's Chronicle from LuAigong to LuMugong ·········· (300)
9.3　The period of LuGonggong and LuKanggong ···················· (304)
9.4　summary ·· (306)

Contents

Chapter 10　The King's Chronicle of Wei ································ (308)

Summary ·· (309)

Appendix The Collation of *Six Countries Chronological* Of Records
　　of the Grand Historian ·· (311)

References ··· (332)

Index ·· (353)

Postscript ··· (360)

凡 例

一，《竹书纪年》有古、今本之别，凡文中未特别标明者，均为古本；引用今本时则标明为"今本《竹书纪年》"。

二，为保证版面、格式的统一，文中所引图片、拓片皆在原始基础上进行了一定调整。

三，文献中的通假字、异体字随文附于"（）"之内，解释性的文字，也随文附于（）之内，缺字以"□"表示，拟补字标于随文"［］"之中。

四，为行文方便，文中凡引用学者的相关意见，一般皆省称先生。

五，本书对一些常用的铜器著录书籍简称如下：

《集成（修）》——中国社会科学院考古研究所编：《殷周金文集成》（修订本），中华书局2007年版

《近出》——刘雨、卢岩：《近出殷周金文集录》，中华书局2002年版

《近出（二编）》——刘雨、严志斌：《近出殷周金文集录（二编）》，中华书局2010年版

《铭图》——吴镇烽：《商周青铜器铭文暨图像集成》，上海古籍出版社2012年版

《新收》——钟柏生、陈昭容、黄铭崇、袁国华编：《新收殷周青铜器铭文暨器影汇编》，艺文印书馆2006年版

六，为行文方便，本书有单独引用《史记索隐》的时候，用《索隐》表示；凡与《史记》书名及正文内容连引时，则不加书名号。

七，本书对一些出土文献与古文字类网站简称如下：

简帛网——武汉大学简帛网。

复旦古文字网——复旦大学出土文献与古文字研究中心网站。

绪　论

一　研究缘起

年代是历史的基本属性之一，年代学则是历史研究的基础。战国社会相较于春秋时期，不仅已经发生了重要变化，同时也应当看到此时期是统一化进程加快的一个阶段。春秋时期先后曾出现众多国家，经过《春秋》所记载的各国间"弑君三十六，亡国五十二"等兼并活动①，至战国时期，大多数国家已经灭亡，目前关于这些在春秋时期存在，而战国时期亡国的国家，其中一些的灭亡过程还不清楚。不过由于有《左传》等文献，《史记·十二诸侯年表》中的相关记载也比较可靠，故春秋时期主要的诸侯国国君世系及其年代问题都还比较清楚。

但战国时期的情况则有所不同，此时期的史料较为残缺，如《孟子·万章下》记载此时"诸侯恶其害己也，而皆去其籍"，《史记·太史公自序》亦云"自获麟以来，四百有余岁，而诸侯相兼，史记放绝"，《史记·秦始皇本纪》又记载"史官非《秦记》皆烧之"。《史记》尤其是其中的秦国纪年材料是关于战国年代最主要的资料，但是《秦纪》"不载日月，其文略不具"，同时其关于东方诸国国君世系的记载也存在较大的问题。由于系统记载此时期的历史资料较少：诸子书中偏重思想文化，关于

---

① 关于《春秋》"弑君三十六，亡国五十二"的理解，姚曼波认为是指"弑君"之事有三十六起，"亡国"之事有五十二次，牛鸿恩则认为是灭亡的国家为五十二个。参阅牛鸿恩《"弑君三十六，亡国五十二"考实——兼驳"孔子所作〈春秋〉非'经'而是'传'说"》，《聊城大学学报》（社会科学版）2003年第5期；姚曼波《孔子作〈左传〉"蓝本"的史实否定不了——再驳牛鸿恩之"驳议"》，《聊城大学学报》（社会科学版）2004年第3期。

战国历史的记载不多；《战国策》不是严谨的历史著作，其中有很多是拟托的故事；而《史记·六国年表》中也存在较多问题，因此在战国国君年代的问题上，存在较多尚待讨论之处。

顾炎武曾指出战国史料之缺乏，"自《左传》之终至此（周贞定王元年至周显王三十五年），凡一百三十三年，史文阙佚，考古者为之迷茫。"[①]战国王年问题的探讨，与战国史料的新发现有密切关系。晋代曾出土《竹书纪年》，其时学者杜预等即据其来纠正《史记》中魏惠王年代的错误，此后的《史记》三家注中也多引用《竹书纪年》来修正《史记》中的战国纪年。不过由于《竹书纪年》的逐渐散佚，此后学界依据《纪年》来探讨战国年代的研究并不多见；直到明代今本《竹书纪年》出现，清代开始辑录古本《竹书纪年》，相关的研究才开始逐渐兴起，并出现了许多重要成果，当代学者钱穆《先秦诸子系年》、杨宽《战国史》及《战国史料编年辑证》，是据《竹书纪年》研究战国年代的重要著作。

但《竹书纪年》也有不足，即其所记载年代止于公元前3世纪早期，而此后则阙如。20世纪70年代出土的马王堆帛书《战国纵横家书》，提供了战国中期的重要史料，纠正了《史记》中关于苏秦年代等的错误；而同时期发现的睡虎地秦简《编年记》[②]，其年代始于秦昭王元年，与《竹书纪年》的记载可以相衔接；帛书《战国纵横家书》《编年记》的发现，在战国史料的年代梯次上，增添了重要的一环，并推动了战国中晚期年代问题的研究。

新近公布的清华简《系年》，也填补了战国初期史料方面的不足，《系年》记载了战国初年楚、宋、赵、晋、齐等国的相关事件，可以为战国年代问题研究提供一些新的思考。它和马王堆帛书《战国纵横家书》、睡虎地秦简《编年记》一前一后，与《史记》相衔接，初步构成了战国史料的连贯体系。

此时期周王及诸侯国君的年代，是战国年代问题的主干，对国君年代问题的研究，可以建立起年代学的框架，无疑是其中的关键。而自从睡虎地秦墓竹简《编年记》被发现之后，学界关于战国年代的探讨成果也有

---

① （清）顾炎武著，黄汝成集释，栾保群、吕宗力校点：《日知录集释》，上海古籍出版社2006年版，第749页。
② 也有学者将其称为"叶书"，见陈伟主编，彭浩、刘乐贤等撰著《秦简牍合集》（释文修订本·一），武汉大学出版社2016年版，第9页。

很多，但是目前还没有系统对这些成果进行整理的专门论述，尚不方便学界的探讨。因此本书试图总结近30年来学界在战国年代方面的成果，方便学界的相关探讨；并试着在前辈学者已有的基础上，结合新出材料，对这些已经较为公认的看法进行再检验，看看这些认识是否成立，并确认一些前辈学者较为合理的观点，避免在以后的研究工作中以不误为有误的现象。同时结合新出资料，也做出自己的思考，对相关问题进行一些探讨。

总之，明确的年代学序列是历史研究的基本前提之一，前辈学者对于战国年代问题的研究已经有了很多重要成果，陈连庆指出：

> 关于战国史的研究，实至清代而始盛。清人研治《竹书纪年》者不下十余家，就中雷学淇、林春溥、郝懿行、洪颐煊比较突出，惜未能分别今本和古本，有得有失。至朱右曾始完全以古本为主，勒成专著。王国维继之，著有《古本纪年辑校》《今本纪年疏证》等书，对前期研究作了初步总结。后来又有陈梦家、钱穆等人继续推阐，大体已解决了十之六七。解放后，侯马盟书、鄂君启节、中山鼎的出土和马王堆《战国纵横家书》、睡虎地《大事记》的出现，为战国史的研究，创造了有利条件。①

在清华简《系年》公布之后，将近30年来关于战国年代及王年研究的成果进行整理，既是学术史的需要，同时也有利于《系年》研究的进展。

二　研究对象

关于本书的研究对象，主要需要确立的是"战国"的年代范围，及其

---

① 陈连庆：《〈通鉴〉的战国史学》，载刘乃和、宋衍申主编《〈资治通鉴〉丛论》，河南人民出版社1985年版，第112—129页；亦收入《中国古代史研究——陈连庆教授学术论文集》，吉林文史出版社1991年版，第1098—1114页。

所讨论的诸"王"的身份与范围，分述如下。

1. 战国年代范围

战国末年为公元前221年，这是共识。而关于春秋与战国年代的划分问题，学界就此曾经有过许多讨论①，主要意见如下：

①公元前481年（鲁哀公十四年）。《史记·六国年表·序》："田常杀简公而相齐国，诸侯晏然弗讨，海内争于战功矣"。《史记》记载周敬王三十九年（公元前481年），齐国大夫田常杀死国君齐简公，取得齐国大权，吕祖谦《大事记》记载战国始于此年，接续《春秋》之后，杨宽《战国史》也采用此说。②

②周谷城《中国通史》认为是公元前480年。③

③翦伯赞《中国史纲要》等认为是公元前476年。④

④周元王元年，即公元前475年。《史记·六国年表·序》："余于是因《秦记》、踵《春秋》之后，起周元王，表六国时事，讫二世。"郭沫若等也认为是公元前475年。⑤

⑤公元前468年。清代学者黄式三《周季编略》记载战国始于周贞定王元年（公元前468年），接续《左传》之后，此外杨宽《战国史料编年辑证》一书所记载的战国事件也始于此年。⑥

⑥公元前453年。也有学者认为公元前453年智伯被灭，由此七国争雄局面已经形成，应该以此作为战国的开始。顾颉刚、金景芳、李孟存、

---

① 相关讨论可参阅杨宽《战国史》，上海人民出版社1980年版，第4页；白寿彝总主编，徐喜辰、斯维至、杨钊主编《中国通史》（第3卷—上古时代—上，第2版），上海人民出版社2013年版，第182—184页；朱凤瀚、徐勇《先秦史研究概要》，天津教育出版社1996年版，第137—139页。
② 杨宽：《战国史》（增订本），上海人民出版社2003年版，第1、696页。
③ 周谷城：《中国通史》，上海书店出版社1991年版，第194页。
④ 翦伯赞主编：《中国史纲要》（增订本），北京大学出版社2006年版，第45页。
⑤ 郭沫若：《奴隶制时代》，《郭沫若全集》（第3卷），人民出版社1984年版，第4页。
⑥ （清）黄式三撰，程继红点校：《周季编略》，凤凰出版社2008年版，第1页；杨宽：《战国史料编年辑证》，上海人民出版社2001年版，第1165页。

解恒谦、刘绪等持这种观点。①

⑦周威烈王二十三年（公元前403年）。北宋司马光《资治通鉴》认为"三家分晋"之后，群雄竞逐，从而定战国始于公元前403年，范文澜等也持有这种观点。②

关于战国始年的标准，此问题较为复杂，本书不拟多加讨论，书中采用公元前453年之说；但为行文方便，则采用从年代上与《春秋》相连接的做法，即本书的资料适当延伸至公元前468年。③

2. 诸"王"的身份与范围

接着，还要确定所讨论诸国"王"的范围。战国时期列国，除东周王朝之外，其余各诸侯国一般从"徐州相王"的时候，才得以称王，因此从严格意义上说，除周王、楚王外，各诸侯国国君在大多数时期不是王，因此也不能被称为"王"；不过本书为行文方便，暂且将战国时期周王与列国诸国君统称为"王"。

还要确定所讨论的诸"王"的范围，在战国时期，先后存在的国家有战国七雄与东周王朝、鲁、宋、郑、卫、越、晋、中山、莒、薛、杞、许、罗、蔡、巴、郯、滕、小邾、大荔等国。④ 其中郑国在战国初期被韩国灭亡，其世系较为明确，而莒、薛、杞、许、罗、蔡、巴、郯、滕、小邾、大荔等的世系，在文献中还不完整；文献中所记载的世系相对较为完整的是战国七雄与东周王朝、鲁、宋、卫、越、晋、中山诸国，共计14国，故本书所讨论的诸"王"范围即是此14国的王与国君。

---

① 顾颉刚：《春秋战国界限》，《顾颉刚读书笔记》（第8卷），中华书局2011年版，第381页；金景芳：《中国奴隶社会史》，上海人民出版社1983年版，第339页；解恒谦：《春秋战国分野年代述论》，《辽宁大学学报》1984年第1期；李孟存：《略论春秋与战国的年代界限》，《山西师范大学学报》1987年第1期；刘绪：《晋与晋文化的年代问题》，《文物季刊》1993年第4期，收入《夏商周考古探研》，科学出版社2014年版，第248—254页。

② （宋）司马光编著，（元）胡三省音注：《资治通鉴》，中华书局2013年版，第1页；范文澜：《中国通史简编》，商务印书馆2010年版，第69页；余志勇、宋冰：《战国起始年代辨析》，《宁夏社会科学》1999年第3期。

③ 《左传》记事的终止年限有公元前468年（鲁哀公27年）、公元前453年（鲁悼公4年）两种观点，一般赞同前一说，参阅宁登国《〈左传〉记事终止时间辨正》，《古籍整理研究学刊》2006年第1期。

④ 顾颉刚：《战国时国数》，《顾颉刚读书笔记》（第5卷），中华书局2011年版，第106页。

为行文方便，初步将上述 14 国划分如下：①秦国；②魏国；③越国；④周、齐、韩、中山、燕国；⑤楚国；⑥晋国；⑦赵国；⑧宋国；⑨鲁国；⑩卫国。

三 已有成果述评

学界对战国年代及其王年问题的研究，已经有许多重要成果，但是目前对相关成果进行综述与整理的论著还不多。本书从如下几个方面来介绍已有成果。

1. 战国年代及王年问题总体性研究的情况

从学界关于战国年代及王年研究的途径来看，主要从如下几个方向开展。

①研究《战国策》的年代序列。代表性的成果，如（清）于鬯《战国策年表》，当代学者郭人民《战国策校注系年》，缪文远《战国策考辨》《战国史系年辑证》等，取得了重要成果。

②研究《六国年表》。重要的成果如清代学者汪越《读〈史记〉十表》、王元启《史记月表正伪》、劳格《读书杂识》卷一对《史记·六国年表》的探讨。此外，清代学者邹汉勋曾著有《六国年表》，"起自敬王四十三年甲子，讫始皇灭齐之岁，凡二百五十七年，作《新六国表》以正焉"①，惜不传于世。民国时期杜呈祥撰有《史记六国表订误》，日本学者武内义雄撰，王钟麟译《六国表订误及其商榷》，都对《六国年表》进行了讨论②。近代学者岑仲勉《史记六国表和对近人考订之商榷》一文对《史记·六国年表》中有关周敬王至考王的年代、三晋年表、齐国世系等

---

① （清）邹汉勋：《新六国表叙》，《邹叔子遗书七种》，岳麓书社 2012 年版，第 552 页。
② 杜呈祥：《史记六国表订误》，天津《益世报》"读书周刊" 12 期，1935 年 8 月 22 日；[日] 武内义雄著：《六国表订误及其商榷》，王古鲁译，《金陵学报》第 1 卷第 2 期，1931 年，第 423—471 页；又 [日] 武内义雄著：《六国表订误及其商榷》（外二种），王钟麟译，山西人民出版社 2015 年版。

问题进行考察，认为可确知的六国表一般错误，是在考王末以前周王的年数和威王元以后三晋的年数，比实际错误的提前了一年，出现错误的原因，都是由于十二诸侯表误减敬王在位的那一年所导致，所以考王本应14年却误增为15年①。我国台湾学者李伟泰、潘光晟也对《六国年表》进行了探讨。②刘俊男的《〈史记·六国年表〉与史料编纂》则是这方面的专著，书中详细罗列了《六国年表》与《史记》相关文本记载的差异，极具参考价值。

③研究《竹书纪年》。结合《竹书纪年》来研究战国年代，是学者探讨战国年代问题的另一种路径，如《晋书·司马彪传》记载："初，谯周……作《古史考》二十五篇，以纠迁之谬误；彪复以周为未尽善也，条《古史考》中凡百二十二事为不当，多据《汲冢纪年》，亦行于世。"可见晋司马彪依据《纪年》对先秦年代问题进行了研究，并对谯周的《古史考》进行了驳正。杜预在《春秋经传集解后序》中则依《竹书纪年》纠正了《史记》梁惠王的年代问题，指出：

> 古书《纪年》篇惠王三十六年改元从一年始，至十六年而称惠成王卒，即惠王也。疑《史记》误分惠成之世以为后王年也。③

但由于此后《竹书纪年》的散佚，学者依其探讨战国年代问题的著作较为少见。至明清时期，随着古书辑佚的兴起，《竹书纪年》的研究又重新兴起，虽然有崔述等学者否定《竹书纪年》的价值④，而更多的学者则研讨《竹书纪年》，并据以探讨战国年代的问题，出现了洪颐煊《校正竹书纪年》、梁玉绳《史记志疑》、黄式三《周季编略》、林春溥《竹书

---

① 岑仲勉：《史记六国表和对近人考订之商榷》，《中山大学学报》（社会科学版）1956年第3期，收入《两周文史论丛》，中华书局2004年版，第67—104页。
② 潘光晟：《史记十二诸侯年表、六国表考异》（上），《中华学苑》第39期，1989年；《史记十二诸侯年表、六国表考异》（下），《中华学苑》第40期，1990年；李伟泰：《试析〈三代世表〉及〈六国年表〉的疑义》，徐卫民等主编《司马迁与史记论集》（第5辑），陕西人民出版社2002年版，第261—282页。
③ 参见方诗铭、王修龄《古本竹书纪年辑证》，《方诗铭文集》（第1卷），上海社会科学院出版社2010年版，第402页。
④ （清）崔述撰，顾颉刚编订：《〈竹书纪年〉辨伪》，《崔东壁遗书》，上海古籍出版社2013年版，第460页。

纪年补正》和《战国纪年》、陈逢衡《竹书纪年集证》、徐文靖《竹书纪年统笺》、孙之騄《考定竹书》、雷学淇《考订竹书纪年》和《竹书纪年义证》、朱右曾《汲冢纪年存真》等重要著作（上述著作都已经收入《〈竹书纪年〉研究文献辑刊》）。近代以来，王国维《古本竹书纪年辑校》，钱穆《先秦诸子系年》，陈梦家《六国纪年》，范祥雍《古本竹书纪年辑校订补》，朱希祖《汲冢书考》，方诗铭、王修龄《古本竹书纪年辑证》等，均延续这种研究方向，是战国年代及王年问题研究方面的重要著作。

④结合睡虎地秦简《编年记》、马王堆帛书《战国纵横家书》，及纪年铜器铭文，将考古与文献材料相结合，从而研究战国年代与王年。《战国纵横家书》出土后，学者们多据此来纠正《史记》关于苏秦年代的错误；云梦秦简《编年记》出土后，依据其来探讨战国史的成果也较多，马雍、黄盛璋、高敏、马非百、韩连琪等均有重要论著。① 杨宽《战国史》（增订本）及《战国史料编年辑证》，是采用这一研究方法来研究战国年代及王年问题的代表性著作。

⑤随着清华简的公布，关于战国年代问题的研究又得以深入进行。学者们开始依据《楚居》来探讨楚国都城迁徙的年代问题。如关于楚迁徙"鄩郢"的年代，李学勤定为楚悼王四年（公元前398年）②；也有学者依据《系年》来研究战国年代问题，如李学勤、李锐、吉本道雅等结合清华

---

① 马雍：《读云梦秦简〈编年记〉书后》，《西域史地文物丛考》，文物出版社1990年版，第234—249页；黄盛璋：《〈云梦秦简〉编年记初步研究》，《考古学报》1977年第1期；韩连琪：《睡虎地秦简〈编年记〉考证》，《中华文史论丛》1981年第1期，收入《先秦两汉史论丛》，齐鲁书社1986年版，第322—357页；陈奇猷：《睡虎地秦简〈编年记〉考证读后——兼与韩连琪同志商榷》，《晚翠园论学杂著》，上海古籍出版社2008年版，第293—295页；马非百：《云梦秦简中所见的历史新证举例》，《郑州大学学报》1978年第2期；《云梦秦简大事记集传》，《中国历史文献研究集刊》（第2集），湖南人民出版社1981年版，第66—92页；[日]堀毅著：《睡虎地秦简〈编年记〉考》，萧红燕等译，《秦汉法制史论考》，法律出版社1988年版，第125—145页；韩仲民：《云梦秦简〈大事记〉简述》，《砥砺集》，国际文化出版公司1997年版，第329—337页；刘向明：《试释睡虎地秦简〈编年记〉所载"喜□安陆□史"》，《江西社会科学》2004年第3期；苏安国：《睡虎地秦简〈编年记〉对于〈史记〉文本考证的意义》，北京大学中国古文献研究中心编《北京大学中国古文献研究中心集刊》（第10辑），北京大学出版社2011年版，第258—271页。

② 黄锡全：《楚都"鄩郢"新探》，《江汉考古》2009年第2期；李学勤：《清华简〈楚居〉与楚徙鄩郢》，《江汉考古》2011年第2期。

简《系年》对战国年代问题进行了综合性的探讨。①

还有一些关于战国年代研究的综合性论著,也值得注意,如近代学者黄少荃所撰《战国史异辞》《五国伐秦考》《鲁年代试考》《韩襄王诸子争位考释》《乐乘乐间入赵考》,颇值得参考②。此外,刘坦《史记纪年

---

① 依据《系年》来探讨战国年代问题,分述如下:
(1) 关于战国楚年代问题,可参考李锐《由清华简〈系年〉谈战国初楚史年代的问题》,《史学史研究》2013年第2期;白光琦《由清华简〈系年〉订正战国楚年》,"简帛网",2012年3月26日,http://www.bsm.org.cn/show_article.php?id=1659,收入《先秦年代续探》,首都师范大学出版社2016年版,第111—114页;陶金《由清华简〈系年〉谈洹子孟姜壶相关问题》,"复旦古文字网",2012年2月14日,http://www.gwz.fudan.edu.cn/SrcShow.asp?Src_ID=1785;熊贤品《论清华简〈系年〉与战国楚、宋年代问题》,中国社会科学院简帛研究中心主编《简帛研究》(2013),广西师范大学出版社2014年版,第9—21页。
(2) 关于战国赵年代问题,可参考王政冬《由清华简〈系年〉订正赵国世系》,"复旦古文字网",2014年4月3日,http://www.gwz.fudan.edu.cn/SrcShow.asp?Src_ID=2246;王政冬《赵桓子年代考》,《中国史研究》2014年第4期;冯小红《由清华简〈系年〉所见赵襄子至赵献侯世系新说》,《邯郸学院学报》2014年第4期。
(3) 关于战国越年代问题,可参考陈民镇《清华简〈系年〉所见越国史新史料》,"复旦古文字网",2012年3月18日,http://www.gwz.fudan.edu.cn/SrcShow.asp?Src_ID=1804。
(4) 关于三晋年代问题,可参考王红亮《清华简〈系年〉中的厩羌钟相关史实发覆》,《古代文明》2013年第7期;董珊《清华简〈系年〉与厩羌钟铭文对读》,《简帛文献考释论丛》,上海古籍出版社2014年版,第96—101页;马卫东《清华简〈系年〉三晋伐齐考》,《晋阳学刊》2014年第1期。
(5) 关于齐国年代问题,可参考马卫东《清华简〈系年〉项子牛之祸考》,《华夏文化论坛》2013年第1期。
此外,综合性的考察,可以参考李学勤《清华简九篇综述》,《初识清华简》,中西书局2013年版,第48—60页;李学勤《清华简〈系年〉及有关古史问题》,同上,第89—98页;[日]吉本道雅《清华简〈系年〉考》,《京都大学文学部研究纪要》第52期,2013年,第1—94页;魏慈德《〈清华简·系年〉与〈左传〉中的楚史异同》,(台湾)《东华汉学》(第17期),第1—48页,又《新出楚简中的楚国语料与史料》,(台北) 五南图书出版股份有限公司2014年版,第276—299页。

② 黄稚荃曾辑有黄少荃论著目如下,参考黄稚荃《杜邻存稿》,四川人民出版社1990年版,第255—256页。
(1)《战国策异辞》(原注:中央大学《文哲年刊》,按:应该即《战国史异辞》,刊《国立中央大学文史哲季刊》第2卷第2期,1945年,第219—242页);
(2)《韩宣王诸子考释》(原注:天津《益世报》"史苑"副刊第35期,按:应该即《韩襄王诸子争位考释》,刊天津《益世报》"史与地"副刊1947年7月1日);
(3)《齐愍王时六国攻齐考》(天津《民国日报》"史与地"副刊,1947年6月9日);
(4)《孟尝君攻秦辨》(天津《民国日报》"史与地"副刊,1947年6月2日);
(5)《楚围雍氏辨》(天津《民国日报》"史与地"副刊,1947年5月26日);

考》①、鲁实先《〈史记会注考证〉驳议》、白光琦《先秦年代探略》及《先秦年代续探》，晁福林近著《春秋战国的社会变迁》、陈家宁《〈史记〉商周史事新证图补（一）》也对战国年代及王年的一些具体问题进行了考证。

一些学者对战国学术进行编年研究，如裴登峰《战国七十年文学编年》（西北师范大学 2000 年博士学位论文），梁涛、刘宝才《中国学术思想编年（先秦卷）》，赵逵夫主编《中国文学编年史·周秦卷》，叶志衡《战国学术文化编年》，赵逵夫、贾海生《先秦文学编年史》等，这些著作也涉及战国年代及王年问题，可以参考。

在海外相关研究方面，日本学者平势隆郎《新编史记东周年表》是值得重视的一部著作。②对《新编史记东周年表》的评论，学界有不同意见，日本学者尾形勇、原宗子对其持支持意见，而吉本道雅、野间文史等则提出了较多的批评意见。国内学界似乎对平势隆郎《新编年表》的关注不多，周振鹤曾著文对其进行介绍并指出了其所取得的重要成果③，李晓杰

---

(6)《秦灭巴蜀考》（《狂飙》第 1 卷第 1 期）；

(7)《战国策考辨》（原稿不知在何处，保留 26 条在缪文远《战国策考辨》中）；

(8)《战国史纪事本末》。

由于搜集民国时期的报刊资料不易，黄少荃的一些论文，如上述（3）—（6），可以查询到其篇目信息，但是难以获得原文。此外，黄少荃的论著，笔者经过查询并获得全文的，尚有如下：

(1)《鲁年代试考》，中央大学历史系编《史学述林》创刊号，1940 年，第 46—48 页；

(2)《乐乘乐闲入赵考》，《五华》1947 年第 6 期，第 92 页；

(3)《鲁哀公被弑考》，天津《民国日报》"史与地"副刊 1947 年 9 月 22 日，又载《狂飙》月刊 1948 年第 2 卷第 3—4 期，第 83、89—91 页；

(4)《五国伐秦考》，刘复生主编《川大史学——中国古代史卷》，四川大学出版社 2006 年版，第 108—122 页。

① 刘坦：《〈史记〉纪年考》，商务印书馆 1937 年版，收入张舜徽主编《二十五史三编》（第二分册——《史记》之属续），岳麓书社 1994 年版，第 126—461 页；刘坦还有一些未刊稿本，现藏天津市武清区图书馆，包括《史记别录》（12 卷附未定稿，1940 年刘氏钞本，86 册 12 函）、《史记别录续补》（2 册 1 函）、《史记别录补遗》（2 册 1 函）、《史记系年考》（4 卷，1954 年刘氏钞本）、《战国策横议》（9 册 1 函）、《星岁纪年之研究附四十自纪》（1957 年钞本），这些著作中可能也有一些关于战国年代问题的讨论。

② 平势隆郎的相关著作还可参考：（1）《关于我近年对古代纪年的研究》，北京大学古代文明研究中心《古代文明研究通讯》（第 3 辑），2000 年版，第 16—26 页；（2）《历法与称元法》，佐竹靖彦主编《殷周秦汉史学的基本问题》，中华书局 2008 年版，第 106—126 页。

③ 周振鹤：《评日本学者平势隆郎所著〈新编史记东周年表〉》，《中国史研究动态》1996 年第 5 期。

在所著《中国行政区划通史·先秦卷》中采用了平势隆郎的年表体系；而陈美东等则曾对平势隆郎的年表提出了一些不同的意见①。

此外，吉本道雅《〈史记〉战国纪年》、藤田胜久《〈史记〉战国史料研究》等，也具有重要的学术价值。我国台湾学者劳干对战国七雄及其诸小国的事迹进行了概述，王仲孚认为战国时期的攻陷都城并非代表亡国，六国灭亡的顺序应先后为韩、魏、楚、燕、赵、齐。② 我国台湾大学阮芝生撰有《史记十表新编》，惜尚未公开出版。③

2. 战国王年问题分国研究概述

战国年代问题研究的深入发展，还体现在先秦国别史研究方面的丰硕成果，这些著作中也对相关战国时期各国王年问题进行了讨论。分述如下：

（1）东周王朝。日本学者石井宏名《东周王朝研究》是目前研究战国时期东周王朝较为重要的论著。关于战国时期东周王朝的世系及其年代问题，前辈学者多有注意，如宋代学者王应麟讨论了秦灭西周、东周二国及周敬王、周定王的年代④。清代学者王鸣盛《十七史商榷》卷三"周敬王以下世系"条讨论了周敬王等的年代问题⑤。清代学者李慈铭在《越缦堂读书记·校史记十二诸侯年表》中指出："其（按：指《竹书纪年》）以赧王为隐王，盖赧非谥。《史记》赧王名延，延、赧一声之转，隐其谥也。"⑥ 清代学者汪之昌也曾探讨了东周王朝的世系问题。⑦

关于东周王朝诸王世系，目前主要问题在于周敬王末年及周元王元

---

① 陈美东：《〈史记〉西周共和以后及东周年表初探》，《自然科学史研究》2001年第3期。
② 劳干：《战国七雄及其他小国》，中华书局编辑部编：《中央研究院历史语言研究所集刊论文类编》（历史编·先秦卷），中华书局2009年版，第1571—1620页；王仲孚：《试论六国灭亡的顺序》，《中国上古史专题研究》，（台北）五南图书出版有限公司1996年版，第621—640页。
③ 此为阎鸿中所提及，参见阎鸿中《史记秦楚之际月表论考》，《台大历史学报》（第23期），1999年6月，第93—122页。
④ （宋）王应麟，（清）翁元圻等注，栾保群、田松青、吕宗力校点：《困学纪闻》，上海古籍出版社2008年版，第1318—1319页。
⑤ （清）王鸣盛撰，黄曙辉点校：《十七史商榷》，上海古籍出版社2013年版，第36—38页。
⑥ （清）李慈铭：《越缦堂读书记》，上海书店出版社2000年版，第207页。
⑦ （清）汪之昌：《东西周世系都邑考》，谭其骧主编：《清人文集地理类汇编》（第7册），浙江人民出版社1990年版，第11—14页。

年，学者存在不同的意见。如周敬王的年代，依据《左传》的记载，周敬王应该在位44年；陈梦家认为周敬王是死后次年才发丧，应该是在位43年①；平势隆郎则赞同《史记·周本纪》中周敬王在位42年的记载，从而产生了分歧。其实，如果将《十二诸侯年表》及《六国年表》中东周王朝世系，与《周本纪》相比较，可以发现《周本纪》中多了"周哀王"与"周思王"，他们曾先后共在位一年，从而形成了《十二诸侯年表》记载周敬王在位43年，而《周本纪》中周敬王在位只有42年的现象，两者其实是一致的，明白了这一点，则周敬王、周元王的年代问题也就好解决了。此外，还有学者对东周王朝的世系进行了改定，但是这一改订是否能成立，也还值得讨论。

（2）秦。王云度《秦史编年》及《秦汉史编年》、林剑鸣《秦史稿》及《秦汉史》、马非百《秦集史》是这一时期较为重要的成果。在相关论文方面，如日本学者佐竹靖彦对秦出子的年代进行了探讨；伍仕谦对《史记·秦本纪》及《秦始皇本纪》中关于秦国世系的差异进行了对比。刘勤通过对照《十二诸侯年表》和《六国年表》，在《秦本纪》中查找出20处前后矛盾的地方，并与《史记》别处记载及相关专著进行校勘。② 目前关于战国时期秦国诸王年代的问题主要集中在秦简公、秦敬公、秦惠公、秦孝文王的年代问题，如秦简公是在位15年，还是9年及与其相关联的秦敬公是否是秦国国君的一世？秦孝文王其在位时间是一年，还是几日？这些问题，目前还有一定争议。以相关联的秦简公与秦敬公的世系问题来看，《史记·秦本纪》：

---

① 陈梦家：《西周年代考·六国纪年》，中华书局2005年版，第36页。
② 易铁夫：《〈史记〉三种秦世系年代之比较》，《责善》半月刊，1940年第1期；顾颉刚：《秦简公、惠公世次》，《顾颉刚读书笔记》（第7卷），中华书局2011年版，第47页；伍仕谦：《读秦本纪札记》，《四川大学学报》1981年第2期；严宾：《秦国纪年考实》，《安徽大学学报》（哲学社会科学版）1986年第2期；石微：《秦灭六国顺序辨》，《吉林大学社会科学学报》1986年第2期；关守义、罗见今：《〈史记·六国年表〉秦王纪年六问》，载黄留珠、陈峰主编《周秦汉唐文化研究》（第4集），三秦出版社2006年版，第62—70页；王晖：《秦惠文王行年问题与先秦冠礼年龄的演变》，载秦始皇兵马俑博物馆《论丛》编委会编《秦文化论丛》（第2辑），西北大学出版社1993年版，第30—41页；张汉东：《秦孝文王在位三日辨》，《山东师范大学学报》（社会科学版）1994年第4期；佐竹靖彦：《出子出公考》，载北京大学中国传统文化研究中心编《文化的馈赠——汉学研究国际会议论文集（史学卷）》，北京大学出版社2000年版，第187—195页，收入《佐竹靖彦史学论集》，中华书局2006年版，第121—138页；王爱华：《秦孝文王享国时间小考》，《咸阳师范学院学报》2005年第3期；刘勤：《〈史记·秦本纪〉与年表矛盾之处及校勘》，《渭南师范学院学报》2008年第4期。

绪 论

（秦简公）十六年卒，子惠公立。

集解引徐广曰：

《表》云十五年也。

《史记·秦本纪》索隐引《纪年》：

（秦）简公九年卒，次敬公立，十二年卒，乃立惠公。

《史记·秦始皇本纪》索隐引《纪年》：

（秦）简公后次敬公，敬公立十三年，乃至惠公。

"秦敬公"不见于《史记》等文献的记载，而见于《竹书纪年》中，《史记》等记载的秦简公之后的世系为秦惠公，《竹书纪年》中则记载秦简公之后的世系为秦敬公、秦惠公。对"秦敬公"一世是否存在，学界有不同的意见，除前引林剑鸣论著外，方诗铭、王修龄也认为秦敬公一代并不存在①，而更多的学者则认为应当存在《竹书纪年》所记载的"秦敬公"一代，并且《史记》中所记载的秦简公在位年代也应该加以修改。此外，在关于巴国是被楚灭还是秦灭，也有学者提出秦王政二十六年并未统一六国，如何看待这些问题，也还需要仔细讨论。

（3）楚。楚国史研究比较重要的著作有李玉洁先生《楚史稿》及《楚国史》、罗运环先生《楚国八百年》及《出土文献与楚史研究》、冯永轩《史记楚世家汇注考证校补》、张正明《楚史》、魏昌《楚国史》等。学者们关于楚国年代问题的探讨，如清代学者魏翼龙《春秋滕、薛、杞、越、莒、邾、许七国统表》曾就楚灭莒、邾等的问题进行了讨论②，清代学者黄以周认为楚灭越在楚怀王二十二年③。民国时期李孟楚曾拟定了楚怀王的年表，近人何浩对《史记·六国年表》"楚表"存在的纪年错乱等进行校误考证，郑昌琳《楚国史编年辑注》、徐显之《楚事编年辨》等论著也对战国时期楚国年代及王年问题有涉及。

在清华简《系年》公布之前，学界对楚国年代问题的意见比较一致，

---

① 方诗铭、王修龄：《古本竹书纪年辑证》，《方诗铭文集》（第1卷），上海社会科学院出版社2010年版，第362页。
② （清）魏翼龙：《春秋滕、薛、杞、越、莒、邾、许七国统表》，《四库未收书辑刊》编纂委员会编：《四库未收书辑刊》（第3辑第16册），北京出版社2000年版，第515—622页。
③ 参见（清）黄式三撰，程继红点校《周季编略》，凤凰出版社2008年版，第298—302页。

白光琦曾撰文系统改定了战国楚诸王年，王胜利曾就此撰文进行了讨论①；清华简《系年》公布后，白光琦和一些学者认为应当依据《系年》来改定战国时期楚王年。

从目前关于楚国王年问题的讨论来看，主要问题在于：

①《系年》所记载的宋悼公于楚简王七年之事的理解。因为楚简王的年代一般认为是公元前431年至前408年，宋悼公的年代现在一般依据钱穆的意见而定为公元前421年至前404年，如此学界在宋悼公朝楚的年代"楚简王七年"上，产生了分歧，或认为当如简文中，理解为楚简王七年，从而将楚简王年代改定为公元前428年至前405年，整体后移五年；或认为由于"七""十"容易混淆，故应当理解为楚简王十年，如此则楚简王的年代不应当改动。

②有的学者认为《系年》同一章所记之事发生于同一年，从而认为依据《系年》第23章的记载，可以认为楚声王在位四年，而非《史记·六国年表》的在位六年；我们需要探讨的是，这一看法是否符合《系年》的叙事体例？

③此外，还要注意到一些学者的改订是否合理，如有的学者改定通行的楚威王在位年代十一年为二十一年，是否有充分的依据？

如何看待清华简《系年》中的上述几个问题，涉及关于战国时期楚国年代整体是否应当加以改定，因此需要加以仔细思考。

（4）三晋诸国。本书所指的三晋诸国，主要包括晋、魏、赵、韩、中山等国。《史记》中关于三晋诸国国君年代的记载，是战国王年问题中错误最集中的所在之一，现在分述如下。

晋。李孟存、常金仓《晋国史纲要》及李孟存、李尚师《晋国史》（第2版）、李尚师《晋国通史》等是关于晋国年代研究较为重要的论著。

目前来看，还可以讨论之处主要在于如下几个方面。

①晋出公的年代问题，一般认为是在位23年，但也有学者认为是18年。

②晋哀公、晋懿公与晋敬公的关系问题。关于此问题形成了三种观点：a. 杨宽认为晋哀公与晋懿公、晋敬公为三代晋国君王；b. 吉本道雅

---

① 李孟楚：《楚怀王年表》，《安徽大学月刊》第1卷第1期，1933年，第1—9页；何浩：《〈史记〉楚表校误》，《求索》1983年第2期；王胜利：《战国楚年辩证》，《江汉考古》1988年第2期。

则省去了晋哀公与晋敬公，只有晋懿公一代；c.陈梦家、晁福林的世系中省去了晋哀公与晋懿公，认为只有晋敬公一系。晋哀公、晋懿公与晋敬公三者的关系如何，还值得探讨。

③在晋国末世的晋桓公、晋孝公、晋静公的年代问题上，如晋桓公是否为晋国世系中的一代，也还存在一些不同意见。

④清华简《系年》中有春秋晚期至战国早期晋国世系的较为完整的记载，包括《系年》简91、92、94、96、99"晋庄平公"，简99"晋昭公"，简99"晋顷公"，简100、109—110"晋简公"，简111"晋敬公"，简112"晋幽公"，《系年》简119"晋公止"等，《系年》中所记载的晋世系与传世文献的大体相同，但是《系年》的记载也有几个问题值得注意：

第一，《系年》、《竹书纪年》"晋简公"与《史记》"晋定公"的关系；

第二，《系年》"晋敬公"与传世文献"晋哀（懿）公"；

第三，《系年》晋世系未记载"晋出公"。

总之，上述几方面，是目前关于战国时期晋国国君世系及其年代方面需要进一步思考之处。

魏。目前关于魏国史研究比较重要的著作有李元庆《三晋古文化源流》、刘顺安《战国魏都大梁》等。学者多注意到《史记》中关于三晋诸国国君年代的记载，存在较大错误。如关于魏惠王年代，宋代学者王应麟即讨论了魏惠王年代，此后雷学淇《考订竹书纪年》、钱穆《先秦诸子系年》都有详细的讨论，杨宽也发表了《再论梁惠王的年世》《梁惠王的年世》等多篇论文，近来晁福林探讨了梁惠王"后元"年数，认为梁惠王"后元"应是从他在位的第36年开始的，即公元前334年至前318年，故实际共有17年。[①]

[①] （宋）王应麟著，（清）翁元圻等注，栾保群、田松青、吕宗力校点：《困学纪闻》，上海古籍出版社2008年版，第1365—1366页；顾颉刚：《魏襄王与哀王》，《顾颉刚读书笔记（卷3）》，中华书局2011年版，第597—598页；《〈世本〉、〈史记〉记魏世系之异》，《顾颉刚读书笔记（第7卷）》，中华书局2011年版，第254—255页；徐勇：《魏惠王的纪年质疑》，《史学月刊》1986年第3期；丁骕：《魏安釐王廿五年的闰》，《中国文字》（新11期），（台北）艺文印书馆1986年版，第87—94页；王蒨：《以帛书〈战国纵横家书〉对三晋史的若干订正》，《文物世界》1990年第1期；杨宽：《论梁惠王的年世》，《东南日报》1946年8月8日，《再论梁惠王的年世》，《东南日报》1946年10月，上述二文收入《杨宽古史论文选集》，上海人民出版社2003年版，第265—277页；江玉祥：《"魏惠王欲让国于惠子"辨》，《徐中舒百年诞辰纪年文集》，巴蜀书社1998年版，第242—245页；晁福林：《梁惠王后元年数考》《史学月刊》，2005年第5期。

目前来看,《史记·六国年表》所记魏世系最大的一个问题在于,其记载了不见于《竹书纪年》及《世本》的魏哀王一世,这一问题的造成主要是由于《史记》将魏惠王的年代误少了16年,从而将应该在位22年的魏襄王,其年代定为16年,因此,又在故此空缺的世系上再增添在位23年的"魏哀王"。

目前学界关于魏国诸国君年代问题的认识基本一致,还可稍加补论之处在于:

①魏文侯年代,或从《史记·魏世家》及《六国年表》(在位38年,公元前424年至前387年),也有学者采用《史记》中魏文侯在位38年之说而稍有改定(公元前433年至前396年)①;或认为在位43年(公元前437年至前395年);或据《竹书纪年》认为在位50年(公元前446年至前397年;或公元前445年至前396年)。

②关于魏武侯的年代形成了公元前396年至前371年,与公元前395年至前370年两种意见;在魏惠王的年代方面,也形成了公元前370年至前319年,与公元前369年至前318年这两种意见。

③在魏襄王的年代问题上,形成了在位22年(公元前317年至前296年),与在位23年(公元前318年至前296年)两种意见。

④上列学者意见,在魏昭王及以后是一致的;但平势隆郎定魏安僖王元年、魏景愍王未依照其即位改元说,而是采用了传统的逾年改元说,这与他全文的标准不一致。

⑤在相关的纪年铜器年代,比如魏惠王前元与后元时期纪年铜器的断代上,还有一些可以讨论。②

赵。比较重要的著作有张午时、冯志刚《赵国史》,沈长云等《赵国史稿》,孙继民、郝良真《先秦两汉赵文化研究》,胡文广等编著《赵文化资料汇编及注释》等。目前已经发现有赵国王陵区,但是对于相应的墓

---

① 夏含夷:《晋出公奔卒考——兼论〈竹书纪年〉的两个纂本》,载上海博物馆编《上海博物馆集刊》(第9辑),上海书画出版社2002年版,第186—194页,收入《古史异观》,上海古籍出版社2005年版,第470—482页。

② 黄盛璋:《三晋铜器的国别、年代与有关制度》,中国古文字研究会、中华书局编辑部编《古文字研究》(第17辑),中华书局1989年版,第1—66页。

主目前还难以断定。① 此外，田卫平、崔向东及秦进才、侯廷生关于赵国史研究的综述，便于参考。②

从当前关于赵国王年的讨论来看③，主要可以讨论的问题如下：

①赵襄子的年代，据清华简《系年》来看，其记载晋敬公十一年（公元前441年）赵桓子已主持诸侯会盟，因此赵桓子代替赵襄子执政应在此之前，《史记·六国年表》所载赵襄子在位33年（公元前457年至前425年），及上述认为赵襄子在位50年的看法，与《系年》此处所记载赵桓子于公元前441年已经执政是相抵牾的，赵襄子的年代可能应该重新考虑。故有学者认为似是33年，而非传世文献记载的50年④。

②赵桓子的年代，由清华简《系年》第20章的记载来看：

> 晋敬公立十又一年，赵桓子会［诸］侯之大夫，以与越令尹宋盟于巩（巩），遂以伐齐。⑤

赵国曾有太子率军的记载，但文献中并没有见到赵桓子为赵太子的记载，故此处赵桓子应该理解为以晋卿的身份来主持盟会。在盟会中主盟人员的身份一般应该对等，如果赵襄子在位为50年，则此年代在其年代范

---

① 河北省文管处等：《河北邯郸赵王陵》，《考古》1982年第6期；高凤山：《赵武灵王墓考》，《文物世界》2003年第4期；郝良真：《赵国王陵及其出土青铜马的若干问题探微》，《文物春秋》2003年第3期；赵建朝：《赵王陵出土金牌饰小考》，《文物春秋》2004年第1期。
② 田卫平、崔向东：《十年来赵国历史文化研究之回顾》，《中国史研究动态》1994年第3期；秦进才：《赵国历史文化研究论著目录（1987—2001）》，《邯郸师专学报》2004年第2期；侯廷生：《百年来的赵文化研究》，侯廷生、刘东光主编《赵文化论集》，崇文书局2006年版，第81—87页。
③ 顾颉刚：《赵武灵王于何年称王》，《顾颉刚读书笔记》（第3卷），中华书局2011年版，第535—536页；晁福林：《试论赵简子卒年与相关历史问题》，《河北学刊》2001年第1期；侯廷生：《赵简子卒年及相关问题——澄清对〈左传·哀公二十年〉"使楚隆问吴"的重大误解》，《邯郸师专学报》2000年第1期；魏建震：《"王何立事"戈铭文及其相关问题》，《中原文物》2005年第6期；靳生禾、李广洁：《赵无恤述论》，《史学月刊》1993年第5期；董珊：《二年主父戈与王何立事戈考》，《文物》2004年第8期。
④ 王政冬：《由清华简〈系年〉订正赵国世系》，"复旦古文字网"，2014年4月3日，http://www.gwz.fudan.edu.cn/SrcShow.asp?Src_ID=2246；《赵桓子年代考》，《中国史研究》2014年第1期。
⑤ 清华大学出土文献研究与保护中心编，李学勤主编：《清华大学藏战国竹简（二）》，中西书局2011年版，第186页。

围之内，应该是其以晋卿的身份与越令尹盟会，而清华简《系年》此处是赵桓子以晋卿的身份与越令尹盟会，故结合《系年》赵桓子在晋敬公十一年（即公元前441年）已经执政的记载来看，赵襄子可能在位并非50年，而应该是《史记》等所记载的33年。同时由后文关于赵献侯年代的讨论来看，《史记》记载赵桓子嘉在位于公元前424年，而《系年》则记载于公元前441年赵桓子已经执政，则有可能赵桓子执政的时间实际上是公元前441年至前424年。①对于赵桓子的年代，此前多只注意到有一年的执政时期（有在位公元前426年、前425年、前424年等不同看法），而由清华简《系年》来看，其执政年限并不止一年；此外，王政冬也认为应当是在位18年，而非传世文献记载的1年。②

③赵起及赵武公，是否为赵国的两位国君？如学者一般认为赵武公并非赵国世系中的一代，也有学者认为是赵国世系中的一代。③

④在赵烈侯至赵敬侯的年代问题上，学者也有不同的意见。如关于赵烈侯的年代，目前即有在位9年与在位22年两种看法。

总之，清华简《系年》中有关战国初期赵国年代的记载，涉及战国初期赵国国君年代，学界目前对此的探讨还不多见；同时，赵武公之后的赵国国君在位年代，其中也有一些问题需要讨论，有必要对战国赵国国君年代问题进行整理与思考。

韩。蔡运章探讨了韩昭侯墓所在及其韩国都城的迁徙，苏辉等对韩国纪年铜器进行了系统的研究。此外，近年来河南新郑胡庄发现了韩王陵，取得了重要的发现，出土有"王后"铭文的铜器等。④

从目前的讨论来看，战国时期韩国王年的主要问题，如：

①韩列侯在位年代。《史记·韩世家》："（韩列侯）十三年列侯卒，

---

① Bearn：《清华简〈系年〉第20章读后记》，"水木社区"，2012年8月12日，http://www.newsmth.net/nForum/#!article/HistoryClub/14961。
② 王政冬：《由清华简〈系年〉订正赵国世系》，"复旦古文字网"，2014年4月3日，http://www.gwz.fudan.edu.cn/SrcShow.asp?Src_ID=2246。
③ 沈长云等：《赵国史稿》，中华书局2000年版，第137—139、156—158、168、171页。
④ 苏辉：《韩兵宜阳四器和十一年少曲慎戈的特殊辞例新研究——兼论〈竹书纪年〉一条史料的解读》，《出土文献与中国古代文明研究国际学术研讨会会议论文集》，清华大学，2013年，第128—133页；蔡运章：《韩都宜阳故城及其相关问题》，《甲骨金文与古史研究》，中州古籍出版社1993年版，第290—312页；《韩昭侯墓辨正》，同上，第313—317页；河南省文物考古所：《河南新郑胡庄韩王陵考古发现概述》，《华夏考古》2009年第3期。

绪　论

子文侯立。"记载韩列侯在位13年；而有学者认为在位23年。

②韩文侯是否为韩国国君中的一世。《史记·韩世家》："（韩文侯）十年文侯卒，子哀侯立"，但《史记索隐》指出："《纪年》无文侯，《世本》无列侯。"学界多否认韩文侯为韩国世系中的一代，但也有学者赞同存在韩文侯一世。① 又《世本》："韩哀作御。"宋忠注："韩哀，韩文侯也。"② 故"韩文侯"与韩哀侯的关系及两者年代，都是值得注意的问题。

③韩庄侯、韩懿侯、韩共侯等的关系及年代问题。近代学者徐文珊指出《史记·六国年表》及《史记索隐》中有"韩庄侯"，汉代作"壮"、北宋凌本作"懿"，均是由于避讳而导致的。而方诗铭、王修龄认为韩共侯即韩懿侯③。因此韩庄侯、韩懿侯、韩共侯似乎均为同一人，三者间的关系也还有待于思考。

④战国时期韩国历史中有一些事件，现在还难以明确了解，如"韩姬弑其君悼公"的问题，历代学者对此多有讨论，但目前仍然难以得到明确的结论。④

中山国。关于中山国的重要研究著作，如清代学者王先谦撰，吕苏生补释《鲜虞中山国事表疆域图说补释》，王颖《中山国史话》及《战国中山国文字研究》，段连勤《北狄族与中山国》，徐海斌《先秦中山国史研究》，何艳杰等《中山国史》等。此外，天平、洪昌、徐海斌、杨博相关的研究综述可以参看。⑤ 随着20世纪70年代河北平山中山王墓的重大发

---

① 周书灿：《七雄并立——战国前期的国际格局》，河南人民出版社2012年版，第124—125页。
② 王谟辑：《世本》，《世本八种》，中华书局2008年10月第1版，2010年6月第2次印刷，第41页。
③ 徐文珊：《史记刊误举例》，《史学集刊》（第1辑），北平研究院史学研究所1936年版，第237页；方诗铭、王修龄：《古本竹书纪年辑证》，《方诗铭文集》（第1卷），上海社会科学院出版社2010年版，第373页。
④ （宋）王应麟著，（清）翁元圻等注，栾保群、田松青、吕宗力校点：《困学纪闻》，上海古籍出版社2008年版，第1316—1317页；（清）赵绍祖：《读书偶记》，中华书局1997年版，第61—62、107—108页。
⑤ 天平、洪昌：《先秦中山国史研究之回顾》，《河北学刊》1987年第2期；徐海斌：《先秦中山国史研究综述》，《井冈山大学学报》（社会科学版）2010年第1期；杨博：《先秦中山国史研究概要》，《高校社科动态》2009年第4期。

· 19 ·

现，学界对中山国的研究取得了重要的进展。①但是关于战国时期中山国国君的在位年代，目前还难以精确断定。

（5）燕。关于燕国史研究的重要著作，如王采枚辑《先秦时期燕史资料》、常征《古燕国史探微》、陈平《燕事记事编年会按》、王彩梅《燕国简史》、彭华《燕国史稿》及《燕国史稿》（修订本）、陈光汇编《燕文化研究论文集》，都是关于燕国史研究比较重要的论著。

关于战国时期燕国世系问题，从目前来说，不论从文献还是铜器铭文中所见燕国国君世系，都还有许多争论。如关于文献中的燕国世系，顾颉刚曾探讨了燕简公年代及献公世次，曲英杰等也都有相关的论述。②在结合战国燕纪年铜器来研究燕国世系方面，如罗振玉结合燕国铜器铭文探讨了燕国世系的问题，认为燕昭王为公子职而非太子平，李朝远、林清源、黄盛璋、董珊、陈剑也有重要的论著。③

从目前的讨论来看，战国时期燕国世系还存在较大的问题。

①燕成公年代问题，是解决战国时期燕国世系的核心问题所在，将《史记》所记载的燕成公元年（公元前449年），与《竹书纪年》所记载的燕成公元年（公元前454年）相比较，可以发现《史记》所记载的年代

---

① 史为乐：《中山国史简说》，《河北师范大学学报》1981年第2期；郑绍宗：《略谈战国时期中山国的疆域问题》，《辽海文物学刊》1992年第2期；田卫平、王晋：《中山武公新论》，《历史研究》1992年第2期；田卫平：《关于魏灭中山若干史实的辨证》，《河北学刊》1996年第6期；徐海斌：《"中山侯钺"器名小考》，《南方文物》2008年第1期；顾颉刚：《中山桓、武二公及其居地》，《顾颉刚读书笔记》（第6卷），中华书局2011年版，第61页。
② 顾颉刚：《燕简公年及献公世次》，《顾颉刚读书笔记》（第7卷），中华书局2011年版，第47页；尹湘豪等：《燕昭王到底是谁》，《晋阳学刊》1985年第5期；曲英杰：《周代燕君世系考辨》，《史林》1996年第4期；《周代燕国考》，《历史研究》1996年第5期；常征：《〈史记〉燕事抉误》，《北京社会科学》1991年第1期。
③ 罗振玉：《〈史记·燕世家〉书后》，《罗振玉学术论著集》（第十集），上海古籍出版社2010年版，第607—609页；林清源：《战国燕王戈器铭特征及其定名辨伪问题》，《中央研究院史语所集刊》（第70本第1分册），"中央研究院"历史语言研究所1999年版，第239—272页；黄盛璋：《战国燕国铜器铭刻新考》，《内蒙古师范大学学报》（社会科学版）1983年第3期；张亚初：《燕国青铜器铭文研究》，中国社会科学院考古研究所编《中国考古学论丛——中国社会科学院考古研究所建所40年纪念》，科学出版社1993年版，第323—330页；李朝远：《战国郾王戈辨析二题》，《文物》2000年第2期，收入《青铜器学步集》，文物出版社2007年版，第335—341页；董珊、陈剑：《郾王职壶铭文研究》，北京大学中国古文献研究中心编《北京大学中国古文献研究中心集刊》（第3辑），北京大学出版社2002年版，第29—54页；苏建洲：《燕系文字研究》，台湾师范大学国文研究所硕士论文，2001年。

晚了5年。现在学界一般依据《竹书纪年》所记载的燕成公元年为公元前454年，并结合《史记·燕召公世家》："（燕）成公十六年卒，愍公立"，从而定燕成公的年代为公元前454年至前439年。由此可以逆推，进而解决此前几位燕王的年代问题。

但是其之前的燕前简公世系及年代问题上还有争论，一些学者还认为燕孝公之前的世系可能不应该是燕简公，应是燕惠公。如常征赞同梁玉绳的意见，认为《史记》此处所记载的燕简公在位12年，应当是如梁玉绳所指出的燕惠公在位15年，并指出齐景公四年（公元前544年）即位的燕侯懿公之子应该是燕简公，而非燕惠公，齐景公四十四年（公元前504年）即位的燕侯应该是燕惠公，而非燕简公，《史记》将二者的位置颠倒，《史记》此处所记载的"燕简公"应该为"燕惠公"。① 陈平讨论了上述几位的意见，认为仍应当是如《史记》所记载。② 关于战国时期的燕孝公之前的世系，是否应该是燕简公，涉及到了燕国东周时期的整个世系问题，因而这一问题显得有些复杂。

②燕献公是否为燕国世系中的一代。依照《史记·燕召公世家》索隐引《纪年》：

简公后次孝公，无献公……智伯灭在（燕）成公二年也。

则《竹书纪年》中并无燕献公一代，而陈平及彭华的论著中，则认为有此一代。

③燕愍公（《史记·燕召公世家》）、燕闵公（《世本》）、燕文公（《竹书纪年》）的关系。学者或认为此为燕国两位国君，也有学者认为《竹书纪年》中的"燕文公"即《史记》"燕愍公"、《世本》"燕闵公"。

④燕釐公（《史记·燕召公世家》）、燕后简公（《竹书纪年》）的关系上，前引陈平等论著认为只存在燕釐公，但也有学者认为两者是同一人。

⑤关于燕国纪年铜器所对应的燕国诸王年的探讨，目前还未形成定论。

---

① 常征：《古燕国史探微》，聊城地区新闻出版局1992年版，第279、423页。
② 陈平：《燕史纪事编年会按》，北京大学出版社1995年版，第265页。

总之，从目前的相关讨论成果来看，关于燕国年代问题的讨论，还有一些尚待深入之处；同时一些关于燕国史的专门论著，对学界当下关于战国时期燕王世系的讨论成果，也还没有充分吸收，因此有必要对战国时期燕国国君世系及年代进行系统整理与探讨。

（6）齐国。关于战国时期山东地区诸古国国君世系的研究，比较重要的著作有王阁森、唐致卿主编《齐国史》，聂凤峻、王洪军、高善东《邹鲁春秋》，李玉洁先生《齐史稿》及《齐国史》，张光明《齐文化的考古发现与研究》，孙敬明《考古发现与齐史类征》，林天人《战国时代泗上十二诸侯考》，高荣鸿《上博楚简齐国史料研究》等。

《史记》中关于战国时期齐国年代及王年的记载有较大问题，如姚名达就指出：

> 《史记·田敬仲世家》是一篇糊涂账，是一卷神话故事集，在全部《史记》里头，几乎应该位置在下下等……所以后来考史诸家，各能指出他的疵病，如遗却田悼子、侯剡二代，不叙齐宣王伐燕等事。[①]

学界早已注意到此，清代学者赵翼《陔余丛考》即讨论了"齐泯王伐燕之误"。[②] 经过学者们的探讨，目前战国时期齐国的世系已经比较明确，目前尚可以讨论的地方主要有：

①一些学者所改定的齐康公年代及其所拟定的田齐世系是否成立？

②齐田和末年，存在公元前385年与公元前384年两种看法。

③《庄子·胠箧》中"十二世有齐国"所指的世系问题，学界历来有争议，主要的看法如下：第一，指从田敬仲（完）至齐威王；第二，指田成

---

① 姚名达：《〈史记·田敬仲世家〉中驺忌的三段话》，《古史辨》（第2册），上海古籍出版社1982年版，第118—125页，收入清华大学国学研究院主编，罗艳春、姚果源选编《姚名达文存》，江苏人民出版社2012年版，第75—81页。

② （清）赵翼：《陔余丛考》，中华书局1963年4月第1版，2006年10月第2次印刷，第95—96页；（宋）王应麟著，（清）翁元圻等注，栾保群、田松青、吕宗力校点：《困学纪闻》，上海古籍出版社2008年版，第1305页；顾颉刚：《齐王伐燕，宣、愍不易别》，《顾颉刚读书笔记》（第7卷），中华书局2011年版，420页；[法] 马司帛洛撰，冯承钧译：《战国时田齐世系年代考》，《北平图书馆馆刊》1934年第1期。

子到齐王建；第三，认为此处"十二世"的记载有问题。① 同时对这一问题的讨论又关系到《庄子》外篇成书的问题，因此值得注意。

④清华简《系年》简120、124记载有"齐侯贷"，及春秋战国之际齐国的历史资料，如所记载战国初期人物"陈淏"等，都提供了新的资料，有助于进一步探讨齐国历史年代问题。

（7）鲁。关于鲁国史的著作目前主要有郭克煜、梁方健、陈东、杨朝明《鲁国史》，杨朝明与王青《鲁国历史与文化探秘》等，此外，陈东关于鲁国年代问题的论著也值得注意。② 从目前的讨论来看，战国时期鲁国国君年代问题可讨论之处，如：

①鲁悼公的在位年代，如钱穆认为其在位为31年，这与《史记·六国年表》及相关学者的看法有较大不同。

②鲁穆公年代问题，目前争议较多，并影响到了其前面的鲁元公和鲁悼公的年代问题。鲁穆公年代又与子思年代相关联，学界曾就此进行讨论，姜广辉认为鲁穆公开始执政于公元前415年，依据《史记》记载鲁穆公在位33年，执政到公元前383年。而高正则不赞同鲁穆公元年为公元前415年的看法③。探讨鲁穆公王年问题，也有助于诸子学的研讨。

③鲁平公年代问题。《史记·六国年表》记载鲁平公在位19年，一般也从此说，而有的学者改订为在位22年，这一看法是否可以成立，也值得思考。

（8）宋。目前关于宋国史的专论，可以参考苗永立《周代宋国史研究》。学者们关于宋国年代的探讨，提出了许多重要意见，如清代学者钱大昕《廿二史考异》对司城子罕相宋等史事进行了探讨，认为"宋元王"可

---

① 袁青：《试论庄子后学对〈老子〉思想的改造——以〈胠箧〉为例》，《华北电力大学学报》（社会科学版）2013年第5期；李学勤：《从郭店简〈语丛〉四看〈庄子·胠箧〉》，《简帛》（第1辑），上海古籍出版社2006年版，第73—76页；李锐：《〈庄子·胠箧〉之"十二世有齐国"补论》，陈致主编《简帛·经典·古史》，上海古籍出版社2013年版，第431—440页。

② 陈东：《战国时期鲁史系年》，《齐鲁学刊》1994年第2期；《战国时期鲁史钩沉》，《齐鲁学刊》1990年第4期。

③ 高正：《"鲁穆公元年"问题考辨》，"confucius 2000网"，2002年12月26日，http://www.confucius2000.com/scholar/lmgynwtkb.htm；梁涛：《历史年代真的错了吗？——与高正商榷》，"简帛研究网"，2003年6月2日，http://www.bamboosilk.org/Xszm/Liangtao.htm；姜广辉：《再谈高正的治学态度和治学方法——兼谈"鲁穆公元年为公元前415年"一说之无疵》，"简帛研究网"，2003年6月2日，http://www.confucius2000.com/scholar/ztgzxsdzxtdhzxffjtlmgyn.htm。

能即宋王偃之讹。① 钱穆对"剔成"等年代进行了探讨,钱穆的意见构建了宋国王年的整体框架。陈奇猷则指出,高诱注《吕氏春秋·禁塞》:"宋康王,名偃,宋元公佐六世之孙辟兵之子也。""康王,宋昭公曾孙辟公之子。"后人往往多误在这段话中"孙"字后断读,从而使得宋康王世系与《史记·宋世家》不符。庄大钧也对宋国末代三王的年代进行了探讨,值得注意。②

目前学界关于战国宋国君年代的看法,大体遵从钱穆的意见。新出清华简《系年》记载有战国时期宋国的世系,如简114、119 "宋悼公",简124、126 "宋公田"。《系年》有关宋国君年代的记载,又提出了一些新的问题,主要如下:

①第22章的简文明确记载了宋悼公卒于楚声王元年(公元前407年),而这是与《史记·六国年表》及诸位学者所拟定的意见不一致的。

②第23章的简文记载宋休公田于楚声王四年(公元前404年)朝楚,除平势隆郎的意见之外,据《史记·六国年表》及其上列几位学者的意见,则宋休公都不可能如《系年》所记载而朝楚。

故如何理解清华简《系年》的上述有关宋国国君年代的问题,还值得思考。

(9)卫。目前卫国史研究的专门论著主要有逯富太《卫国文化史考》等。战国时期卫国史料较为稀少,因此此时期卫国年代及王年问题存在较多尚待讨论之处。

①关于卫国灭亡时间问题,一般多从《史记》的记载,认为在秦二世的时候才灭亡卫国,顾炎武《日知录》即讨论了秦始皇未亡卫国等二国的问题。③ 而平势隆郎则认为在公元前221年的时候,卫国已经灭亡,此说为许多学者所赞同,但平势隆郎在论证的过程中尚有一些不严谨之处,赞同其观点的学者又多只是引用平势隆郎之说,而未进行论证。杨宽又依据《韩非子》等的记载,提出魏国于公元前254年之时灭亡卫国的意见。④ 关

---

① (清)钱大昕:《廿二史考异》,陈文和主编《嘉定钱大昕全集》(二),江苏古籍出版社1997年版,第7、15—16、59—61、70—74、77、91—92页。

② 陈奇猷:《读〈汉碑偶识〉质疑》,《考古》1991年第2期,收入《晚翠园论学杂著》,上海古籍出版社2008年版,第309—311页;庄大钧:《战国宋末世三君考》,《齐鲁学刊》1991年第3期。

③ (清)顾炎武著,黄汝成集释,栾保群、吕宗力校点:《日知录集释》,上海古籍出版社2006年版,第1245页。

④ 杨宽:《战国史》,上海人民出版社2003年版,第420页。

绪　论

于上述看法，还需要进行讨论。

②对战国时期卫国国君的世系及其年代也还有需要仔细讨论之处。如卫出公在位是22年，还是7年？卫声公在位11年，还是25年？卫嗣君在位32年，还是42年？卫君角在位21年，还是9年？而清华简《系年》所见的"卫侯虔"的年代，则又可能会引发关于战国时期卫国王年问题的新思考。

总之，关于战国时期卫国世系，目前还需要在整理学界已有成果基础上，进一步进行探讨。

（10）越。目前关于越国史研究的论著有陈瑞苗、陈国祥《越国纪年新编》，马雪芹《古越国兴衰变迁研究》、孟文镛《越国史稿》等。文献中关于战国时期越国世系的记载，互相抵牾之处甚多，顾颉刚等曾对此进行了详细的讨论①。学界讨论较多的另外一个问题则是越国灭亡时间的问题②。但目前在这两个问题上，都还没有形成较为公认的意见。

---

① 顾颉刚：《〈吴越王勾践世家〉世系表》，《顾颉刚读书笔记》（第4卷），中华书局2011年版，第110—111页；《〈越绝书〉中之越世系》，同上，第396—397页；《徐天祐评〈吴越春秋〉中之越世系》，同上，第399—400页；《〈史记·越王勾践世家〉中之世系》，同上，第400页；《〈竹书纪年〉中之越世系》，同上，第400—401页；《王子搜》，《顾颉刚读书笔记》（第5卷），中华书局2011年版，第332页；《越世系之整理》，同上，第532—534页；辛土成：《越王勾践世系问题试考》，《民族研究》1988年第1期；刘亦冰：《越国后期历史述要》，《绍兴文理学院学报》（社会科学版）2001年第4期；《越王世系考辨》，《绍兴文理学院学报》（社会科学版）2001年第6期；晁福林：《读〈庄子·让王〉——并论"越人三世弑君"问题》，《浙江社会科学》2002年第2期；胡运宏：《勾践之后的越楚关系及越国历史考辨》，《绍兴文理学院学报》（社会科学版）2005年第3期；陈民镇：《"越公殹"考略》，"复旦古文字网"，2011年4月5日，http：//www.gwz.fudan.edu.cn/SrcShow.asp？Src_ID=1452。
② 吕荣芳：《望山一号墓与越王剑的关系》，《厦门大学学报》（哲学社会科学版）1977年第4期；陈振裕：《楚灭越的年代问题》，《江汉论坛》1980年第5期；尚志发：《关于楚灭越之时间问题》，《求是学刊》1982年第6期；蒋天枢：《"楚灭越在怀王二十三年"说平议》，《论学杂著》，中州古籍出版社1985年版，第225—231页；李学勤：《关于楚灭越的年代》，《江汉论坛》1985年第7期；李家浩：《楚王酓璋戈与楚灭越的年代》，《文史》（第24辑），中华书局1985年版，第15—22页；杨善群：《楚未灭越考辨》，《史林》1986年第1期；何浩：《越国史中的三个问题》，《中南民族学院学报》（哲学社会科学版）1988年第4期；杨宽：《楚怀王灭越设郡江东考》，《杨宽古史论文选集》，上海人民出版社2003年版，第278—284页；《关于越国灭亡年代的再商讨》，同上，第285—294页；刘翔：《楚灭越时间再考》，《浙江学刊》1994年第2期；刘昀华：《中山王嚳鼎"至于今"的句读》，《文物春秋》2000年第4期；孟文镛：《越国史稿》，中国社会科学出版社2010年版，第307—310页；周书灿：《楚怀王灭越置江东郡说质疑》，《中国历史地理论丛》2010年第3期。

·25·

目前来看，越国王年问题还存在较多问题，首先，是由于文献中关于越国诸王世系与年代的记载较为不一致，从而容易形成理解上的差异；但值得注意的是，学者结合铜器铭文来研究此时期越国世系，已经开始形成了趋近的意见，因此这是解决越国王年问题的一个方向。其次，是对于一些具体的事件，如"越人三世弑其君"及迁都吴地等问题，也还有可以讨论之处。最后，对于越国灭亡时间的问题，目前也还需讨论。

总之，从上面的讨论可见，目前关于战国王年问题的研究，取得了极大的成绩，这是我们接下来进一步讨论的基础，但同时也不可避免地存在一些问题。本书试对这些成果进行系统的整理。其中一些国家的年代（如宋、赵、卫），或可以据清华简《系年》等新出土文献重新考订，一些国家的年代（如楚国），可以用清华简《系年》等材料来检验，而如卫国、鲁国的年代也可以在现有的基础上进行补论。

四　研究的方法与基本思路

1. 研究方法

先秦史的研究，往往面临一种困难，即关于某一问题的设想，在推理上较为严密，但是苦于证据不够或者只是孤证，从而认识到虽理应如此，但难以确认和落实。对文史研究中所见的这一现象，蒋礼鸿曾有很好的评述：

　　一种设想、想法之确立，有时可用直接材料加以证实；有时却不可能有直接材料来肯定它……悬断常常是确立一种新的说法的先河，或者简直可以算作确立一种新的说法的本身。[①]

因此，在解决问题的过程中，既要严格从材料出发，追求准确无误地解读原始材料；同时又需要认识到，面对有限的材料，要争取能解决问

---

① 蒋礼鸿：《悬断与征实》，《蒋礼鸿集》（第4卷），浙江教育出版社2001年版，第332页。

题，在论文思考和习作的过程中，就必须做到如警察查案、法官判案一般，依靠有限的材料，充分进行逻辑推理，从而在几种可能的方案中，求得最为合理的解释，并留待后来的证据加以检验。

在具体的研究过程中，本书主要运用如下几种方法：

①二重证据法。结合出土文献与传世文献来分析文献记载的合理性。

②比较法。通过不同记载的比较与分析，推断出比较合理的结论。

2. 本书写作思路

本书对于战国时期诸国王年问题的讨论，大体上可以分为两类，对已经讨论较多，基本可以定论的国家，如魏国等，主要对相关问题进行一些评述与补论；对于因为有新材料而带来认识的一些国家，如赵国，宋国等，则进行一些分析。全书的讨论，以国为单位，主要分为10章，内容如下：

第一章，讨论秦国王年问题。就秦简公、秦敬公、秦惠公、秦孝文王的年代问题进行讨论。并进行一些专题探讨，如：①结合包山楚简，探讨巴灭国时间；②讨论《诅楚文》的时代；③对相关学者秦王政26年未统一六国的观点进行评述。

第二章，主要对魏国自魏文侯至魏襄王的年代问题进行补论，并就《十九年相邦瘠戈》的年代进行考察，认为其是魏昭王在位19年的一个物证。

第三章，主要讨论越国王年问题。从学者们关于越国铜器铭文国君世系的理解入手，系统整理文献中的越王世系，从而拟定越国国君世系。同时，对《庄子》等书中所记载的越人三世杀其君的问题进行探讨；最后，结合《越王差徐戈》，对越国迁都吴的年代进行探讨。

第四章，对周、齐、韩、中山、燕诸国的世系进行探讨。其中第1节，讨论东周王朝的年代问题。主要讨论周元王和周敬王的问题，并对相关的改订意见进行评述。第2节主要讨论战国时期齐国国君年代问题。首先对一些学者改订姜齐世系的意见进行评述；其次对田齐世系中田悼子、田和等的年代进行补论；最后对清华简《系年》中所记载的战国初期的齐国史料，如"陈淏"所指等问题进行探讨。第3节与第4节，分别对韩国与中山国诸国君年代进行补论。第5节，主要讨论燕国诸君年代问题。以燕成公的年代为关键和突破口，整理"燕简公"与"燕釐公"的关系，及燕桓公年代问题，并对燕国铜器铭文中的"燕侯朕""燕王䍙""燕王戎人"的所指进行概述与补论。

第五章，讨论楚国的王年问题。由清华简《系年》所记载的宋悼公于楚简王七年朝楚之事该如何理解出发，探讨是否应当依据《系年》改订战国时期的楚国王年。

第六章，主要探讨晋国国君的年代问题，就"晋悼公年代"，"晋简公"（清华简《系年》、《竹书纪年》）与《史记》"晋定公"关系与年代，"晋敬公"（清华简《系年》）与传世文献"晋哀（懿）公"关系与年代，及晋桓公、晋孝公、晋静公等的年代进行讨论。

第七章，主要探讨赵国年代问题，结合清华简《系年》对赵襄子及赵桓子的年代进行了探讨。

第八章，主要讨论宋国年代问题。以清华简《系年》所记载的楚简王七年，宋悼公朝楚之事的理解为核心，结合《系年》中宋昭公与宋休公年代的记载及钱穆关于宋国王年的意见，对宋国国君年代问题进行系统的探讨。

第九章，主要讨论鲁国年代问题，以鲁穆公的年代为关键，并讨论鲁悼公、鲁共公、鲁康公、鲁平公的年代问题等。

第十章，主要讨论卫国年代问题。对争议较大的卫出公、卫声公、卫嗣君、卫君角的在位年代进行讨论，并对是否如《史记》所记载的，秦二世元年（公元前209年）卫国才灭亡的问题进行补论。

在本书的附录部分中，则将根据全书的讨论，拟定一份《史记·六国年表》史事对应王年校正表，方便学者对《六国年表》中纪年资料的运用。

第一章　秦国王年问题

关于战国时期秦国诸王年代问题的研究，已经有了许多重要成果，如表 1—1 所示：

表 1—1　　　　战国秦诸王年表比较（年代均为公元前）　　　（单位：年）

秦世系	《史记·六国年表》、林剑鸣、王云度、杨宽	钱穆	陈梦家、范祥雍	平势隆郎	吉本道雅	缪文远	晁福林
秦悼公	490—477			492—477			490—477
秦厉共公	476—443		476—443	477—443	476—443		476—443
秦躁公	442—429		442—429	443—430	442—429		442—429
秦怀公	428—425		428—425	430—427	428—425		428—425
昭子	不享国						
秦灵公	424—415		424—415	427—416	424—415		424—415
秦简公	414—400		414—406	416—407	415—406	？—406	414—406
秦敬公	无此世		405—394	407—395	405—393		405—394
秦惠公	399—387		393—387	395—385	392—387	397—387	393—387
秦出子	386—385		386—385	385—384	386—385	386—385	386—385
秦献公	384—362	384—362	384—362	384—361	384—362	384—362	384—362
秦孝公	361—338	361—338	361—338	361—338	361—338	361—338	361—338
秦惠文王	337—311	337—311	337—311	338—311	337—311	337—311	337—311
秦武王	310—307	310—307	310—307	311—306	310—307	310—307	310—307
秦昭襄王	306—251	306—251	306—？	306—251	306—251	306—251	306—251
秦孝文王	250	250		251	250	250	250
秦庄襄王	249—247	249—247		250—246	249—247	249—247	249—247
秦始皇	246—210	246—210		246—210	246—210	246—210	246—210

由上述资料可见，目前关于战国时期秦国诸王年代，已经有了较为统一的意见。存在的一些疑问之处，主要集中在秦灵公、秦简公、秦敬公、秦惠公四世，本书拟就这些问题进行探讨。

一　秦灵公年代问题

关于秦灵公的身份，或以为其是秦怀公之子，如《史记·秦始皇本纪》：

> （秦怀公）享国四年葬栎圉氏。生灵公。

另外的一种记载则认为秦灵公为秦昭子之子，如《史记·秦始皇本纪》引《秦记》记载：

> （秦）肃灵公，昭子子也，居泾阳。

《世本》也记载：

> 怀公生昭子，昭子生灵公。①

上述记载则以为秦灵公是秦昭子之子，本书从此说。
关于秦灵公的在位年限，《世本》记载秦灵公在位10年：

> 灵公，昭子子也，立十年。②

---

① 王谟辑本：《世本》，《世本八种》，中华书局2008年10月第1版，2010年6月第2次印刷，第14页。
② 秦嘉谟辑补本：《世本》，《世本八种》，中华书局2008年10月第1版，2010年6月第2次印刷，第45页。

《世本》又记载：

> 秦灵公立十年。①

前引《史记·秦始皇本纪》记载：

> （秦）肃灵公，昭子子也。居泾阳。享国十年，葬悼公西。

本条《索隐》也指出其在位年代为 10 年：

> 《纪年》及《系本》无"肃"字。立十年，《表》同。《纪》十二年。

《史记·六国年表》：

> 秦灵公十年补庞，城籍姑。灵公卒，立其季父悼子，是谓简公。

《史记·六国年表》也记载秦灵公卒于其在位的第 10 年（公元前 415 年，周威烈王十一年），范祥雍认为亦即晋烈公元年。②

但是文献中也有秦灵公在位 13 年的记载，见于《史记·秦本纪》：

> （秦）灵公六年，晋城少梁，秦击之，十三年城籍姑。灵公卒，子献公不得立，立灵公季父悼子，是为简公。

清代梁玉绳、当代学者林剑鸣均认为《史记·秦本纪》中此处所记载"十三年，城籍姑"中的"三"为衍文③，现在学界一般遵从此说。

现在学者一般认为秦灵公在位 10 年，杨宽曾提出秦灵公在位 11 年，

---

① 陈其荣增订本：《世本》，《世本八种》，中华书局 2008 年 10 月第 1 版，2010 年 6 月第 2 次印刷，第 34 页。
② 范祥雍：《古本竹书纪年辑校订补》，上海古籍出版社 2011 年版，第 58 页。
③ （清）梁玉绳：《史记志疑》，中华书局 1984 年 4 月第 1 版，2013 年 11 月北京第 3 次印刷，第 137 页；林剑鸣：《秦史稿》，上海人民出版社 1981 年版，第 6 页。

他认为《秦本纪》中的在位13年，与《秦始皇本纪》索隐中的在位12年，都应当是在位11年之误。① 据此，杨宽认为按照逾年改元，则在位10年，按照即位改元，则在位11年。需要注意的是，杨宽在《列国纪年订正表》中依据逾年改元，将秦灵公年代定为公元前424年至公元前415年，在位10年。②

总之，从目前的资料来看，秦灵公的年代应该理解为在位10年。

再来看看秦灵公的实际在位年代。前引《史记·六国年表》记载秦灵公的年代为公元前424年至前415年，而从《史记·魏世家》的记载来看：

> 魏文侯元年，秦灵公之元年也。与韩武子、赵桓子、周威王同时。

《史记·楚世家》：

> 简王八年（公元前424年）魏文侯、韩武子、赵桓子始列为诸侯。

前引钱穆、杨宽文指出，《史记·魏世家》中由于误将魏文侯称侯之年（公元前424年，实际在位第22年），当成其即位之年，导致《史记》中相应的记载均提起了21年，因此由上述记载来看，此处的魏文侯元年应当是其改元称侯之年，即公元前424年，也就是秦灵公之元年。又《史记·魏世家》记载：

> （魏文侯）六年（当作二十七年）城少梁。

《六国年表》记载与之相同，《史记·秦本纪》则记载本事于秦灵公六年：

---

① 杨宽：《战国史料编年辑证》，上海人民出版社2001年版，第149页。
② 同上书，第1172页。

（秦）灵公六年晋城少梁，秦击之。

同理，如前所述，我们在看待《史记·魏世家》及其《史记·六国年表》中的相关魏文侯的年代记载时，均应在相应的年代上加上21年。因此，《史记·魏世家》此处所记载的魏文侯六年攻打少梁之事，应该在魏文侯二十七年（公元前419年），而本年为秦灵公六年，则秦灵公元年为424年，而秦灵公在位10年，由此可以推断秦灵公的年代为公元前424年至公元前415年。

此外，大多数学者赞同《史记·六国年表》中关于秦灵公及其之前诸王年代的记载，而平势隆郎的改订则与通行观点有一定区别，故附带讨论一下平势隆郎所拟定的秦灵公之前秦悼公、秦厉共公、秦躁公、秦怀公的年代问题，如表1—2所示：

表1—2　秦悼公至秦灵公年表的不同拟定（年代均为公元前）　（单位：年）

秦世系	《史记·六国年表》、林剑鸣、王云度、杨宽、陈梦家、范祥雍、吉本道雅、晁福林	平势隆郎
秦悼公	490—477	492—477
秦厉共公	476—443	477—443
秦躁公	442—429	443—430
秦怀公	428—425	430—427
昭子	不享国	
秦灵公	424—415	427—416

平势隆郎的上述改定，一个比较明显的问题是关于秦灵公年代的改订，他认为秦灵公应该在位是12年，但是这一改订并没有文献的有力证据，因而应当存疑。再分别来看：

秦悼公年代。一般均认为秦悼公的年代为公元前490年至前477年，在位14年；平势隆郎定为公元前492年至前477年，在位16年。文献中关于秦悼公在位年限的记载有14年、15年二说，前者见于《史记·秦本纪》记载："悼共公立十四年卒，子厉共公立"，《史记·十二诸侯年表》也记载为在位14年；后者见于《史记·秦始皇本纪》："悼公享国十五年。葬僖公西"，及《世本》的记载：

秦悼公立十五年，生厉共公。①

这两者的区别也应该以是否逾年纪元为标准，即以逾年改元则为在位14年，以当年改元则为在位15年，其实两种记载是一致的。而关于其在位年代，从《左传》鲁哀公十七年（公元前478年）记载楚灭陈，《史记·秦本纪》也记载"（秦悼公）十三年，楚灭陈"，由此可以确定秦悼公元年为公元前490年。因此要将秦悼公的元年改定为公元前492年，目前还缺乏有力证据。

秦厉共公年代。秦厉共公年代一般以为公元前476年至前443年，在位34年；平势隆郎以为公元前477至前443年，因此对于秦厉共公元年是公元前477年还是公元前476年的问题需要加以注意。

这一问题可以从《史记·周本纪》周定王十六年（公元前453年）三晋灭智伯的记载加以解决，《史记·秦本纪》亦记载此事：

（秦厉共公）二十四年，晋乱，杀智伯，分其国与赵、韩、魏。

由此可以确定秦厉共公元年应该为公元前476年。

关于秦厉共公的卒年，文献中有明确的记载，《史记·秦本纪》："（秦厉共公）三十四年，日食，厉共公卒，子躁公立"，《史记·秦始皇本纪》引《秦记》："（秦）刺龚公享国三十四年，葬入里，生躁公、怀公"，"刺""厉"均为来纽月部，"恭"为见纽东部，"共"为群纽东部，见、群同为牙音，并可旁转，故"刺龚"与"厉共"音近可通。如此则秦厉共公在位34年，由此其年代可以定为公元前476年至前443年。

秦躁（趮）公年代。一般以为秦躁（趮）公为公元前442年至前429年，在位14年；平势隆郎定为公元前443年至前430年，其年代可以从如下两个方面来看：（1）秦躁（趮）公元年方面，文献记载如：

《史记·秦本纪》：（秦躁公）十三年义渠来伐，至渭南。
《后汉书·西羌传》：至贞王二十五年秦伐义渠（公元前444年），

---

① 秦嘉谟辑补本：《世本》，《世本八种》，中华书局2008年10月第1版，2010年6月第2次印刷，第45页。

虏其王。后十四年（公元前430年），义渠侵秦，至渭阴。

由此可以逆推秦躁（趮）公元年为公元前442年。（2）秦躁（趮）公卒年方面，《史记·秦本纪》等文献较为明确地记载了秦躁公十四年卒，如此则秦躁（趮）公卒于公元前429年。因此秦躁（趮）公的年代可以定为公元前442年至前429年。

秦怀公年代。一般以为秦怀公年代为公元前428年至前425年，在位4年；平势隆郎定为公元前430年至前427年，《史记·秦本纪》等记载秦怀公在位4年，如此则秦怀公的年代应该依一般观点而定为公元前428年至前425年。

总之，从目前的文献来看，平势隆郎所拟定的从秦悼公到秦怀公年代，还缺乏有力的证据。

二 秦简公与秦敬公、秦惠公年代问题

先来看看秦简公的身份问题。《世本》记载秦简公为秦厉共公之子，秦怀公之弟：

> 简公名悼子，即刺龚公之子、怀公弟也。[1]

《史记·秦本纪》则记秦简公为秦怀公之子、秦昭子之弟：

> （秦）简公，昭子之弟而怀公子也。

《史记·六国年表》记载"秦怀公元年生灵公"，清代学者张文虎曾指出此处记载有误[2]。杨宽进一步指出此处"生灵公"是"生简公"之误，

---

[1] 王谟辑本：《世本》，《世本八种》，中华书局2008年10月第1版，2010年6月第2次印刷，第14页。
[2] （清）张文虎：《校勘史记集解索隐正义札记》，中华书局1977年8月第1版，2012年3月第2版，第146页。

应当如《秦本纪》所记载的秦简公为秦怀公之子①，本书也从此说。

再来看看秦简公的年代问题。文献中关于秦简公的在位年限，有如下几种记载：

①九年，《史记·秦本纪》索隐引《纪年》：

> 简公九年卒，次敬公立，十二年卒，乃立惠公。

②十五年，《史记·秦始皇本纪》引《秦记》：

> 简公从晋来，享国十五年，葬僖公西，生惠公。

《世本》也记载：

> 简公悼子，立十五年，生惠公。②

③十六年，《史记·秦本纪》记载秦简公在位16年：

> （秦简公）十六年卒，子惠公立。

秦简公的元年，依《史记·六国年表》记载秦简公十四年：

> 伐魏，至阳狐。

本事又见于《史记·魏世家》《史记·六国年表》：

> （魏文侯）二十四年（按：应为四十五年，公元前401年）秦伐我，至阳狐。

---

① 杨宽：《战国史料编年辑证》，上海人民出版社2001年版，第139页。
② 秦嘉谟辑补本：《世本》，《世本八种》，中华书局2008年10月第1版，2010年6月第2次印刷，第45页。

第一章 秦国王年问题

由此可以推定秦简公元年为公元前414年。

再来看看秦简公的在位年限问题。学者多认为《秦始皇本纪》《秦本纪》所记载的秦简公在位15年与16年之别，是由于《秦本纪》采用了不逾年改元之制，因而多出一年[①]，笔者赞同此说。由此，《史记》中所记载的本段世系如下（年代均为公元前）：

秦简公（414—400）→秦惠公（399—387）

而《竹书纪年》的世系中，则仅记载秦简公在位9年，其后为在位12年的秦敬公，其世系如下（年代均为公元前）：

秦简公（414—406）→秦敬公（405—394）→秦惠公（393—387）

将两种世系相比较，可以发现有如下几个不同：①《竹书纪年》中秦简公的在位年代要较《史记》中所记载的少6年；②《竹书纪年》的世系中多了在位12年的秦敬公一代，其在位年代相当于秦简公的最后6年，秦惠公在位的前6年；③《竹书纪年》中秦惠公的在位年代相当于《史记》中秦惠公在位年的后7年。

先来看看秦敬公是否为秦国诸王中的一世。如前所述，《史记》中并无"秦敬公"这一世，如《史记·秦本纪》：

（秦简公）十六年卒，子惠公立。

集解引徐广曰：

表云十五年也。

《史记·六国年表》记载秦简公在位15年，简公之后为惠公，惠公在位13年。而《竹书纪年》则记载秦简公、秦惠公之间尚有敬公一代，年数亦异。《史记·秦本纪》索隐引《竹书纪年》：

---

① 钱穆：《先秦诸子系年（外一种）·自序》，河北教育出版社2002年版，第15页。

（秦）简公九年卒，次敬公立。

《史记·秦始皇本纪》索隐引《竹书纪年》：

（秦）简公后，次敬公。

不过，《竹书纪年》中关于秦敬公在位的年代，有12年与13年两种记载，《史记·秦本纪》索隐引《竹书纪年》：

（敬公）十二年卒，乃立惠公。

《史记·秦始皇本纪》索隐引《竹书纪年》：

敬公立十三年，乃至惠公。

  对于这一差别，方诗铭、王修龄指出这是由于采用逾年改元与即位当年改元的差别所致①，本书也赞同此说。但对于"秦敬公"是否为秦国世系中的一代，学界有不同的意见，顾颉刚早已注意到此问题②，如杨宽认为"《纪年》多敬公一代，似不足信"③，方诗铭、王修龄也认为秦敬公一代并不存在④。但也有学者认为应当依据《竹书纪年》的记载，"秦敬公"这一世应当存在，笔者也认为应当依据《竹书纪年》的记载，在秦国的世系中补入"秦敬公"这一世。

  由此，《史记》中所记载的秦惠公年代也需要加以改订。如前所述，《史记》中秦惠公的在位年代，相当于秦敬公在位的后6年，和其实际在位的7年。故范祥雍认为结合《竹书纪年》"简公九年卒，次敬公立。十二年

---

① 方诗铭、王修龄：《古本竹书纪年辑证》，《方诗铭文集》（第一卷），上海社会科学院出版社2010年版，第367页。
② 顾颉刚：《秦简公、惠公世次》，《顾颉刚读书笔记》（第7卷），中华书局2010年版，第47页。
③ 杨宽：《战国史料编年辑证》，上海人民出版社2001年版，第204页。
④ 方诗铭、王修龄：《古本竹书纪年辑证》，《方诗铭文集》（第一卷），上海社会科学院出版社2010年版，第362页。

卒，乃立惠公"的记载及《六国年表》惠公以下出子、献公的年数推算之，秦惠公在位当为7年[①]。笔者赞同此说，因此其在位年代并非是《史记》的公元前399年至前387年，而是依据《竹书纪年》而改订的公元前393年至前387年。

由此，秦简公至秦惠公的世系应如下（年代均为公元前）：

秦简公（414—406）→秦敬公（405—394）→秦惠公（393—387）

三　关于改订秦出子至秦庄襄王年代的几个问题

基于上述讨论，关于秦简公至秦始皇的年代，目前学界已经有较为统一的意见，如晁福林等的意见；而平势隆郎所拟定的年表则有较大不同，故于此也对平势隆郎所拟定的秦简公至秦庄襄王的年代进行一些评述，见表1—3。

表1—3　　秦简公至秦始皇年代的不同拟定（年代均为公元前）　　（单位：年）

秦世系	平势隆郎	晁福林
秦简公	416—407	414—406
秦敬公	407—395	405—394
秦惠公	395—385	393—387
秦出子	385—384	386—385
秦献公	384—361	384—362
秦孝公	361—338	361—338
秦惠文王	338—311	337—311
秦武王	311—306	310—307
秦昭襄王	306—251	306—251

[①] 范祥雍：《古本竹书纪年辑校订补》，上海古籍出版社2011年版，第131页。

续表

秦世系	平势隆郎	晁福林
秦孝文王	251	250
秦庄襄王	250—246	249—247
秦始皇	246—？	246—？

秦简公至秦惠公年代。秦简公与秦敬公年代，平势隆郎都遵从《竹书纪年》的记载，分别定为9年与12年；但秦惠公的年代定为10年，而这与前文所述，依《竹书纪年》应该改订为7年的观点不一致。

秦出子至秦惠文王年代。平势隆郎采取了各王在位年限与《史记》相同的做法，但是由于前后诸王年代的改动，因而在具体年代上有所不同。如：

秦出子在位于公元前386年至前385年，还是公元前385年至前384年？"出子"在文献中亦作"出公"（《秦始皇本纪》引《秦记》、《世本》："惠公生出公"①）、"少主"（《索隐》引《世本》）、"小主"（《吕氏春秋》）。目前所见的文献都记载秦出子在位2年，如《世本》：

惠公立十三年，生少主。少主立二年。②

《史记·秦本纪》又记载：

（秦惠公）十三年，伐蜀，取南郑。惠公卒，出子立。

从前文的讨论可见，由于《史记》的世系中少了秦敬公一世，此处的秦惠公十三年应当为七年。总之，目前看来，仍然应当认为秦出子在位于公元前386年至前385年。

秦献公年代。秦献公在文献中又称为"公子连"，《吕氏春秋·当赏》：

---

① 王谟辑本：《世本》，《世本八种》，中华书局2008年10月第1版，2010年6月第2次印刷，第14页。
② 秦嘉谟辑补本：《世本》，《世本八种》，中华书局2008年10月第1版，2010年6月第2次印刷，第45页。

第一章 秦国王年问题

秦小主夫人用奄变,群贤不说……公子连立,是为献公。

高诱注:"公子连一名元。"《索隐》则指出秦献公"名师隰",梁玉绳则认为秦献公谥"元献",为两字谥。①

文献中关于秦献公的在位年代有22年、23年、24年几种记载:

①在位22年。《世本》记载秦献公在位22年:

元献公师隰,灵公子也,立二十二年,生孝公渠梁。②

②在位23年。《史记·秦始皇本纪》引《秦记》:

献公享国二十三年,葬嚣圉。生孝公。

《史记·秦始皇本纪》索隐引《世本》:

元献公立二十三年。③

③在位24年。《史记·秦本纪》:

二十四年献公卒。

《世本》亦记载"元献公立二十四年(《史记》索隐)"。④

关于上述记载之间的差别,钱穆认为在位23年与24年这两者间的差别,是由于秦献公即位未逾年改元之故,秦出子之末年纪秦献公初

---

① (清)梁玉绳:《史记志疑》,中华书局1984年4月第1版,2013年11月北京第3次印刷,第139页。
② 秦嘉谟辑补本:《世本》,《世本八种》,中华书局2008年10月第1版,2010年6月第2次印刷,第45页。
③ 王谟辑本:《世本》,《世本八种》,中华书局2008年10月第1版,2010年6月第2次印刷,第14页。
④ 张澍稡辑补注本:《世本》,《世本八种》,中华书局2008年10月第1版,2010年6月第2次印刷,第121页。

年，在位 24 年①。杨宽则就在位 22 年、23 年、24 年这三者间的关系指出，秦献公杀秦出子而继位，应没有逾年改元，其卒年应是 24 年，《秦本纪》按照逾年改元记载其即位，又按照立年改元之例记载其卒年，因而有一年的误差，可以确定秦献公卒年应当是其逾年改元之二十三年。②《史记·六国年表》："秦灵公元年（公元前 424 年）生献公。"《史记·秦本纪》："庶长改迎灵公之子献公于河西而立之"，其于公元前 384 年即位，时已 40 岁。

秦献公卒年是公元前 362 年，还是前 361 年？相关的记载如：

《史记·六国年表》：（秦献公十一年）县栎阳。
《史记·魏世家》：（魏武侯）十三年（按：当作二十二年）秦献公县栎阳。

由后文讨论可见，《史记·魏世家》中魏武侯十年之后的年代，与实际是一致的。而在魏武侯十年之前，相较于实际年代，少了 9 年，因此我们在阅读《史记》的时候，需要注意到《史记·魏世家》中魏武侯年代的这一个问题，从而应当加上 9 年的时间。如此则秦献公十一年"县栎阳"的年代，即魏武侯二十二年（公元前 374 年），由此可以确定秦献公元年为公元前 384 年。

因此，可以确定秦献公的年代为公元前 384 年至前 362 年，而并非平势隆郎所拟定的公元前 384 年至前 361 年。

秦惠文王年代问题。秦惠文王名"驷"，见于《吕氏春秋·去宥》高诱注："（秦）惠王，秦孝公之子驷也"，秦惠文王时期的一件重大事情是改元称王，《史记·六国年表》记载：

（秦惠文王十三年，公元前 325 年）四月戊午，君为王。

目前发现的一些出土文物资料，对秦惠文王称王的问题提供了佐证，如：

---

① 钱穆：《先秦诸子系年（外一种）·自序》，河北教育出版社 2002 年版，第 14 页。
② 杨宽：《战国史料编年辑证》，上海人民出版社 2001 年版，第 277 页。

① 《杜虎符》：

兵甲之符，右在君，左在杜。凡兴兵被甲，用兵五十人以上，必会君符乃敢行之。燔燧之事，虽毋会符，行殹。

铭文中有"右在君"的记载，故一般认为其年代应该在秦惠文王十三年前。①

② 《王二年相邦义戈》，该器现藏洛阳文物收藏学会，该铭文为：

王二年，相邦义之造，西工封。

刘余力认为本器的年代为秦惠文王更元二年（公元前323年）。②

目前所发现的年代最晚的秦惠文王时期纪年出土文献资料是两件十四年戈，即：

① 《十四年□守匽氏戟》，著录于《二编》1199，该铭文为：

十四年□匽氏造戟。平陆。

一般以为其年代为秦惠文王后元十四年（公元前311年），器主即青川木牍所见时任上郡守的"内史匽"。③

② 《十四年上郡守匽氏戈》，该器传出土于安徽马鞍山，著录于《飞诺藏金》，该铭文为：

十四年上郡守匽氏造，工䵼，洛都，博望。

---

① 马非百：《关于杜虎符之铸造年代》，《文物》1982年第11期；胡顺利：《关于秦国杜虎符的铸造年代》，《文物》1983年第8期。
② 刘余力：《王二年相邦义戈铭考》，《文物》2012年第8期。
③ 王辉、萧春源：《珍秦斋藏秦铜器铭文选释》，《故宫博物院刊》2006年第2期；苏辉：《秦三晋纪年兵器研究》，上海古籍出版社2013年版，第195页。

吴良宝以为本器年代为秦惠文王后元十四年（公元前311年）。① 上述两件器物则可以作为秦惠文王改元后在位14年的物证。

目前关于秦惠文王的王年问题，主要是其元年问题，即应当是《史记》所记载的公元前337年，还是改订为前338年？《世本》记载秦惠文王在位22年：

> 孝公立二十四年，生惠文王驷。惠文王十九年而立，立二十二年，生武烈王荡。②

但学者多从《史记》所记载的秦惠文王在位27年的记载，《史记·秦本纪》：

> （秦惠文君）十三年四月戊午，秦③君为王，韩亦为王……十四年，更为元年……（更元）十四年，伐楚，取召陵。丹、犁臣，蜀相壮杀蜀侯来降。

《史记·周本纪》记载：

> （周显王）四十四年（公元前325年），秦惠王称王。

由此可推秦惠文君元年为公元前337年，则其前元13年为公元前337年至前325年，而后元则为公元前324年至前311年。这与《史记·六国年表》记载秦惠文君的年代为公元前337年至前311年是相符合的。因此秦惠文王元年应该为公元前337年，而非前338年。

目前的另外一个问题是，关于秦惠文王行冠礼的年代及其年龄，还有不

---

① 吴良宝：《十四年上郡守匽氏戈考》，《华夏文化论坛》2012年第1期，又载宛鹏飞编《飞诺藏金》（春秋战国篇），中州古籍出版社2012年版，第118—122页；苏辉：《秦三晋纪年兵器研究》，上海古籍出版社2013年版，第195页。
② 秦嘉谟辑补本：《世本》，《世本八种》，中华书局2008年10月第1版，2010年6月第2次印刷，第45页。
③ 此处原文作"魏君"，学者多指出为"秦君"之误，参见杨宽《战国史料编年辑证》，上海人民出版社2001年版，第430页。

同的看法，《史记·秦本纪》记载：

> （秦惠文王）三年王冠……十三年四月戊午，秦君为王，韩亦为王……十四年更为元年。

《史记·六国年表》的记载与之相同。而《史记·秦始皇本纪》引《秦记》则记载为：

> 秦惠文王生十九年而立。

杨宽就此指出，秦国是实行 22 岁行冠礼，与一般认为的 20 岁行冠礼有不同[①]；王晖则指出秦惠文王行冠礼的年代，可能并非是如《礼记》所云的 20 岁，而实际已经有 30 岁左右，并推断其大约出生于秦献公二十年（公元前 365 年）[②]。因此，目前虽然关于秦惠文王在位的年代大体可以确定，但是关于秦惠文王的具体行年，还有待于进一步的探讨。

值得注意的还有秦骃玉版年代问题。秦骃玉版中与史实相关的文字如下：

> 又（有）秦曾孙孚（小子）骃曰："……周世既没，典法薛亡……惴囗（惴惴）孚（小子），欲事天地、四叞（极）、三光、山川、神示（祇）、五祀、先祖而不得毕（厥）方……"

关于其中的一些字句，主要意见如下：

"曾孙"，李零认为指孙之子，可能是秦惠文王或秦武王的曾孙。[③] 李学勤等则认为"曾孙"除指称"孙之子"外，还可以指"孙之子"以下的统

[①] 杨宽：《战国史料编年辑证》，上海人民出版社 2001 年版，第 396 页。
[②] 王晖：《秦惠文王行年问题与先秦冠礼年龄的演变》，载秦始皇兵马俑博物馆《论丛》编委会编《秦文化论丛》（第 2 辑），西北大学出版社 1993 年版，第 30—41 页。
[③] 李零：《秦骃祷病玉版的研究》，载北京大学中国传统文化研究中心编《国学研究》（第 6 卷），北京大学出版社 1999 年版，第 525—548 页，收入《中国方术续考》，中华书局 2006 年版，第 343—361 页。

称①，笔者赞同后一说。

"駰"，曾宪通认为"駰"可能是秦庄王，文献记载秦庄王名或为子楚，"子楚"和"駰"可能是一名一字的关系②；李学勤、连劭名③、周凤五④文中则认为"駰"即秦惠文王，惠文王之名，《吕氏春秋·首时》《去宥》高诱注、《后汉书·西羌传》和《史记·秦本纪》索隐均记载秦惠文王名"駟"，文献之"駰"可能为"駟"字形误。

"周世既没"，李学勤前引文中认为"周世"指周的王数，从成王"卜世三十"到秦惠文王、周显王时期，已经超过30世，所以"周世既没"指的是周显王时期。李家浩前引文中认为指周显王二年（公元前367年），周分为东周和西周⑤；王辉认为指公元前256年，秦昭襄王灭西周⑥；李零、曾宪通前引文中认为指公元前249年，秦庄襄王灭东周。

关于玉版的年代，主要意见如下：

①多数学者认为其是秦惠文王时期（公元前337年至前311年）。李学勤认为是秦惠文王称王以后（公元前325年至前311年），李家浩认为绝对年代应在秦惠文王死年（即公元前311年）；周凤五根据先秦文献所见"曾孙"一词的特殊用法与"毓子""元孙"所指称，玉版记载的"曾孙"应该为一代秦王，而由祭祀对象有"五祀"等内容，可以确认玉版作者为孝公之子、献公之孙、灵公之曾孙，即秦惠文王。此外，连劭名也以为其是秦惠文王时期。

②李零认为是秦昭王灭西周后（公元前256年）至秦始皇即位（前246年）前。

③王辉认为是秦昭襄王五十二年（公元前255年）至秦始皇二十六年（前221年）间。

---

① 李学勤：《秦玉牍索隐》，《故宫博物院院刊》2000年第2期，收入《中国古代文明研究》，华东师范大学出版社2005年版，第171—175页。
② 曾宪通、杨泽生、肖毅：《秦駰玉版文字初探》，《考古与文物》2001年第1期，收入《古文字与出土文献丛考》，中山大学出版社2005年版，第222—229页。
③ 连劭名：《秦惠文王祷祠华山玉简文研究》，《中国历史博物馆馆刊》2001年第1期。
④ 周凤五：《〈秦惠文王祷祠华山玉版〉新探》，《中央研究院历史语言所集刊》（第72本第1分册），"中央研究院"历史语言研究所2001年版，第217—232页。
⑤ 李家浩：《秦駰玉版铭文研究》，载北京大学中国古文献研究中心编《北京大学中国古文献研究中心集刊（二）》，北京燕山出版社2001年版，第99—128页，收入《安徽大学汉语言文字研究丛书·李家浩卷》，安徽大学出版社2013年版，第277—299页。
⑥ 王辉：《秦曾孙駰告华大山明神文考释》，《考古学报》2001年第2期。

④曾宪通认为是秦庄襄王（公元前249年至前247年）时期。

从已有的讨论来看，关于"周世既没"的理解，李学勤、李家浩的理解较为合理，玉版中的"小子骃"应该就是秦惠文王，玉版的年代也定在秦惠文王时期较为合理。

秦武王年代。秦武王的在位年代，一般以为是公元前310年至前307年，在位4年；而平势隆郎定为公元前311年至前306年，在位5年；两种意见存在一定差别。

先来看看秦武王的在位年代。《世本》记载：

> 武烈王十九年而立，立三年，生昭王侧。①

一本作：

> 武烈王十九而立，立二年，生昭王侧。②

此处"立三（或'二'）年，生昭王侧"的理解，是指秦武王共在位3或2年，其子为秦昭王，还是指秦武王在位的第3年或第2年，生下秦昭王，目前还难以定论。而《史记》中明确记载秦武王在位4年，故一般从《史记》的记载。《史记·秦本纪》：

> （秦武王）四年拔宜阳，斩首六万。涉河，城武遂。魏太子来朝……八月武王死，族孟说。

《史记·秦始皇本纪》引《秦记》：

> （秦）悼武王享国四年，葬永陵。

因此定秦昭王在位5年的看法并没有充分的依据。

---

① 秦嘉谟辑补本：《世本》，《世本八种》，中华书局2008年10月第1版，2010年6月第2次印刷，第45页；张澍粹集补注本：《世本》，《世本八种》，同上，第121页。
② 王谟辑本：《世本》，《世本八种》，中华书局2008年10月第1版，2010年6月第2次印刷，第14页。

其次再来看秦武王的实际在位年代。《史记·秦本纪》：

（秦武王）四年拔宜阳，斩首六万。

亦见于《史记·韩世家》的记载：

（韩襄王）五年（公元前307年）秦拔我宜阳，斩首六万。

依据《史记》的年代，秦武王四年、韩襄王五年均为公元前307年；而依据平势隆郎所拟定韩襄王年代（公元前311至前296年）与通行观点一致，则襄王五年为公元前306年，又依据所拟定秦武王年代（公元前311年至前306年），则秦武王四年为公元前307年，两者存在差别，故平势隆郎改定秦武王的年代存在一定问题。

秦孝文王年代。目前关于秦孝文王的年代问题，主要在于：①秦孝文王的在位时间，是几天还是一年？②秦孝文王在位年代，是《史记》记载的公元前250年，还是应该改订为前251年？

先来看第一个问题。有学者赞同秦孝文王在位1年[①]；也有学者认为应当是在位3天[②]，故需要对此问题加以讨论。文献中一般记载秦孝文王"立一年"，"享国一年"，如《史记·吕不韦列传》记载：

秦王立一年薨，谥为孝文王。太子子楚代立，是为庄襄王。

文献中也有秦孝文王即位不久后即卒的记载，如睡虎地秦简《编年记》：

（秦）孝文王元年，立，即死。[③]

[①] 富金壁：《秦孝文王即位、卒时间考》，《北方论丛》1986年第1期，收入《训诂散笔》，东北林业大学出版社2005年版，第11—12页；王爱华：《秦孝文王享国时间小考》，《咸阳师范学院学报》2005年第3期。

[②] 陈直：《史记新证》，中华书局2006年版，第16页；张汉东：《秦孝文王在位三日辨》，《山东师大学报》（社会科学版）1994年第4期。

[③] 陈伟主编，彭浩、刘乐贤等撰著：《秦简牍合集》（释文修订本·一），武汉大学出版社2016年版，第11页。

《史记·秦本纪》则记载秦孝文王在位3日卒：

> 五十六年秋，昭襄王卒。子孝文王立……孝文王元年赦罪人……孝文王除丧，十月己亥即位，三日辛丑卒，子庄襄王立。

《资治通鉴》也有相关记载：

> （孝文王元年）冬，十月，己亥，王即位，三日薨，子楚立，是为庄襄王。①

要解决秦孝文王是在位一年，还是在位3天而卒，最主要的一个问题是秦国在统一六国之前，是否采用的是十月为岁首之历法。有学者赞同秦国在昭襄王时期已经采用十月为岁首②，《史记·秦本纪》记载：

> （昭襄王）四十二年……十月，宣太后薨……九月，穰侯出之陶。

从这些记载来看，确实是以十月为岁首。但是《史记·秦本纪》又记载：

> （昭襄王）四十九年正月，益发兵佐陵……其十月，将军张唐攻魏。

表明在秦昭王四十九年时候又采用了以正月为岁首的标准，故秦昭襄王时期的岁首问题较为复杂，不能简单的定论。杨宽具体指出秦昭王四十二年（公元前265年）以前采用以正月为岁首的习惯；秦昭王四十二年至秦昭王四十八年（公元前259年）之间，采用以十月为岁首之颛顼历；而至秦昭王四十九年（公元前258年），又恢复以正月为岁首之习惯；直至秦王政二十六年（公元前221年）再改用为十月岁首。③ 笔者赞同杨先生的看法。

此外，睡虎地秦简《编年记》：

---

① （宋）司马光编著，（元）胡三省音注：《资治通鉴》，中华书局2013年版，第201页。
② 富金壁：《秦孝文王即位、卒时间考》，载《训诂散笔》，东北林业大学出版社2005年版，第11—12页。
③ 杨宽：《战国史料编年辑证》，上海人民出版社2001年版，第30—31页。

（秦昭襄王）五十六年，后九月，昭死。正月，遫产①。

有学者依此认为秦昭襄王时期已经使用了以十月为岁首的历法。但是由于睡虎地秦简《编年记》的年代已经是在秦王政二十六年以后，其记载事情已经是用秦王政时期的历法，记载秦昭襄王的相关史事，是基于秦王政时期已经改用十月为岁首这一背景，因此不能据此认为秦昭王时期已经以十月为岁首。

阎若璩依据秦历建亥岁首十月而分析，认为秦昭王五十六年庚戌之秋，距离秦孝文王元年辛亥之冬只有几个月，在此期间举行了丧事；次年则新君正式登基，并于本年秋天完成期年的丧事。"孝文王元年"为改元，"孝文王除丧十月己亥即位"为践阼，表明秦孝文王在位已经超过了2年；但是由于其正式即位仅仅3日，"不仍之为二年，遂改为庄襄之元年"②。

但是如前所述，秦昭王五十六年时的历法，并非是以10月为岁首，则上述阎若璩之说就失去了立论的基础。故陈直认为秦昭王五十六年之秋卒，秦孝文王在本年十月出丧之后正式即位，但仅仅在位三天③。杨宽认为并非指秦孝文王继秦昭王而立之后即死，而是指秦昭王死于上年后九月，至十二月仅三月，至是年待孝文王除丧，于十月己亥行改元即位之礼；"三日而死"是指逾年而行改元即位之礼后即死④。因此，关于《史记·秦本纪》这一段的记载也较好理解了，即秦昭襄王在位的第五十六年（公元前251年）死去，秦孝文王继承王位；而在次年（公元前250年），秦孝文王建元，并于十月除丧服之后正式即位。故从其正式改元即位到其突然崩卒，应当是只有3天而已，这期间可能发生了比较重要的事件，目前已不为所知，但从其初步继承王位到正式即位来看，则大约应该也有一年的时间，这也就是《史记·吕不韦列传》、《世本》记载秦孝文王"立一年"，与《史记·秦始皇本纪》"孝文王享国一年"的所指。

秦孝文王的在位年代应当从一般以为是公元前250年，而秦孝文王的年

---

① 陈伟主编，彭浩、刘乐贤等撰著：《秦简牍合集》（释文修订本·一），武汉大学出版社2016年版，第11页。
② （清）阎若璩：《尚书古文疏证》，上海书店出版社2012年版，第145页。
③ 陈直：《史记新证》，中华书局2006年版，第16页。
④ 杨宽：《战国史料编年辑证》，上海人民出版社2001年版，第1038页。

代是否应当改订为公元前251年,则与秦庄襄王的年代是否应当改订有关。故先来看看秦庄襄王的年代问题。平势隆郎认为在位5年(公元前250年至前246年),而这与通行的在位3年(公元前249年至前247年)的看法有区别。

目前所见文献中关于秦庄襄王在位年代的记载大多是3年,如睡虎地秦简《编年记》:

(秦)庄王三年,庄王死。①

文献中也有秦庄襄王在位4年的记载,见于《史记·秦本纪》:

三年,王龁攻上党,初置太原郡……五月丙午,庄襄王卒。

秦庄襄王在位4年的记载,仅见于此。《史记》中关于本事的相关记载,如:

《六国年表》:(秦庄襄王三年)王龁击上党,初置太原郡。
《韩世家》:(韩桓惠王)二十六年(公元前247年),秦悉拔我上党。

因此,《秦本纪》将王龁攻上党之年系于秦庄襄王四年,并不合理,应当是庄襄王三年。由此也可确定秦庄襄王年代为公元前249年至前247年。

由此,秦庄襄王及之前的秦孝文王之年代,应当如《史记》所记载,而不应该改订。

目前所发现的秦庄襄王时期出土纪年文献资料主要有:

秦庄襄王元年时期的铭文有《元年上郡假守暨戈》,其器现藏澳门萧春源珍秦斋,该铭文为:

元年上郡假守暨造,漆工壮、丞图、工隶臣□,平陆,九。

---

① 陈伟主编,彭浩、刘乐贤等撰著:《秦简牍合集》(释文修订本·一),武汉大学出版社2016年版,第11页。

王辉、萧春源认为其年代为庄襄王元年（公元前249年），器主即与白起同时之秦名将王屹。①

秦庄襄王二年的器物铭文有《二年上郡守冰戈》（《集成》11399），该铭文为：

> 二年，上郡守冰造，高工、丞沐叟（？）、工隶臣述（徒），上郡武库。

关于本戈的年代有不同意见，林清源、王辉、萧春源、苏辉认为是秦庄襄王二年；李三认为是秦王政二年。② 目前已经发现有秦王政二年的《二年上郡守锜戈》，再联系秦庄襄王三年时候的《三年上郡守冰戈》，本器的年代以定为秦庄襄王二年（公元前248年）为合适。

此外，还有《二年少府戈》（《二编》1131），其铭文为："少府，二年作。"一般认为本器年代为秦庄襄王二年。③

秦庄襄王三年时期的器物铭文有《三年上郡守冰戈》（《集成》11369），其铭文为：

> 三年，上郡守冰造，漆工师瘖、丞㤅（徒）、工城旦毛。

苏辉认为其年代为秦庄襄王三年（公元前247年）。④

此外，还有《三年高奴石权》，1964年该器出土于西安市西郊三桥镇高窑村，铭文为：

---

① 王辉、王伟：《秦出土文献编年订补》，三秦出版社2014年版，第73页；王辉、萧春源：《珍秦斋藏秦铜器铭文选释》（八篇），《故宫博物院院刊》2006年第2期。
② 林清源：《〈殷周金文集成〉新收战国秦戈考释》，《于省吾教授百年诞辰纪念文集》，吉林大学出版社1996年版，第99—103页；王辉、萧春源：《珍秦斋藏秦铜器铭文选释》，《故宫博物院院刊》2006年第2期；苏辉：《秦三晋纪年兵器研究》，上海古籍出版社2013年版，第172、197页；李三：《内蒙古准格尔旗出土一件上郡青铜戈》，《文物》1982年第11期。
③ 王辉、萧春源：《珍秦斋藏秦铜器铭文选释》（八篇），《故宫博物院院刊》2006年第2期；苏辉：《秦三晋纪年兵器研究》，上海古籍出版社2013年版，第192、197页。
④ 苏辉：《秦三晋纪年兵器研究》，上海古籍出版社2013年版，第198页。

> 三年，漆工㠯、丞詘造，工隸臣牟，禾石，高奴。

铭文中漏铸督造者之名，铭文中的"漆工㠯"应该为"漆垣工师㠯"的省称。高奴在今陕西延安地区，《史记·项羽本纪》："立董翳为翟王，王上郡，都高奴。"《正义》引《扩地志》："延州州城即汉高奴县。"发掘简报以为其年代可能为秦昭王三年（公元前304年）、秦庄襄王三年（公元前247年）或者秦王政三年（公元前244年）。① 记载秦"漆垣"县的相关兵器铭文有《七年上郡守戈》（秦昭王七年，公元前300年）、《十二年上郡守寿戈》（秦昭王十二年，公元前295年）、《十三年上郡守寿戈》（秦昭王十三年，公元前294年），本器铭文格式与上述秦昭王时期的兵器铭文格式有一定差别，而与珍秦斋所藏兵器的铭文《元年上郡假守暨戈》（秦庄襄王元年，公元前249年）相近；同时，秦王政时期地方督造的兵器铭文格式一般为"郡（假）守+工师+丞"三级制造格式、"×年+郡（假）守+工师+丞+工"的四级格式，本器铭文格式也与之不同。故《三年高奴石权》的年代可能为秦庄襄王三年（公元前247年）。

四 关于秦王政二十六年未统一六国说的几个问题

关于秦王政时期的年代问题，需要注意的是有学者认为秦王政二十五年（公元前222年）灭亡齐国，从而已经统一六国②，也有学者对此说提出来一些批评③。持改订意见的学者，其主要依据是《史记·白起王翦列传》：

> 秦始皇既灭三晋，走燕王，而数破荆师……王翦果代李信击荆……

---

① 陕西省博物馆：《西安市西郊高窑村出土秦高奴铜石权》，《文物》1964年第9期；王世民：《秦始皇统一中国的历史作用——从考古学上看文字、度量衡和货币的统一》，《考古》1973年第6期。
② 严宾：《关于秦始皇统一中国的年代问题》，《文史哲》1991年第5期；《再考秦始皇统一中国的年代问题》，《河北学刊》1998年第5期。
③ 张金光：《论秦始皇统一中国的年代问题——兼与严宾商榷》，《文史哲》1992年第6期。

杀其将军项燕……岁余，虏荆王负刍，竟平荆地为郡县。因南征百越之君。而王翦子王贲，与李信破定燕、齐地。秦始皇二十六年，尽并天下。

此处记载的相关事件年代如下：①"秦始皇既灭三晋，走燕王"，年代已经是在公元前225年魏国被灭之后；②"杀其将军项燕"，年代为公元前224年；③"岁余，虏荆王负刍，竟平荆地为郡县"，年代为公元前223年。有学者则认为此处的"岁余"应当还包括其后的"因南征百越之君。而王翦子王贲，与李信破定燕、齐地"，从而认为秦王政灭齐、统一六国的年代是在秦王政二十五年（公元前222年）。

> 破定燕、齐在秦始皇二十三年后、二十六年前的"岁馀"之内，"岁馀"指秦始皇二十四年、二十五年，可见灭齐在秦始皇二十五年。①

此说在文本上的理解说服力不强，不应该认为"岁余"这一时间段所统辖的事情，也包括灭齐在内。此外，《水经·淄水注》记载："秦始皇二十四年灭齐为郡，治临淄。"此处的"四"明显当为"六"之误。关于齐国灭亡的时间，文献中均明确记载为秦王政二十六年，如：

《史记·六国年表》：秦始皇帝二十六年王贲击齐，虏王建。初并天下，立为皇帝。
《廿六年铜诏版》②：廿六年皇帝尽并兼天下诸侯。

总之，认为秦王政二十五年已经灭亡齐国的观点是缺乏说服力的，从而也不能认为秦统一六国的年代是在公元前222年。

---

① 严宾：《再考秦始皇统一中国的年代问题》，《河北学刊》1998年第5期。
② 王博文：《甘肃镇原县富坪出土秦二十六年铜诏版》，《考古》2005年第12期。

五 从包山楚简看巴灭国时间及其相关问题

关于巴国的灭亡年代问题,目前还存在着一定争议。文献中关于巴国灭亡有楚灭巴与秦灭巴两种记载,目前考古资料所见战国时期楚文化对巴地的扩张范围最西到达忠县一带,"楚灭巴国"说缺乏考古学上的证据支持,包山楚简与望山楚简等分别记载有公元前331年的"鄁(巴)客困兰"及公元前316年的"悊(悼)髒(滑)救鄁(巴)",表明此时巴国仍然存在。据此结合相关材料,对巴国灭亡的年代问题,进行一些探讨。

包山楚简中有关于"鄁"的记载,如见于简226、228、230、232、234、236、239、243、244、247、249等的"大司马悊(悼)髒(滑)遲(将)楚邦之市(师)徒以救鄁之戠(岁)",见于简267与牍1的"大司马悊(悼)髒(滑)栽(救)鄁之戠(岁)","鄁",曾有指吕①、偪阳②、亳③等不同意见,李学勤认为是"巴"④,目前多从"鄁"即巴国之说。上述简文记载有战国时期楚援助巴国的资料,对于巴国历史的探讨具有重要的意义,本书拟结合这几处资料,对楚国是否灭巴及楚是否置巴郡的问题进行一些探讨。

包山楚简"悊(悼)髒(滑)栽(救)鄁"与巴国灭亡年代问题。关于巴国的灭亡,文献记载为战国秦惠文王时所灭,如《华阳国志·巴志》:

> 周显王时……秦惠文王与巴、蜀为好。蜀王弟苴侯私亲於巴。巴蜀世战争,周慎王五年,蜀王伐苴。苴侯奔巴。巴为求救於秦。秦惠文王遣张仪、司马错救苴、巴。遂伐蜀,灭之。仪贪巴、苴之富,因取巴,执王以归。⑤

---

① 包山墓地竹简整理小组:《包山2号墓竹简概述》,《文物》1988年第5期。
② 徐少华:《鄁国历史地理探疑——兼论包山、望山楚墓的年代和史实》,《华夏考古》1991年第3期,收入《荆楚历史地理与考古论丛》,商务印书馆2010年版,第64—78页。
③ 陈伟:《包山楚简初探》,武汉大学出版社1996年版,第12页。
④ 李学勤:《包山楚简"鄁"即巴国说》,《四川师范大学学报》(社会科学版)2006年第6期。
⑤ 任乃强:《华阳国志校注图补》,上海古籍出版社1987年版,第11页。

但同时也有楚灭巴的记载，如《太平御览》卷171引唐梁载言《十道志》：

> 楚子灭巴，巴子五人流入黔中。汉有天下，名曰酉、辰、巫、武、沅等五溪，为一溪之长，故号五溪。①

宋乐史《太平寰宇记》卷120：

> 五溪，谓酉、辰、巫、武、沅等五溪，故老相传云：楚子灭巴，巴子兄弟五人流入五溪，各为一溪之长。②

《舆地纪胜》卷159引《益部耆旧传》：

> 昔楚襄王灭巴，封庶子于濮江之南，号铜梁侯。③

《蜀中名胜记》卷18引《郡国志》：

> 巴城在汉南江，是楚襄王灭巴，封其子为铜梁侯，故有此城。④

对于楚人是否灭巴，学界目前有不同的意见，如蒙文通⑤、熊传新⑥认为楚在楚顷襄王年间灭巴，即《战国策·燕策》"楚得枳而国亡"，田敏则认为楚灭巴这个事件是不存在的，巴国最后是为秦国所灭亡⑦。一些学者试着调和秦人灭巴与楚人灭巴这两种记载之间的矛盾，如孙华、沈仲长依《华阳国志·巴志》所记载"巴始都江州，或治垫江，或治平都，后治阆中"，及《史记·

---

① （宋）李昉：《太平御览》（第1册），中华书局1960年版，第835页。
② （宋）乐史：《太平寰宇记》（第5册），中华书局2007年版，第2396—2397页。
③ （宋）王象之：《舆地纪胜》，中华书局1992年版，第4321页。
④ （明）曹学佺：《蜀中名胜记》，重庆出版社1984年版，第254页。
⑤ 蒙文通：《巴蜀古史论述》，四川人民出版社1981年版，第28页。
⑥ 熊传新：《湖南发现的古代巴人遗物》，文物编辑委员会编：《文物资料丛刊》（第7辑），文物出版社1987年版，第80—83页。
⑦ 田敏：《楚国灭巴考》，《贵州民族研究》1997年第1期。

秦本纪》"(秦)孝公元年（公元前361年），河山以东强国六……楚自汉中，南有巴、黔中"，从而提出楚所灭之巴与秦所灭之巴不同，公元前361年楚所灭亡之巴为江州（重庆）之巴，公元前316年秦所灭亡的巴为阆中之巴①；何浩则认为楚于公元前361年先灭江州之巴，楚顷襄王时期在秦灭阆中巴后将巴国完全灭亡②；周集云认为公元前316年秦国所灭之巴为阆中之巴，公元前280年楚国所灭亡之巴为江州之巴③；朱萍则认为公元前361年楚灭巴后以巴国贵族为傀儡来进行统治，公元前316年秦灭巴后则灭亡巴国并设置巴郡等进行统治，因而导致楚灭巴国不为后人所知④；王煜则认为巴族是一个各大氏族部族结合成的共同体，所以存在先后的楚灭巴与秦灭巴。⑤

学者探讨巴国灭亡的年代多引用上述传世文献材料，而应当注意到的是，文献所记载的古国灭亡，与考古学文化上所见的文化面貌变迁，两者应有一定的对应关系，因此探讨是楚灭巴国还是秦灭巴国，还应结合考古学上的相关材料来考察。目前在巴地发现的秦墓已经较多⑥，故探讨是否是楚灭巴国，也应该与考古学上的证据相结合，对此应结合楚文化由今三峡地区西渐至巴地的背景来对此问题进行考察。

目前所发现的三峡地区楚墓主要有湖北省巴东县的仁家坪和雷家坪遗址东周墓、西瀼口墓群、王家湾墓地、高桅子遗址战国墓，重庆巫山县的麦沱和瓦岗槽及水田湾墓地、蓝家寨遗址东周墓、秀峰一中战国墓地、高塘观墓群、下湾遗址东周墓、土城坡墓地，重庆奉节县的瞿塘关遗址东周墓、宝塔坪遗址战国墓地，重庆云阳县的李家坝和马沱墓地、故陵楚墓，重庆开县的余家坝墓地，重庆万州县的曾家溪、大坪、礁芭石墓地，重庆忠县的罗家桥遗址战国墓、崖脚墓地等。结合对上述遗址所体现的楚文化向巴地扩张的过程来看，黄尚明认为春秋早期楚文化才进入今宜昌西陵峡地区、秭归一带，春秋中期楚文化遗存较少，春秋晚期楚人势力急剧向西扩张，西至奉节、云

---

① 孙华、沈仲常：《楚国灭巴考》，《贵州社会科学》1984年第6期。
② 何浩：《周初的监国制与战国时的楚监巴》，《历史知识》1989年第6期。
③ 周集云：《巴族史探微》，四川省社会科学院出版社1989年版，第112页。
④ 朱萍：《楚灭巴、秦灭巴？——巴楚历史关系再认识》，《中国三峡建设》2006年第2期。
⑤ 王煜：《巴地氏族制在秦汉及其以后时期的遗存》，《重庆社会科学》2008年第10期。
⑥ 宋治民：《略论四川战国秦墓的分期》，《巴蜀考古论文集》，文物出版社1987年版，第46—59页；《略论四川的秦人墓》，《考古与文物》1984年第2期，均收入《宋治民考古文集》，科学出版社2004年版，第1—14、28—38页。李明斌：《论四川盆地的秦人墓》，《南方文物》2006年第3期。

阳一带。战国早期的遗存比较少。战国中期是楚人西进的又一高潮，最西可达今忠县一带。战国晚期已逐渐退出了峡区①；白九江指出从春秋晚期到战国早期已发现的三峡地区考古学遗存来看，瞿塘峡以东地区基本为楚文化所控制而巴文化退出本地区，在瞿塘峡以西地区则为巴、楚文化共存的局面，越往西楚文化的影响就越弱；在战国中期至晚期偏早阶段，发现了忠县崖脚墓地等重要楚文化遗存，此时期楚文化墓葬分布最西止于忠县。② 江章华依据渝东地区的考古发现，指出由春秋早、中期之际的巫山双堰塘、奉节新铺遗址上层文化面貌为巴、楚文化共存来看，表明此时楚在本地域的势力还不强大；春秋中期以后的巫山跳石、蓝家寨遗址反映楚文化占领了本区域而巴文化已经退出本地区，奉节与云阳地区成为巴、楚争夺的分界线，云阳李家坝成为巴人与楚国交锋的前沿；在战国末期楚国有可能占领了李家坝地区。③ 朱萍认为战国早期开始，楚文化以峡东地区为基地，进一步加强了对峡西地区的影响，并已经影响到万州一带；而从战国中期到战国晚期，峡西地区出现了楚文化西向播迁的现象，大规模、文化因素较为单纯的楚人墓地开始出现于本地，典型楚文化分布区域最西界已经到达忠县地区，巴国中心地带即今重庆一带也可能受到了楚文化的影响。④ 上述学者从考古学角度对楚文化西渐的研究表明，战国时期楚文化在西渐向巴地扩张的过程中，向西扩张的范围有限，主要是集中在今重庆以东的地域，同时并没有能使得巴国及其中心地区的文化面貌发生根本性的改变，因而文献中记载的楚灭巴国并没有考古学上的充分证据。

前引包山楚简的几条材料对于探讨巴国灭亡问题具有重要的意义，包山楚简226、228、230、232、234、236、239、243、244、247、249等的"大司马悼愲（滑）迻（将）楚邦之币（师）徒以救郙之戠（岁）"，见于简267与牍1的"大司马悼愲（滑）戠（救）郙之戠（岁）"，上述简文所记载的内容与《史记》等文献中所记载的秦灭巴蜀之事可以互为佐证。包山楚简中所记载的"愲（悼）愲（滑）救郙（巴）"的年代，一般认

---

① 黄尚明：《楚文化的西渐历程——兼论楚文化的"峡区类型"》，《华中师范大学学报》（人文社会科学版）2004年第6期。
② 白九江：《巴文化西播与楚文化西渐》，《重庆社会科学》2009年第10期。
③ 江章华：《渝东地区商周时期考古学文化研究》，《考古学报》2007年第4期，收入《成都考古研究》（一），科学出版社2009年版，第368—394页。
④ 朱萍：《楚文化的西渐——楚国经营西部的考古学观察》，巴蜀书社2010年版，第215—219页。

为是公元前316年①，而这正是《史记》《华阳国志》等文献中所记载的秦攻打并灭巴、蜀之年。楚简中还见到有"䣱客"的资料，如包山楚简145"䣱客望囩羕"，望山楚简卜筮简5"䣱客困刍酭（问）王于栽郢之岁"、简7"䣱客困刍酭（问）王于栽郢之莰（岁），刑尸之月，癸未之日"、简8"䣱客困刍酭（问）王于栽郢之莰（岁），爨月，癸丑［之日］"，刘信芳认为望山楚简纪年简中的"䣱客困刍"之年为公元前331年。② 因此从楚简的材料来看，在公元前331年、前316年的时候，"䣱（巴）"国仍然存在，因此否定了一些学者依据《史记·秦本纪》"（秦）孝公元年（公元前361年），河山以东强国六……楚自汉中，南有巴、黔中"的记载，从而认为楚国于公元前361年灭巴的观点，实际上《史记·秦本纪》"（秦）孝公元年（公元前361年），河山以东强国六……楚自汉中，南有巴、黔中"的记载也并不能充分证明在秦孝公元年即已经灭亡了巴国，其也有可能指的是楚国占领了一部分巴地。而由包山楚简所记载的在公元前316年秦攻巴之时、楚援巴的记载来看，《华阳国志》等文献所记载的公元前316年秦灭巴国还是较为可信的。而在此后巴地即为秦国所占领。一些学者基于《史记·苏秦列传》"苏代约燕王曰：'楚得枳而国亡，齐得宋而国亡……'"，从而认为楚顷襄王年间楚国灭巴，田敏指出此处所记载的"楚得枳而国亡"与楚灭巴国无关，指的是秦、楚在黔中地区的争夺③，此说可从，因此楚顷襄王时期楚国灭巴的说法也没有依据了。

总之，由于没有考古学上的证据表明巴国中心地区的巴文化为楚文化所代替，其文化面貌并没有根本性的发生改变，因此仅依据文献记载而推断楚国曾经灭亡巴国的观点还有待证实，由此江州之巴由于被楚灭从而迁至阆中及基于楚国曾经灭巴说而提出的巴国二次灭亡说及其相关解释，目前说服力也还不强。至于《华阳国志·巴志》中记载"巴始都江州，或治垫江，或治平都，后治阆中"的巴国迁都问题，而《舆地纪胜》卷175引《九域志》则记载：

> 阆中古城本张仪城也。《图经》云："司马错执巴王以归阆中，遂

---

① 李学勤：《包山楚简"䣱"即巴国说》，《四川师范大学学报》（社会科学版）2006年第6期；刘信芳：《楚系简帛释例》，安徽大学出版社2011年版，第280页。
② 刘信芳：《楚系简帛释例》，安徽大学出版社2011年版，第294页。
③ 田敏：《"楚子灭巴，巴子五人流入黔中"考——楚巴关系及廪君巴迁徙走向新认识》，《湖北民族学院学报》（社会科学版）1997年第1期。

筑此城"。①

表明阆中古城是秦灭巴后所筑,而非巴国所筑。因此阆中城是否曾经为秦灭巴时巴国之都城,目前也还难以确定,故上述包山及望山楚简中"䣱（巴）"与秦灭巴国时巴之都是在江州（今重庆）还是阆中,还有待更进一步的探讨。

值得注意的是,文献中所记载的秦灭蜀的年代略有不同,《史记·秦本纪》《史记·六国年表》记载秦灭蜀国在秦惠文王后元9年（公元前316年）,一般从此说②；而《史记·张仪列传》记载为秦惠文王前元9年（公元前329年）,也有一些学者赞同此观点③,笔者此处就秦灭蜀的年代略加以讨论。《史记·张仪列传》记载的相关事迹如下：

> 张仪遂得以见秦惠王,惠王以为客卿,与谋伐诸侯……张仪既相秦……苴、蜀相攻击,各来告急于秦,秦惠王欲发兵以伐蜀……司马错与张仪争论于惠王之前。司马错欲伐蜀……惠王曰："善,寡人请听子。"卒起兵伐蜀,十月取之,遂定蜀,贬蜀王,更号为侯……秦惠王十年,使公子华与张仪围蒲阳,降之。仪因言秦复与魏……魏因入上郡、少梁,谢秦惠王。惠王乃以张仪为相……仪相秦四岁,立惠王为王。

从《史记·张仪列传》的"秦惠王十年"等记载来看,司马错等灭蜀似乎应该在秦惠王前元九年（公元前329年）,但是这一说法有如下两个问题需要面对：

①从《史记》的记事来看,有时其对于纪年中的前元与后元的区分并不十分清楚,如《史记·秦本纪》记载"（秦惠王）十四年,更为元年……九年,司马错伐蜀,灭之",即《史记·六国年表》所系于秦惠文王后元九年（公元前316年）的"击蜀,灭之",《史记·秦本纪》中"九年,司马错伐蜀"中的"九年"应该为秦惠文王后元九年,但是依据《史记·秦本纪》的文本很容易认为就是秦惠文王前元九年。

---

① （宋）王象之：《舆地纪胜》,中华书局1992年版,第4768页。
② （清）钱大昕：《廿二史考异》,凤凰出版社2008年版,第51页。
③ 马培棠：《巴蜀归秦考》,《禹贡》第2卷第2期,1934年；钟凤年：《论秦举巴蜀之年代》,《禹贡》第4卷第3期,1935年；郑德坤：《四川古代文化史》,巴蜀书社2004年版,第28—29页。

②《史记·张仪列传》记载"仪相秦四岁,立惠王为王",秦惠王改元为王是在公元前324年,因此张仪为相是在公元前328年,但是张仪至于秦国是在公元前329年[①],并于此年为客卿,虽然秦国客卿有率领军队征伐的权力,但是其是否能在到达秦国的当年即率领军队攻灭巴蜀还是存疑的。

此外,从具体的论证过程来看,钟凤年依据《战国策·秦策》《史记·樗里子甘茂列传》记载的"始仪西并巴蜀之地,北开西河之外,南取上庸",《史记·李斯列传》"惠王用张仪之计,拔三川之地,西并巴蜀,北收上郡,南取汉中",认为张仪率领秦军灭巴蜀应该是在秦惠文王前元十二年(公元前326年)取魏上郡、秦惠文王后元十三年(公元前312年)之前,从而定秦灭巴蜀之年代为秦惠文王前元九年。钟氏的这一标准可以采纳,但是秦国取得魏国上郡是在秦惠文王后元十二年(公元前313年)而不是秦惠文王前元十二年(公元前326年);而马培棠由于时代的局限,未能看到出土的马王堆帛书《战国纵横家书》等材料,在确定张仪年代过程中,沿用了《史记》等文献关于苏秦年代的看法,从而认为秦灭巴蜀是在秦惠王前元九年,也存在一定的误差。因此上述学者认为秦灭巴蜀在秦惠文王前元九年(公元前329年)的观点说服力还不强,秦灭蜀与巴的年代应该是在秦惠文王后元九年(公元前316年)。

楚对于巴地占领区的管理与楚设"巴郡"问题。《华阳国志·巴志》所记载巴国范围为"其地东至鱼复,西至棘道,北接汉中,南极黔涪",战国时期巴、楚两国多次发生征战,《史记·楚世家》:"(楚)肃王四年(公元前377年),蜀伐楚,取兹方,于是楚为扞关以拒之。"《华阳国志·巴志》:"巴楚数相攻伐,故置扞关、阳关及沔关。"楚国对于巴地扩张与争夺的进程可以分为两个阶段,首先是在秦灭巴蜀之前这一阶段楚向巴地的扩张,《史记·秦本纪》:"楚自汉中,南有巴、黔中。"《正义》:"楚自梁州汉中郡,南有巴、渝,过江南有黔中、巫郡。"《淮南子·兵略训》:"昔者楚人地南卷沅湘,北绕颍泗,西包巴、蜀,东裹郯邳,颍汝以为洫,江汉以为池,垣之以邓林,绵之以方城。"《资治通鉴》:"(周显王七年)楚自汉中,南有巴、黔中。"《华阳国志·巴志》记载:"周之季世,巴国有乱。将军有蔓子,请师于楚,许以三城。楚王救巴。"

其后一个阶段是楚国在秦国灭亡巴蜀之后,还与秦国对这一地区进行了

[①] 林剑鸣:《秦史稿》,上海人民出版社1981年版,第286页。

争夺。关于秦巴郡设立的时间，一般以为秦国于公元前316年灭巴，前314年置巴郡。《华阳国志·巴志》记载：

> 秦惠文王与巴蜀为好……周慎王五年，蜀王伐苴侯，苴侯奔巴。巴为求救于秦。秦惠王遣张仪、司马错救苴、巴。遂伐蜀，灭之。仪贪巴苴之富，因取巴，执王以归。置巴、蜀及汉中郡。①

《华阳国志·蜀志》以为秦国巴郡的设立是在秦惠王封其子通国为蜀侯之时，《水经·江水注》："七国称王，巴亦王焉。秦惠王遣张仪等救苴侯于巴，仪贪巴、苴之富，因执其王以归，而置巴郡焉，治江州。"朱圣钟认为秦国的巴郡始设于公元前314年，至前277年最终形成②，其说可从。《史记·苏秦列传》："苏代约燕王曰：'楚得枳而国亡，齐得宋而国亡……'"《史记·秦本纪》："（公元前277年）蜀守若伐取巫郡及江南为黔中郡。"即《史记·楚世家》"秦复拔我巫、黔中"，表明秦、楚在秦灭巴蜀之后还对峡西地区的巴地进行了争夺，在秦国灭巴并于此地设郡之后，秦、楚两国在本地区的争夺并未停止。目前在忠县发现有战国中期至战国晚期偏早（公元前278年以前）的忠县崖脚墓地楚墓，性质一般认为是楚国普通士兵和中下级军官的墓地，同时又发现有在楚人墓葬之上的巴人墓葬，与楚人墓葬有打破关系，即表明在秦国攻占峡西地区之后，楚国还曾在这一地区与秦国进行交战，同时也表明在战国晚期偏早以后，楚人最终离开了忠县而巴人重新回到了这一地区。还发现有年代为战国时期的平扎营、万州大丘墓群、奉节永安镇等楚国高级将领或高级贵族墓群。③上述考古发现正与文献中所记载的秦、楚在秦于巴地设郡后，仍然在本地进行了争夺相符合。

由于第二个阶段的基本格局是秦国已经在巴地设立了郡，而当时楚国在与秦国争夺巴地主要是以军事活动为主，是否楚国设置有一些机构对所攻取的巴地进行管理，目前还不得而知。另外一个值得注意的问题是：在秦灭巴蜀之前，楚对所占领巴地的管理方式，目前主要有如下几种意见：高至喜认

---

① 任乃强：《华阳国志校补图注》，上海古籍出版社1987年版，第11页。
② 朱圣钟：《论秦巴郡政区的形成》，《铜仁学院学报》2010年第1期。
③ 白九江：《巴人寻根》，重庆出版社2007年版，第92—95页；方志军、夏良明、蒋颖、李洪斌、钟治：《重庆忠县崖脚楚墓2000年发掘简报》，《四川文物》2009年第1期。

为是采用封巴人首领为王侯,并进行监管的方式①;周集云认为是采用封楚王族到巴地代替巴族首领而进行统治②;刘蓬春、赵炳清认为是将所占领的巴国地区划入楚黔中郡、巫郡来进行管辖③;杨光华则综合上述观点,认为楚国封巴人的首领为王侯,派"监"监管,也封楚王宗族到一些地方而取代原方国部族首领,同时又提出还曾设置有巴郡以管理所占领的巴国地区,认为楚巴郡的地域应包括今忠县以西、泸州以东的长江沿线,以合川为中心的涪江下游、嘉陵江下游以及渠江流域④。按,学者认为楚国封巴人首领为王侯以进行监管的观点多依据湖南省博物馆所藏兵器铭文《王孙袖戈》,其铭文一般释为"偲命曰:献与楚君监王孙袖",但从铭文来看,一般被释为"监"的字还尚不能确定,故本书认为,是否能由此戈来推断楚国对所占领的巴地推行以巴人首领为王侯,并进行监督的制度,还有待证实。

从目前已有的材料来看,楚国对所占领的巴国地区的管辖,可能主要是将一些所占领的巴地划入楚黔中郡、巫郡来进行管辖,而楚国设立巴郡以对所占领的巴国地区进行管理的看法还有待证实,现在对这一问题略加补论。

首先应注意的是楚巫郡、黔中郡的范围。文献中关于楚巫郡的记载较为明确,如《史记·秦本纪》"(秦昭襄王三十年,公元前 277 年)取巫郡",《水经注·江水》"江水又东迳巫县故城南,县,故楚之巫郡也,秦省郡立县,以隶南郡",《括地志》"巫郡在夔州东百里",一般认为巫郡在巫山附近的鄂渝交界地区一带,这一区域是楚文化向巴地西渐的重要通道,楚国将其所占领的巴地归于巫郡来管辖也是合理的。而关于楚黔中郡的范围则需要加以注意,《史记·秦本纪》记载秦昭王二十七年(公元前 280 年)"使司马错发陇西,因蜀攻楚黔中,拔之",《史记·白起王翦列传》记载"武安君因取楚,定巫、黔中郡",《史记·楚世家》:"(楚顷襄王)二十二年(公元前 277 年),秦复拔我巫、黔中郡。二十三年(公元前 276 年),襄王乃收东地兵,得十余万,复西取秦所拔我江旁十五邑以为郡,距秦。"《战国策·楚策》"楚地西有黔中、巫郡,东有夏州、海阳,南有洞庭、苍梧,北有汾陉之塞、郇阳",《史记·张仪列传》"秦要楚欲得黔中地,欲以武关外易

---

① 高至喜、熊传新:《楚人在湖南的活动遗迹概述》,《文物》1980 年第 10 期。
② 周集云:《巴族史探微》,四川省社会科学院出版社 1989 年版,第 122—125 页。
③ 刘蓬春:《战国秦蜀楚巴对汉中、黔中的争夺》,《成都大学学报》1998 年第 1 期;赵炳清:《略论峡江地区盐卤资源与楚西进置郡的关系》,《三峡大学学报》2005 年第 5 期。
④ 杨光华:《楚国设置巴郡考》,《中国历史地理论丛》2007 年第 4 期。

之",《史记·张仪列传》:"秦西有巴蜀,大船积粟,起于汶山,浮江已下,至楚三千余里。……不至十日而距扞关。扞关惊,则从境以东尽城守矣,黔中、巫郡非王之有。"《史记·楚世家》记载"秦因留楚王,要以割巫、黔中之郡",徐少华、李海勇认为楚黔中郡辖境约在今汉中以南、扞关以东、长江以北的鄂西与川东一带,与楚洞庭郡、苍梧郡相对应,并临近巫、巴两地[1],也有学者认为是在洞庭湖以西的沅水、澧水流域[2],从上述文献记载来看,楚黔中郡的所在以前一说为合适。从楚国黔中郡所在位置来看,其可能管理有一部分楚国所占领的巴地。前引刘蓬春文中认为被划入楚巫郡的巴地主要在三峡地区,包括今重庆合川、泸州等地在内的广大川东地区则划入楚黔中郡。前引赵炳清文认为楚巫郡西至忠县,东至夷陵(湖北宜昌),南至湖北清江流域,北与楚汉中郡相接,而今重庆乌江中下游地区则归楚黔中郡治理。从楚黔中郡的范围来看,其不大可能管理包括重庆合川、泸州、重庆乌江地区等地在内的巴地,但是他们认为楚巫郡、黔中郡可能管理秦国所占领的巴地则无疑是可取的。

再来看楚国是否设置有巴郡的问题。杨光华在前引文中认为楚曾设立巴郡以管辖所占领的巴地,楚巴郡的地域应包括今忠县以西、泸州以东的长江沿线,以合川为中心的涪江下游、嘉陵江下游以及渠江流域,而周书灿对楚国设置有巴郡的观点持否定意见。[3] 从巴地峡江地区的战国时期相关考古发现来说,目前所发现分布最西边的楚墓位于忠县,在忠县以西地区所受到的楚文化的影响较小,因此认为楚国以今忠县以西、泸州以东的长江沿线,与合川为中心的涪江下游、嘉陵江下游,以及渠江流域设立巴郡的观点,并没有考古学上的证据可以支持。此外,对于《史记·秦本纪》"楚自汉中,南有巴、黔中",《史记·西南夷列传》"始楚威王时,使将军庄蹻将兵循江上,略巴、黔中以西"中"巴、黔中"的理解也是一些学者认为楚国设置有巴郡的依据,杨光华在前引文中将"巴""黔中"断读为"巴、黔中",并认为"楚自汉中,南有巴、黔中"应该理解为是楚国占有了后来属于汉中、巴、黔中郡的地方。笔者认为此句也有可能理解为楚国占有巴、黔中地区,这一条材料也不能作为楚国曾经设立有巴郡的充分证据。此外,张正明

---

[1] 徐少华、李海勇:《从出土文献析楚秦洞庭、黔中、苍梧诸郡县的建置与地望》,《考古》2005年第11期,收入《简帛文献与早期儒家学说探论》,商务印书馆2015年版,第242—256页。
[2] 赵炳清:《楚、秦黔中郡略论——兼论屈原之卒年》,《中国历史地理论丛》2006年第3期。
[3] 周书灿:《战国时期楚国置郡问题三论》,《贵州师范大学学报》(社会科学版)2010年第3期。

认为楚巫郡原为巴郡,后改名为巫郡①,前引杨光华、周书灿文中已经指出了此说的不足之处,本书从之。因此从目前的材料来看,还没有较为可靠的材料表明楚国曾经设立对其所占领的巴地区域进行管理的巴郡。

从上述讨论可见,楚国在秦灭巴蜀之前可能曾将其所占领的巴地归入巫郡、黔中郡分别进行管理,而楚国设置巴郡说目前还没有充分依据,《王孙袖戈》也还不能肯定其反映了楚国曾在所占领的巴地实行封巴贵族、并实行监督之制。

综上所述,文献中关于巴国灭亡有楚灭巴与秦灭巴两种记载,此处首先从考古学上所见战国时期楚文化对巴地的扩张最西到达忠县一带而立论,认为楚灭巴的文献记载并没有考古学上的证据支持;进而结合望山楚简中有公元前331年关于巴国、包山楚简中有公元前316年楚出兵救巴国的记载,尤其是包山楚简的相关记载能与《史记》《华阳国志》等文献所记载的公元前316年秦灭巴蜀的记载相吻合,认为《史记》等文献中记载的巴为秦国所灭是可信的,秦灭巴蜀在秦惠文王后元九年而非秦惠文王前元九年。此外,还就战国时期秦灭巴蜀之前楚对所占领的巴地的管理方式进行了讨论,认为楚国设置巴郡及封巴贵族并实行监督以管理上述地区的观点还有待证实,楚国主要可能是将所占领的巴地划入巫郡、黔中郡以进行管理。

六 《诅楚文》年代再研究

《诅楚文》是有关战国时期秦国历史的重要资料,学界对其真伪与年代问题有较多讨论,本书主要关注《诅楚文》的时代问题,目前一般认为是秦惠文王时②,此外也有秦昭襄王时期③、秦武王时④等不同观点。从当前的讨论来看,《诅楚文》时代的确定,关键问题在于对《史记》中所记载的

---

① 张正明:《楚史》,湖北教育出版社1995年版,第315页。
② 郭沫若:《诅楚文考释》,《郭沫若全集》(考古编·第9卷),科学出版社1982年版,第289页。
③ 姜亮夫:《秦诅楚文考释》,《兰州大学学报》(社会科学版)1980年第4期,收入《国学丛考》,浙江大学出版社2008年版,第48—71页。
④ 唐兰:《石鼓年代考》,《故宫博物院院刊》1958年第1期,收入《唐兰全集》(第四册),上海古籍出版社2015年版,第1017—1043页。

秦世系的理解，本文试从此出发，对《诅楚文》的时代问题进行一些讨论。

从目前的材料来看，《史记》与《竹书纪年》中的秦国世系，大体一致，但是在自秦简公到秦惠公的世系与年代，则存在一定差别，故应当注意秦简公与秦敬公、秦惠公年代问题。由前文的讨论可见，《史记》记载的战国世系中，在秦简公（公元前414年至前406年）与秦惠公（公元前393年至前387年）之间，少了秦敬公（公元前405年至前394年）一代，需要依据《竹书纪年》补上。

《诅楚文》中与史实相关的文字主要如下：

> 又（有）秦嗣王……告于不（丕）显大神厥湫，以底楚王熊相之多辠（罪）。昔我先君穆公及楚成王，实戮力同心，两邦若壹……今楚王熊相康回无逺（道）……而兼倍十八世之诅盟。率诸侯之兵，以临加我……述（遂）取我边城新郢（隍），及鄾、长、敘（亲）……今又悉兴其众……以偪（逼）㤈（吾）边竟（境）……敢数楚王熊相之倍盟犯诅，箸诸石章，以盟大神之威神。

对于上述文字中的一些记载，已经在这些方面有较为一致的认识，如：

①"率诸侯之兵，以临加我"。学者多指出即楚怀王十一年、秦惠文王后元七年，楚与五国攻秦之事。文献的相关记载，如《史记·楚世家》：

> （怀王）十一年，苏秦约从山东六国共攻秦，楚怀王为从长，至函谷关，秦出兵击之，皆引而归，齐独后。

②"述（遂）取我边城新郢（隍），及鄾、长、敘（亲）"。学者多指出即指楚怀王十六年，张仪以商於之地欺楚、而楚攻秦之事。第一，"鄾"，郭沫若、汤余惠认为即"商於"之"於"，在河南内乡①；第二，"长"，郭沫若认为是丹水附近的地名，史党社、田静认为可能在今河南西峡境内②；第三，"敘"，郭沫若、汤余惠均认为是"莘"，在河南卢氏县

---

① 汤余惠：《战国铭文选》，吉林大学出版社1993年版，第191—192页。
② 史党社、田静：《郭沫若〈诅楚文〉考释订补》，《文博》1998年第3期。

境内，史党社、田静认为是春秋时期西虢之莘，在河南陕县陕山镇莘原①；第四，"新郢（隍）"，史党社、田静认为可能是陕西西部"西黄"②，可备一说。

③"今又悉兴其众……以偪（逼）悟（吾）边竞（境）"。学者多指出即楚怀王十七年的楚、秦蓝田之战。相关文献记载，如《史记·楚世家》：

> 十七年春，与秦战丹阳，秦大败我军，斩甲士八万，虏我大将军屈匄，裨将军逢侯丑等七十余人；遂取汉中之郡。

目前存在的争议，主要在"嗣王""楚王熊相""兼倍十八世之诅盟"的理解上，"兼倍十八世之诅盟"是理解上述三项内容的关键，故先讨论之。

首先，对于秦穆公是否与楚成王相盟会，陈炜湛认为此事不见于传世文献记载，故并不存在③；而赵平安则认为此事应当是传世文献中失载，《诅楚文》的记载是可信的④。

其次，对于"十八世"所指，也有不同意见。一些学者认为指楚国世系，多依据《史记》所记载的楚国自楚成王以下的18世之世系（年代均为公元前）：

①楚成王→②楚穆王→③楚庄王→④楚共王→⑤楚康王→⑥郏敖→⑦楚灵王→⑧楚平王→⑨楚昭王→⑩楚惠王488→432→⑪楚简王431→408→⑫楚声王407→402→⑬楚悼王401→381→⑭楚肃王380→370→⑮楚宣王369→340→⑯楚威王339→329→⑰楚怀王328→299→⑱楚顷襄王298→263→⑲楚考烈王262→238

---

① 汤余惠：《战国铭文选》，吉林大学出版社1993年版，第191—192页；史党社、田静：《郭沫若〈诅楚文〉考释订补》，《文博》1998年第3期。
② 史党社、田静：《郭沫若〈诅楚文〉考释订补》，《文博》1998年第3期。
③ 陈炜湛：《诅楚文献疑》，收入中国古文字研究会等编《古文字研究》（第14辑），中华书局1986年版，第197—208页，收入《陈炜湛语言文字论集》，上海古籍出版社2005年版，第82—93页。
④ 赵平安：《诅楚文辨疑》，《河北大学学报》1992年第2期，收入《隶变研究》，河北大学出版社2008年版，第124—135页。

与之相关的是，近出清华简《楚居》中自楚成王至楚肃王的年代与《史记》相同。①

此说为北宋学者欧阳修所首先提出，认为"十八世"所指为自楚成王以下，十八世而至楚顷襄王（即《诅楚文》"楚王熊相"）。进而推断《诅楚文》作于秦昭王时期，所诅为楚顷襄王。但此说的一个问题是，《诅楚文》中的"熊相"与《史记·楚世家》中楚顷襄王之名"横"，两者存在一定差别，故一般认为"横"可能为《诅楚文》中"相"之讹。②

此后，（南宋）王柏也赞同秦昭王时期所作之说，并认为《诅楚文》中有"嗣王"，而秦称王自惠文王始，故秦惠文王不可能自称"嗣王"，此"嗣王"应为秦昭王，《诅楚文》应作于秦昭王九年（楚顷襄王元年，公元前298年）。③郭沫若对王柏此说进行了辨正，可以信从。④

而陈伟在赞同是楚世系的同时，采用另外一种角度来讨论。陈伟认为《诅楚文》"嗣王"，表明其时代应该在秦惠文王称王以后。《秦公钟》将不享国而死的秦静公与秦文公、秦宪公相并列，表明死后赐谥的秦公亦计入秦国之世系，而此类秦公还有夷公和昭子，同时考虑到《竹书纪年》中的"秦敬公"，综合考虑上列人物，则已经超过了"十八世"的数目，由此，《诅楚文》"十八世"不应当理解为秦国世系，而应当理解为楚世系。陈伟认为楚灵王末年政变的发起及最初篡位为王者不是平王，而是其兄公子比（子干），亦被计入楚之世次，由此自成王十八世，正为楚怀王。从而将《诅楚文》时代定在楚怀王之时、即秦惠文王时代，与学者们从秦世系出发所定的推论相同。⑤

不过，孙常叙指出《秦公钟》列举秦之先公先祖时依次列举了文公、静公、宪公，将不享国的静公也计入了先公谱中，是由于采用了"凡称公者必

---

① 院文清：《〈楚居〉世系疏证》，楚文化研究会编《楚文化研究论集》（第十集），湖北美术出版社2011年版，第39—51页；张连航：《〈史记·楚世家〉与新出清华简〈楚居〉篇王名校读》，《古文字与上古汉语研究论稿》，中国社会科学出版社2014年版，第117—120页。
② （宋）欧阳修：《集古录跋尾》，人民美术出版社2010年版，第20—21页。
③ 转引自郭沫若《诅楚文考释》，《郭沫若全集》（考古编·第9卷），科学出版社1982年版，第288页。
④ 郭沫若：《诅楚文考释》，《郭沫若全集》（考古编·第9卷），科学出版社1982年版，第288—289页。
⑤ 陈伟：《〈诅楚文〉时代新证》，《江汉考古》1988年第3期，收入《燕说集》，商务印书馆2011年版，第18—24页。

录"的"先公谱"体系;《史记·十二诸侯年表》论世系时,则采用"即位为君"为标准的"世系表"体系,故不计入秦国历史上未享国的秦静公和秦夷公;《诅楚文》采用的也是以"即位为君"标准,即论"世"而不论"公"。① 因此,"公子比(子干)"可能不应当楚王之世系,在《史记·十二诸侯年表》中即没有关于"公子比(子干)"的记载;因此,即使《诅楚文》中"十八世"为楚国之世系,而要将"公子比(子干)"列入这十八世之内,也还缺乏有力的证据。

另外一种意见,则是将"十八世"理解为秦之世系,此说多依据《史记》中所记载秦穆公以下十八世的世系(年代均为公元前):

①秦穆公→②秦康公→③秦共公→④秦桓公→⑤秦景公→⑥秦哀公→⑦秦惠公→⑧秦悼公 490→477→⑨秦厉共公 476→443→⑩秦躁公 442→429→⑪秦怀公 428→425→⑫秦灵公 424→415→⑬秦简公 414→400→⑭秦惠公 399→387→⑮秦出子 386→385→⑯秦献公 384→362→⑰秦孝公 361→338→⑱秦惠文王 337→311→⑲秦武王 310→307→⑳秦昭襄王 306→251

认为"十八世"指的是包括秦惠文王在内、自秦穆公以下十八世而至秦惠文王的诸王,"嗣王"即秦惠文王;而秦惠文王与楚怀王同时,故所诅咒者为楚怀王。② 学者多赞同此说。不过,此说同样要面对《诅楚文》"熊相"与《史记·楚世家》楚怀王名"槐",两者名字不同的问题,对此欧阳修认为"槐、相二字相近,盖传写之误"③,而郭沫若则认为《诅楚文》"熊相",与《史记·楚世家》楚怀王名"槐",两者为一名一字之关系④。

这里需要注意的一个问题是,《诅楚文》"十八世"与"嗣王"具体

---

① 孙常叙:《秦公及王姬钟镈铭文考释》,《吉林师范大学学报》(哲学社会科学版)1978 年第 4 期,收入《孙常叙古文字学论集》,上海古籍出版社 2016 年版,第 262—277 页。
② 郭沫若:《诅楚文考释》,《郭沫若全集》(考古编·第 9 卷),科学出版社 1982 年版,第 291 页;孙常叙:《秦公及王姬钟镈铭文考释》,同上,第 262—277 页。
③ (宋)欧阳修:《集古录跋尾》,人民美术出版社 2010 年版,第 20—21 页。
④ 郭沫若:《诅楚文考释》,《郭沫若全集》(考古编·第 9 卷),科学出版社 1982 年版,第 292 页。

所指的关系，"嗣王"是否包括在"十八世"之内？姜亮夫认为：

  成为一世者，必下一世人称之，最为适宜。则昭襄王称穆公至惠文王为十八世，于事理亦至顺。①

  姜亮夫实际上指出"十八世"所指应为先王。笔者赞同此说，而这与作为时王自称的"嗣王"应该是不同的，因此《诅楚文》的"十八世"，不应当包括"嗣王"。而前述从《史记》秦世系出发，来理解"十八世"的观点，即认为"嗣王"为秦惠文王，而"十八世"为秦穆公至秦惠文王，则又与此相矛盾了。

  本书认为，《诅楚文》"十八世"的理解，需要从前述关于《史记》战国秦世系的讨论入手。如前所述，结合《竹书纪年》与《史记》，改订后的秦穆公以下十八世的世系如下（年代均为公元前）：

  ①秦穆公→②秦康公→③秦共公→④秦桓公→⑤秦景公→⑥秦哀公→⑦秦惠公→⑧秦悼公 490→477→⑨秦厉共公 476→443→⑩秦躁公 442→429→⑪秦怀公 428→425→⑫秦灵公 424→415→⑬秦简公 414→406→⑭秦敬公 405→394→⑮秦惠公 393→387→⑯秦出子 386→385→⑰秦献公 384→362→⑱秦孝公 361→338→⑲秦惠文王 337→311→⑳秦武王 310→307→㉑秦昭襄王 306→251②

  同时，又确定"嗣王"不应该被包括在"十八世"之内，则《诅楚文》中"十八世"与"嗣王"所指较为明了，即：

  ①"十八世"指的是从秦穆公到秦孝公这十八世，而非依据《史记》战国秦世系的自秦穆公至秦惠文王这十八世。

  ②"嗣王"为秦惠文王，是"十八世"中最后一位秦王（秦孝公）的下一代。郭沫若认为"嗣王"应理解为"承继先人"之意，所指即秦惠文王，详尽可从③，但将其列入"十八世"之中，则又存在不足。姜亮夫

---

① 姜亮夫：《秦诅楚文考释》，载《国学丛考》，浙江大学出版社 2008 年版，第 48—71 页。
② 晁福林：《春秋战国的社会变迁》，商务印书馆 2011 年版，第 1000—1001 页。
③ 郭沫若：《诅楚文考释》，《郭沫若全集》（考古编·第 9 卷），科学出版社 1982 年版，第 292—293 页；裘锡圭：《〈诅楚文〉"亚驼"考》，《文物》1998 年第 4 期，收入《裘锡圭学术文集》（第 3 卷），复旦大学出版社 2012 年版，第 320—325 页。

曾认为应当是秦昭襄王①,此说在世系上并不严密。

其实,已经有学者意识到有必要将"十八世"与"嗣王"相区别,但由于在谈论战国秦世系时,对《史记》战国秦世系缺少一代的问题没有注意,因而导致在理解上与本文的上述结论擦肩而过,如姜亮夫认为"十八世"为秦穆公至秦惠文王,"嗣王"为秦昭襄王②;唐兰则认为"十八世"指的是《史记》中秦武王之前,自秦穆公到秦惠文王的这十八世③。上述两位前辈学者的理解,都是由于没有注意到《史记》记载的这一问题而导致的。

③"楚王熊相",在年代上与秦惠文王时期相对应的楚王是楚怀王,故"楚王熊相"不应当是楚顷襄王,而应当是如郭沫若所指出的,为楚怀王槐;唯关于名称"相"与"槐"之间的关系,该如何理解,还需要日后更多的探讨。

④《诅楚文》作于秦惠文王时期,而所诅咒对象则为楚怀王。郭沫若认为依此可以断定《诅楚文》作于秦惠文王后元十三年(即楚怀王十七年,公元前312年)。④ 孙作云据《诅楚文》"以偪(逼)悟(吾)边竞(境)"的记载来看,进一步指出《诅楚文》之作,在楚怀王十七年蓝田之战的开始,而非战争快结束时⑤,也值得参考。

综上所述,本书首先指出《史记》中战国秦世系阙失一代,应当依《竹书纪年》,补上在秦简公(公元前414年至前406年)与秦惠公(公元前393年至前387年)之间、为《史记》所阙载的秦敬公(公元前405年至前394年)一代。由此立论,再明确"十八世"所指应为先王,而"嗣王"则是时王自称,故《诅楚文》中的"十八世"所指与"嗣王"有别,"十八世"不包括"嗣王"在内。由此可以确认《诅楚文》中"十八世"并非指楚国世系,也并非秦国世系中的秦穆公至秦惠

---

① 姜亮夫:《秦诅楚文考释》,载《国学丛考》,浙江大学出版社2008年版,第48—71页。
② 同上。
③ 唐兰:《石鼓年代考》,《唐兰全集》(第四册),上海古籍出版社2015年版,第1017—1043页。
④ 郭沫若:《诅楚文考释》,《郭沫若全集》(考古编·第9卷),科学出版社1982年版,第291页。
⑤ 孙作云:《秦〈诅楚文〉释要——兼论〈九歌〉的写作年代》,《河南师大学报》(社会科学版)1982年第1期,收入《孙作云文集》(第1卷),河南大学出版社2003年版,第330—347页。

文王，而应当是自秦穆公至秦孝公诸王。此外，学界早已指出《诅楚文》"嗣王"为秦惠文王，与《诅楚文》的年代为秦惠文王时期，所诅对象为楚怀王，均是可信的。

第二章 魏国王年问题

战国时期魏国年代问题，经过前辈学者的讨论，基本的问题已经得到解决，现在本书再对一些问题进行补论，先见表2—1。

表2—1　　战国魏诸王年表比较（年代均为公元前）　　（单位：年）

魏世系	《史记·六国年表》	钱穆	陈梦家	范祥雍[①]	杨宽	平势隆郎	吉本道雅	缪文远	晁福林
魏文侯	424—387	446—397	445—396	446—397	445—396	437—395	445—396	?—396	445—396
魏武侯	386—371	396—371	395—370	396—371	395—370	395—370	395—370	395—370	395—370
魏惠王	370—335	370—319	369—318	370—319	369—319	370—318	369—319	369—318	369—318
今王				318—?					
魏襄王	334—319	318—296	317—295		318—296	318—295	318—296	317—296	317—296
魏哀王	318—296								
魏昭王	295—277	295—277			295—277	295—277	295—277	295—277	295—277
魏安僖王	276—243	276—243			276—243	276—243	276—243	276—243	276—243

[①] 范祥雍：《古本竹书纪年辑校订补》，上海古籍出版社2011年版，第108—129页。

续表

魏世系	《史记·六国年表》	钱穆	陈梦家	范祥雍	杨宽	平势隆郎	吉本道雅	缪文远	晁福林
魏景愍王	242—228	242—228			242—228	242—228	242—228	242—228	242—228
魏王假	227—225	227—225			227—225	227—225	227—225	227—225	227—225

一 魏献子至魏桓子年代

魏献子。《史记·魏世家》记载魏绛之后为魏嬴，魏嬴之后为魏献子；《世本》则记载魏绛之后为魏献子，没有魏嬴。因此关于魏嬴是否魏绛之后，首先需要注意。

《史记·晋世家》记载晋平公八年（公元前550年）的栾逞之乱中，"其入绛，与魏氏谋"，那么此处的"魏氏"指的是魏国世系中的魏绛、魏嬴中的哪一代？先来看看是否有可能是魏绛。

①关于魏绛的具体身份，《魏世家》索隐：

> 《系本》云庄子……《居篇》又曰："昭子徙安邑"，亦与此文同也。

《世本》或以为魏庄子，而《世本·居篇》以为是魏昭子。

②关于魏绛的生卒年。《史记·魏世家》记载在晋悼公三年（公元前571年）时已经从政，在晋悼公十一年（公元前563年）时又受到赏赐。《魏世家》中并没有关于其卒年的明确记载，其年代目前有公元前575年至前545年，及公元前570年至前550年两种看法，一般以为其卒年为公

元前550年①，故《史记·晋世家》此处"与魏氏谋"中的"魏氏"其时应该具体指魏绛。

魏献子值得注意的事迹如下：①在公元前544年时，魏献子已经从政。《史记·晋世家》晋平公十四年（公元前544年）时，曾与魏献子等交谈，并预言晋国之政将归于韩、赵、魏等三家。而假设魏献子从政时为20岁，则其出生于公元前564年，这已经是在魏绛生活的年代之内。②《史记·魏世家》记载魏献子在晋昭公时期（公元前531年至前526年）已经从政，其生年可推测为魏绛晚年；此后，晋顷公十二年（公元前514年），魏献子接替韩宣子而为国政。因此，也可以推断有可能魏献子为魏绛之子。此外，《史记·六国年表》于周元王元年（前476年），魏栏记"魏献子"，一般多依此而定魏献子的卒年为公元前476年。但此处仅记载"魏献子"，与《六国年表》中常见的纪年格式有区别，疑此处有阙文，本文暂定其卒年为该年。

而关于魏嬴的记载仅见于《史记·魏世家》：

> （魏绛）生魏嬴。嬴生魏献子。

《索隐》：

> 《系本》云："献子名荼。荼，庄子之子。"无魏嬴。

从上述两个方面来看，应该如《世本》所记载的，魏绛之后为魏献子，而非魏绛生魏嬴，魏嬴再生魏献子，魏国世系中可能并没有魏嬴一世。魏献子可能生于公元前564年，卒于公元前476年，并于公元前514年秉持晋国国政。

魏简子取与魏襄子侈。关于魏襄子侈的年代目前还难以确定，《史记·魏世家》：

> 魏献子生魏侈。魏侈与赵鞅共攻范、中行氏。

---

① 杨秋梅：《魏绛在晋悼公复霸中的作用》，《山西师范大学学报》（哲学社会科学版）1991年第2期。

《史记·赵世家》记载晋定公十五年（公元前497年），魏侈与赵鞅伐范、中行氏，表明魏侈在魏献子在世时期，即已经开始从政。

此外，关于魏侈的身世，《魏世家》记魏献子生魏侈，魏侈之孙为魏桓子，没有记载魏侈之子；而《世本》明确记魏侈谥号为魏简子，魏侈之子的谥号为魏襄子。《史记·魏世家》索隐：

> 按《系本》：献子生简子取，取生襄子多。而《左传》云"魏曼多"是也。则侈是襄子，中间少简子一代。

《史记·赵世家》索隐"晋定公十五年"下注：

> 魏简子，《系本》名取。

结合《世本》来看，魏侈从名字上看可能与"献子生简子取，取生襄子多"中的"襄子多"有关，"多"为端纽歌部字，"侈"为昌纽歌部字，声母端、昌为准旁纽，韵部相同，故"多""侈"二者古音相近，文献中也有"多""侈"互作的用例，如《晏子春秋·谏上》"推侈"，《后纪》十四引《吕氏春秋》作"惟多"[①]，因此怀疑《史记》中的"魏侈"可能应该即《世本》"献子生简子取，取生襄子多"中的"襄子多"，因此《史记·魏世家》中关于魏献子至魏侈的世系，可能如《史记》索隐所说，少了其中的魏简子一代。

魏桓子驹。关于魏桓子的身份，文献中有不同的记载，《史记·魏世家》记载为魏侈之孙，《索隐》则引《世本》："襄子生桓子驹"，《世本》又记载：

> （魏桓子）驹生文侯斯。始立为诸侯。[②]

[①] 高亨纂著，董治安整理：《古字通假会典》，齐鲁书社1988年版，第681页。
[②] 秦嘉谟辑补本：《世本》，《世本八种》，中华书局2008年10月第1版，2010年6月第2次印刷，第48—49页。

由上文的讨论可见,《史记·魏世家》可能由于误省魏简子一代,从而导致误认为魏襄子侈之孙为魏桓子,当依《世本》所记载,以魏襄子之子为魏桓子。关于魏桓子的年代,目前也还难以断定,依据《史记·晋世家》《六国年表》等的记载,目前只能确定其在公元前453年参与攻灭了智伯。

综上所述,魏献子至魏桓子的世系大致可以确定为如下:

魏献子—魏简子取—魏襄子侈—魏桓子

二 魏文侯年代问题

先来看看魏文侯之名。《史记·魏世家》记载魏文侯之名为"都",而《世本》记载为"斯",杨宽指出这是由于《魏世家》"桓子之孙,曰文侯都。魏文侯元年,秦灵公之元年也"的断句有误,并进而将"斯"误为"都"[1],因此,魏文侯之名还应以"斯"为准。

《史记·魏世家》记载"桓子之孙曰文侯都",以魏文侯为魏桓子之孙。《世本》则记载"(魏桓子)驹生文侯斯"[2],以魏文侯为魏桓子之子。从后文所讨论的魏文侯即位于公元前445年来看,其离开魏桓子在公元前453年灭智伯的时间较短,因此目前一般赞同魏文侯是魏桓子之子[3]。由本书前面的讨论可见,也有可能是由于《史记》将"魏献子—魏简子取—魏襄子侈—魏桓子"这一世系中的"魏简子取"误省,从而可能导致将魏桓子的年代提前,进而以为魏文侯为魏桓子之孙,总之,应当如《世本》所记载的,魏文侯为魏桓子的儿子。

关于魏文侯的在位年限。文献中关于魏文侯在位年限的记载,《史记·魏世家》记载为38年(公元前424年至前387年):

---

[1] 杨宽:《战国史料编年辑证》,上海人民出版社2001年版,第120页。
[2] 秦嘉谟辑补本:《世本》,《世本八种》,中华书局2008年10月第1版,2010年6月第2次印刷,第48—49页。
[3] 杨宽:《战国史料编年辑证》,上海人民出版社2001年版,第119页。

> 魏文侯元年，秦灵公之元年也。与韩武子、赵桓子、周威王同时……三十八年，伐秦……是岁，文侯卒。

《史记·六国年表》记魏文侯元年为周威烈王二年（公元前424年），卒年为周安王十五年（公元前387年）。夏含夷也从在位38年之说，认为魏文侯的年代为公元前433年至前396年。①

今本《竹书纪年》记载魏文侯在位44年：

> （周考王元年，晋敬公十八年，公元前440年）魏文侯立……（周安王）十五年（公元前387年），魏文侯卒。②

《史记·魏世家》索隐引《竹书纪年》："魏文侯初立在敬公十八年……（魏）文侯五十年卒"，则记载魏文侯在位50年。

关于魏文侯的年代。关于魏文侯的在位时间，《史记》记载为38年（公元前424年至前387年）。此外，前引夏含夷文中认为是公元前433年至前396年。③

而依据《史记·魏世家》索隐引用《竹书纪年》记载"（魏文侯）五十年卒"的学者，一般依此认为魏文侯在位于公元前445年至前396年。

现在从魏文侯元年问题开始，来探讨其年代问题。关于魏文侯的建元年代，依照《竹书纪年》的记载，魏文侯初立是在晋敬公十八年，《史记·晋世家》索隐引《竹书纪年》：

> 魏文侯初立在敬公十八年。

---

① 夏含夷：《晋出公奔卒考——兼论〈竹书纪年〉的两个纂本》，载上海博物馆编《上海博物馆集刊》（第9辑），上海书画出版社2002年版，第186—194页，收入《古史异观》，上海古籍出版社2005年版，第470—482页。
② 王修龄：《古本竹书纪年辑证》，《方诗铭文集（第一卷）》，上海社会科学院出版社2010年版，第526、528页。
③ 夏含夷：《晋出公奔卒考——兼论〈竹书纪年〉的两个纂本》，载上海博物馆编《上海博物馆集刊》（第9辑），上海书画出版社2002年版，第186—194页，收入《古史异观》，上海古籍出版社2005年版，第470—482页。

第二章 魏国王年问题

晋敬公年代一般以为是公元前451年至前434年，则魏文侯元年在公元前434年。今本《竹书纪年》记载晋敬公卒于周考王十一年（公元前430年）的记载存在明显的问题①，故本书不采用今本《竹书纪年》之说。关于《竹书纪年》此处的"十八年"如何理解，主要有晋敬公六年与晋敬公十八年说。如果以《竹书纪年》中"魏文侯初立在敬公十八年"中的"初立"为即位，则公元前445年为晋敬公六年而非十八年，对此王国维曾指出：

> 案《魏世家·索隐》引《（竹书）纪年》："文侯五十年卒，武侯二十六年卒"，由武侯卒年上推之，文侯初立，当在敬公六年，《索隐》作"十八年"，"十八"二字乃"六"字误离为二也。②

钱穆遵从雷学淇、王国维等的看法，也认为"初立"为即位，《竹书纪年》"六年"应该比《史记·晋世家》的"十八年"更为可信，后者作"十八年"是由于将"六"与"十八"混淆的结果③，并将魏文侯元年定在周贞定王二十三年（公元前446年）。并指出其在公元前424年改元，《史记》误以其改元之年为即位之年，从而误后二十二年，其后又将魏武侯（在位26年）在位的10年包括在内，从而形成了实际其改元后在位28年，而《史记》记载为38年，同时又以魏武侯在位16年的现象。亦即如表2—2所示：

表2—2　魏文侯、魏武侯年代的不同记载（年代均为公元前）　（单位：年）

世系	魏文侯	魏武侯
《史记》	424—386	385—370
《竹书纪年》	445—396	395—370

杨宽也赞同上述几位学者的看法，不过指出《竹书纪年》与《史记》

---

① 夏含夷：《晋出公奔卒考——兼论〈竹书纪年〉的两个篡本》，载上海博物馆编《上海博物馆集刊》（第9辑），上海书画出版社2002年版，第470—482页。
② （清）朱右曾辑、王国维校补、黄永年校点：《古本竹书纪年辑校——附今本竹书纪年疏证》，辽宁教育出版社1997年版，第22页。
③ 钱穆：《先秦诸子系年（外一种）》，河北教育出版社2002年版，第153—154页。

所用历法相差一年①，并认为魏文侯建元应在周贞定王二十四年（公元前445年）②。此外，范祥雍、白光琦也推定魏文侯元年为晋敬公六年（公元前445年）③。而陈梦家认为"初立"指的是称侯而非即位，魏文侯即位于周定王二十四年、晋敬公六年（公元前445年），称侯在周考王七年、晋敬公十八年（公元前434年），称侯改元在周考王八年、晋幽公元年（公元前433年），称侯38年、即位50年后，卒于周安王六年（公元前396年）。即魏文侯在继位后12年称侯，称侯后在位38年，故《史记》记载的魏文侯在位38年，与《竹书纪年》记载的魏文侯在位50年，只是对于不同时期的魏文侯而言，故两种记载并没有实质性冲突④。方诗铭、王修龄则认为《竹书纪年》记载魏文侯立于晋敬公十八年，与记载在位50年，二者之间存在不合，关于魏文侯初立的年代应该阙疑⑤。

从目前来看，上述关于"魏文侯初立在敬公十八年"的两种理解中，一个共同的前提都是认为魏文侯在晋敬公六年（公元前445年）即位，但是这在文献中并没有直接的证据支持，只是通过分析得出的一种看法。并且两种理解方式都是以分析为主，尚没有直接的证据，因此会遭到一些质疑，如杨宽即认为陈梦家的观点并没有很多文献依据，认为"初立"可能并非指"自称侯"，也不是称侯改元前一年。⑥ 不过，从现有的讨论来看，上述两种分析方式中，笔者认为陈梦家的看法可能更为合理，即魏文侯可能是于公元前445年为掌权元年，于公元前434年改元称侯（即晋敬公十八年）、并以公元前433年为元年，如此一来则以"初立"为"称侯"，《史记》所记载的魏文侯在位38年，与《纪年》"魏文侯初立在敬公十八年"的理解可以贯通。

由此，也可以对如何看待《史记》中魏文侯年代资料进行探讨。钱穆、杨宽指出《史记·魏世家》中由于误将魏文侯称侯之年（公元前424年，实际在位第22年），当成其即位之年，导致《史记》中相应的记载均

---

① 杨宽：《战国史料编年辑证》，上海人民出版社2001年版，第215页。
② 同上书，第119页。
③ 范祥雍：《古本竹书纪年辑校订补》，上海古籍出版社2011年版，第55页；白光琦：《先秦年代探略》，中国社会科学出版社2008年版，第109页。
④ 陈梦家：《西周年代考·六国纪年》，中华书局2005年版，第114页。
⑤ 方诗铭、王修龄：《古本竹书纪年辑证》，《方诗铭文集（第一卷）》，上海社会科学院出版社2010年版，第355页。
⑥ 杨宽：《战国史料编年辑证》，上海人民出版社2001年版，第119页。

提前了21年，如：

《史记·秦本纪》："（秦）灵公六年（公元前419年）晋城少梁，秦击之"。
《史记·魏世家》："（魏文侯）六年（当作二十七年，公元前419年）城少梁"。

故我们在看待《史记·魏世家》及其《史记·六国年表》中相关魏文侯的年代记载时，均应在相应的年代上加上21年。

与魏文侯年代相关的，还有魏文侯师子夏之事，《史记·仲尼弟子列传》：

孔子既没，子夏居西河教授，为魏文侯师。

此外，在《吕氏春秋·察贤》及《举难》《新序·杂事四》《史记·魏世家》等也有魏文侯师卜子夏等的相关记载。

对于魏文侯是否受教于子夏，学者曾有所怀疑，如洪迈在《容斋随笔·续笔——子夏经学》中认为"魏文侯"为时称，依照此则其时子夏已经有100多岁，从而否认子夏为魏文侯之师。[1] 也有学者赞同魏文侯受教于子夏的看法，吕世宏曾认为魏文侯从教于子夏40至60岁间[2]，徐鸿修指出"魏文侯"应当为后人的追述，认为不应当据此来否定魏文侯曾经受教于子夏。[3]

先来看看子夏（卜商）的年代问题。子夏（卜商），从《史记·仲尼弟子列传》的记载来看，其应当晚于孔子44年。《仲尼弟子列传》：

卜商字子夏。少孔子四十四岁。

因此一般以为子夏的生年为公元前507年。关于子夏的行年，（清）

---

[1] （宋）洪迈撰，孔凡礼点校：《容斋随笔》，中华书局2005年版，第397—398页。
[2] 吕世宏：《卜子夏"西河设教"辩》，《吕梁高等专科学校学报》2007年第3期。
[3] 徐鸿修：《孔子高足、学术大师——谈子夏的历史贡献》，《孔子研究》2001年第1期，收入《先秦史研究》，山东大学出版社2002年版，第324—336页。

陈玉澍认为其卒年不可考①，此外，主要有如下几种看法：①吕世宏认为子夏享寿不超过63岁，卒年约在公元前444年前后，即约公元前507年至公元前444年前后②；②钱穆认为其年代为公元前507年至前420年③；③高培华认为子夏的卒年可大致定在公元前420年至前400年之间④；④鲍炳中认为子夏约卒于公元前405年⑤。笔者赞同钱穆、高培华的看法，即大致可以确定子夏的年代为公元前507年至前420年前后。

如前所述，魏文侯在位50年（公元前445年至前396年），"魏文侯受教"于子夏，应该如徐鸿修所指出的，不是指魏文侯被周威烈王列为侯之后，而是其即位之后，因此，魏文侯受教于子夏的年代应该是在公元前445年之后，最晚大致可能不超过公元前420年，也就是子夏63岁至子夏去世之间。

三 附论关于改订魏武侯、魏惠王、魏襄王年代的几个问题

1. 魏武侯年代问题

《世本》记载"文侯生武侯击"⑥，但未记载魏武侯的在位年代。《史记·魏世家》记载为16年：

> 武侯十六年，伐楚，取鲁阳。武侯卒，子䓨立，是为惠王。

---

① 陈玉澍：《卜子年谱》，《北京图书馆珍藏年谱丛刊》（第3册），北京图书馆出版社1999年版，第744页。
② 吕世宏：《卜子夏"西河设教"辨》，《吕梁高等专科学校学报》2007年第3期。
③ 钱穆：《先秦诸子系年（外一种）》，河北教育出版社2002年版，第633页。
④ 高培华：《关于子夏的几个问题》，《教育研究》2004年第8期，收入《卜子夏考论》，社会科学文献出版社2012年版，第69页。
⑤ 鲍炳中：《评孔大事年表》，张岱年主编《孔子大辞典》，上海辞书出版社1993年版，第1075页。
⑥ 秦嘉谟辑补本：《世本》，《世本八种》，中华书局2008年10月第1版，2010年6月第2次印刷，第48—49页。

《史记·六国年表》记其元年为周安王十六年（公元前386年），卒年为周烈王五年（公元前371年）。

《史记·魏世家》索隐引《竹书纪年》：

> 魏武侯元年，当赵烈侯之十四年（公元前395年）。

《资治通鉴》记载为17年：

> （周安王十五年，公元前387年）魏文侯薨，太子击立……周烈王五年（公元前371年），魏武侯薨。①

而《竹书纪年》则记载为26年：

> 《史记·晋世家》索隐：魏武侯以桓公十九年卒。
> 《史记·魏世家》索隐：武侯二十六年卒。

由古本《竹书纪年》可以确定魏武侯元年为公元前395年，卒于公元前370年。

今本《竹书纪年》也记载魏武侯在位26年，但在位年代与古本《竹书纪年》又有不同，其记魏武侯之后的魏惠王元年为周威烈王六年（公元前370年）。同时，今本《竹书纪年》记魏文侯于周安王十五年（公元前387年）卒，周安王在位36年（公元前401年至前366年），周烈王在位7年（公元前365年至前359年），则魏武侯在位26年。由此可以确定今本《竹书纪年》中魏武侯年代为公元前396年至前371年。

现在学界一般都赞同魏武侯在位26年的看法，而对其年代是公元前396年至前371年，还是公元前395年至前370年，曾有争论，如钱穆认为应当是逾年改元，魏武侯元年应该为公元前396年②。杨宽通过讨论

---

① （宋）司马光编著，（元）胡三省音注：《资治通鉴》，中华书局2013年版，第27、37页。
② 钱穆：《先秦诸子系年（外一种）》，河北教育出版社2002年版，第211页。

《史记》中魏惠王的元年误上1年，认为魏武侯元年应当为公元前395年①。笔者以为，依《魏世家·索隐》引《竹书纪年》："魏武侯元年当赵烈侯之十四年（公元前395年）"，则魏武侯元年可以推定为公元前395年；而魏武侯在位26年，则其在位年代为公元前395年至前370年。

如何看待《史记·魏世家》及《六国年表》中所见魏武侯年代，与魏武侯实际年代间的关系，《史记·魏世家》中所见魏武侯的年代，在魏武侯16年之前，相较于实际年代，少了9年，因此我们在阅读《史记》的时候，需要注意到《史记·魏世家》中魏武侯年代的问题，从而应当加上9年的时间。

2. 魏惠王年代问题

目前关于魏惠王的年代，争议其实也不大，在生年、卒年及在位年数问题上，观点都只相差一两年。杨宽认为魏惠王于周烈王七年（公元前369年）至周慎靓王二年（公元前319年），共52年；魏武侯于公元前370年卒后，公仲缓与魏䓨争夺君位，在公元前369年魏䓨即位为魏惠王②。钱穆认为魏惠王改元前有36年，而非35年，应该在位52年，并定其年代为公元前370年至前319年③。陈梦家也认为魏惠王元年为周烈王七年（公元前369年），同时认为魏惠王卒于周慎靓王三年（公元前318年），共在位52年④。韩兆琦认为魏惠王在三十七年（公元前335年）改元，并指出《史记》所载魏惠王卒于三十六年的说法有误⑤。晁福林认为魏惠王并非在三十六年，而是三十七年改元，并确定魏惠王后元年代在公元前334年到前318年⑥。此外，徐勇、唐凌也对本问题有所讨论⑦。

《史记·魏世家》："（魏文侯）二十五年子击生子䓨"，《史记·六国年表》作"太子䓨生"。由于《史记·魏世家》中的魏文侯年代少计算了

---

① 杨宽：《战国史》（增订本），上海人民出版社2003年版，第726页。
② 同上书，第706页。
③ 钱穆：《先秦诸子系年（外一种）》，河北教育出版社2002年版，第570—578页。
④ 陈梦家：《西周年代考、六国纪年》，中华书局2005年版，第88—91页。
⑤ 韩兆琦：《史记选注汇评》，中州古籍出版社1990年版，第240页。
⑥ 晁福林：《梁惠王"后元"年数考》，《史学月刊》2005年第5期。
⑦ 徐勇：《魏惠王的纪年质疑》，《史学月刊》1986年第3期。

21年，魏惠王罃的出生年代应该是魏文侯四十六年，即公元前400年。从魏武侯的相关事迹来看，如《史记·魏世家》谓魏文侯十三年（公元前412年）"使子击围繁、庞，出其民"，魏武侯击为太子时，于公元前408年去攻打中山。假设其于公元前412年率兵时为20岁，则其出生于公元前432年，也就是说魏武侯32岁的时候，其子魏惠王罃出生。

关于魏惠王的年代，学界曾有不同意见，如阎若璩《孟子生卒年月考》认为，依据《史记》的记载，魏惠王出生于魏文侯二十五年，魏文侯三十八年卒，魏武侯在位16年而卒，则此时魏惠王已经接近30岁。而依据《竹书纪年》的记载，则魏文侯在位50年，魏武侯在位26年，如此则魏惠王即位时候已经50多岁，在位的前元末年时期已经80多岁，再加上改元后的16年，则其已经超过了100余岁，因此《竹书纪年》中魏惠王年代的记载不可信[1]。阎若璩此处的问题在于没有注意到《史记》中魏文侯的年代错误，从而产生了关于魏惠王年代的疑问。徐文靖《竹书纪年统笺》则依据今本《竹书纪年》认为魏惠王共94岁，杨宽指出此说也存在一些问题[2]。钱穆认为魏文侯十一年（公元前405年）之时，由于公子击尚年幼，从而魏文侯对使者有见于《韩诗外传》《说苑》等的中山之君"长短若何"之问，并提出关于魏武侯年代的一些疑问[3]。钱穆此处关于魏武侯击年代的探讨，是基于以"长短"为年龄的代称，从而提出了关于魏武侯击出生年代的一些疑问。一般学者认为此处的"长短"是代指身高[4]；此外，在汉语中有表示问好"问长问短"，此处的"文侯见中山使者赵仓唐，而曰：'中山君长短若何也？'"可能也是魏文侯关心、询问关于此时封于中山的太子击，而非询问其年龄。关于魏武侯击的年代，杨宽指出《史记》关于魏武侯、魏文侯的记载，虽然王年系年有误，但绝对年代没有错误，只是误以魏文侯改元之年为其元年，本事的年代应当如《史记·六国年表》所记载的周安王二年（公元前400年）[5]。笔者赞同杨氏的看法，于此也可以看出魏惠王的年代为：出生于公元前400年，4

---

[1] 阎若璩：《孟子生卒年月考》，四库全书存目丛书编纂委员会：《四库全书存目丛书》（史部·第81册），齐鲁书社1996年版，第2页。
[2] 杨宽：《战国史料编年辑证》，上海人民出版社2001年版，第202页。
[3] 钱穆：《先秦诸子系年（外一种）》，河北教育出版社2002年版，第179—180页。
[4] 魏达纯：《韩诗外传译注》，东北师范大学出版社1993年版，第275页。
[5] 杨宽：《战国史料编年辑证》，上海人民出版社2001年版，第202—203页。

岁时（公元前396年）魏文侯卒，30岁时（公元前370年）魏武侯卒，31岁时（公元前369年）即位，在位52年，83岁（公元前318年）卒。

关于魏惠王在位年限。《史记·魏世家》《六国年表》记载魏惠王在位36年而卒，《史记·魏世家》：

> 惠王元年，初，武侯卒也……三十六年，复与齐王会甄。是岁，惠王卒，子襄王立。

但文献中也有颇多魏惠王36年改元的记载，如《史记·魏世家》索隐：

> 按纪年，惠成王三十六年改元称一年。

《史记·魏世家》集解引荀勖、和峤：

> 今案《古文》：惠成王立三十六年，改元称一年，改元后十七年卒。

《竹书纪年》记载魏惠王在位36年时并未去世，而是改元称魏惠文王，其后又在位16年。如杜预《春秋经传集解·后序》引《竹书纪年》：

> （魏）惠王三十六年改元，从一年始，至十六年而称惠成王卒[①]。

上述资料中惠成王改元后的在位年代，有16年与17年两种记载，上述两种观点的不同之处在于，一为三十六年之次年改元，一为当年改元。从上引两条材料来看，应当作如下理解：即魏惠王在位的第36年，改元为后元一年，后元总共在位17年，因此加上之前在位的35年，就可以确定其在位一共为52年了。

---

① 方诗铭、王修龄：《古本竹书纪年辑证》，《方诗铭文集》（第一卷），上海社会科学院出版社2010年版，第401页。

第二章　魏国王年问题

故关于魏惠王在位年限有36年与52年两种观点，现在学者一般多依据《竹书纪年》的记载而认为魏惠王在位52年。①

方诗铭指出，《史记·六国年表》记载魏惠王三十六年时，采用惠施之策，率诸侯朝齐威王于徐州，互尊为王，即"徐州相王"，惠王后因之而改元。战国时期除特殊理由（即不承认前王，如夺位等事）之外，皆逾年改元，魏惠成王以徐州相王而改元，也应当是逾年改元，所谓"后十七年卒"，实自三十六年起计算，与魏惠王在位16年卒的观点并无矛盾。②

关于魏惠王在位元年。钱穆认为是公元前370年，陈梦家、杨宽认为应当是公元前369年，并指出是由于《史记》误以为魏惠王元年在周烈王六年（公元前370年），早于《竹书纪年》一年。③《史记·赵世家》记载：

> 武灵王元年……梁惠王与太子嗣、韩宣王与太子仓来朝信宫。

据《史记·六国年表》，本事在魏襄王十年，但魏襄王名嗣，如果本年为魏襄王十年，太子就不应是嗣。而《史记·赵世家》本年魏太子为嗣，表明本年率太子朝赵的应该是梁惠王。依据《竹书纪年》，本年是魏惠王后元十年，此时太子正是嗣。因此，魏惠王在位应该是52年。④

《史记·六国年表》记载赵成侯六年（公元前369年），在涿泽打败魏国，亦见于《竹书纪年》的记载：

> 《水经·沁水注》引《纪年》："梁惠成王元年，赵成侯偃、韩懿侯若伐我葵"。
>
> 《史记·魏世家》索隐引《纪年》："赵侯种、韩懿侯伐我取葵，而惠成王伐赵，围浊阳。"

由此可以确定魏惠王元年即赵成侯六年（公元前369年），又由其在

---

① 俞樾：《群经平议》，上海古籍出版社1996年版，第517页。
② 方诗铭、王修龄：《古本竹书纪年辑证》，《方诗铭文集》（第一卷），上海社会科学院出版社2010年版，第403页。
③ 杨宽：《战国史料编年辑证》，上海人民出版社2001年版，第215页。
④ 杨宽：《战国史》（增订本），上海人民出版社2003年版，第585—586页。

位52年，则魏惠王年代为公元前369年至前318年。

此外，有一条材料值得注意，《路史·国名纪》引《竹书纪年》：

魏襄王六年，秦取我焦。①

《史记·六国年表》记载秦惠文王九年（公元前329年）："渡河取汾阴、皮氏，围焦，降之"，如此其年代似正为魏襄王六年。但是依据《竹书纪年》，则秦惠文王九年是魏惠王后元五年，因此方诗铭、王修龄认为本条可能并非《竹书纪年》原文。②

目前所发现的一些战国时期魏国纪年铜器与魏惠王改元有关，本书对此也进行一些讨论。魏惠王前元时期铜器铭文，如：

①《十三年皮氏戟》，该铭文为：

十三年，皮氏戟。

本器为珍秦斋所藏。皮氏为战国时魏邑，其地在今山西河津县西，《史记·秦本纪》记载"（秦惠文君）九年（公元前329年），渡河取汾阴皮氏"，秦此后并于此置皮氏县，由于本器物铭文格式与秦国纪年兵器的格式不类似，因此应该不可能是秦国器物，其国别应该是魏，年代应当在公元前329年之前。又《水经·汾水注》引《竹书纪年》"魏惠王十三年（公元前357年），城皮氏"，故综合上面两个方面来看，本器年代确为魏惠王前元十三年（公元前357年）。③

②《卅三年大梁戈》（《集成》11330），该戈1974年出土于湖南衡阳市唐家山战国墓④，该铭文为：

卅三年，大梁左库工师丑、冶刃。⑤

---

① 方诗铭、王修龄：《古本竹书纪年辑证》，上海人民出版社2003年版，第433页。
② 同上书，第450页。
③ 苏辉：《秦三晋纪年兵器研究》，上海古籍出版社2013年版，第98、122页。
④ 单先进、冯玉辉：《衡阳市发现战国纪年铭文铜戈》，《考古》1977年第5期。
⑤ "刃"，《集成》（修）隶为"刄"、读为"刃"，何琳仪隶为"凡"，参见何琳仪《战国文字通论》（订补），江苏教育出版社2003年版，第131页。

"大梁"地在今河南省开封市城区范围内。前引简报认为其年代为魏惠王前元三十三年（公元前338年），李学勤、苏辉赞同这种看法①。

魏惠王后元时期的铜器铭文，如：

①《王之一年戈》，该铭文为：

  王之一年，向□𢍰、工师𨟚、冶𤿳。

宛鹏飞、苏辉认为其年代为魏惠王后元一年（公元前334年）。②

②《王二年戈》，珍秦斋藏该戈，该铭文为：

  王二年，王亘命冢大……库工师□冶亯。

一般认为其年代为魏惠王后元二年（公元前333年）。③

③《十三年𦥑阳令戈》，（《集成》11347），该铭文为：

  十三年，𦥑（繁）④阳命（令）𨟚⑤（魏）戏、工师北宫（官）垒、冶黄。

先秦时期有多处"繁阳"，《左传》襄公四年："楚师为陈叛故，犹在繁阳。"杜预注以为在今河南新蔡县北，而《续汉书·郡国志》定在汝南郡宋县，即今安徽太和县北，此为楚之繁阳。另外还有在河南内黄县西北

---

① 单先进、冯玉辉：《衡阳市发现战国纪年铭文铜戈》，《考古》1977年第5期；李学勤：《湖南战国兵器铭文选释》，中国古文字研究会等编《古文字研究》（第12辑），中华书局1985年版，第329—335页；苏辉：《秦三晋纪年兵器研究》，上海古籍出版社2013年版，第87、122页。
② 宛鹏飞：《飞诺藏金（春秋战国篇）》，中州古籍出版社2012年版，第52—55页；苏辉：《秦三晋纪年兵器研究》，上海古籍出版社2013年版，第123页。
③ 苏辉：《秦三晋纪年兵器研究》，上海古籍出版社2013年版，第123页。
④ "𦥑"，本字形体有残缺，汤余惠释为"繁"，参见汤余惠《战国文字中的繁阳和繁氏》，中国古文字研究会等编：《古文字研究》（第19辑），中华书局1992年版，第500—508页。
⑤ "𨟚"，《集成》（修）释"𨟚"，周波读为"魏"，参见周波《中山器铭文补释》，"复旦古文字网"，2009年9月8日，http://www.gwz.fudan.edu.cn/SrcShow.asp?Src_ID=899。

的"繁阳",《史记·赵世家》:"(赵)孝成王二十年……廉颇将攻繁阳,取之。"《史记·廉颇蔺相如列传》:"赵使廉颇伐魏之繁阳,拔之。"《正义》引《括地志》:"繁阳故城在相州内黄县东北二十里",此为魏国之繁阳。从本器铭文格式来看,与楚国兵器铭文格式有较大差别,因此本器铭文中的"繁阳"应该为魏国之繁阳。本器年代一般以为魏惠王后元十三年。①

如何运用《史记·魏世家》与《史记·六国年表》中的魏惠王年代。《史记·魏世家》及《史记·六国年表》中所记载的魏武侯年代为公元前386年至前371年,如前文所述,《史记》中关于魏武侯的年代记载有误,将其在位的10年误归入魏文侯年限之内,同时《史记·六国年表》中魏武侯的年代应该为公元前385年至前370年。则《史记》中魏惠王的年代为公元前369年至前334年,魏襄王的年代为公元前333年至前318年,而《竹书纪年》中魏惠王的年代为公元前369年至前318年,那么由此可见,《史记》中所记载的魏惠王在位三十六年的年代与《竹书纪年》相同,而《史记》中的魏襄王元年至魏襄王十六年,实际上应该相应为魏惠王后元一年至十六年。

3. 魏襄王年代及魏哀王、《竹书纪年》"今王"问题

《世本》记载:

> 惠王生襄王嗣。襄王生昭王遫。②

《水经·汾水注》引《竹书纪年》:

> 魏襄王十二年,秦公孙爰率师伐我,围皮氏,翟章率师救皮氏围。

---

① 苏辉:《秦三晋纪年兵器研究》,上海古籍出版社2013年版,第88—89、123页。
② 秦嘉谟辑补本:《世本》,《世本八种》,中华书局2008年10月第1版,2010年6月第2次印刷,第48—49页。

第二章 魏国王年问题

睡虎地秦简《编年记》记载秦昭王二年（公元前305年）"攻皮氏"，方诗铭、王修龄认为此役或延续2年，次年魏"城皮氏"，故魏襄王十二年当秦昭王元年（公元前306年），并非如《史记·六国年表》魏哀王十三年（表当秦昭王元年）所记载的"秦击皮氏，未拔而解"，仅在一年之内。①笔者从此说，由此可以确定魏襄王元年为公元前317年。又如秦惠文王更元七年（楚怀王十一年，赵武灵王八年，公元前318年）"五国攻秦"之事，亦见于《史记·魏世家》：

（魏）哀王（按：应是襄王）元年（公元前318年）五国共攻秦，不胜而去。

由于《史记·魏世家》误将魏惠王的元年提前1年，从而导致魏襄王的元年也提前了1年，由上述可以确定魏襄王的元年为公元前317年。再来看看魏襄王的在位年代。《史记·魏世家》记载襄王在位16年：

襄王元年，与诸侯会徐州，相王也。……十六年，襄王卒，子哀王立。张仪复归秦。

但结合《史记》与《竹书纪年》来看，《史记·六国年表》所记魏世系最大的一个问题在于，其记载了不见于《竹书纪年》及《世本》的魏哀王一世，张澍粹辑补注《世本》"魏惠王生襄王嗣，襄王生昭王遫"，并认为《世本》中脱漏了"哀王"一代，为魏昭王之父，"哀王卒，昭王三年丧毕，始称元年，立十九年卒"。②《史记》索隐并不赞同"《系本》襄王生昭王，无哀王"的记载，认为魏哀王应该是魏国诸王中的一世，《竹书纪年》由于没有魏哀王一代，从而将魏襄王之年中，又分出魏惠王后元这一年代，从而以魏襄王之年包括魏哀王在内。此外，《春秋后语》中的世系也为魏襄王、魏哀王、魏昭王、魏安僖王。③

---

① 方诗铭、王修龄：《古本竹书纪年辑证》，《方诗铭文集》（第一卷），上海社会科学院出版社2010年版，第417页。
② 张澍粹辑补注：《世本》，《世本八种》，中华书局2008年10月第1版，2010年6月第2次印刷，第140页。
③ 参见王恒杰《春秋后语辑考》，齐鲁书社1993年版，第192—195页。

依照上述及《史记·六国年表》的记载,《史记》中魏武侯、魏惠王、魏襄王、魏哀王的世系如下（年代均为公元前）：

魏武侯（385—370）→魏惠王（369—334）→魏襄王（333—318）→魏哀王（318—296）

但在《竹书纪年》《世本》中并无哀王一世，将《史记》中的魏襄王十六年定为魏惠成王后元元年。《竹书纪年》所记至"今王"二十年而止。依据《竹书纪年》，上述诸王世系及年代为（年代均为公元前）：

魏武侯（395—370）→魏惠王（369—318）→魏今王

这一问题的造成主要是由于《史记》将魏惠王的年代误少了16年，从而将应该在位22年的魏襄王，将其年代定为16年，因此，空缺的世系上再增添在位23年的"魏哀王"。朱希祖曾指出"魏哀王"即魏襄王[1]；又如杨宽认为《魏世家》也多了哀王一代，由于《史记》误将魏惠王的年代分成魏惠王、魏襄王两代，又误将魏襄王、魏哀王分为两代，从而多出来魏哀王一代。[2]

文献中关于"魏哀王"的记载，如：

《史记·秦本纪》集解："徐广曰：《汲冢纪年》云：魏哀王［二十］[3] 四年，改宜（晋）阳曰河雍，改向曰高平。"

《史记·赵世家》集解："徐广曰：《纪年》云：魏哀王四年，改阳曰河雍，向曰高平。"

《史记·六国年表》记载"魏哀王"年代为公元前318年至前296年。《史记》记载魏哀王在位23年，同时结合文献相关记载：

---

[1] 朱希祖：《汲冢书考》，中华书局1960年版，第5页。
[2] 杨宽：《战国史料编年辑证》，上海人民出版社2001年版，第205页。
[3] 方诗铭、王修龄认为应当删去"二十"两字，本书从之，参见方诗铭、王修龄《古本竹书纪年辑证》，《方诗铭文集》（第一卷），上海社会科学院出版社2010年版，第408页。

《史记·魏世家》:"(魏哀王)二十三年,秦复予我河外及封陵为和。"

《史记·秦本纪》:"(秦昭王)十一年(公元前296年)……秦与韩、魏河北及封陵以和。"

表明《史记》中魏哀王的卒年为公元前296年。同时又由于在魏惠王的年代上,误提前了一年,实际上应当是魏襄(哀)王在位22年,由此可以确定魏襄(哀)王的年代为公元前317年至前296年。

《竹书纪年》"魏今王"问题。由上述讨论的世系来看,《竹书纪年》中的"魏今王"与《史记·魏世家》中的"魏哀王"相对应,故有学者认为"魏今王"应该就是"魏哀王",如:

《春秋经传集解·后序》:"其《纪年篇》……下至魏哀王之二十年……哀王二十三年乃卒,故特不称谥,谓之今王。"①

《史记·魏世家》索隐:"按《汲冢纪年》终于哀王二十年。"

也有一些当代学者赞同此观点。② 但是,这种观点存在两个问题:①如前所述,"魏哀王"的在位年代可能是由于将魏襄王的年代误前置,从而导致安排出魏哀王者一代;②《世本》等记载魏惠王之后无哀王,《史记·魏世家》:

《系本》襄王生昭王,无哀王,盖脱一代耳。

故《竹书纪年》的"魏今王"应该为"魏襄王"③,《史记·魏世家》集解:

---

① 方诗铭、王修龄:《古本竹书纪年辑证》,《方诗铭文集》(第一卷),上海社会科学院出版社2010年版,第420页。
② 范祥雍:《古本竹书纪年辑校订补》,上海古籍出版社2011年版,第85页。
③ 方诗铭、王修龄:《古本竹书纪年辑证》,《方诗铭文集》(第一卷),上海社会科学院出版社2010年版,第269页。

荀勖曰：和峤云："《纪年》起自黄帝，终于魏之今王。"今王者，魏惠成王子……《世本》惠王生襄王而无哀王，然则今王者，魏襄王也。

综上所述，《竹书纪年》中"今王（实际应该指魏襄王）"的称号问题，实际上应该同于睡虎地秦墓竹简中称秦王政为"今上"，反映《竹书纪年》有其所处时代的历史事件。《史记》中的"魏哀王"及其在位年代，应该是魏襄王的在位年代，同时又是《竹书纪年》中的魏"今王"。

如何看待《史记》中魏襄王、魏哀王的年代？如前所述，《史记》中所记载的魏惠王在位36年的年代与《竹书纪年》相同，故《史记》中的魏襄王元年至魏襄王十六年，实际上应该相应为魏惠王后元一年至十六年。而《史记》中魏哀王的年代对应《竹书纪年》中的魏"今王"，亦即魏襄王。故《史记》中"魏哀王"的在位年代，实际上应该是魏襄王的在位年代。

四 魏昭王在位十九年的物证——论《十九年相邦痹戈》的年代

《史记·魏世家》：

> 昭王元年，秦拔我襄陵……十九年，昭王卒，子安釐王立。

一般依此认为魏昭王在位于公元前295年至前277年。目前发现有两件与魏昭王时期有关的器物铭文，本书也附加以讨论。其中一件即《十九年相邦痹戈》（图2—1、图2—2）①，该铭文为：

---

① 申茂盛：《西安北郊香客林小镇出土"十九年相邦痹戈"考释》，《文博》2012年第6期。

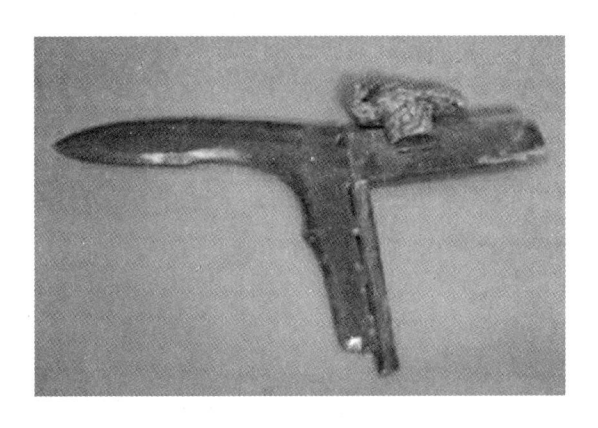

图 2—1　《十九年相邦𤼵戈器形》

图 2—2　《十九年相邦𤼵戈》铭文

十九年相邦𤼵、攻（工）室广（?）、右乍攻暲、冶𤼵造。

并定其年代为秦王政十九年。实际本器在正式公布前，已经为一些学者得知并进行了初步探讨，李学勤认为本器年代为魏武侯十九年，吴良宝则认为其年代可能为魏昭王十九年①，笔者现就本器铭文的一些问题进行讨论。

先来看看本器中"相邦瘠"的身份问题。与本器相关的还有另外一条铭文《十七年相邦瘠戈》（图2—3、图2—4），该铭文为：

十七年，相邦瘠（简称A），攻（工）室复、右冶克造。

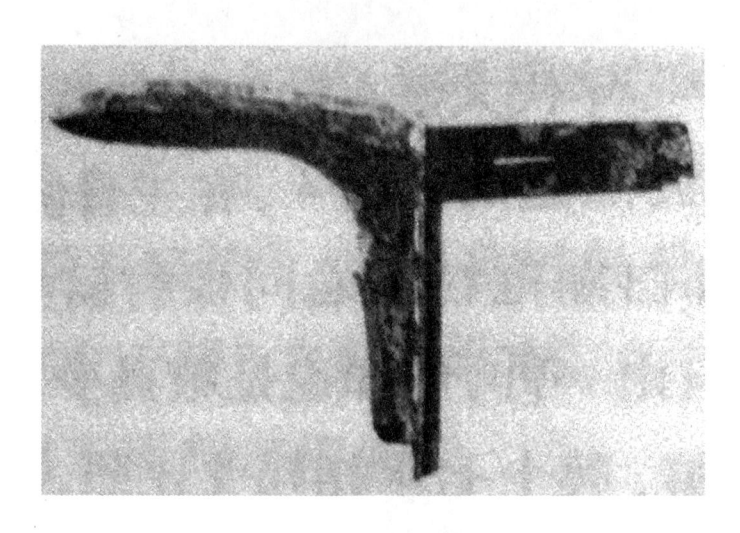

图2—3　《十七年相邦瘠戈》器形

由于上述两件器物铭文所见的相邦之名相同，故可能为同为"相邦瘠"在相近的时间范围内所监造。李学勤隶A为"痤"，认为即公孙痤，为战国魏武侯十七年（公元前379年）之器；董珊则认为"相邦瘠"是芒卯，为战国魏昭王时期器物，吴良宝认为释"痤"在字形上并无充分依据，指出应该分析为从"卯"声，并赞同董珊"相邦瘠"是芒卯的看法；苏辉认为铭文中的相邦即张去疾，认为是战国时期韩国器物，年代为韩宣惠王十七年（公

---

① 李学勤：《〈珍秦斋藏金——吴越三晋篇〉前言》，《通向文明之路》，商务印书馆2010年版，第209页；吴良宝：《战国韩魏铭文考释》，《安徽大学学报》（哲学社会科学版）2009年第4期。

图2—4 《十七年相邦疧戈》铭文

元前316年）。① 从字形上来看，应该以董珊、吴良宝的意见更为合理，苏辉从释"瘗"之说并用义训的方法认为可能即张去疾的观点并无充分的依据。笔者认为此次新公布的《十九年相邦疧戈》中的"相邦疧"也应该是芒卯。

芒卯是战国时期魏国的重臣，《说苑》记载芒卯为魏国的贤臣，"在朝而四邻贤士无不相因而见"。文献中关于芒卯的主要事迹记载如下：

①为魏国之臣，并率兵伐秦。《史记·魏世家》记载："昭王元年，秦

---

① 李学勤：《〈珍秦斋藏金——吴越三晋篇〉前言》，《通向文明之路》，商务印书馆2010年版，第209页；董珊：《读珍秦斋藏吴越三晋铭文札记》，萧春源编《珍秦斋藏金——吴越三晋篇》，澳门基金会2008年版，第291—292页；吴良宝：《战国韩魏铭文考释》，《安徽大学学报》（哲学社会科学版）2009年第4期；苏辉：《秦三晋纪年兵器研究》，上海古籍出版社2013年版，第40—46页。

拔我襄城……六年，予秦河东地方四百里。芒卯以诈重。"《索隐》："谓卯以智诈见重于魏"，此处资料表明在魏昭王六年（公元前290年）之后，芒卯开始在魏国担任重要的职务。《战国策》卷16记载秦昭王提到"以孟尝、芒卯之贤，帅强韩、魏之兵以伐秦，犹无奈寡人何也"，相同的记载也见于《史记·魏世家》《说苑》等。此外，其还与当时的周王朝进行外交活动，《战国策》："魏王因使孟卯致温囿于周君，而许之戍也。"

②使秦以解秦、赵伐魏之围。《淮南子》记载："孟卯妻其嫂，有五子焉，然而相魏，宁其危，解其患。"注："孟卯，齐人也，及为魏臣能安其危国、类其勋也，《战国策》曰'芒卯'也。"上述事件也见于《战国策》的记载之中，《战国策》："秦、赵约而伐魏，魏王患之。芒卯曰：'王勿忧也，臣请发张倚使谓赵王'……赵王恐魏承秦之怒，遽割五城以合于魏而支秦。"其后芒卯又使于秦国以解除秦、赵伐魏，并转而以秦、魏之兵联合攻齐之事，《战国策》记载："卯谓秦王曰：'……王能使臣为魏之司徒，则臣能使魏献之。'秦王曰：'善。'因任之以为魏司徒……芒卯并将秦、魏之兵，以东击齐，启地二十二县。"《韩非子·说林上》还记载，在芒卯使秦的过程中，还与甘茂有所交往："秦武王令甘茂择所欲为于仆与行事，孟卯曰：'公不如为仆。公所长者使也。公虽为仆，王犹使之于公也。公佩仆玺而为行事，是兼官也。'"

③秦败芒卯于华阳。秦国于华阳打败芒卯并围攻大梁的记载见于《史记》《战国策》等文献中，如《史记·白起王翦列传》记载"昭王三十四年（公元前273年），白起攻魏，拔华阳，走芒卯，而虏三晋将，斩首十三万"。《战国策·魏策三》"秦败魏于华走芒卯而围大梁"。自此之后，文献中关于芒卯的记载较少出现。

从上述讨论可见，魏国重臣芒卯的活动年代主要在公元前290年至前273年间，《十九年相邦瘠戈》的年代范围应当在此之内，其国别应该属魏。

也可以从铸造制度的角度来看本器的年代。对于战国时期三晋的铜器铸造制度，学者已经进行了很多讨论，黄盛璋认为战国时期三晋在铜器铸造方面形成了监、主、造三级制度：

> 监造中央以司寇、司马、封君，地方以令，同于三晋兵器（多出司马），它国未见；主造除工师见于秦铜器外，其余它国亦不见；制造惟

冶及冶客见于东周铜器。①

吴良宝、张丽娜认为魏惠王时期的魏国兵器铭文中开始出现了纪年数字，当时"地名"、"地名+库（府）"、"工师+冶"和"令、工师、冶"等不同形式的制度并存，监造者中既有都城（安邑、大梁）的司寇，也有地方县邑的令、啬夫。② 因此，从出现纪年方式这一特征来看，《十九年相邦瘠戈》器形的年代应该是在魏惠王之后。

但《十九年相邦瘠戈》器形在铸造制度上又有一些独特之处：①督造者"相邦"不见于此前已发现的三晋铜器之中，是目前已经发现督造者中级别最高的；②主造者"攻（工）室"也与三晋铜器中常见的"工师"不同；③制造者"工"之前冠有"右乍"，不仅与常见的三晋铜器不同，也不同于《十七年相邦瘠戈》器形。上述三个方面应该如何理解，还有待于进一步的探讨。

在战国铜器铭文中见到有"相邦"督造的只有秦国铜器铭文，本器是否可能是秦昭王或者秦王政时期秦国的器物？从如下几个方面来看：①秦昭襄王十九年（公元前288年）时的相邦为魏冉③，简报依此认为本戈的年代不可能是秦昭王十九年④，其观点可从；②同理，芒卯也不大可能在秦昭王十九年为相而铸造此器；③目前还只有芒卯使秦、而不见其为秦相邦之记载。因此本器年代为秦昭王十九年的可能性较小。

除了上述出现"相邦"督造之外，从器形角度来看，本戈为长胡四穿，直栏，直内上翘，有长条形穿。战国时期的秦戈在秦昭王以前一般为胡上三穿，胡上四穿一般为秦王政时期⑤，是否可以由此来推断本器年代为秦王政十九年？秦王政时自十年免吕不韦之相至二十六年以隗状、王绾为丞相，这期间的相职人选尚不清楚，而将"相邦瘠"的身份推测为昌平君或王绾证据

---

① 黄盛璋：《三晋铜器的国别、年代与相关制度问题》，中国古文字研究会等编《古文字研究》（第17辑），中华书局1989年版，第1—66页。
② 吴良宝、张丽娜：《战国中期魏国兵器断代研究》，《安徽大学学报》（哲学社会科学版）2013年第1期。
③ 严耕望：《秦宰相表》，载《严耕望史学论文集》，上海古籍出版社2009年版，第9页。
④ 申茂盛：《西安北郊香客林小镇出土"十九年相邦瘠戈"考释》，《文博》2012年第6期。
⑤ 陈平：《试论战国型秦兵的年代及有关问题》，载《中国考古学研究论集》编委会编《中国考古学研究论集》，三秦出版社1987年版，第310—335页。

均不充分。① 故"相邦"督造的铭文与胡上四穿的形制并不能表明本器的年代为秦王政时期。而三晋战国早中期青铜器中常见有一种长胡四穿、直栏、直内上翘，内上并有一穿形制的青铜戈②，《十九年相邦疌戈》的器形与之较为接近，故从器形上来看《十九年相邦疌戈》的年代应该不晚于战国早中期。

综上所述，从芒卯曾为魏国重臣来看，《十九年相邦疌戈》的国别应该为魏；同时本器的年代又有如下几个明确的限定因素：①在芒卯活动的公元前290年至前273年范围之内。②从铸造制度来看，年代在魏惠王之后。③从器形上来看不晚于战国早中期。由这几条可将《十九年相邦疌戈》的年代定在魏昭王、魏安僖王纪年范围内。但魏安僖王十九年（公元前258年）已经在芒卯主要活动时间范围之外，因此《十九年相邦疌戈》的年代应该定为魏昭王十九年（公元前277年）。《十七年相邦疌戈》《十九年相邦疌戈》表明魏昭王十七年至十九年间的相邦如吴良宝所指出的应是芒卯。而《十九年相邦疌戈》也是魏昭王在位19年的一个物证。

---

① 申茂盛：《西安北郊香客林小镇出土"十九年相邦疌戈"考释》，《文博》2012年第6期。
② 赵瑞民、韩炳华：《晋系青铜器研究——类型学与文化因素分析》，山西人民出版社2005年版，第169—170页。按：其中一件戈在正式发掘报告中编号为M269：68，与书中不同，参见韩炳华、李勇《长治分水岭东周墓地》，文物出版社2010年版，第342页。

第三章　越国王年问题

关于战国时期越国诸王世系及其王年问题的研究，目前还有较多争议。文献中关于战国时期越国世系的记载较多，主要如下（括号内为在位年数）：

①《史记·越王勾践世家》与《世本》①所载的世系相同，如下：

勾践→鼫与→不寿→翁→翳→之侯→无强

②司马贞《史记索隐》引《竹书纪年》的世系，与《路史·后纪》卷13下注引《竹书纪年》的世系，两者相同，后者正如陈梦家所指出为"隐括《越王勾践世家》索隐所引而杂采《越王勾践世家》名谥者"②，如下（括号内为在位年数）：

勾践（菼执）→鹿郢（鼫与，6年）→不寿（盲姑，10年）→朱句（37年）→翳（36年）→诸咎→错枝→无余之（莽安，12年）→无颛（菼蠋卯，8年）→无疆（强）

③《越绝书》记载"亲以上至句践，凡八君，都琅琊二百二十四岁"，世系为：

勾践→与夷→翁→不扬→无疆→之侯→尊→亲

---

① 秦嘉谟辑补本：《世本》，《世本八种》，中华书局2008年10月第1版，2010年6月第2次印刷，第47页。
② 陈梦家：《西周年代考·六国纪年》，中华书局2005年版，第156页。

④《吴越春秋》中的世系为：

勾践→兴夷→翁→不扬→无强→玉→尊→亲

上述几种世系，均有"勾践""无疆（强）"二世，其中《史记》《越绝书》《吴越春秋》所记载越国无强之前的世系较《竹书纪年》为简略，而《竹书纪年》《史记》中所记载越国无强之后的世系较《越绝书》《吴越春秋》为简略，因此学者在讨论越王无疆（强）之前的世系时，以《竹书纪年》为主，讨论越王无疆（强）之后的世系，则结合《越绝书》《吴越春秋》的相关记载。

关于战国时期越王世系，学界代表性的意见如下（年代均为公元前）：
①曹锦炎结合兵器铭文与文献中的越王名，列战国时期越王世系为：

勾践（496）→鼫与（464—459）→不寿（盲姑，458—449）→朱句（448—412）→翳（411—376）→诸咎（375）→无余之（莽安，374—362）→无颛（菼蠋卯，361—343）[①]

董珊意见也与曹先生相同，而所列资料更为完备，将世系列为：

允常→勾践（菼执）→鹿郢（464—459）→不寿（盲姑，457—449）→朱句（448—412）→翳（410—375）→诸咎（375）→无余之（莽安，374—362）→无颛（菼蠋卯，361—343）[②]

②孟文镛所列世系为：

勾践（菼执，496—465）→鹿郢（464—459）→不寿（盲姑，458—449）→朱句（448—412）→翳（411—376）→诸咎（376）→错枝（375）→无余之（莽安，374—363）→无颛（菼蠋卯，362—

[①] 曹锦炎：《新出鸟虫书越王兵器考》，中国古文字研究会等编《古文字研究》（第24辑），中华书局2002年版，第240页。
[②] 董珊：《吴越题铭研究》，科学出版社2014年版，第42—78页。

355）→无疆（354—333）①

③刘亦冰所列世系为：

勾践→与夷→不寿→朱句→翳→（诸咎、孚错枝）→初无余之→无颛→无强→子侯（玉？）→尊→亲②

表3—1 董珊所列战国时期竹简与铜器中越国王名与文献诸王世系对照表

铜器越王名	文献对应越王名
者旨	允常
欱昝	①勾践—《史记·越王勾践世家》；②菼执（埶）—《竹书纪年》
者旨于睗	①与夷—《越绝书》、《吴越春秋》；②鼫与—《史记·越王勾践世家》；③诸稽郢—《国语·吴语》；④柘稽—《史记·越王勾践世家》；⑤适郢—《左传》；⑥鹿郢—《竹书纪年》
丌及居、丌北古	①不寿—《史记·越王勾践世家》；②盲姑—《竹书纪年》
州句、州𠃍	①翁—《史记·越王勾践世家》；②朱句—《竹书纪年》；③株句—清华简《系年》
旨殴、者旨不光	①翳—《史记·越王勾践世家》《竹书纪年》；②不扬—《越绝书》《吴越春秋》；③殹—清华简《系年》
者凸、者句	诸咎
差徐、者差其余	①初无余之—《史记·越王勾践世家》；②无余之—《竹书纪年》
旨卲豕䖟	①王之侯、无颛—《史记·越王勾践世家》及索隐；②王子搜—《庄子》

在讨论诸王世系的基础上，一些学者讨论了越国诸王的年代，如表3—2所示：

---

① 孟文镛：《越国史稿》，中国社会科学出版社2010年版，第287—288页。
② 刘亦冰：《越王世系考辨》，《绍兴文理学院学报》2001年第6期。

表 3—2　　　　越国王年拟定表（年代均为公元前）　　　（单位：年）

世系	钱穆	陈梦家	范祥雍①	杨宽	平势隆郎	吉本道雅、晁福林	缪文远	辛土成②	陈瑞苗③	董珊④
勾践	496—465	496—465	496—465	496—464	496—467	496—465			496—465	
与夷				463—458					464	
鹿郢	464—459	464—459	464—459			464—459		461—459		464—459
盱与					467—461					
不寿	458—449	458—449	458—449	457—448	461—447	458—449		458—449	463—454	458—449
朱句	448—412	448—412	448—412	447—411		448—412		448—412		448—412
翁					447—412				453—449	
朱句									448—412	
翳	411—376	411—376	411—376	410—375	412—377	411—376	411—？	417—376	411—376	410—375
王之侯					377；？					
（诸咎）								376		375
孚错枝			375	374				376	376—375	
（子侯）									375—365	
（无余）	375—364		374—363	373立；372—361						374—362
诸咎		375—363				375—363				
（错枝）										
（无余）		362—351				362—351	362—？	375—363		
无颛	363—356	350—343	362—355	360—343		350—343		362—353	364—357	361—343
无强	355—？	342—333		342—306	356—329	342—333	？—333	354—334	356—334	

注：（1）辛土成认为"诸咎"、"孚错枝"在同一年，但是"诸咎"在"孚错枝"之前；（2）范祥雍在越王无颛之后没有列具体王名，但是认为公元前345年越国灭亡。

从目前的讨论来看，关于越国王年问题，在越王翳之前的世系已经有统一认识，目前争议较大的是关于越王无颛在位年代的讨论，无颛的在位年代影响到了关于越王翳之后至无颛之间诸王年代的确定。现在先对相关问题进行讨论。

---

① 范祥雍：《古本竹书纪年辑校订补》，上海古籍出版社2011年版，第106—122页。
② 辛土成：《越王勾践世系问题试考》，《民族研究》1988年第1期。
③ 陈瑞苗、陈国祥：《越国纪年新编》，宁波出版社1999年版，第68—69页。
④ 董珊：《吴越题铭研究》，上海古籍出版社2014年版，第42—78页。

一　越王勾践（欲替、菼执）与鹿郢年代问题

先来看看越王勾践在位30年、32年，还是33年的问题。《左传》宣公十八年疏引杜预《春秋世族谱》：

> 越王元年，鲁定公之十四年（公元前496年）也。①

《国语·越语》韦昭注：

> 勾践三年，鲁哀元年也（公元前494年）。②

由此可以确定越王勾践元年为公元前496年。而勾践的卒年，文献中也有明确记载，《史记·越王勾践世家》"勾践卒，子王鼫与立"，索隐引《竹书纪年》：

> 晋出公十年十一月，于粤子勾践卒，是为菼执。
> 於粤子句践卒，是菼执。次鹿郢立。

一般认为本事年代为晋出公十年（公元前465年）。③雷学淇曾将"勾践卒"之前的"十年"二字漏去，导致与前文的"七年于粤徙都琅琊"条相混淆，将勾践卒年由晋出公十年（公元前465年）误为晋出公七年（公元前468年），以致认为其在位30年；范祥雍已经指出雷学淇的这一意见是不成立的。④

需要注意的是，《吴越春秋·句践伐吴外传》记载：

---

① （清）阮元校刻：《十三经注疏》，中华书局1980年版，第1874页。
② 徐元诰撰，王树民、沈长云点校：《国语集解》，中华书局2002版，第575页。
③ 范祥雍：《古本竹书纪年辑校订补》，上海古籍出版社2011年版，第53页。
④ 同上书，第53页。

> （句践）二十七年冬，句践寝疾将卒，谓太子兴夷……遂卒。①

勾践在位27年的记载仅见于此，学者多不取此说②，本文亦采用这一看法。此外，杨宽认为《竹书纪年》用夏正，句践卒于晋出公十年（公元前465年）十一月，在周正则是第二年的正月了，如此则勾践在位33年，卒于周贞定王五年（公元前464年）。③总之，目前可以确定越王勾践的年代为公元前496年至前465年。

于此也可以讨论越王与夷（者旨于赐、鼫与、柘稽、适郢、鹿郢、诸稽郢）的年代问题。越王与夷为勾践之后：

> 《史记·越王勾践世家》索隐引《竹书纪年》："晋出公十年十一月于粤子句践卒，是（为）菼执。"
>
> 《史记·越王勾践世家》："句践卒，子王鼫与立"；索隐引乐资云："越语谓'鹿郢'为'鼫与'也"。
>
> 《吴越春秋·句践伐吴外传》：（句践）二十七年冬，句践寝疾将卒，谓太子兴夷。

古文献中"兴（興）""与（與）"相讹的现象甚多，此不多论。由上述可表明其元年应当是公元前464年。《史记·越王勾践世家》等文献又记载鹿郢在位6年：

> （越）王鼫与卒，子王不寿立。索隐引《竹书纪年》："鹿郢立，六年卒。"

故一般依此认为鹿郢卒、不寿立的年代为公元前459年。④ 由此可以确定越王与夷（者旨于赐、鼫与、柘稽、适郢、鹿郢、诸稽郢）的年代为公元前464年至前459年。

---

① 周生春：《吴越春秋辑校汇考》，上海古籍出版社1997年版，第178页。
② 杨宽：《战国史料编年辑证》，上海人民出版社2001年版，第83页。
③ 同上书，第83页。
④ 范祥雍：《古本竹书纪年辑校订补》，上海古籍出版社2011年版，第54页。

二 越王不寿（丌戉居、丌北古、盲姑）、朱句、翳年代问题

关于"越王丌北古"，马承源认为是"盲姑（不寿）"，学者一般从此说；也有一些学者持不同意见，如曹锦炎认为应该是越王州句之后的越王，有可能是越王无疆，而周亚认为"丌北古"可能不是越王盲姑（不寿），而应该是越王翳之后的越王。① 本书赞同马承源的看法。

先来看看越王不寿是在位 10 年，还是 15 年。《史记·越王勾践世家》：

> （越）王不寿卒，子王翁立。

索隐引《竹书纪年》：

> （越）不寿立，十年见杀，是为盲姑，次朱句立。

表明改订越王不寿在位为 15 年，还缺乏有力的文献证据。《路史·后纪十三》注引《竹书纪年》：

> （盲姑）十年卒，朱旬立，是为王翳（翁）。②

范祥雍指出此处的"朱旬"为"朱句"之误，并列此事年代为晋敬公

---

① 马承源：《越王剑、永康元年群神禽兽镜》，《文物》1962 年第 12 期，收入《中国青铜器研究》，上海古籍出版社 2002 年版，第 259—263 页；曹锦炎：《鸟虫书通考》，上海书画出版社 1999 年版，第 86 页；《新见越王兵器及其相关问题》，《文物》2000 年第 1 期；周亚：《越王剑铭与越王世系——兼论越王丌北古剑和越王不光剑的断代问题》，载李宗焜主编《古文字与古代史》（第 2 辑），"中央研究院"历史语言研究所 2009 年版，第 243—278 页。
② 原文为"翳"，方诗铭认为应当是"翁"之误，见方诗铭、王修龄《古本竹书纪年辑证》，载《方诗铭文集》（第一卷），上海社会科学院出版社 2010 年版，第 447 页。

三年（公元前449年）。① 故一般依此来拟定越王不寿（丌𠂆居、丌北古、盲姑）的年代为公元前458年至前449年。而杨宽则因为越王不寿年代的改订，相应地导致将越王不寿（丌𠂆居、丌北古、盲姑）的年代订为公元前457年至前448年。②

越王"翁"应当即越王朱句（株句、州句、州丩）③，于此再来讨论越王朱句（翁、株句、州句、州丩）的年代问题。

文献记载越王朱句在位37年，《史记·越王勾践世家》：

（越）王翁卒，子王翳立。

索隐引《竹书纪年》：

（于粤子朱句）三十七年朱句卒。

《路史·后纪》卷13引《竹书纪年》：

朱句立，是为王翁，三十七年卒，王翳立。

由此可以确定越王朱句年代为公元前448年至前412年。值得注意的是关于越王朱句时期灭郯之事，《水经·沂水注》引《竹书纪年》：

晋烈公四年（公元前412年），越子朱句灭郯，以郯子鸪归。④

《史记·越王勾践世家》索隐引《竹书纪年》：

于粤子朱句……三十五年灭郯。

---

① 范祥雍：《古本竹书纪年辑校订补》，上海古籍出版社2011年版，第55页。
② 杨宽：《战国史料编年辑证》，上海人民出版社2001年版，第116页。
③ 杨宽：《战国史料编年辑证》，上海人民出版社2001年版，第116页；董珊：《吴越题铭研究》，科学出版社2014年版，第53—54页。
④ （北魏）郦道元著，陈桥驿校正：《水经注校证》，中华书局2013年版，第581页。

由此，似乎可以确定越王朱句元年为公元前446年，但学者们多认为上引"晋烈公四年"有误，范祥雍认为应当是"晋烈公二年"：

> 据《越王勾践世家》索隐所引越纪年排算，此事当在晋烈公二年……疑《沂水注》"四"字或为"二"之误。①

如此则仍然可以确定越王朱句元年为公元前448年，本书也暂从此说。

于此附论越王翳（不扬、殹、旨殹、者旨不光）年代问题。周亚认为越王"不光"的世系应该在越王丌北古之后②，现在一般认为"不光"即越王翳。《史记·越王勾践世家》索隐引《纪年》：

> （越王翳）三十六年七月太子诸咎弑其君翳。

由此可见，越王翳在位36年，由此可以确定其在位年代为公元前411年至前376年。而杨宽则后延一年，改订为公元前410年至前375年。

三　越王差徐（者差其余、初无余之、无余之，莽安）年代问题

《史记·越王勾践世家》索隐引《竹书纪年》：

> 大夫寺区定粤乱，立初无余之。十二年，寺区弟忠③弑其君莽安，次无颛立。

《路史·后纪》卷13注引《竹书纪年》：

---

① 范祥雍：《古本竹书纪年辑校订补》，上海古籍出版社2011年版，第58页。
② 周亚：《越王剑铭与越王世系——兼论越王丌北古剑和越王不光剑的断代问题》，载李宗焜主编《古文字与古代史》（第2辑），"中央研究院"历史语言研究所2009年版，第243—278页。
③ 《史记》为"忠"字，《路史》为"思"字。应当有一个是讹字，但目前还无法判定。本书第110页，也用"忠"字。

·109·

诸枝立，是为孚错枝，一年其大夫寺区定乱，立初无余……十二年寺区弟忠复弑其君莽，而立无颛八年。①

由前文的讨论可见，在公元前376年10月，越王诸咎被杀之后，又立孚错枝为君，或认为是其在位年代指公元前375年，孚错枝仅仅在位于公元前376年的10月之后的两个月；而由上引"孚错枝一年"的记载来看，其应该是指其正式在位的公元前375年；故可以确定越王差徐的年代为公元前375年至前364年。

新出《越王差徐戈》铭文与越国徙都"姑苏"年代问题相关。于此结合《越王差徐戈》铭文来探讨一下越国徙都姑苏的年代问题。珍秦斋所藏《越王差徐戈》铭文（图3—1），是目前所发现的记载苏州城名"姑苏"较早的文献资料，已有许多学者进行了探讨②，现综合相关成果写定其铭文如下：

戉（越）邦之先王未得居（姑）乍（胥—苏）金，就差徐之为王，司（嗣）得居（姑）乍（胥—苏）金，差徐以铸其元甬（用）戈，以攸䍺郯（边）土。

---

① 方诗铭、王修龄：《古本竹书纪年辑证》，载《方诗铭文集》（第一卷），上海社会科学院出版社2010年版，第447页。
② 曹锦炎：《越王得居戈考释》，中国古文字研究会等编《古文字研究》（第25辑），中华书局2004年版，第208—212页，收入《吴越历史与考古论丛》，文物出版社2007年版，第92—98页；吴振武：《谈珍秦斋藏越国长铭青铜戈》，中国古文字研究会等编《古文字研究》（第27辑），中华书局2008年版，第311—316页；董珊：《越王差徐戈考》，《故宫博物院刊》2008年第4期，收入《吴越题铭研究》，科学出版社2014年版，第65—71页；周运中：《越王差徐所迁乍金考》，"复旦古文字网"，2008年12月6日，http://www.gwz.fudan.edu.cn/SrcShow.asp？Src_ID=561；孟蓬生：《越王差徐戈铭文补释》，《中国文字研究》（第12辑），大象出版社2009年版，第47—50页；赵平安：《绍兴新出两件越王戈研究》，江林昌等主编《中国古代文明研究与学术史》，河北大学出版社2006年版，第89—91页，收入《金文释读与文明探索》，上海古籍出版社2011年版，第56页；孔令远：《越王州句戈铭文考释》，《考古》2010年第8期；彭裕商：《越王差徐戈铭文释读》，《考古》2012年第12期；李家浩《〈越王差郐戈〉铭文新研》，李宗焜主编《第四届国际汉学会议论文集——出土材料与新视野》，"中央研究院"2013年版，第311—340页。

图 3—1 《越王差徐戈》

　　一般认为戈铭中的"差徐"即越王初无余①，铭文提供了关于越国世系及都城的新资料，经过学者们的探讨，铭文也大体可以通读，不过还有一些可以讨论的地方，比如：①"得""居""居乍金"的理解；②"司"的释读；③"先王"所指与"未得……司得"的理解，本文拟在学界已有基础上对上述问题进行补论。

　　铭文首句为"戉（越）邦之先王未得居（姑）乍（胥—苏）金"，其中的"得""居""居乍金"是本器铭文中的疑难之处。

---

① 董珊：《吴越题铭研究》，科学出版社2014年版，第65—71页。

①"▨",曹锦炎释"得",董珊认为"得"意为"能够",孟蓬生则认为"得"不能解作"词义比较虚"的"能",而是一个实义动词,义为"得到"①;此外,孔令远释"趣",读"州",也有学者释为"退"②。

目前关于本字的意见主要有三种:第一种,释"退",战国文字中常见的"退",如"▨"(《中山王方壶》,《集成》9735)、"▨"(《兆域图版》,《集成》10478),铭文中本字与"退"的形体有一定差别,因此释"退"之说目前依据不够。第二种,释"趣",金文中常见的"趣",如"▨"(《鄦侯少子簋》,《集成》4152),铭文中本字形体与"趣"的差别较大,因此释"趣"并无依据。第三种,释"得",从字形上来看应当如此,但关于其具体读法则有作为表"能够"义的虚词、表"得到"义的动词等三种看法。《说文》:"得,行有所得也。"在两周金文中"得"主要有作为动词的"取得"与作为名词的"缴获"两种用法,前者如,《夆盨壶》(《集成》9734):"先王之德,弗可复得。"《中山王鼎》(《集成》2840):"寡懼其忽然不可得。"后者如,《夨駿簋》(《集成》3976):"伐楚荆,有得。"两周时期"得"也有作为助动词表示"能"的用法,一般都是表示客观条件的允许③,在两周金文中也见到"得"作助动词表示"能够"的例子,如《子犯编钟》(《新收》1022):"楚荆丧厥师,灭厥属。子犯佑晋公左右,燮诸侯得朝。"铭文的大意为"由于子犯的功劳,而诸侯得以朝拜晋国",此处《子犯编钟》铭文中的"得"的用法,相较于认为表示主观义的"能够",理解为偏向于表示客观原因意的"得以"可能更加合理。而如果用这种更偏向于客观原因意的"得以"去理解《越王差徐戈》铭文,有些难以通读,故此处的"得"应以理解为"得到"为合适。

---

① 曹锦炎:《越王得居戈考释》,载《吴越历史与考古论丛》,文物出版社2007年版,第92—98页;董珊:《吴越题铭研究》,科学出版社2014年版,第65—71页;孟蓬生:《越王差徐戈铭文补释》,臧克和主编《中国文字研究》(第12辑),大象出版社2009年版,第47—50页。
② 孔令远:《越王州句戈铭文考释》,《考古》2010年第8期;吴振武:《谈珍秦斋藏越国长铭青铜戈》,中国古文字研究会等编《古文字研究》(第27辑),中华书局2008年版,第311—316页。
③ 祝敏彻:《"得"字用法演变考》,《甘肃师范大学学报·语言专号》1960年第1期,收入《祝敏彻汉语史论文集》,中华书局2007年版,37—61页。

②"㞐",曹锦炎释"居",认为"得居"即越王允常。① 吴振武与上一字连读为"退居",意为"去世"。② 董珊认为"居"的意义与"迁"或"徙"相同③;孟蓬生读"居"为"姑",铎部之"乍"字与鱼部之"胥"字相通,"居乍"当为一词,即传世典籍中之"姑胥(苏)"④。孔令远释"居",读为"句",与其上一字连读为"趣(州)居(句)",即越王朱(州)句。⑤

本字释为"居"无疑义,但关于其读法则有较多意见,第一,将其与上一字连读,认为是越王人名之用字,其中曹锦炎认为"得居"即越王允常,但此种观点是将铭文本句读为"得居(姑)乍(胥—苏)金就(戚)",彭裕商指出读"就"为"戚",指斧钺不可信,因此以"得居"为越王之名的观点可信性不强;孔令远则认为"趣(州)居(句)"即越王朱(州)句,但由于其释上一字为"趣"并无依据,此说实际也并无充分基础。第二,与其上一字连读为"退居",意为去世,如上所述,"居"上一字并非是"退"字,此说也缺乏说服力。第三,董珊将"居"作为动词,认为"居"的意义与"迁"或"徙"相同,但目前在出土文献中更多的是用"凥(處)"来表示"居住"的意义,如《叔夷钟》(《集成》283):"处禹之堵";《鱼鼎匕》(《集成》980):"毋处其所";《姑发臂反剑》(《集成》11718):"余处江之阳,至于南行西行";《旨邵豽蓄剑》(《集成》11618):"唯凥(处)合[之]居。"尤其是由同为越国器物的《旨邵豽蓄剑》可见,"处"与"居"的用法有区别,因此本戈铭文中的"居"还不能认为有充分的证据可以证明其可理解为"居住"。目前较为合理的是孟蓬生将"居"读为"姑"的意见,本文从之。

③"ㄏ",曹锦炎、孔令远释"乍",读"作"⑥;董珊释"乍",读为

---

① 曹锦炎:《越王得居戈考释》,载《吴越历史与考古论丛》,文物出版社2007年版,第92—98页。
② 吴振武:《谈珍秦斋藏越国长铭青铜戈》,中国古文字学研究会等编《古文字研究》(第27辑),第311—316页。
③ 董珊:《吴越题铭研究》,科学出版社2014年版,第65—71页。
④ 孟蓬生:《越王差徐戈铭文补释》,《中国文字研究》(第12辑),大象出版社2009年版,第47—50页。
⑤ 孔令远:《越王州句戈铭文考释》,《考古》2010年第8期。
⑥ 曹锦炎:《越王得居戈考释》,《吴越历史与考古论丛》,文物出版社2007年版,第92—98页;孔令远:《越王州句戈铭文考释》,《考古》2010年第8期。

"胥（苏）"，"乍（胥—苏）"为"姑苏（姑胥）"之省①。孟蓬生认为"居乍"即"姑苏"②；周运中认为"乍"读为"莋金山"之"莋"③。赵平安认为"居乍"应该理解为地名，读为"姑苏"。④ 彭裕商释为"乍"，意为制作，同时认为将"乍金"释为地名姑苏，谓铭文记载了越王初无余迁都姑苏之事，也有难于理解之处。⑤ 近来李家浩将本字释作"亡"。⑥

目前学者的意见主要有以下几种：第一种，释"乍"，读为"作"，指制作，此说的立论前提认为"未得居"为越王之名，但"未得居"并不是越王之名，因此此说不能成立。第二种，释"乍"，读为"苏""胥"，认为是"姑苏（姑胥）"之省。第三种，释"乍"，认为是"莋金山"之"莋"。第四种，释"乍"，读为"姑苏"之"姑"。第五种，释"亡"，从字形上来看本字与"亡"还有一定区别。从上文的讨论来看，铭文中的"居"应该为名词而非动词，如果依照第二种、第三种观点，则铭文内容尚不好理解。目前以第四种观点，即读为"姑"，与前一字连读为地名"居乍"即"姑胥（苏）"更为合理。

④ "金"，吴振武认为"乍金"指因王或王后去世后为纪念而制作铜器⑦；董珊读为"阴"，指姑苏山之北⑧。孟蓬生认为"居乍"为"姑胥（苏）"，"金"字可读如金字，而不烦改读；"居乍金"即"姑胥（苏）金"，义为"产自姑苏的铜"。⑨ 周运中在前引文中认为"居乍金"即"姑胥（苏）金"，义为"产自姑苏的铜"这一说法有两个疑点，其一，史书

---

① 董珊：《吴越题铭研究》，科学出版社2014年版，第65—71页。
② 孟蓬生：《越王差徐戈铭文补释》，臧克和主编《中国文字研究》（第12辑），大象出版社2009年版，第47—50页。
③ 周运中：《越王差徐所迁乍金考》，"复旦古文字网"，2008年12月6日，http://www.gwz.fudan.edu.cn/SrcShow.asp?Src_ID=561。
④ 赵平安：《绍兴新出两件越王戈研究》，《金文释读与文明探索》，上海古籍出版社2011年版，第56页。
⑤ 彭裕商：《越王差徐戈铭文释读》，《考古》2012年第12期。
⑥ 李家浩：《〈越王差郤戈〉铭文新研》，李宗焜主编《第四届国际汉学会议论文集——出土材料与新视野》，"中央研究院"2013年版，第311—340页。
⑦ 吴振武：《谈珍秦斋藏越国长铭青铜戈》，中国古文字研究会等编《古文字研究》（第27辑），中华书局2008年版，第311—316页。
⑧ 董珊：《吴越题铭研究》，科学出版社2014年版，第65—71页。
⑨ 孟蓬生：《越王差徐戈铭文补释》，臧克和主编《中国文字研究》（第12辑），大象出版社2009年版，第47—50页。

无姑苏产铜的记载；其二，假如姑苏产铜，吴国肯定早已开发利用，为何越国以前的君主没有得到？他认为"乍金"就是文献里的莋碓山及山下的莋邑……"莋""崔""乍"相通当无疑问。李家浩在前引文中认为"居亡金"指好铜，"居亡"即越语好铜的记音说法，可能跟林邑"俗谓上金为杨迈"之"杨迈"在语源上有关。越王差郳所得的"居亡金"，可能是通过海路向西南林邑地区掠夺的。

在上述观点中，将"乍金"理解为纪念去世越王而作铜器，前提是将"得居"释为"退居"、理解为去世，由于将"得"释为"退"还并无充分依据，故以"乍金"为纪念去世越王而作铜器的说服力目前也不强。释为"居亡金"及在此基础上的推论还需要更多的材料来支持。

学者们对本句中的地名是"乍金"还是"居乍"有不同意见，持"乍金"之说的学者对于铭文的理解采纳了理解"得"为能够、"居"为居住的看法，再读"金"为"阴"，由本书的上述讨论来看，将本器铭文中的"得"理解为能够、"居"理解为居住均没有充分的依据，因此"乍金"之说及其由此而来的"乍金"所载的姑苏山之北说，及《越绝书》"莋邑"说等观点目前还不能认为是有很强的说服力。故铭文中"戉（越）邦之先王未得居（姑）乍（苏）金"一句中的"居（姑）乍（苏）金"当理解为名词性短语；而不是将"得"理解为"能够"，再将"居"理解为"居住"，并将"居乍金"理解为一个动宾短句，从而将"未得居（姑）乍（苏）金"理解为"不能够居住于乍金"。此处铭文中的"未得居（姑）乍（苏）金"当如孟蓬生理解为"没有得到居（姑）乍（苏）之金"。周运中的两个意见实际上也并不具有说服力，吴地不产铜并不代表吴地没有铜资源；越国在勾践灭吴之后，即北上徙都琅琊，这是越国先王没有得到"居乍金"的原因。另外，周先生的观点也没有考虑到铭文中"居"的用法为名词而非动词。并且周先生在文中也指出如果莋碓山本单名为"莋"，此山本名莋山，则"金"字就无法解释了，他推测也有可能是金字讹为上述"碓""崿""岭""阜"四字。目前看来"居乍金"以理解为"姑胥（苏）金"更有说服力。

对于本句的理解，董珊认为意为"越邦之先王不曾（未尝）居'乍金'这个地方"，孟蓬生在前引文中认为意为"越国先王没有得到姑苏的铜"，赵平安认为指"越国先王翳得到姑苏的铜"，彭裕商认为意为"越邦之先王寻得居在位时作了金戚"，关于本句的释读，孟蓬生的意见更为合

· 115 ·

理，本文从之。

铭文次句为"就差徐之为王，司（嗣）得居（姑）乍（胥—苏）金"，有学者认为铭文中的"差徐"当读为"佐徐"，指辅助徐国[①]；彭裕商认为对照绍兴越文化博物馆所藏《越王差徐戈》，如将"差徐"读为"佐徐"，则与越国兵器之后常有越王之名的格式不同，铭文中也未见到为徐国铸器的理由，"差"不必读为"佐"，"差徐"即"佐徐"、意为辅佐徐国之说不可信，应当理解为越王"初无余"之名。将"亭佐徐之"理解为珍秦斋所藏之《越王差徐戈》作器者虽可行，但无法讲通绍兴所藏《越王差徐戈》中的内容，因此读"差徐"为"佐徐"之可信度不高。[②] 彭先生的意见很有说服力，本文从之。

关于此句中"后"的释读有较多意见，曹锦炎释"后"，即"君后"之"后"，"王后"即后王，铭文"佐徐之为王后"意为辅助徐国称王[③]；吴振武释"后"，读为"後"[④]；董珊、孟蓬生释"司"，读"始"[⑤]；网友"沙鸥"、赵平安释"司"，读"嗣"，表示继承[⑥]；网友"yihai"释"石"，读"庶"，李家浩释"石"，读"适"[⑦]。

关于本字的释读，第一，释"后"，认为是"君后"之"后"，"佐徐之为王后"意为辅助徐国称王，但若此则"佐徐之为王后"行文上稍显冗赘，"后"字显得多余。第二，释为"后"、读为时间副词"後"，在战国金文中"後"的用法与"后"有较为明显的区别，前者更多地用作时间副

---

① 曹锦炎：《越王得居戈考释》，《吴越历史与考古论丛》，文物出版社2007年版，第92—98页；孔令远：《越王州句戈铭文考释》，《考古》2010年第8期。
② 彭裕商：《越王差徐戈铭文释读》，《考古》2012年第12期。
③ 曹锦炎：《越王得居戈考释》，《吴越历史与考古论丛》，文物出版社2007年版，第92—98页。
④ 吴振武：《谈珍秦斋藏越国长铭青铜戈》，中国古文字研究会等编：《古文字研究》（第27辑），中华书局2008年版，第311—316页。
⑤ 董珊：《吴越题铭研究》，科学出版社2014年版，第65—71页；孟蓬生：《越王差徐戈铭文补释》，臧克和主编《中国文字研究》（第12辑），大象出版社2009年版，第47—50页。
⑥ 网友"沙鸥"于孟蓬生《越王差徐戈铭文补释》一文下的评论，"复旦古文字网"，2008年11月5日，http://www.gwz.fudan.edu.cn/SrcShow.asp?Src_ID=541；赵平安：《绍兴新出两件越王戈研究》，《金文释读与文明探索》，上海古籍出版社2011年版，第56页，文后所附补记中有所改订。
⑦ 网友"yihai"于孟蓬生《越王差徐戈铭文补释》一文下的评论，"复旦古文字网"，2008年11月5日，http://www.gwz.fudan.edu.cn/SrcShow.asp?Src_ID=541；李家浩：《〈越王差郤戈〉铭文新研》，载李宗焜主编《第四届国际汉学会议论文集——出土材料与新视野》，"中央研究院"2013年版，第311—340页。

词，如，《集成》171："万枼（世）之後，亡（無）疾自下。"《集成》2840："後人其庸庸之，母（毋）忘尒（爾）邦。"而"后"则多用为贵族妇女之称谓，如：《集成》2393："铸客为王句（后）七府为之。"《新收》1629："王后之御器。"释本字为"后"、再读为"後"，在铭文的释读上可能稍显曲折。第三，释为"石"、读为"庶"或"适"，金文中常见的"石"与本字有一定区别，故释"石"、读"庶"或者"适"还需要更多证据来证明。第四，释"司"，董珊、孟蓬生读为"始"，网友沙鸥、赵平安读为"嗣"，上述两说也有一些需要注意的问题，彭裕商认为若读"司"为"始"、并将铭文内容理解为初无余始得姑苏而迁都，则铭文没有必要多出前面的一句"戉邦之先王未得居乍金"，不仅行文冗赘，也与古人崇尚谦恭、子孙对于父祖不敢矜伐其功以自显的习俗不符，彭先生从铭文格式与内容等角度对释"司"读"始"之说提出的疑问值得重视[①]。"先王"一般以为指统称逝去的前代诸王，如果读"司"为"嗣"，则铭文中的"戉邦之先王未得居（姑）乍（胥—苏）金"与"就差徐之为王，司（嗣）得居（姑）乍（胥—苏）金"可能会有矛盾，如果将"先王"理解为死去之越国国君，既然越之先王没有得到居（姑）乍（胥—苏）金，而差徐继承哪一位先王继承居（姑）乍（胥—苏）金？笔者认为这里的"先王"不应当理解为差徐之前历代越王的统称，而应当理解为越王允常。越国在允常的时候发展壮大，并称王。《越绝书·记地传》："越王夫镡以上至无余，久远，世不可记也，夫镡子允常，允常子勾践，大霸称王。"《史记·越王勾践世家》正义引《舆地志》："越侯传国三十余叶，历殷至周敬王时，有越侯夫镡，子曰允常，拓土始大，称王。"《吴越春秋·越王无余外传》："或为夫谭，夫谭生元常，常立，当吴王寿梦、诸樊、阖闾之时，越之兴霸自元常矣。"另外还见有《越王之子勾践剑》（《集成》11594、11595），上述资料表明越王允常已经称王，其在位阶段是越国发展的重要时期。一般认为允常时期越国的都城还在今绍兴一带，也有学者认为绍兴印山越王陵是越王允常之墓，这与铭文中的"戉邦之先王未得居乍金"是相符合的。

将铭文中的"越邦之先王"理解为越王允常之后，"就差徐之为王，司得居（姑）乍（胥—苏）金"的含义虽然有如下两种可能：第一种，"就差

[①] 彭裕商：《越王差徐戈铭文释读》，《考古》2012年第12期。

徐之为王，司（始）得居（姑）乍（胥—苏）金”，意为越王差徐的时候开始得到了姑苏之金；第二种，“就差徐之为王，司（嗣）得居（姑）乍（胥—苏）金”，指越王差徐继承了姑苏之金。但联系文献中越王翳时迁都吴地的记载，而得到姑苏之金也并不直接等同于迁都姑苏，因此铭文此处的“司”可能读为“嗣”更为合适。这是越王差徐继承前代越王都于姑苏后的一种自勉，不仅不是自夸，反而是牢记先世创业不易、勉励自己努力继承国业的一种自我劝诫。如此“戉（越）邦之先王未得居（姑）乍（胥—苏）金”与“就差徐之为王，司（嗣）得居（姑）乍（胥—苏）金”就不会有矛盾了。

对于本句的释读观点如下，董珊认为意为“到了差徐为王之世，开始居于‘乍金’”；孟蓬生理解为“到了差徐做国王的时候才得到姑苏的铜”；赵平安认为意为“至初无余为王的时候，从其父翳那里继承得到姑苏的铜”；彭裕商理解为“差徐作为现在的越国王后，以前先王得居曾作金戚”。上述学者的意见中赵平安关于本句的释读可从，唯认为越王翳为越王差徐之父并不准确。越王翳应是越王诸咎之父，而越王诸咎则是越王差徐之父。①

其后的“差徐以铸其元甬（用）戈，以攸鄒（边）土”一句，在释读方面争议不大，主要有如下几点当注意：第一，“”，曹锦炎在前引论著中释“守”；吴振武、董珊、孟蓬生、周运中均释“攸（修）”，彭裕商释“修”，意为治理；赵平安释为“叡”，读为“拓”。叡在歌部透母，拓在铎部透母，音近可通。本字形体与常见的“守”“攸”等有所不同，其上部构件也与“它”有异，本文暂从释“攸（修）”之说。第二，“”，曹锦炎、孔令远、赵平安在前引各自论著中释“其”；吴振武认为是“强”字省写。彭裕商释“其”，认为可能是文字坏范，认为释“强”在语句上不通。董珊、孟蓬生存疑未释。李家浩前引文中读“竘”，认为“攸（脩）竘”是同义复词，是治理的意思。本字构形与常见的“其”字有不同，目前尚不能确定即是“其”字，本文存疑。

对于本句的释读观点如下，董珊理解为“差徐因此铸造了这件元用戈，以修边疆”；孟蓬生理解为“差徐用姑苏的铜铸成了自己使用的戈，用它来修治边疆”；孔令远理解为“趣居（州句）铸作了这件铜戈，用来佐助徐国，用来守卫边疆”；赵平安理解为“初无余用从他父亲那里来的

① 董珊：《吴越题铭研究》，科学出版社2014年版，第46页。

姑苏铜铸造永久使用的戈，用它来拓展疆土"；彭裕商理解为"差徐因此铸造了此精良之用戈，以修治其疆土"。关于吴越铭文中的"元用"有不同意见①，董珊的关于本句铭文的释读较为审慎，本书从之。

综上所述，本篇铭文的大致内容可以理解为：

  越国先王（允常）未得到姑苏之金，到越王差徐时承继姑苏之金，差徐因之造元用戈以修边疆。

而《越王差徐戈》铭文的重要记载不仅在于提供了"越王差徐"这一世系，也提供了越国都城迁徙姑苏的记载，现在再从如下几方面略加讨论。

①"戉（越）邦之先王未得居（姑）乍（胥—苏）金"与越王差徐之前的都城。在越国灭吴之后，可能并未居于其故城，《吕氏春秋·知化篇》："越报吴，残其国，绝其世，灭其社稷，夷其宗庙。"《国语·吴语》也记载越人在进入吴国都城后"入其郛，焚其姑苏，徙其大舟"，此处的"姑苏"应该是"姑苏台"的简称，"姑苏台"所在据魏嘉瓒统计观点主要有"胥山""皋峰山""茶蘑屿""姑苏山"等四种，魏先生和吴奈夫均赞同位于"姑苏山"之说②，其范围在今天的木渎春秋古城范围之内，表明越国曾对吴国都城进行破坏；《越绝书》记载其后复又"徙治姑胥台"；为北上争霸又将都城迁至琅琊，相关记载见于今本《竹书纪年》《越绝书·记地传》《吴越春秋·句践伐吴外传》《汉书·地理志》《水经注·潍水注》等文献中，如，《越绝书·记地传》："句践伐吴，霸关东，从琅琊起观台。台周七里，以望东海……允常子勾践，大霸称王，徙琅琊，都也。"《吴越春秋》卷10："越王既已经诛忠臣，霸于关东，从琅琊起观台，周七里以望东海。"《汉书·地理志》："琅琊，越王句践尝治此，起馆台。"

前人对于越国是否迁都琅琊曾有怀疑，现在经过诸多学者的讨论，已

---

① 王人聪：《释元用与元弄》，《考古与文物》1996年第3期，收入《古玺印与古文字论集》，香港中文大学文物馆2000年版，第335—337页。
② 魏嘉瓒：《姑苏台考》，《苏州教育学院学报》（社会科学版）1991年第6期；吴奈夫：《吴国姑苏台考》，《苏州大学学报》（哲学社会科学版）2010年第5期。

经渐渐取得了共识①。目前的主要问题在于：第一，对于徙都的时间意见尚未统一，《吴越春秋》记载为越王勾践二十五年（公元前472年），今本《竹书纪年》则记载为周贞定王元年（公元前468年）。第二，对于"琅琊"所在有不同的意见，有"山东胶南""山东诸城""山东临沂""安徽滁县""江苏赣榆""江苏连云港"等诸多观点②，一般认为应位于现山东诸城。本器铭文的发现虽不能直接证明越国曾迁都于琅琊，但从铭文的记载来看，越王差徐的年代在勾践之后，而直到其之时越国才都于姑苏之地，表明越国在勾践克吴之后并未长期以吴地为都而是迁移至别处，这无疑为越国徙都琅琊提供了重要的间接证据。

②"就差徐之为王，司（嗣）得居（姑）乍（胥—苏）金"与越王差徐时迁都姑苏。孟蓬生对此问题有很好的意见，他在前引文中指出"得居（姑）乍（胥—苏）金"即指迁都于苏州。由于对铭文的理解不同，有学者认为铭文中的"乍金"是越王差徐所迁之地，其地所在有姑苏山之北、《越绝书·记吴地传》中的"莋碓山"等不同观点，这两种看法可能不如孟蓬生之说合理。也有学者认为此处铭文是自夸而不符合古人崇尚谦虚之风，如若真是迁都之事，依照金文的通行格式也不当有前面的一句"戉（越）邦之先王未得居（姑）乍（胥—苏）金"，这一看法具有很好的启发意义，如果将"司"读为"始"的确难以避免此疑问，但如果将"司"读为"嗣"，则就不会引发上述问题了，同时也不妨碍对铭文中所记载迁都之事的理解。《左传》昭公十二年记载子革与楚灵王之对话："昔我先王熊绎，辟在荆山，筚路蓝缕，以处草莽，跋涉山林。"铭文中的记载可能和此处一样是通过追溯先代之事从而以自省、自勉，表明差徐深知越国先王事功之不易，其继承国业而不敢有所荒废。戈铭中的"居（姑）乍（胥—苏）"是目前出土文献中记载苏州城市名"姑苏"年代较早的资料。学者曾从语言学角度对"姑苏"的解释提出了多种看法，本器的发现也为此问题提供了新的资料。

《越绝书·外传记地传》曾记载战国时期越国都城一直在琅琊："亲以

---

① 钱穆：《先秦诸子系年（外一种）》，河北教育出版社2002年版，第141—144页；蒙文通：《越史丛考》，人民出版社1983年版，第29—48页；辛德勇：《越王勾践徙都琅邪事析义》，《文史》2010年第1辑，中华书局2010年版，第1—44页，收入《旧史舆地文录》，北京大学出版社2013年版，第1—78页。

② 孟文镛：《越国史稿》，中国社会科学出版社2010年版，第279—281页。

上至勾践，凡八君，都琅琊二百二十四年"，而在别的文献中则有越国迁吴的记载，《史记·越王勾践世家》索隐引《竹书纪年》："翳三十三年（公元前379年）迁于吴。"今本《竹书纪年》记载："（周安王）二十三年（公元前379年），於越迁于吴。"① 《吴越春秋·勾践伐吴外传》也记载："（越）亲众皆失，而去琅琊，徙于吴矣"。杨宽认为由此可以确定越王翳即位于周威烈王十五年（公元前411年），迁吴在周安王二十四年（公元前378年）。②

许多学者曾依《吴越春秋》、《史记》索隐所引《竹书纪年》而指出《越绝书》记载的不合理。需要注意的是，戈铭文中所记载的迁都之事与传世文献中的记载有别，上引两处此文献中记载的是越王翳时迁于吴，董珊认为由《越王差徐戈》名来看，越国是在差徐之后才正式迁于姑苏，他认为越王翳三十三年迁于吴，是指营建姑苏之都，但因为其后的诸咎之乱而实际并未居住于此；直到越王差徐时候才开始正式以吴（即苏州）作为越都，这是戈铭文中所记载的迁都与之不相同的原因。③ 笔者认为铭文中的"司"也有可能理解为"嗣"，"司（嗣）得居（姑）乍（胥—苏）金"表明越王差徐可能并非是首位迁都于姑苏的越君，《史记·越王勾践世家》记载："王翳卒，子王之侯立。"《索隐》引《竹书纪年》："（越王翳）三十六年七月太子诸咎弑其君翳，十月粤杀诸咎。粤滑，吴人立孚错枝为君。明年，大夫寺区定粤乱，立初无余之。"可见越王差徐（即初无余之）世系在越王翳之后，越国自越王勾践时迁都琅琊，至越王差徐时迁都姑苏，时间约为90年。戈铭文中的记载与上引越王翳时迁都于吴的记载并不矛盾，表明在越王翳迁都吴之后，越王差徐继续都于此地。

③越国迁都姑苏的主要原因可能与越国势力北上和齐国势力南下两者间的矛盾有关。越国在灭吴后向北上扩张，保持了强劲的发展势头。越国与鲁国的紧密联系。《史记》《左传》等文献记载越国曾于公元前474年遣使于鲁，如《左传》哀公二十一年："二十一年（公元前474年）夏五月，越人始来。"杜预注："越既胜吴，欲霸中国，始遣使适鲁。"其后鲁国于鲁哀公二十三年（公元前472年）派遣使者至越国，《左传》哀公二

---

① 方诗铭、王修龄：《古本竹书纪年辑证》，载《方诗铭文集》（第一卷），上海社会科学院出版社2010年版，第529页。
② 杨宽：《战国史料编年辑证》，上海人民出版社2001年版，第248页。
③ 董珊：《吴越题铭研究》，科学出版社2014年版，第68—69页。

十三年记载:"秋八月,叔青如越,始使越也。越诸鞅来聘,报叔青也。"从此之后,越国在与北方地区诸国加强联系之时也开始向北方扩张。《史记·越王勾践世家》记载:"勾践已平吴,乃兴兵北渡淮,与齐、晋、诸侯会于徐州,致贡于周。周元王使人赐句践胙,命曰伯……当是时,越兵横行于江淮东,诸侯毕贺,号称霸王。"越国自此保持了与鲁国的紧密联系,其后鲁哀公曾经于公元前471年、470年两次至越,《左传》哀公二十四年记载:"闰月,公如越,得大子适郢,将妻公而多与之地。"《左传》昭公二十五年记载:"六月,公自至越,季康子、孟武伯逆于五梧。"而后来鲁君又至越国求兵,《左传》哀公二十七年(公元前468年)记载:"二十七年春,越子使后庸来聘,且言邾田,封于驺上。二月,盟于平阳,三子皆从……公欲以越伐鲁而去三桓,秋,八月甲戌,公如公孙有陉氏;因孙于邾,乃遂如越。"相同的记载也见于《史记·鲁周公世家》《吴越春秋》等文献记载中,由于三桓之患,鲁哀公在公元前468年又至越,求越兵以伐三桓,越国未答应其要求,但是在次年越国迁都琅琊。

在此时越国又干涉邾国的内政,《吴越春秋·勾践伐吴外传》又记载:"二十六年,越王以邾子无道而执以归,立其太子何。"《左传》哀公二十四年:"邾子又无道,越人执之以归,而立公子何。"越国又在公元前471年干涉邾国的政治,改立公子何为邾君。

越国在北上的过程中也灭亡了一些国家。越国又于越王朱句三十四年灭滕(公元前415年)、三十五年灭郯(公元前414年)、越王翳八年(公元前405年)灭鄫,相关记载如:《史记·越王勾践世家》索隐引《竹书纪年》:"于越子朱勾,三十四年灭滕,三十五年灭郯。"今本《竹书纪年》:"(周威烈王)十二年(公元前414年),于越子朱勾伐郯,以郯子鸪归"。①《水经注·沂水注》引《竹书纪年》"晋烈公四年,越子朱句灭郯,以郯子鸪归"。②《战国策·魏策四》:"缯恃齐而悍越,齐和子乱而越人亡缯。"可能正是由于在缯国的灭亡上导致了齐、越关系的紧张。

而与此同时,齐国也对其南部地区进行扩张,楚国曾于公元前431年

---

① 方诗铭、王修龄:《古本竹书纪年辑证》,载《方诗铭文集》(第一卷),上海社会科学院出版社2010年版,第527页。
② (北魏)郦道元著,陈桥驿校证:《水经注校证》,中华书局2013年版,第581页。

灭亡莒国，但是占领并未长久，其后即为齐国所夺去①；齐宣公时继续保持这种攻势，《史记·田敬仲完世家》记载："宣公四十三年，伐晋，毁黄城，围阳狐。明年，伐鲁葛及安陵。明年，取鲁之一城……宣公四十八年，取鲁之郕。明年，宣公与郑人会西城。"其后的齐康公时期继续向南扩张，齐康公十一年伐鲁，取最；齐康公十五年伐魏，取襄陵。在齐国的这一系列攻势下，田和于齐康公十九年（公元前386年）正式列为诸侯并取代姜齐。越国势力的北上势必和齐国的南下发生冲突，越王翳时越国将其都城南迁正是在此背景之下，与避开与齐国势力交锋可能有关。

④不过，关于越王差徐迁姑苏的具体位置所在目前还难以直接确认。学界关于苏州早期城市史上的一些问题，如对于春秋时期的阖闾大城所在目前尚在讨论之中。较为一致的看法是战国晚期春申君已营建苏州城，《史记·春申君列传》记载楚考烈王十五年（公元前248年）："请封于江东，考烈王许之。春申君因城故吴墟，以自为都邑。"在《越绝书·外传记吴地传》中也有较多关于春申君治吴的记载，如："楚门，春申君所造。楚人从之，故为楚门。"

问题在于要进一步确认"春申君因城故吴墟，以自为都邑"的所在，一般都认为即今苏州城区范围之内。近来在木渎地区发现有春秋时期古城，发掘者认为其性质为春秋晚期具有都邑性质的城址，叶文宪认为春申君所治应当于此。②确定春申君治地所在的解决需要集合文献记载与考古材料来加以综合考虑，目前在苏州地区发现的战国时期越国墓葬有苏州新庄、苏州长桥、苏州真山、苏州黄埭镇、鸿山邱承墩等，多在今苏州城区范围以外；2005年在对苏州城区的平四路的考古发掘中发现有战国时期的遗址③，但此外在今天苏州城区范围内级别较高的古遗址发现还不多。从目前的考古学材料来看，木渎古城沿用的年代下限尚不能确定，而今苏州

---

① 杜勇：《莒国亡年辨》，《管子学刊》2010年第3期，收入《中国早期国家的形成与国家结构》，中国社会科学出版社2013年版，第175—180页。
② 中国社会科学院考古研究所、苏州市考古研究所苏州古城联合考古队：《江苏苏州市木渎春秋城址》，《考古》2011年第7期；叶文宪：《木渎春秋吴城遗址的发现及其意义》，《苏州铁道师范学院学报》（社会科学版）2002年第2期。
③ 王霞、金怡、姚晨辰、周官清：《平四路垃圾中转站抢救性发掘简报》，载苏州博物馆编《苏州文物考古新发现·苏州考古发掘报告专辑》（2001—2006），古吴轩出版社2007年版，第328—330页。

城区内缺乏战国时期范围较大、级别较高的古遗址，缺乏在年代上明确为战国时期从而能与春申君所治可以相对应的古城址，要判断春申君所治在何地目前尚无充分的考古材料，只能推测其所治可能是沿用春秋晚期的木渎古城的可能性更大。而这一推断也需要留待日后的考古材料来加以检验。

同理，就目前的考古资料来看，推测差徐所迁姑苏城在今苏州城西，为沿用木渎春秋晚期古城的可能性更大。《史记·春申君列传》："春申君因城故吴墟，以自为都邑"，可能是由于汉时的城已经东迁至今苏州城区，因而认为吴国旧城及春申君也治此。《越绝书·外传记吴地传》记载："秦始皇帝三十七年（公元前210年），坏诸侯郡县城。"由于秦时曾经对原来各国的城池进行破坏，可能之后曾被沿用的木渎古城即被破坏、废弃，到汉代时候又于今苏州城区重新建城，并一直延续到现在。不过也有另外一种可能，如果以后能在今苏州城区范围内发现级别较高的战国古城遗址，也很有可能即差徐越城、春申君楚城所在，这一假设自然更需要考古资料的检验。

有学者认为越国徙都于苏州的时间是始于西周早期，其后又多次迁都，直至于战国初年之时都于琅琊（山东胶南）至于灭国；也有学者提出了今苏州城于汉代修建的观点。① 从《越王差徐戈》的记载来看，前一观点可能失之过早；后一观点具有重要的意义，如果以后在今天苏州城区范围内未能发现战国时期的高级别早期城址，此观点的合理性就应得到重视。差徐越城、春申君楚城可能存在沿革关系，而与汉以来的苏州城不存在这一沿革关系，苏州早期城市史的发展可能经历了一个由城西木渎地区转移至今天苏州城区的过程。就早期苏州地区城市的发展及其变迁来说，《越王差徐戈》明确记载苏州地区在战国中期已经为吴国之都，是苏州早期城市发展史上的重要坐标。

综上所述，此处就《越王差徐戈》铭文中的"得""居（姑）乍（胥—苏）金""司"与地名是"乍金"还是"居乍""局乍金"的释读进行了补论，认为"越邦之先王"指越王允常，戈铭文记载了越王差徐时期延

---

① 前一说参见林志方《越国都城迁徙考》，载连晓鸣、李永鑫主编《2002绍兴越文化国际学术研讨会论文集》，浙江古籍出版社2006年版，第96—97页；后一说参见钱公麟《春秋时代吴大城位置新考》，《东南文化》1989年第4、5期。

续越王翳之迁都,于战国中期都于"居(姑)乍(苏)"的重要资料,铭文中的"居(姑)乍(苏)"其地大约在今天苏州城西,可能并非越国新建而为沿用春秋时期的木渎古城而来;由木渎春秋城、越王差徐城至秦汉以后苏州城址来看,前二者均在今苏州城以西,表明苏州早期城市发展经历了一个由西至东的过程。

四 越王无颛(王之侯、王子搜、旨郘豴茖、莱蠋卯)年代问题

先来看看文献中所见的越王无颛之名。《史记·越王勾践世家》:

> 王翳卒,子王之侯立,王之侯卒,子王无强立。

索隐:

> 盖无颛后乃次无强。

由此可以确证越王"无颛"即"王之侯"。又《淮南子·原道》:

> 越王翳逃山穴,越人熏而出之,遂不得已。①

《论衡·命禄》《抱朴子·逸民》的记载大体相同,事情又见《庄子·让王》《吕氏春秋·贵生》,但人物则变为"王子搜"。《吕氏春秋·贵生》:

> 越人三世杀其君,王子搜患之,逃乎丹穴。

《吕氏春秋》高诱注:

---

① 何宁:《淮南子集释》,中华书局1998年版,第45页。

> 王子搜，《淮南子》云"越王翳也"。

毕沅注则指出：

> 案《竹书纪年》，翳之前，唯有不寿见杀；次朱句立，即翳之父也。翳为子所弑，越人杀其子，立无余，又见弑，立无颛。是无颛之前，方可云三世杀其君，王子搜似非翳也。①

毕沅此说可从。杨宽进一步指出，"王之侯"并不是"初无余之"，应当是"王子搜""无颛"，《史记·越王勾践世家》记载的"王翳卒，子王之侯立"，是省略了其中的被杀之君②。因此可以确定王之侯、王子搜即越王无颛，此外董珊指出越国铜器铭文中的"旨邵豖茜"也是无颛（荚蠋卯）③，本书从之。

于此也可以讨论越人"三世弑其君"问题。《庄子·让王》：

> 越人三世弑其君，王子搜患之，逃乎丹穴，而越国无君，求王子搜不得，从之丹穴④。

从文献的记载来看，越国在无颛（王子搜）之前的弑君事件有：①诸咎杀越王翳；②孚错枝杀越王诸咎；③孚错枝被杀；④寺区之弟忠杀越王无余之。关于"越人三世弑其君"所指，晁福林认为"三世"指的是越王不寿、翳、诸咎三世⑤，董珊认为指的是越王翳、诸咎、无余之三世⑥，董珊的意见可能更有说服力。至于《史记·越王勾践世家》所记载的"王翳卒，子王之侯立"，这可能是与司马迁并不承认此间先后通过弑君，而即

---

① 许维遹：《吕氏春秋集释》，中华书局2009年版，第39页。
② 杨宽：《战国史料编年辑证》，上海人民出版社2001年版，第255页。
③ 董珊：《吴越题铭研究》，科学出版社2014年版，第72页。
④ 王先谦：《庄子集释》，上海古籍出版社2013年版，第345—346页。
⑤ 晁福林：《读〈庄子·让王〉——并论"越人三世弑君"问题》，《浙江社会科学》2002年第2期。
⑥ 董珊：《吴越题铭研究》，科学出版社2014年版，第66页。

位的统治者为越国世系有关。

再来看看无颛的在位年代。一种方式是从越王无余之的年代来顺推无颛的年代，《史记·越王勾践世家》索隐引《竹书纪年》：

> （初无余之）十二年寺区弟忠弑其君莽安，次无颛立。

范祥雍认为本事年代为魏惠王八年（公元前363年）[1]，此说可从。《吕氏春秋·审己》又记载越王授之弟"豫"，曾经杀害越王授之子，从而导致越王授被围困之事[2]，学者多指出越王授即王子搜，可从。由此，似乎在无颛的末年发生过政变，但目前还难以知道其详情。关于其在位年代，《史记·越王勾践世家》索隐引《竹书纪年》：

> 无颛八年薨，是为菼蠋卯。

由此一般认为越王无颛年代为公元前363年至前356年。但杨宽认为"八"上疑脱"十"字，范祥雍认为其年代为魏惠王十六年（公元前354年）。[3]

另外一种意见，则是逆推越王无颛的年代。文献中有公元前333年楚围齐于徐州之记载，如《史记·六国年表》：

> （楚威王七年，公元前333年）围齐于徐州。

而据记载，此事发生于越王无颛死后10年，《史记·越王勾践世家》索隐：

> 按《纪年》，粤子无颛薨后十年，楚伐徐州。

由此学者们拟定越王无颛卒年为公元前343年，再结合前引用《竹书

---

[1] 范祥雍：《古本竹书纪年辑校订补》，上海古籍出版社2011年版，第69、118页。
[2] 许维遹：《吕氏春秋集释》，上海古籍出版社2009年版，第211页。
[3] 范祥雍：《古本竹书纪年辑校订补》，上海古籍出版社2009年版，第72、120页。

· 127 ·

纪年》无颛在位8年的记载，学者又拟定无颛的年代为公元前350年至前343年。今本《竹书纪年》记无颛卒于周显王十二年（公元前357年），记载"楚伐徐州"在周显王二十二年（公元前347年），也是由此处记载的无颛卒后10年、楚伐齐于徐州推算而来。

如何对待这两种不同记载间的歧义，学者采取了不同的态度。第一种是不大在意《史记·越王勾践世家》索隐所记载的越王无颛卒后10年，楚伐徐州之事，由前述越王翳与越王差徐年代，直接顺推越王无颛之年代为公元前363年至前356年。① 第二种则是由《史记·越王勾践世家》索隐所记载的越王无颛卒后10年，楚伐徐州之事而逆推越王无颛卒于公元前343年，或改变《竹书纪年》中无颛在位八年为十八年（公元前360年至前343年）②。《史记·越王勾践世家》索隐引《竹书纪年》：

> （越王翳）三十六年七月太子诸咎弑其君翳，十月粤杀诸咎，粤滑，吴人立子错枝为君。

故董珊又认为诸咎为越王翳之子，于越王翳三十六年（公元前376年）七月弑君自立，同年十月又被杀。③ 第三种办法则是改变诸咎在位年代为13年而非几个月④；从目前的材料来看，以第三种观点的解释所面临的问题较少，本书暂从此说，故暂时也将诸咎的年代订为公元前375年至前363年，而无余的年代则为公元前362年至前351年，无颛的年代为公元前350年至前343年。越王翳之后至越王无颛之间诸王年问题的真正解决，还需要更多材料的发现。

---

① 钱穆：《先秦诸子系年（外一种）》，河北教育出版社2002年版，第571—572页。
② 杨宽：《战国史料编年辑证》，上海人民出版社2001年版，第414页；董珊：《吴越题铭研究》，科学出版社2014年版，第74页。
③ 董珊：《吴越题铭研究》，科学出版社2014年版，第65页。
④ 陈梦家：《西周年代考·六国纪年》，中华书局2005年版，第155页；[日] 吉本道雅：《〈史记〉战国纪年考》，《立命馆文学》1998年第7期；晁福林：《春秋战国的社会变迁》，商务印书馆2011年版，第1001—1002页。

五　越王无强年代问题

先来看看越王无强的在位年代问题。如前所述，学界对《史记·越王勾践世家》索隐"按《纪年》粤子无颛薨后十年，楚伐徐州"的不同理解，本文采取陈梦家所提出的意见，即改订诸咎在位年代为13年、无颛年代为公元前350年至前343年；如此则可以确定越王无强元年为公元前342年。

而越王无强末年的确定，则与越国灭亡年代问题有关，于此在评述学界相关意见的基础上，对这一问题提出一些意见。

①认为楚威王灭越（公元前333年），从而定越王无强末年为公元前333年。目前有较多学者赞同这一看法。① 李学勤认为楚威王于公元前333年灭越，但就越世系而言，直到秦废无诸，越国才真正灭亡。②

先来看看楚威王灭越说，如《史记·越王勾践世家》记载：

> 当楚威王之时，越北伐齐……楚威王兴兵而伐之，大败越，杀王无强，尽取故吴地至浙江……而越以此散……服朝于楚。

其中的记载存在一些问题，景翠一般认为是楚怀王时的大臣，此处"景翠之军北聚鲁、齐南阳"可能是发生在楚怀王时期。③ 故在关于楚伐徐州问题上，学者有不同意见。王国维采用从在前诸王年代往后推的观点，定无颛薨于梁惠成王十四年（周显王十二年，公元前357年），定楚伐徐州在梁惠成王二十四年（周显王二十二年、楚宣王二十三年，公元前347年），并认为楚威王时期伐齐于徐州是另外一次，即楚国先后于楚宣王与楚威王时期攻打徐州。而杨宽则采取从后往前推的意见，基

---

① 刘翔：《楚灭越时间再考》，《浙江学刊》1994年第2期；李家浩：《楚王酓璋戈与楚灭越的年代》，中华书局编辑部编《文史》（第24辑），中华书局1985年版，第15—22页。
② 李学勤：《关于楚灭越的年代》，《江汉论坛》1985年第7期，收入《当代学者自选文库·李学勤卷》，安徽教育出版社1999年版，第218—224页。
③ 杨宽：《战国史料编年辑证》，上海人民出版社2001年版，第415页。

于"无颛薨后十年楚伐徐州"这一记载,往前推越王年代,并认为楚国只有一次攻打徐州,即楚威王时期攻打徐州,通过改订无颛在位8年为在位18年,从而可以与《史记》所记载的周显王三十六年(公元前333年)时候的楚威王伐徐州相符合,而不是另外有楚宣王伐徐州之事①,本文从杨宽的看法。但是虽然《史记·越王勾践世家》有"楚威王兴兵而伐之,大败越,杀王无强"的记载,而《竹书纪年》记载的是越王无颛卒后10年,楚威王时期攻打徐州,并没有败越国和杀害无强的记载,《史记》此条之索隐记载:

《纪年》粤子无颛死后十年,楚伐徐州,无楚败越杀无疆之语,是无疆为无颛之后,《纪年》不得录也。

故据《史记·越王勾践世家》的记载,从而认为楚威王时期灭越之说并不可信。《史记·秦本纪》:

惠王卒,子武王立,韩、魏、齐、楚、越皆宾从。

《竹书纪年》:

(魏襄王七年,公元前311年)四月,越王使公师隅来献乘舟②。

②楚怀王二十三年(公元前306年)灭越。一些学者曾认为《中山王厝鼎》器形的制作年代为公元前313年前后,由铭文可见越国在公元前313年前后尚未灭亡,其灭亡时间应该在楚怀王二十三年(公元前306年)前后③。先来看看这一看法是否成立,战国《中山王鼎》铭文有一些铭文,或认为与楚灭越国有关:

昔者吴人并越,越人修教备恁,五年覆吴,克并之至于今。尔毋

---

① 杨宽:《战国史料编年辑证》,上海人民出版社2001年版,第414页。
② 方诗铭、王修龄:《古本竹书纪年辑证》,上海人民出版社2001年版,第413页。
③ 郭德维:《江陵楚墓论述》,《考古学报》1982年第2期,收入《楚史·楚文化研究》,湖北人民出版社2013年版,第214—247页。

大而泰，毋富而骄，毋众而嚣。

本器铭文中"克并之至于今。尔毋大而泰，毋富而骄，毋众而嚣"一句，似乎记载了越灭吴国之后存在的资料，将其与中山王厝的年代相联系，可以为我们理解楚灭亡越国的年代问题提供一些帮助。但本句是否应该断读为"克并之。至于今尔毋大而泰，毋富而骄，毋众而嚣"，也是需要值得注意的问题。本器与《中山王厝方鼎》的纪年同为"十四年"，关于这一纪年资料应当注意之处。一般以为燕王哙、子之乱的年代为公元前316年，《史记·六国年表》记载公元前314年齐伐燕，"君哙及太子、相子之皆死"，《六国年表·集解》引《竹书纪年》记载赵国于次年立燕公子职。《陈璋壶》记载齐宣王五年齐伐燕。但值得注意的是，铭文中的"克并之至于今尔毋大而泰"应当断读为"克，并之。至于今尔毋大而泰"①，还不能据此铭文来推断楚灭越的时间问题，不能由《中山王鼎》的记载而讨论在公元前316年时候越国是否还存在。

认为楚怀王时期灭越的另一种思路，如黄以周认为楚之败越，杀王无强在周赧王八年、楚怀王二十二年（公元前307年），《史记·楚世家》：

王虽东取地于越，不足以刷耻，秦破宜阳，韩犹事秦。

认为表明楚灭越在楚怀王二十三年（公元前306年）前，秦拔宜阳之时。②杨宽进一步认为楚灭越的年代应当在楚怀王二十三年（公元前306年）秦复归韩武遂之后，不与秦拔宜阳同时。③

《韩非子·喻老》有"楚庄王欲伐越"的记载，钱穆以为楚庄王即楚顷襄王之异谥④，杨宽指出《荀子·议兵》杨倞注引此无"庄"字，

---

① 张政烺：《中山王厝壶及鼎铭考释》，中国古文字研究会等编《古文字研究》（第1辑），中华书局1979年版，第208—232页，收入《甲骨金文与商周史研究》，中华书局2012年版，第309—343页；刘昀华：《中山王厝鼎铭"至于今"的句读》，《文物春秋》2000年第4期；李学勤：《关于楚灭越的年代》，《当代学者自选文库·李学勤卷》，安徽教育出版社1999年版，第218—224页。
② 黄以周：《史越王勾践世家补并辨》，黄式三撰，程继红点校《周季编略》，凤凰出版社2008年版，第298—302页。
③ 杨宽：《战国史料编年辑证》，上海人民出版社2001年版，第611页。
④ 钱穆：《先秦诸子系年（外一种）》，河北教育出版社2002年版，第439—441页。

"庄"字当是误衍,当从杨注校删,此处的"楚王"当为楚怀王。《韩非子·内储说下》:

> 前时王使邵滑之越,五年而能亡越,所以然者,越乱而楚治也。①

邵滑为楚怀王时期的大臣,关于楚灭越后是否设置有江东郡,有学者依据《史记·樗里子甘茂列传》"楚南塞厉门而郡江东"的记载,而认为楚国曾在越国故地设置有江东郡,如杨宽认为:

> 《韩非子》则云:"五年而能亡越",盖楚灭越后设郡于江东也。②

但更多学者则否定楚怀王时期灭越之后曾设有"江东郡"的意见。③ 此外,在楚怀王之后,越国仍然有活动的记载,《战国纵横家书》"苏秦谓齐王章(一)"记载:

> 楚、越远,宋、鲁弱,燕人承,韩、梁有秦患。④

《战国策·齐策五》:

> 齐、燕战而赵氏兼中山,秦、楚战韩、魏不修而宋、越专用其兵。

上述事件的年代大多发生在公元前303年至前296年之间。⑤《史记·楚世家》记载:

---

① 王先慎:《韩非子集解》,中华书局1998年版,第257—258页。
② 杨宽:《楚怀王灭越设江东郡考》,载《杨宽古史论文选集》,上海人民出版社2003年版,第278—284页。
③ 蒋天枢:《"楚灭越在怀王二十三年说"平议》,载《论学杂著》,中州古籍出版社1985年版,第225—231页;周书灿:《楚怀王灭越置江东郡说质疑》,《中国历史地理论丛》2010年第3期。
④ 裘锡圭主编:《马王堆汉墓简帛集成》(三),中华书局2014年版,第215页。
⑤ 陈伟:《关于楚、越战争的几个问题》,《江汉论坛》1993年第4期,收入《燕说集》,商务印书馆2011年版,第94页。

（楚顷襄王）十八年（公元前281年）……顷襄王闻，召而问之。对曰："……北游目于燕之辽东，而南登望于越之会稽……"

故尚志发认为楚灭越的时间不早于楚顷襄王十八年（公元前281年）。① 这些事件的年代大多都在楚怀王（公元前328年至前299年）之后，表明在楚怀王之后，越国仍然存在。
③陈伟提出楚考烈王时（公元前245年）灭越之说。②
④秦始皇灭越③。《战国策·秦策五》：

四国为一，将以攻秦……（姚）贾以珍珠重宝南使荆、吴，北使燕、代之间三年。

此处的"吴"应该为越国，表明越国在公元前234年前后还参与四国攻秦之事④。《史记·秦始皇本纪》又记载：

二十五年……王翦遂定荆江南地，降越君，置会稽郡。

故一般认为越国在秦始皇时期才被秦灭亡，而这也是目前较有说服力的观点。

因之，在目前的条件下，难以确定越王无强的末年。而关于战国时期越国王年的拟定，本书暂拟定如下：

---

① 尚志发：《关于楚灭越之时间问题》，《求是学刊》1982年第6期。
② 陈伟：《关于楚、越战争的几个问题》，载《燕说集》，商务印书馆2011年版，第94页。
③ 蒙文通：《越史丛考》，人民出版社1983年版，第36—40页；何浩：《楚灭国研究》，武汉出版社1989年版，第304、311页；刘亦冰：《越王世系考辨》，《绍兴文理学院学报》（哲学社会科学版）2001年第6期；胡运宏：《勾践之后的越楚关系及越国历史考辨》，《绍兴文理学院学报》（哲学社会科学版）2005年第3期；孟文镛：《越国史稿》，中国社会科学出版社2010年版，第306—308页。
④ 孟文镛：《越国史稿》，中国社会科学出版社2010年版，第307页。

表 3—3　　　　本文关于越国王年拟定表（年代均为公元前）　　（单位：年）

传世文献世系	出土文献王名	年代
①勾践—《史记·越王勾践世家》；②菼执（埶）—《竹书纪年》	欱昝	496—465
①与夷—《越绝书》《吴越春秋》；②鼫与—《史记·越王勾践世家》；③诸稽郢—《国语·吴语》；④柘稽—《史记·越王勾践世家》；⑤适郢—《左传》；⑥鹿郢—《竹书纪年》	者旨于睗	464—459
①不寿—《史记·越王勾践世家》；②盲姑—《竹书纪年》	丌殳居（丌古）	458—449
①翁—《史记·越王勾践世家》；②朱句—《竹书纪年》；③朱句—清华简《系年》	州句、州屮	448—412
①翳—《史记·越王勾践世家》《竹书纪年》；②不扬—《越绝书》《吴越春秋》；③殹—清华简《系年》	旨殹、者旨不光	411—376
诸咎	者咎、者句	375—363
孚错枝		363
①初无余之—《史记·越王勾践世家》；②无余之—《竹书纪年》	差徐、者差其余	362—351
①王之侯、无颛—《史记·越王勾践世家》及索隐；②王子搜—《庄子》	旨邵豙䔲	350—343
无强		342—？

第四章　周、齐、韩、中山、燕诸国王年问题

关于周、齐、韩、中山、燕诸国的年代，也有很多成果出现，本书现将周王朝及这几个诸侯国集中在一起进行讨论。

一　周王年问题

学界关于战国时周王年的主要意见，如表4—1所示：

表4—1　　　　　战国周诸王年表比较（年代均为公元前）　　　（单位：年）

周世系	钱穆、范祥雍、杨宽、缪文远、晁福林	陈梦家、吉本道雅	平势隆郎
周敬王	519—476		520—479
周元王	475—469	476—469	479—472
周定王	468—441	468—441	472—445
周考王	440—426	440—426	445—431
周威王	425—402	425—402	431—408
周安王	401—376	401—376	408—383
周烈王	375—369	375—369	383—374
周显王	368—321	368—321	374—327
周慎靓王	320—315	320—315	327—322
周赧王	314—256	314—256（陈未讨论）	322—264

说明：范祥雍自周定王至周慎靓王的年代与钱穆均同，缪文远自周威王至周赧王的年代与钱穆均同，杨宽自周定王至周赧王的年代与钱穆均同。

从表4—1来看，目前学界的意见较为一致，仅在周敬王、周元王的元年问题上有一定争议，此外也有学者对周王年进行了系统的改订，本文主要对这三个问题进行探讨。

1. 周敬王年代

关于周敬王的在位年代，文献中有不同的记载。《左传》中为在位44年，其记载鲁昭公二十二年（公元前520年）"敬王即位"，则周敬王元年为公元前519年；《左传》鲁哀公二十年（公元前476年）记载"敬王崩"，则《左传》所记载的周敬王在位44年（公元前519年至前476年）。《帝王世纪》也记载周敬王在位44年①。

而《史记·周本纪》记载周敬王在位42年，《史记·十二诸侯年表》记作43年，《史记·周本纪》集解引皇甫谧说为44年，集解所引与《左传》同②。

《史记·十二诸侯年表》及《六国年表》所载周世系如下（年代均为公元前）：

周敬王（519—477）→周元王（476—469）→周定王（468—441）→周考王（440—426）→周威烈王（425—402）→周安王（401—376）→周烈王（375—369）→周显王（368—321）→周慎靓王（320—315）→周赧王（314—256）

同时，再结合《史记·周本纪》的记载，进行一些分析：

①"（周敬王）四十一年，楚灭陈。孔子卒。"周敬王四十一年即公元前479年。

②"二十四年，崩，子安王骄立。是岁盗杀楚声王。"周威烈王二十四年崩，同年即楚声王卒年（公元前402年）。

③"十年，烈王崩"，《史记·周本纪》记载周烈王喜在位10年，但是如果真是如此，则赧王不可能如后文所说的在位59年，而如果以此处

---

① （三国）皇甫谧撰，徐宗元辑：《帝王世纪辑存》，中华书局1964年版，第97页。
② 晁福林：《春秋战国的社会变迁》，商务印书馆2011年版，第1013页。

的"十"为"七"来看，则整个东周王朝世系可以融洽贯通。

故据以上资料，可以推定《史记·周本纪》中所见世系如下（年代均为公元前）：

周敬王（519—478）→周元王（477—470）→周定王（469—442）→周哀王（441）→周思王（441）→周考王（440—426）→周威烈王（425—402）→周安王（公元前401—376）→周烈王（375—369）→周显王（368—321）→周慎靓王（320—315）→周赧王（314—256）

将《十二诸侯年表》及《六国年表》中东周王朝世系与《周本纪》相比较，可以发现《周本纪》中多了"周哀王"与"周思王"，他们曾先后共在位1年，从而形成了《十二诸侯年表》记载周敬王在位43年，而《周本纪》中周敬王在位只有42年了。

但同时，依据《左传》的记载，周敬王的年代为公元前519年至前476年，在位44年；而在《史记》中则是在位42年或43年，如前所述，在位42年或43年，在《史记》中其实是可以解释的，那么《史记》中周敬王之后必定有一位周王在位的年代被多增添了年数，学者们结合《左传》、《史记·十二诸侯年表》及《六国年表》来看，多采取将《史记》中所记载的周元王在位8年，改为在位7年的办法，调整后的年代如下（年代均为公元前）：

周敬王（519—476）→周元王（475—469）→周定王（468—441）→周哀王（441）→周思王（441）→周考王（440—426）→周威烈王（425—402）→周安王（401—376）→周烈王（375—369）→周显王（368—321）→周慎靓王（320—315）→周赧王（314—256）

也可以如此理解，即由于《周本纪》记载周敬王在位43年，相较于《左传》的44年，少了1年，从而导致其后的周元王元年提前了1年而为公元前476年，那么相应的其元年应该后移1年，而整体王年也应该理解为在位7年。

2. 周元王年代研究

关于周元王与周定王的关系，文献中有不同的记载。
①以周元王为周贞定王之父。《史记·周本纪》：

　　元王八年崩，子定王介立。

其所记载的世系为"周敬王、周元王、周定王"。
②以周元王为周贞定王之子。《左传·哀公十九年》（公元前476年）记载：

　　冬，叔青如京师，敬王崩故也。

《世本》则记载：

　　敬王崩在鲁哀公十九年（公元前476年）。敬王崩，贞王介立；贞王崩，元王赤立。《史记·周本纪》集解索隐并引作"元王是贞王子……"，鲁哀公二十七年（公元前468年），是定王介崩，元王赤立。①
　　敬王崩，贞王介立。贞王崩，元王赤立，贞王介生元王赤。②

上述所引《世本》中的世系为"周敬王、周贞定王、周元王"。《帝王世纪》中也记载周元王为周贞定王之子：

　　四十四年敬王崩，子贞定王立。贞定王崩，子元王立。

表明《帝王世纪》此处同《世本》一样，认为周元王为周贞定王之子。但是，《帝王世纪》又记载：

　　元王十一年癸未，三晋灭智伯，二十八年崩，三子争立，立应为贞定王。

---

① 秦嘉谟辑本:《世本》,《世本八种》,中华书局2008年10月第1版,2010年6月第2次印刷,第21页。
② 陈其荣辑:《世本》,《世本八种》,中华书局2008年10月第1版,2010年6月第2次印刷,第26页。

第四章　周、齐、韩、中山、燕诸国王年问题

此处记载周元王在位28年，之后为在位10年的周贞定王①，与《史记》所记载的周元王在位8年、周定王在位28年不同，同时表明《帝王世纪》中关于两者的关系较为矛盾。

针对上述两种关于周元王与周定王的关系，上引《史记·周本纪》"元王八年崩，子定王介立"索隐早已指出《史记》与《世本》的记载中，必有一处存在问题。从上文的讨论可见，《史记》误将周元王在位7年，误为在位8年。而《帝王世纪》的记载则有如下两个问题，即：①由于"七""十"的易讹混，将周元王在位7年，误为在位10年；②进一步又将周元王与周贞定王的在位顺序讹混，从而导致形成了周元王在位28年，而周贞定王在位10年的记载。

3. 关于改订周定王至周赧王年代的几个问题

从相关的改定意见来看，如下几处的说服力还不强：

第一，在周敬王年代问题上，没有遵从《左传》的记载，因而缺乏说服力。由此导致其后的周元王至周安王年代上，虽然保持在位年代整体上与《史记》的记载相同，但是仍然存在明显的时间差。

第二，在周烈王年代问题上，《史记·六国年表》记载为在位7年，《史记·周本纪》则为在位10年："（周烈王）十年烈王崩，弟扁立，是为显王"，通行认为此处的"十年"应该为"七年"，从而认为周烈王在位7年。从前文的分析来看，应该是在位7年，10年是由于"七""十"易于讹混而产生的错误；但改订的意见没有采用7年之说，而是认为在位10年，这一观点说服力不强。由此导致其后所拟定的周显王、周慎靓王年代，虽然整体保证在位年限，但仍与通行观点有些时间差。

第三，在周赧王年代问题上，从文献的记载来看，秦昭王五十一年即周赧王五十九年，秦灭西周。

《史记·秦本纪》：

（秦昭襄王）五十一年……于是秦使将军摎攻西周……秦王受献，

---

① （三国）皇甫谧撰，徐宗元辑：《帝王世纪辑存》，中华书局1964年版，第97页。

· 139 ·

归其君于周。

《史记·周本纪》：

> （周赧王）五十九年，秦……使将军摎攻西周……秦受其献，归其君于周。

改订的意见，将秦昭襄王年代为公元前306年至前251年，如此则其在位第51年为前256年；所定周赧王年代为公元前322年至前264年，其在位第59年为公元前264年；而这两者是互相矛盾的，因此平势隆郎关于周赧王年代的改订还有待于更多证据支持。

此外，在关于周显王的年代上，改订说也存在一些问题。从秦惠文王的改元来看。

《史记·六国年表》：

> （秦惠文王十三年）四月戊午，君为王。

《史记·周本纪》：

> （周显王）四十四年，秦惠王称王。

可见周显王四十四年、秦惠文王十三年的年代均为公元前325年。而依据改订的意见，周显王的年代（公元前374年至前327年），则周显王四十四年为公元前330年，而这与《史记》所记载的秦惠文君称王在周显王四十四年相矛盾。因此，一些学者改订后所拟定的周显王年代，也还缺乏有力的证据。

此外，张颖、陈速曾认为秦未灭亡周国，有学者指出张颖、陈速将《史记·六国年表》"取西周，王稽奔市"，仅取为"取西周王"四字，从而引出"周赧王卒后，嗣王继"的观点，故张颖、陈速的观点不可信。[1]

---

[1] 张颖、陈速：《秦未灭周辨——秦始皇实未完全统一中国说》，《人文杂志》1996年增刊，由于原文不便查找，本文引自署名为"张颖、陈速"的博客，http://blog.sina.com.cn/s/blog_4c3d3df70100dhjn.html。

二 齐国王年问题

关于战国时期齐国王年问题的研究，也有很多成果，其中学界所拟定的战国姜齐世系如表4—2：

表4—2　　　　战国姜齐诸王年表（年代均为公元前）　　　（单位：年）

齐	《史记·六国年表》、王阁森	陈梦家	平势隆郎	晁福林
齐简公	484—481			485—481
齐平公	480—456	480—456		480—456
齐宣公	455—405	455—405	457—407	455—405
齐康公	404—379	404—379	407—356	404—379

从此表来看，学界关于战国时期姜齐诸王的世系基本一致，只有平势隆郎进行了改订。

学界关于战国田齐世系及其年代的意见主要如表4—3所示：

表4—3　　　　战国田齐诸王年表（年代均为公元前）　　　（单位：年）

齐世系		《史记·六国年表》	钱穆	陈梦家	范祥雍	杨宽	平势隆郎	吉本道雅	缪文远	王阁森、晁福林
田悼子			411—406	410—405	？—405	410—405	—407	410—405	410—405	410—405
田和	田和		405—385	404—384		404—385	407—385	404—385		404—384
	太公	386—385						386—385		386—384
侯剡			384—376	383—375	384—375	384—375		384—375	383—375	383—375
齐桓公		384—379	375—358	374—357	375—357	374—357	375—356	374—358	374—357	374—357
齐威王		378—343	357—320	356—319	356—321	356—321	356—320	357—320	356—320	356—320
齐宣王		342—324	319—301	318—301	320—302	320—301	320—302	319—301	319—301	319—301
齐愍王		323—284	300—284		301—？	300—284	323—284	300—284	300—284	300—284
齐襄王		283—265	283—265			283—265	284—265	283—265	283—265	283—265
齐王建		264—221	264—221			264—221	265—221	264—221	264—221	264—221

《史记》中所记载的田齐世系有误,学界早已注意到这一点,其中最主要的问题是:①《史记》漏去了"田侯剡"一世;②将齐桓公的在位年代误减;③将齐愍王的在位年代误增。从上表来看,关于战国时期田齐诸王年,学者的观点大体其实都只相差一两年,较大的问题已经不多,而平势隆郎则有较大改动,将齐威王、齐宣王、齐闵王三世,改订为齐威宣王、齐愍宣王二世,对于这一改动是否成立,需要加以讨论。本书拟在学界已有的基础上,对齐国的王年问题进行一些补论。

1. 改订战国时期姜齐世系中齐宣公、齐康公年代的几个问题

春秋晚期至战国时期姜齐世系如下(年代均为公元前):

景公杵臼(547—490)→安孺子荼(489)→悼公阳生(488—485)→简公壬(484—481)→平公骜(480—456)→宣公积(匝,455—405)→康公(404—379)[①]

而如表4—2所示,日本学者平势隆郎将齐宣公年代改订为公元前457年至前407年,将齐康公年代改订为公元前407年至前356年,在齐康公的年代上有较大的改动,因此对这一改订是否成立需要进行讨论。

齐宣公年代。《史记·六国年表》记载其年代为公元前455年至前405年。《史记·齐太公世家》:

平公八年,越灭吴。二十五年卒,子宣公积立。宣公五十一年卒,子康公贷立……康公二年,韩、魏、赵始列为诸侯。

上述记载表明如下几点:①越灭吴国在齐平公八年(公元前473年),由其在位25年,则齐平公在位年代可以确定为公元前480年至前456年;②三晋为诸侯在齐康公二年(公元前403年),又由其在位26年,可以确定

[①] 王阁森、唐致卿主编:《齐国史》,山东人民出版社1992年版,第608页。

第四章 周、齐、韩、中山、燕诸国王年问题

齐康公的年代为公元前404年至前379年。上述也就是通行战国时期姜氏齐国诸王年的主要依据。

文献中关于齐宣公在位51年,有明确的记载,《史记·田敬仲完世家》"宣公五十一年卒,田会自廪丘反",《索隐》:

> 《纪年》"宣公五十一年公孙会以廪丘叛于赵。十二月宣公薨",于周正为明年二月。

《竹书纪年》与《史记》的记载一致,表明齐宣公五十一年为公元前405年,依此逆推,则齐宣公年代应该为公元前455年至前405年。即使是齐宣公即位改元,其元年也应该是公元前456年,而不会是公元前457年。

齐康公年代。齐康公的在位年代,一般以为是26年,平势隆郎将其卒年定在公元前356年,从而似乎认为其在位51年[1],这一改动与通行观点有较大差异。

先来看看齐康公元年问题。如上文所述,公元前403年三晋为侯之事,《史记·齐太公世家》记载于齐康公二年,由此可证明齐康公元年应该为公元前404年。

再来看关于齐康公的卒年,《史记·齐太公世家》记载其在位26年,此外文献中有齐康公时期救卫国之事。

《史记·六国年表》:

> (赵敬侯八年,公元前379年)袭卫不克。

《史记·田敬仲完世家》:

> (桓公)六年救卫。桓公卒,子威王因齐立。是岁故齐康公卒。

如后所述,《史记》所记载的后齐桓公年代(公元前384年至前379年),应当是包括太公田和末年(公元前384年),与田侯郯(剡)元年至

---

[1] [日]平势隆郎:《新编史记东周年表》,东京大学出版会1995年版,第256页。

五年（公元前383年至前379年），故此处实际上应该为田侯郯（剡）五年（公元前379年）。如此则可以确定齐康公卒年应该为公元前379年。

此外，清华简《系年》第22章记载：

> 楚声桓王即位，元年（公元前407年），晋公止会诸侯于任，宋悼公将会晋公，卒于鬺……越公与齐侯贷、鲁侯衍盟于鲁稷门之外。……晋魏文侯斯从晋师，晋师大败齐师……齐人且有陈䑣子牛之祸。

《系年》此处的"齐侯贷"即齐康公贷，这段文字记载了三晋于齐康公即位之初伐齐的情况，楚声王元年、宋悼公卒年均为公元前407年，而《系年》中同一章所记的事情，并非都是发生在同一年代[①]，学者多认为本章所见的三晋伐齐之事，可以和见于《骉羌钟》的公元前403年三晋伐齐相对照，因此不能据以认为齐康公贷的年代可以早到公元前407年，而应该认为上述事件的年代是齐康公二年（公元前403年）。

总之，从目前的材料来看，齐康公的年代因该理解为在位于公元前404年至前379年，在位26年。一些学者改订其在位51年的意见，还需要更多证据来加以讨论。

2. 战国田齐世系中田悼子至齐王建诸王年代补论

田悼子年代。关于田悼子是否为齐国世系中的一代，文献中有不同的记载，《史记·田敬仲完世家》：

> 庄子卒，子太公和立。

《世本》也未记载田悼子：

[①] 董珊：《清华简〈系年〉与骉羌钟铭文对读》，载《简帛文献考释论丛》，上海古籍出版社2014年版，第99页。

第四章 周、齐、韩、中山、燕诸国王年问题

（襄子）班生庄子伯。伯生太公和，周天子立为齐侯。①

而上述《田敬仲完世家》"庄子卒，子太公和立"之索隐引《竹书纪年》：

齐宣公［四］十五年，田庄子卒；明年，立田悼子；悼子卒，乃次立田和。

《水经·瓠子水注》引《竹书纪年》：

晋烈公十一年（齐宣公五十一年，公元前405年）田悼子卒。②

故《索隐》认为应当依据《竹书纪年》及《庄子》"田成子杀齐君，十二代而有齐国"等的记载，补上"田庄子"与"田和"之间在位不久的"田悼子"一代。清代学者雷学淇《考订竹书纪年》卷5赞同此说，并进一步指出田庄子应当卒于齐宣公四十五年（晋烈公五年，公元前411年）：

考《索隐》此段所引《［竹书］纪［年］》文，"宣公"下盖落一"四"字。《纪年》之说本亦谓宣公四十五年（公元前411年）庄子卒，明年（公元前410年）悼子立，立六年，至晋烈公十一年（公元前405年）即卒，故索隐曰"立年无几"。若庄子于宣公十五年（公元前441年）卒，是悼立三十六年矣，岂得云"无几"乎？③

清代学者杨守敬也认为《索隐》引用的《竹书纪年》脱漏了一个"四"字。④ 范祥雍则认为，依据上引两处《竹书纪年》来看，似可以推定田悼子

---

① 秦嘉谟辑补本：《世本》，《世本八种》，中华书局2008年10月第1版，2010年6月第2次印刷，第111页。
② （北魏）郦道元著，陈桥驿校正：《水经注校证》，中华书局2013年版，第551页。
③ 转引自杨宽《战国史料编年辑证》，上海人民出版社2001年版，第164页。
④ （北魏）郦道元注，杨守敬、熊会贞疏，段熙仲点校，陈桥驿复校：《水经注疏》，江苏古籍出版社1989年版，第2044页。

应当在位36年①；而结合《史记》索隐悼子立年不久的记载，雷学淇将田庄子卒年改为齐宣公四十五年（公元前411年），是很有见地的。但他仍然谨慎地认为这只是一种有道理的悬测，还应该需要更多材料来证实。②

陈东认为《史记》索隐所引《竹书纪年》"齐宣公十五年，田庄子卒"中的"十五"不是"四十五"之误，而应是"五十"之误倒，他认为如果田庄子卒于齐宣公五十年（公元前406年），而田悼子于同年即位，在其元年（公元前405年）即卒，如此司马迁因为其在位不足1年，从而被忽略。③依照陈东的看法，田悼子在位1年，从而其所列世系应如下（年代均为公元前）：

田庄子（？—406）→田悼子（405）→田和（404—？）

目前学者一般多从上述雷学淇的观点，认为田庄子至田和的世系为（年代均为公元前）：

田庄子（？—411）→田悼子（410—405）→田和（404—？）

本书也从此说。

田和年代。《世本》记载"（庄子）伯生太公和，周天子立为齐侯"。④《史记·田敬仲完世家》索隐引《竹书纪年》：

田庄子卒。明年，立田悼子。悼子卒，乃次立田和。

目前发现有一系列"子禾子（即田和）"器，相关器物主要有：
① 《子禾子釜》（现藏上海博物馆，《集成》10374），此外，日本京都川合商店曾藏有一件《子禾子釜》，著录于日本京都大学人文科学研究所资

---

① 范祥雍：《古本竹书纪年辑校订补》，上海古籍出版社2011年版，第130页。
② 同上书，第56页。
③ 陈东：《战国时期鲁史系年》，《齐鲁学刊》1994年第2期。
④ 秦嘉谟辑补本：《世本》，《世本八种》，中华书局2008年10月第1版，2010年6月第2次印刷，第111页。

第四章 周、齐、韩、中山、燕诸国王年问题

料卡5758号，铭文是伪造而成。[1]

②《子禾子左戟》（《集成》11130），其铭文为：

　　子禾（和）子左造戟（戟）。

文献中关于田和年代的记载，如《史记·田敬仲完世家》：

　　齐侯太公和立二年，和卒。子桓公午立。

从上述记载来看，田和在位的年代为公元前386年至前385年。
但《史记·田敬仲完世家》索隐引《竹书纪年》：

　　齐康公五年，田侯午生，二十二年（公元前383年）田侯剡立，后十年齐田午弑其君及孺子喜而为公。

《竹书纪年》记载：

　　梁惠王十三年（公元前357年），当齐桓公十八年，后威王始见，则桓公十九年而卒。

首先需要注意的是，关于此处的梁惠王纪年，除去上述为梁惠王十三年之外[2]，有的文献还记载为梁惠王十二年[3]。

由此可以确定齐桓公元年为公元前374年，如此则田侯郯（剡）末年为公元前375年。

从《竹书纪年》的记载来看，田侯郯（剡）立于公元前383年，则田和应该卒于公元前384年，其称侯应该为公元前385年。这与前引《史记》

---

[1] 张光裕：《伪作先秦彝器铭文疏要》，香港书局1974年版，第418—420页；收入刘庆柱、段志洪、冯时主编《金文文献集成》（第41册），线装书局2005年版，第106—107页。
[2] 方诗铭、王修龄：《古本竹书纪年辑证》，载《方诗铭文集》（第一卷），上海社会科学院出版社2010年版，第385页。
[3] （汉）司马迁撰，（宋）裴骃集解、（唐）司马贞索隐、（唐）张守节正义：《史记》，中华书局1999年版，第1525页。

· 147 ·

的记载，相差一年，本书暂从《竹书纪年》的记载，如此则田和与田侯剡的世系为（年代均为公元前）：

田和（404—384，385—384 为侯）→田侯剡（383—375）

此外，清华简《系年》中记载有战国初期齐国的史事与人物，其中一些与田和有关，笔者于此就《系年》中"陈淏"这一人物的所指，进行一些讨论。

清华简《系年》第 22、23 章中有战国时期齐国人物"![字]"，整理者释为"陈淏"，苏建洲分析"![字]"从日、从天，赞同整理者隶为"淏"的意见。① 至于其具体为何许人，整理者及苏先生未做说明，董珊认为可能即田侯剡②，马卫东则认为可能是《吕氏春秋·顺民》中的"鸮子"③。在上述看法中，马卫东的看法比较接近实际，笔者因为上文中有一部分要对田和的年代进行探讨，故也注意到了《系年》的这一记载，2014 年 7 月份阅读《吕氏春秋》的时候，也联想到其中的"鸮子"有可能即《系年》的"陈淏"，但其时没有注意到董珊、马卫东的相关讨论，之后在查阅资料准备撰文进行讨论，发现马卫东已经提出此说。不过目前几位学者关于"陈淏"问题的讨论还比较简略，因此笔者拟从以下几个方面就此问题作进一步的讨论。

首先，从古音方面来看，"淏"从水、昊声，"昊"与"鸮"上古音均为匣纽宵部字，故"淏""鸮"在读音上较为接近。

其次，文献中有在人的姓名之后缀以"子"来表示尊称的用例，一种是在姓后面称"子"，如孔子、孟子，还有一种是在名字上加"子"，如"田和"，在青铜器铭中称为"子禾（和）子"（《子禾子釜》，《集成》

---

① 苏建洲、吴雯雯、赖怡璇：《清华二〈系年〉集解》，（台北）万卷楼图书股份有限公司 2013 年版，第 863 页。
② 董珊：《读清华简〈系年〉》，"复旦古文字网"，2011 年 12 月 26 日，http：//www.gwz.fudan.edu.cn/SrcShow.asp?Src_ID=1752，收入《简帛文献考释论丛》，上海古籍出版社 2014 年版，第 102—110 页。
③ 马卫东、王政冬：《清华简〈系年〉三晋伐齐考》，"复旦古文字网"，2012 年 10 月 18 日，http：//www.gwz.fudan.edu.cn/SrcShow.asp?Src_ID=1943，正式发表于马卫东《清华简〈系年〉三晋伐齐考》，《晋阳学刊》2014 年第 1 期；本书引时以后者为准。

第四章　周、齐、韩、中山、燕诸国王年问题

10374），在名后缀以"子"。《战国策·魏策四》记载"缯恃齐以悍越，齐和子乱，而越人亡缯"，关于"和子乱"具体所指，学界有不同的意见。杨宽认为此指田悼子死、和子初立，齐国田氏发生的内乱①；前引马卫东文以为田和弑田悼子之乱②，但都认为"和子乱"中的"和子"为"田和"。又如"陈璋"，《陈璋方壶》（《集成》9703，旧称《陈骍壶》）、《陈璋鎞》（《集成》9975）均记载"唯王五年……陈璋内伐燕，胜邦之获"，现在一般以为此事即齐宣王五年的齐伐燕之战。《史记·燕召公世家》："王因令章子将五都之兵，以因北地之众以伐燕……燕君哙死，齐大胜。"《战国策·燕策一》："王因令章子将五都之兵，以因北地之众以伐燕……燕王哙死，齐大胜燕，子之亡。"《陈璋方壶》《陈璋鎞》铭文中的"陈璋"即《史记·燕召公世家》《战国策·燕策一》中的"章子"。应当注意到的是，尊称中以姓加子，和以名字加子，可能两者有区别，其中后者多用于大臣等人物。而从名字加子这一用例来看，"陈淏"被称为"鸮（淏）子"，表明其身份应该为臣，这与文献中所见的其身份是一致的。例于上，则"陈淏（鸮）"（《系年》）被称为"鸮（淏）子"（《吕氏春秋·顺民》）是有极大的可能性。不过此处需要注意的是，按照上述人名格式，"陈淏"应该被称为"淏子"才是；而其被称为"鸮子"，应当如前文所讲的，可能是由于"淏""鸮"古音相近所导致的人名同音异写。

再次，可以从年代方面进行讨论。先来看看陈淏的年代，依《系年》第22章记载：

> 韩虔、赵籍、魏击率师与越公翳伐齐，齐与越成……晋魏文侯斯从晋师，晋师大败齐师，齐师北，晋师逐之，入至汧水，齐人且有陈廛子牛之祸，齐与晋成，齐侯盟于晋军。晋三子之大夫入齐，盟陈和与陈淏于溋门之外，曰："毋修长城，毋伐廪丘。"③

上述事件，学界一般认为即见于《骉羌钟》记载的周威烈王二十二年

---

① 杨宽：《战国史料编年辑证》，上海人民出版社2001年版，第180—181页。
② 马卫东：《清华简〈系年〉三晋伐齐考》，《晋阳学刊》2014年第1期。
③ 清华大学出土文献研究中心编，李学勤主编：《清华大学藏战国竹简（二）》，中西书局2011年版，第192页。

（公元前404年）的三晋伐齐。①

又《系年》第23章记载：

> 王命平夜悼武君李（使）人于齐陈淏求师。②

陈颖飞认为此事的年代在公元前397年③，笔者赞同此说。因此，从《系年》的记载来看，其所记载的"陈淏"主要活动时间应在公元前404年至前397年间。

再来看看鸮子的年代，据《吕氏春秋·顺民》，"鸮子"的史迹有如下记录：

> 齐庄子请攻越……和子曰："先君有遗令曰：无攻越。越，猛虎也。"庄子曰："虽猛虎也，而今已死矣。"鸮子曰："已死矣以为生。"④

"齐庄子"即田庄子，为齐宣公之相。《史记·田敬仲完世家》："庄子卒，子太公和立。"《索隐》："按《纪年》：'齐宣公十五年，田庄子卒'。"雷学淇《考订竹书纪年》、杨守敬《水经注疏》、杨宽等均认为上述引文在"十五"前误漏了"四"字，应当为"齐宣公四十五年，田庄子卒"，即田庄子卒于公元前411年⑤，学者多从之；而陈东认为《史记》索隐所引《竹书纪年》"齐宣公十五年田庄子卒"中的"十五"不是"四十五"之误，而应是"五十"之误倒，认为其卒年应该为公元前406年⑥。按，陈东据《礼记·檀弓》"陈庄子死，赴于鲁，鲁人欲勿哭，缪公召县子而问焉"，又据《史记·六国年表》鲁穆公于前407年即位的记

---

① 董珊：《清华简〈系年〉与厲羌钟铭文对读》，《简帛文献考释论丛》，上海古籍出版社2014年版，第96页。
② 清华大学出土文献研究中心编，李学勤主编：《清华大学藏战国竹简（二）》，中西书局2011年版，第196—197页。
③ 陈颖飞：《楚悼王初期的大战与楚封君—清华简〈系年〉札记之一》，《文史知识》2012年第5期。
④ 许维遹：《吕氏春秋集释》，中华书局2009年版，第204页。
⑤ 杨宽：《战国史料编年辑证》，上海人民出版社2001年版，第164页。
⑥ 陈东：《战国时期鲁史系年》，《齐鲁学刊》1994年第2期。

载，认为上引《吕氏春秋·顺民》文中的"猛虎"，所指为越王朱句。而据《史记·六国年表》，定鲁穆公元年为公元前407年的记载，还存在争议。①另外，前引《吕氏春秋·顺民》中的"猛虎"也未必实指越王朱句。笔者暂从齐庄子卒年为公元前411年的看法，因此《吕氏春秋·顺民》记此事件的年代，应当不晚于公元前411年，从而表明"鸮子"的主要活动年代大体在公元前411年前后。

因而，从年代方面来看，《系年》记载"陈淏"曾活动于公元前404年至公元前397年之间，《吕氏春秋》则表明"鸮子"的相关活动年代在公元前411年前后，可见清华简《系年》中的"陈淏"，与《吕氏春秋》"鸮子"的活动年代较为接近。

最后，从人物事迹来看，关于"鸮子"的身份，陈奇猷曾认为"鸮子"是田常旧臣鸱夷子皮②，马卫东前引文中指出田常相齐平公距此已近80年，年代相隔较远，故鸮子不大可能是田常旧臣鸱夷子皮③，其说可从。从《吕氏春秋·顺民》来看，"鸮子""和子"都是齐庄子的重要属员，在关于是否应该征伐越国的问题上，"鸮子"与"和子"一起为齐庄子提供意见。《系年》中陈淏的相关事迹如下。

简123—124：

  晋三子之大夫入齐，盟陈和与陈淏于溋门之外，曰："毋修长城，毋伐廪丘。"④

简136—137：

  楚师将救武阳，王命平夜悼武君李（使）人于齐陈淏求师。⑤

清华简《系年》中的"陈淏"与田和一起，与伐齐国的三晋大夫盟会

---

① 晁福林：《春秋战国的社会变迁》，商务印书馆2011年版，第1000页。
② 陈奇猷：《吕氏春秋新校释》，上海古籍出版社2002年版，第495页。
③ 马卫东：《清华简〈系年〉三晋伐齐考》，《晋阳学刊》2014年第1期。
④ 清华大学出土文献研究中心编，李学勤主编：《清华大学藏战国竹简（二）》，中西书局2011年版，第192页。
⑤ 同上书，第197页。

并缔结合约，同时又有受理别国军事求援的职责，其地位同前述"鹓子"一样较为尊崇。

综上，我们通过以上四个方面的论证，进一步确认清华简《系年》中的"陈淏"即《吕氏春秋·顺民》中的"鹓子"。

田侯郯（剡）年代。文献中田侯郯是否为齐国诸王中的一世，曾有不同的记载。《史记》记载田和之后为田桓公午，而没有田侯郯一世，《史记·六国年表》：

> （齐康公二十年）田和卒，（二十一年）田和子桓公午立。

《史记·田敬仲完世家》：

> 齐侯太公和立二年，和卒。子桓公午立。

而《史记》索隐引《竹书纪年》则记载有田侯剡一代：

> （齐康公）二十二年（公元前383年），田侯剡立；后十年，齐田午弑其君及孺子喜而为公。

学者多依《竹书纪年》，指出《史记》缺少了田和与后齐桓公午之间的"田侯郯"一世。

关于《竹书纪年》田侯郯即位于齐康公二十二年（公元前383年）的记载，及其在位年数9年，还是10年，学界有不同的看法。钱穆认为应该是齐康公二十年（公元前385年）之误，田和卒于齐康公二十年（公元前385年），亦即田侯郯即位之年①，杨宽也认为应该是齐康公二十年（公元前385年）之误②；范祥雍认为可能是齐康公二十一年之误，并认为田和在位20年，田侯郯为10年，齐桓公在位19年，齐威王在位36年③。本书仍从田侯郯立于齐康公二十二年之说。

---

① 钱穆：《先秦诸子系年（外一种）》，河北教育出版社2002年版，第220—221页。
② 杨宽：《战国史料编年辑证》，上海人民出版社2001年版，第236页。
③ 范祥雍：《古本竹书纪年辑校订补》，上海古籍出版社2011年版，第130—131页。

第四章 周、齐、韩、中山、燕诸国王年问题

关于齐桓公弑君自立之年代,雷学淇依据《竹书纪年》的上述记载,认为"后十年"应该是田侯剡改元的九年(魏武侯二十二年,公元前374年),并认为齐桓公以此年为其元年[①],杨宽认为此说不确。按,《史记·魏世家》索隐记载齐桓公十九年当魏惠王十三年(公元前357年),由此可以推断齐桓公立于公元前375年。钱穆认为由此上推10年,可以确定田侯剡的年代为公元前385年至前376年。[②]

如何看待《史记》中的齐桓公年代等,这些实际上与"田侯剡"有关的年代?由于在《史记》中没有记载田侯剡这一世,其年代实际上是被记载成了后齐桓公的年代。从《史记》的相关记载来看,其所记载的田和至后齐桓公的年代如下(年代均为公元前):

田和(？—384)→齐桓公(383—379)→齐威王(378—343)

依据《竹书纪年》的记载来看,其相关的世系与年代如下(年代均为公元前):

田和(？—384)→田侯剡(383—375)→齐桓公(374—357)→齐威王(356—320)

因此,《史记》中的齐桓公年代,及齐威王四年之前的年代,实际上应该是田侯剡的在位年代。其中所记载的后齐桓公年代,对应田侯剡的相应年代;所记载的齐威王一至四年,对应田侯剡的六至九年。

后齐桓公年代。《世本》记载"(太公)和生桓公午。"[③]《史记·六国年表》记载齐桓公年代为公元前384年至前379年,在位6年。《史记·田敬仲完世家》也记载:

六年,救卫。桓公卒,子威王因齐立。是岁,故齐康公卒。

---

① 转引自杨宽《战国史料编年辑证》,上海人民出版社2001年版,第236页。
② 钱穆:《先秦诸子系年(外一种)》,河北教育出版社2002年版,第220—221页。
③ 秦嘉谟辑补本:《世本》,《世本八种》,中华书局2008年10月第1版,2010年6月第2次印刷,第111页。

但从《竹书纪年》关于齐桓公在位年代的记载来看,应当是在位18年,而非《史记》所载的6年。

《史记·田敬仲完世家》索隐引《纪年》:

①齐康公五年(公元前400年)田侯午生,二十二年(公元前383年)田侯剡立,后十年(公元前374年)齐田午弑其君及孺子喜而为公。

②梁惠王十三年(公元前357年)当齐桓公十八年,后威王始见,则桓公立十九年而卒。

《史记·魏世家》索隐:

按《纪年》,齐(幽)[桓]①公之十八年而威王立。

《竹书纪年》记载齐桓公在位18年,与《史记·田敬仲完世家》及《六国年表》的在位6年不同。又目前发现有几件"陈侯午"器,器主即后齐桓公午:

①《十年陈侯午敦》(《集成》4648,后齐桓公午十年,公元前365年),其铭文为:

唯十年,陈侯午淖(朝)群邦者(诸)侯于齐,者(诸)侯享(献)台(以)吉金,用乍(作)平寿适器𩰬(敦),台(以)登(烝)台(以)尝,保有齐邦,永丗(世)毋忘。

此外,张政烺、《集成》(修)认为本器铭文中的纪年当为"十年"

---

① 雷学淇《竹书纪年义证》指出此处的"幽公"即"桓公"之讹,王国维也有相同意见。雷学淇意见转引自杨宽《战国史料编年辑证》,上海人民出版社2001年版,第294页;及朱右曾辑、王国维校补、黄永年校点《古本竹书纪年辑校——附今本竹书纪年疏证》,辽宁教育出版社1997年版,第25页。

而非"七年"①。

②《十四年陈侯午敦》（《集成》4646—4647，后齐桓公午十四年，公元前361年），其铭文为：

> 唯十又四年，陈侯午台（以）群者（诸）侯献金，乍（作）皇妣孝大祀祭器厵鐘（敦），台（以）登（烝）台（以）尝，保有齐邦，永茕（世）毋忘。

③《陈侯午簋》（《集成》4145），一般认为本器年代为后齐桓公午十四年（公元前361年）。② 其铭文为：

> 唯十又四年，陈侯午台（以）群者（诸）侯献金，乍（作）皇妣孝大祀祭器厵鐘（敦），台（以）登（烝）台（以）尝，保有齐邦，永茕（世）毋忘。

上述几件器物可以纠正史籍中关于后齐桓公午（"孝武桓公""田齐桓公"）年代的记载，表明齐桓公田午在位实不止《史记·六国年表》及《田敬仲完世家》中所记载的6年。③

关于《史记》所记载的后齐桓公在位6年，与《竹书纪年》所记载的在位18年，这两者的理解，钱穆提出《史记》中的"六"字，为"十八"并合之误④，学界也多从之⑤。由此，可以确定后齐桓公应当是在位18年。

---

① 张政烺著，朱凤瀚整理：《张政烺批注两周金文辞大系考释》（下册），中华书局2011年版，第149页；中国社会科学院考古研究所编《殷周金文集成》（修订增补本·第4册），中华书局2007年版，第3024页。
② 李学勤：《战国器物标年》，《历史学习》1956年第2期，载刘庆柱、段志洪、冯时主编《金文文献集成》（第39册），线装书局2005年版，第285—286页；殷涤非：《商周考古简编》，黄山书社1986年版，第122页。
③ 郭沫若：《两周金文辞大系图录考释》，《郭沫若全集》（考古编·第8卷），科学出版社2002年版，第218—219页；胡自逢：《金文释例》，（台北）文史哲出版社1983年版，第286页，载刘庆柱、段志洪、冯时主编《金文文献集成》（第36册），线装书局2005年版，第172页。
④ 钱穆：《先秦诸子系年（外一种）》，河北教育出版社2002年版，第230页。
⑤ 杨宽：《战国史料编年辑证》，上海人民出版社2001年版，第294页。

再来看看后齐桓公的具体年代，《史记·田敬仲完世家》索隐引《竹书纪年》：

齐康公五年（公元前400年）田侯午生。

表明其出生于公元前400年。《史记·田敬仲完世家》索隐引《春秋后传》：

田午弑田侯及其孺子喜而兼齐，是为桓侯。

《田敬仲完世家》索隐引《竹书纪年》又记载：

（齐康公）二十二年（公元前383年），田侯剡立；后十年，齐田午弑其君及孺子喜而为公。

因此可见后齐桓公立于公元前374年，则其年代为公元前374年至前357年。由此，也可以确定田侯剡的年代为公元前383年至前375年。

齐威王年代。《史记·六国年表》记载齐威王年代为公元前378年至前343年，在位36年；《史记·田敬仲完世家》也记载其在位36年。不过《史记》中关于齐威王年代的记载有误，学者多不采纳其说。

《竹书纪年》中也有关于齐威王年代的完整记载，《史记·孟尝君列传》索隐引《竹书纪年》：

（梁惠王后元十五年，公元前320年）齐威王薨。

由此表明，齐威王卒于梁惠王后元十五年（公元前320年）。又结合《史记·田敬仲完世家》中齐威王在位36年的记载，现在学界一般稍加改订而确定为公元前356年至前320年。

如何看待《史记》中的齐威王年代？《史记》记载如下（年代均为公元前）：

第四章　周、齐、韩、中山、燕诸国王年问题

齐威王（378—343）→齐宣王（342—324）

《竹书纪年》则为（年代均为公元前）：

田侯剡（剡）（383—375）→齐桓公（374—357）→齐威王（356—320）

故《史记》所记载的齐威王一至四年，对应田侯剡（剡）的六至九年；其记载的齐威王五至二十二年，应该是齐桓公的元年至十八年；其所记载的齐威王二十三年至三十六年，对应真正的齐威王元年至十四年。

齐宣王年代。《史记·六国年表》记载齐宣王年代为公元前342年至前324年，在位19年；《史记·田敬仲完世家》也记载：

十九年，宣王卒，子湣王地立。

从文献中关于马陵之战年代的记载来看，表明《田敬仲完世家》关于齐宣王年代的记载存在问题。文献中所见马陵之战的年代略有差异，《史记·田敬仲完世家》索隐引《竹书纪年》记载为齐威王时期：

威王十四年（公元前343年），田盼伐梁，战马陵。

《魏世家》索隐引《竹书纪年》：

十八年，与齐田盼战于马陵。

而《史记·田敬仲完世家》《六国年表》等记载为齐宣王二年，依照《史记·六国年表》的年代系统，是公元前341年：

（齐宣王二年）败魏马陵，田忌、田婴、田盼将，孙子为师。

上述资料相对证，可见《史记》中的发生于齐宣王二年的马陵之战，实际上应当如《竹书纪年》的是齐威王十六年（公元前341年），

· 157 ·

这表明《史记·六国年表》及其《田敬仲完世家》在记载马陵之战的年代上，与《竹书纪年》是一致的，但是在其所记载的齐国世系与年代上，则存在不足，因而在位期间曾发生马陵之战的齐王，可能并非是《史记》所记载的齐宣王。

《史记·孟尝君列传》索隐引《竹书纪年》：

（梁惠王后元十五年，公元前320年），齐威王薨。

由此可以确定齐威王卒年与齐宣王即位之年为公元前320年，齐宣王元年为公元前319年；《史记·田敬仲完世家》记载齐宣王在位19年卒，则齐宣王的在位年代为公元前319年至前301年。

如何看待《史记》中的齐宣王年代？《史记》记载的世系如下（年代均为公元前）：

齐威王（378—343）→齐宣王（342—324）

《竹书纪年》则记载为（年代均为公元前）：

齐威王（356—320）→齐宣王（319—301）→齐愍（闵）王（300—284）

因此可见，《史记》中所记载的齐宣王年代，实际上应该是齐威王十五年至齐威王三十三年。

齐愍（闵）王、齐襄王、齐王建元年问题。

①《史记·六国年表》记载齐愍（闵）王在位40年（公元前323年至前284年），《田敬仲完世家》也记载其在位40年。《六国年表》记载齐威王至齐愍（闵）王的年代如下（年代均为公元前）：

齐威王（378—343）→齐宣王（342—324）→齐愍（闵）王（323—284）

一些学者也遵从《史记·田敬仲完世家》齐愍王在位40年的记载。①

但《史记》中关于上述几位齐王在位年代的记载，存在较大问题，从《孟子·梁惠王下》等文献中关于齐、燕战争的记载来看：

> 齐人伐燕，胜之。宣王问曰……孟子对曰："取之而燕民悦，则取之。"②

表明齐伐燕应当是在齐宣王时期。而《史记·六国年表》于周赧王元年（公元前314年）记载"（燕）君哙及太子相子之，皆死"，并认为其年代为齐湣王十年。可见上述两种记载之间存在着矛盾，《史记·六国年表》的记载应该存在一定问题。

从《竹书纪年》关于齐威王与马陵之战的相关记载来看。
《史记·田敬仲完世家》索隐引《竹书纪年》：

> 威王十四年，田盼伐梁，战马陵。

《史记·孙子吴起列传》索隐引《竹书纪年》：

> （梁惠王）二十七年（公元前343年）十二月齐田盼败梁于马陵。

《史记·孟尝君列传》索隐引《竹书纪年》：

> （梁惠王后元十五年，公元前320年）齐威王薨。

可以确定齐威王的年代为公元前356年至前320年。进而上推，可以确定齐桓公年代为公元前374年至前357年。由此下推，可以确定齐宣王元年为公元前319年。《史记·六国年表》记载周赧王元年（公元前314年），"（燕）君哙及太子相子之，皆死"，与《战国策》等书记载的齐国伐燕在齐

---

① 张澍粹集补注本：《世本》，《世本八种》，中华书局2008年10月第1版，2010年6月第2次印刷，第115页。
② 杨伯峻：《孟子译注》，中华书局1988年版，第44页。

宣王时期，因而是相符合的。

《竹书纪年》未记载齐宣王的在位年限，《史记·田敬仲完世家》记载在位 19 年，结合《史记》与《竹书纪年》，则齐宣王的在位年代应该为公元前 319 年至前 301 年。由此，可以确定齐愍王元年为公元前 300 年；又结合《史记·六国年表》记载齐愍王卒于公元前 284 年，故学者目前一般认为齐愍王年代为公元前 300 年至前 284 年，在位 17 年。①

有学者从谥号的角度出发，对齐宣王至齐愍王世系进行了改变，其中平势隆郎将齐宣王、齐愍王合并为齐愍宣王一世（公元前 320 年至前 284 年），也有学者认为齐威王、齐宣王应为同一王。② 实则上述观点早已有学者提出过，杨宽曾就此指出，战国时期齐国君王都只用一字之谥；此外，《战国策·赵策二》记载：

> 夫齐威、宣，世之贤主也……宣王用之，后富韩、威魏以南伐楚，西攻秦。

这一段资料记载了齐威王、齐宣王之世系，而"南伐楚，西攻秦"为齐宣王末年至齐愍王初年之事，因此不能将齐威王至齐愍王的三世，减省为两世。③

同时，如下两条材料也值得注意。

《水经·汶水注》引《竹书纪年》：

> 梁惠成王二十年（公元前 350 年），齐筑防以为长城。

《史记·苏秦列传》正义引《竹书纪年》：

> 梁惠王二十年（公元前 350 年），齐闵王筑防以为长城。

方诗铭、王修龄指出《史记》正义所引"齐闵王"年代距魏惠王二十

---

① 钱穆：《先秦诸子系年（外一种）》，河北教育出版社 2002 年版，第 583—586 页。
② 伍柏年：《齐威王、宣王实一君两谥考辨——兼重订战国中段年表》，"简帛研究网"，http://www.bamboosilk.org/admin3/2010/wubainian001.htm。
③ 杨宽：《战国史》（增订本），上海人民出版社 2003 年版，第 276—277 页。

年（公元前 350 年）较远，"闵"疑为"威"字之误，或"闵王"二字衍①，此说可从。

如何看待《史记》中的齐闵王年代？《史记》记载如下（年代均为公元前）：

齐威王（378—343）→齐宣王（342—324）→齐闵王（323—284）

依据《竹书纪年》的记载，则为（年代均为公元前）：

齐威王（356—320）→齐宣王（319—301）→齐闵王（300—284）

因此，《史记》中的齐闵王元年至四年，实际上应该是齐威王三十四年至三十七年。齐闵王五年至二十三年，实际上应该是齐宣王元年至齐宣王十九年；《史记》中的齐闵王二十四年至四十年，才是实际上齐闵王真正在位 17 年的年代。

②齐襄王元年一般以为是公元前 283 年，而平势隆郎以为是公元前 284 年。从这一时期秦进攻齐国刚地之事来看。

《史记·六国年表》：

（齐襄王十四年，公元前 270 年）秦、楚击我刚、寿。

睡虎地秦简《编年记》：

（秦昭王）卅七年（公元前 270 年）□寇刚。②

《史记·秦本纪》：

（秦昭王）三十六年（公元前 271 年）客卿灶攻齐，取刚、寿

---

① 方诗铭、王修龄：《古本竹书纪年辑证》，载《方诗铭文集》（第一卷），上海社会科学院出版社 2010 年版，第 393 页。
② 陈伟主编，彭浩、刘乐贤等编：《秦简牍合集》（释文修订本·一），武汉大学出版社 2016 年版，第 10 页。

予穰侯。

依照《史记·秦本纪》,则齐襄王元年应为公元前 284 年;依照睡虎地秦简《编年记》,则齐襄王元年应该为公元前 283 年。目前一般认为本事的年代是秦昭王三十七年,而非《史记·秦本纪》与《史记·穰侯列传》的秦昭王三十六年,故由此可以确定秦昭王元年应当为公元前 283 年。①

③齐王建元年一般以为是公元前 264 年,也有学者以为是公元前 265 年。这一问题可以从如下材料来看。

《史记·田敬仲完世家》:

(齐王建)二十八年王入朝秦,秦王政置酒咸阳。

《史记·秦始皇本纪》:

(秦始皇帝)十年(公元前 237 年)……齐、赵来置酒。

由此逆推,如果以逾年改元,则齐王建元年为公元前 264 年;如果其元年为公元前 265 年,则本年应当为齐王建二十九年,两者不符合。齐王建元年还应该是公元前 264 年,而不应改为公元前 265 年。

三 韩国王年问题

关于战国时期韩国王年问题的研究,主要意见如表 4—4 所示:

---

① 韩连琪:《睡虎地秦简〈编年记〉考证》,载《先秦两汉史论丛》,齐鲁书社 1986 年版,第 338 页。

表4—4　　　战国韩诸王年比较表（年代均为公元前）　　　（单位：年）

世系	《六国年表》	钱穆	陈梦家	杨宽	范祥雍	平势隆郎	吉本道雅	缪文远、晁福林
韩武子	424—409	424—409	424—409	424—409		423—408	424—409	424—409
韩景侯	408—400	408—400	408—400	408—400	409—401	408—400	408—400	408—400
韩列侯	399—387	399—377	399—377	399—387	400—378	400—388	399—387	399—377
韩文侯	386—377			386—377		388—379	386—377	
韩哀侯	376—371	376—375	376—374	376—375	377—375	379—371	376—375	376—374
韩庄侯	370—359							
韩懿侯		374—363	373—362	374—363	374—363	371—363	374—370	373—362
韩共侯							369	
韩昭侯	358—333	362—333	361—333	362—333		363—333	368—333	361—333
韩厘侯					362—333			
韩威侯					332—326			
韩宣王	宣（惠）威王① 332—312	332—312	332—312	宣（惠）威王 332—312	韩威侯 325—312 为宣王	332—312	332—312	332—312
韩襄王	311—296	311—296	311—296	311—296	311—？	311—296	311—296	311—296
韩僖王	（韩厘王）295—273	295—273	295—273	295—273		295—273	295—273	295—273
韩桓惠王	272—239	272—239	272—239	272—239		272—239	272—239	272—239
韩王安	238—230	238—230	238—230	238—230		238—230	238—230	238—230

说明：缪文远未讨论韩武子的年代，除此之外，与晁福林的意见一致。

从上表来看，目前基本上已经分歧不大了，本书对学者意见尚不一致之处进行一些讨论。

---

① 晁福林认为《史记·六国年表》"宣惠王"之称，应当为"宣威王"之误，本书从之，见晁福林《春秋战国的社会变迁》，商务印书馆2011年版，第1011页。

1. 韩列侯年代问题

《世本》"韩武侯"与《史记》、清华简《系年》"韩列侯"关系。先来看看韩武子年代。目前关于韩武子的年代一般以为是公元前424年至前409年，而平势隆郎认为是公元前423年至前408年，本书对此问题首先稍加讨论。《史记·韩世家》记载韩武子二年，伐郑、杀郑幽公，亦见于《史记·郑世家》：

> （郑）幽公元年（公元前423年），韩武子伐郑，杀幽公，郑人立幽公弟骀，是为缙公。

如此则韩武子元年应该为公元前424年，定韩武子元年为公元前423年明显与上述记载不符合，因此韩武子的年代应当为通行所认为的公元前424年至前409年。

再来看看韩列侯的年代问题。《世本》记载：

> （韩）康子生武子启章。武子生景子虔，始立为诸侯。景子生武侯取。武侯生文侯。[1]
> 武子名启章，康子之子。《魏世家》索隐：案康子庄子子。景子名虔。《韩世家》索隐："案景子武子之子，《史记》作景侯。"武侯名取。韩宣王，昭侯之子也。[2]

可见《世本》的世系为：

> 韩康子→韩武子（启章）→韩景子（虔）→韩武侯（取）→韩文侯→韩哀侯

---

[1] 秦嘉谟辑补本：《世本》，《世本八种》，中华书局2008年10月第1版，2010年6月第2次印刷，第49页。
[2] 陈其荣增订本：《世本》，《世本八种》，中华书局2008年10月第1版，2010年6月第2次印刷，第31页。

第四章 周、齐、韩、中山、燕诸国王年问题

但是依据《史记·韩世家》与《六国年表》的记载，则其世系为：

韩康子→韩武子（16年）→韩景子（侯，9年）→韩列侯（13年）→韩文侯

由此，《世本》中的"韩武侯"，同与之相对应的《史记》"韩列侯"，两者之间的关系需要讨论。对此，《史记·韩世家》索隐即指出"《世本》无列侯"，而《六国年表》索隐则指出《世本》中将"列侯"作为"武侯"。

对此，钱穆认为《史记》中的韩列侯、韩文侯为同一人，即《世本》的韩武侯；"韩列侯"为即位时候的称呼，而"韩文侯"为称君改元之后的称呼。① 杨宽则认为韩文侯可能应当存在，钱穆关于改元前后、称呼不同的意见，并没有依据。②

清华简《系年》的公布，为这一问题的讨论提供了新的材料，《系年》记载有韩国世系与"韩取"，其中一部分简文记载如下。

第21章：

楚简大王立七年（公元前425年），宋悼公朝于楚……晋魏斯、赵浣、韩启章（即韩武子）率师围黄池……二年，王命莫敖昜为率师侵晋……魏斯、赵浣、韩启章率师救赤岸。

第22章：

楚声桓王即位，元年（公元前407年），晋公止会诸侯于任，宋悼公将会晋公，卒于鄡。韩虔（韩景侯）、赵籍、魏击率师与越公翳伐齐。

此外，《系年》第23章记载：

昷（厌）年（公元前397年），韩取（韩烈侯）、魏击率师围武阳。

---

① 钱穆：《先秦诸子系年（外一种）》，河北教育出版社2002年版，第176页。
② 杨宽：《战国史料编年辑证》，上海人民出版社2001年版，第229页。

《史记·韩世家》："九年……景侯卒，子列侯取立"，此处的"韩取"即韩列侯取。陈颖飞指出本事的年代应当为公元前397年[1]，本书从之。值得注意的是，魏武侯击元年为公元前395年，《系年》记载表明魏武侯击在公元前397年的时候，已经取得了较为稳固的地位。由此，也可见《系年》上述记载的韩国世系为"韩武子—韩景子（侯）—韩列侯"，是与《史记》相同的。因此我们认为《世本》中的"韩武侯取"，应当是《史记》与清华简《系年》中的"韩列侯取"。

再来看看韩列侯在位13年，还是23年。从《史记·六国年表》所记载的伐鲁之事来看，分别为"（齐康公十一年，公元前394年）伐鲁取最"，"（韩列侯六年）救鲁，郑负黍反"，由此，韩列侯元年应该为公元前399年。

再来看看韩列侯的在位年代。《史记·韩世家》记载：

> （韩列侯）十三年列侯卒，子文侯立。

要确定韩列侯的实际在位年代，还需要对其后的有争议的韩文侯是否存在及其年代进行讨论。

韩文侯是否为韩国诸王世系中的一世。文献中有关于"韩文侯"的记载，如《世本》"韩哀作御"，宋忠注："韩哀，韩文侯也"[2]；《世本》又记载"列侯卒，子文侯立"[3]。

《史记·韩世家》中有"韩文侯"的相关世系记载：

> 文侯二年，伐郑，取阳城。伐宋，到彭城，执宋君。七年，伐齐，至桑丘。郑反晋。九年，伐齐，至灵丘。十年，文侯卒，子哀侯立。

但是，值得注意的是，《竹书纪年》中并没有记载"韩文侯"一世，

---

[1] 陈颖飞：《楚悼王初期的大战与楚封君——读清华简〈系年〉札记之一》，《文史知识》2012年第5期。

[2] 王谟辑本：《世本》，《世本八种》，中华书局2008年10月第1版，2010年6月第2次印刷，第41页。

[3] 同上书，第15页。

《史记·韩世家》：

> （韩文侯）十年文侯卒，子哀侯立。索隐："《纪年》无文侯，《世本》无列侯。"

因此，《史记》中所记载的"韩文侯"一世是否存在，应当注意。有学者赞同存在韩文侯一世[①]，笔者认为也有可能应当如《竹书纪年》所记载的，"韩文侯"一世可能并不存在，其在位的 10 年，应当如钱穆等所指出的，加入韩列侯的在位年代之内，由此韩列侯在位共 23 年，其年代可以确定为公元前 399 年至前 377 年[②]。

如何看待《史记》中的韩列侯、韩文侯年代？《史记》中的韩列侯在位 13 年的年代，正对应韩列侯的前十三年；《史记》中的韩文侯在位 10 年的年代，正对应韩列侯的第十四至二十三年。

2. 韩哀侯年代问题

《世本》记载"文侯生哀侯"[③]，《史记·韩世家》：

> （韩哀侯）二年灭郑，因徙都郑。

索隐：

> 按《纪年》魏武侯二十一年（公元前 375 年），韩灭郑，哀侯入于郑。

宋黄善夫本、元彭寅翁本皆作"二十二年"，方诗铭、王修龄认为"二

[①] 周书灿：《七雄并立——战国前期的国际格局》，河南人民出版社 2012 年版，第 124—125 页。
[②] 钱穆：《先秦诸子系年（外一种）》，河北教育出版社 2002 年版，第 565—568 页。
[③] 秦嘉谟辑补本：《世本》，《世本八种》，中华书局 2008 年 10 月第 1 版，2010 年 6 月第 2 次印刷，第 49 页。

十二年"有误，应当为二十一年①，本书从之。由此，可以确定韩哀侯的元年为公元前376年。

《史记·晋世家》索隐引《纪年》：

> 韩哀侯、赵敬侯并以（晋）桓公十五年（公元前374年）卒。

因此，结合《史记》与《竹书纪年》，则韩哀侯的年代应该为公元前376年至前374年，在位3年。② 但是《史记·韩世家》又有韩哀侯在位6年的记载：

> 六年，韩严弑其君哀侯。而子懿侯立。

索隐："若山即懿侯也，则韩严为韩山坚也。"《史记·六国年表》也记载"（韩哀侯六年——《六国年表》以为公元前371年）韩严杀其君"。

实际上述事情在《竹书纪年》中也有记载，《史记·韩世家》索隐引《纪年》：

> （魏武侯）二十二年（公元前374年）晋桓公邑哀侯于郑……韩山坚贼其君哀侯而立韩若山。

从《竹书纪年》的记载来看，韩山坚杀害其君哀侯的年代其实是在公元前374年，即《史记》中所记载的韩哀侯三年，而《史记》将其记载为韩哀侯六年，表明《史记》将此事的记载误后了3年。

如何看待《史记》中的韩哀侯年代？《史记·六国年表》中所记载的韩国世系年代如下（年代均为公元前）：

> 韩列侯（399—387）→ 韩文侯（386—377）→ 韩哀侯（376—371）→ 韩庄侯（370—359）

---

① 方诗铭、王修龄：《古本竹书纪年辑证》，《方诗铭文集》（第一卷），上海社会科学院出版社2010年版，第370页。
② 范祥雍：《古本竹书纪年辑校订补》，上海古籍出版社2011年版，第131页。

而依据《竹书纪年》等资料,韩国的世系如下(年代均为公元前):

韩列侯(399—377)→韩哀侯(376—374)→韩共侯(373—362)

从上述资料来看,《史记》中所记载的韩国世系,主要存在如下问题:
①将韩列侯(公元前399年至前377年)一世,误分为韩烈侯(公元前399年至前387年)、韩文侯(公元前386年至前377年)两世;
②在韩哀侯的年代问题上,误增多了3年。
③《史记·六国年表》"韩庄侯"即《史记·韩世家》"韩懿侯",由于韩哀侯的年代误增了3年,导致《史记》"韩庄(懿)侯"的年代相应后移3年。
④由于韩哀侯的年代误增了3年,导致《史记》"韩昭侯"的年代也相应后移3年,同时其卒年未变,因而导致韩昭侯的在位由29年变为26年。
总之,《史记》中的韩哀侯年代,应当如下看待:《史记》中的韩哀侯前三年,对应实际中韩哀侯的在位年代;《史记》中的韩哀侯四至六年,对应韩庄(懿)侯在位的前三年。

3. 韩懿侯年代问题

先来看看韩共侯、韩庄侯是否为韩懿侯?韩哀侯被杀及之后的世系,在文献中的记载较为复杂,主要资料有:
①公元前374年,韩哀侯卒。《史记·晋世家》索隐引《竹书纪年》:

韩哀侯、赵敬侯并以(晋)桓公十五年(公元前374年)卒。

②公元前374年,韩哀侯被韩山坚所杀。《史记·韩世家》索隐引《竹书纪年》:

(魏武侯)二十二年(公元前374年),晋桓公邑哀侯于郑。
晋桓公邑哀侯于郑,韩山坚贼其君哀侯,而立韩若山。

③韩哀侯被韩严所杀,而立哀侯之子懿侯(《六国年表》作"庄侯"),

见《史记·韩世家》，及《世本》"哀侯生懿侯"①，《韩世家》索隐引《竹书纪年》：

> 若山即懿侯也，则韩严为韩山坚也。

现在一般也赞同上述观点。②
同时，《资治通鉴》周烈王五年记载有韩严弑韩哀侯之事：

> 韩严遂弑哀侯，国人立其子懿侯。初，哀侯以韩廆为相而爱严遂，二人甚相害也。严遂令人刺韩廆于朝，廆走哀侯，哀侯抱之，人刺韩廆，兼及哀侯。③

杨宽指出这是将严遂使聂政刺杀韩列侯之相韩廆，与韩严刺杀哀侯混为一事，韩严与严遂并非一人。④

由上述资料，可以确定《史记》中的"韩懿侯"元年为公元前373年。文献中关于"韩懿侯"的记载如下。

《史记·韩世家》：

> 六年，韩严弑其君哀侯，而子懿侯继位……十二年懿侯卒，子昭侯立。

《水经·沁水注》引《竹书纪年》：

> 梁惠成王元年（公元前369年），赵成侯偃、韩懿侯若伐我葵。⑤

---

① 秦嘉谟辑补本：《世本》，《世本八种》，中华书局2008年10月第1版，2010年6月第2次印刷，第49页。
② 张澍粹集补注：《世本》，《世本八种》，中华书局2008年10月第1版，2010年6月第2次印刷，第135—136页。
③ （宋）司马光编著，（元）胡三省音注：《资治通鉴》，中华书局2013年版，第37页。
④ 杨宽：《战国史料编年辑证》，上海人民出版社2001年版，第211—212页。
⑤ （北魏）郦道元著，陈桥驿校正：《水经注校证》，中华书局2013年版，第221页。

· 170 ·

而《竹书纪年》也记载有"韩共侯若山"。
《水经·浊漳水注》引《纪年》：

> 梁惠成王元年（公元前369年），韩共侯、赵成侯迁晋桓公于屯留。①

《史记·晋世家》索隐引《竹书纪年》：

> （晋）桓公二十年（公元前369年），赵成侯、韩共侯迁桓公于屯留。

方诗铭、王修龄依据年代上的关联，认为韩共侯即韩懿侯。②

此外，《史记·六国年表》则记载"韩哀侯"之后为"韩庄侯"（公元前370年至前359年），结合相关记载：

《史记·六国年表》：

> （韩庄侯九年）魏败我于浍。

《史记·六国年表》：

> （秦献公二十三年，公元前362年）与魏战少梁，虏其太子。

《六国年表》"韩庄侯"、《竹书纪年》"韩共侯"，与《史记·韩世家》"韩懿侯"的年代相近，对于上述三者的关系，学界有不同的意见。

①三者为同一人。雷学淇认为"然则懿侯兼谥为共，别谥为庄"③，三者可能为同一人；钱穆进一步分析，或者是由于"庄"被讹写成"共"，从而将《六国年表》"韩庄侯"写成《竹书纪年》的"韩共侯"，两者本为一人；又依据《史记》索隐"韩懿侯"即"韩庄侯"的看法，则三者应当为

---

① （北魏）郦道元著，陈桥驿校正：《水经注校证》，中华书局2013年版，第243页。
② 方诗铭、王修龄：《古本竹书纪年辑证》，《方诗铭文集》（第一卷），上海社会科学院出版社2010年版，第373页。
③ 转引自杨宽《战国史料编年辑证》，上海人民出版社2001年版，第261页。

同一人。另外一种可能，则是由于"懿侯、共侯、庄侯盖一侯而三谥"。①

②"韩共侯"（《竹书纪年》）与"韩庄侯"（《六国年表》）为同一人。梁玉绳认为《竹书纪年》"韩共侯"与《六国年表》"韩庄侯"可能为同一人，其为韩山坚（严）所杀，而韩懿侯则复杀韩山坚（严）。②

③"韩庄侯"（《六国年表》）与"韩懿侯"（《韩世家》）为同一人。民国学者徐文珊指出，"韩庄侯"与"韩懿侯"，文字之别是由于避讳而导致的：

>《六国年表》"韩庄侯"：毛本"庄"，《索隐》本《世家》索隐引年表同；中统、游、王、柯作"壮"，盖汉讳改字；北宋本旧刻凌本并作"懿"，则依《世家》改。③

目前来看，应当以《六国年表》"韩庄侯"、《竹书纪年》"韩共侯"与《史记·韩世家》"韩懿侯"，此三者为同一人的观点较为可信。

韩懿侯的实际在位年代。《史记·六国年表》记载韩庄侯在位 12 年（公元前 370 年至前 359 年），而如前所述，《史记·韩世家》记载"十二年，懿侯卒，子昭侯立"。但如前所述，《史记》中韩哀侯的年代误后 3 年，若懿侯因弑君而立，未尝逾年改元，则懿侯元年即在周烈王二年（公元前 374 年），懿侯十二年（公元前 363 年）卒而昭侯立，昭侯元年即在周显王七年（公元前 362 年）。而如果韩懿侯逾年改元，则其元年为周烈王三年（公元前 373 年），懿侯十二年（公元前 362 年）卒而昭侯立，昭侯元年即在周显王七年（公元前 361 年）。《史记·韩世家》："（昭侯）八年，申不害相韩"，《战国策·韩策一》："魏之围邯郸也（周显王十五年，公元前 354 年），申不害始合于韩王。"如此则韩昭侯元年应该为周显王八年（公元前 361 年），由于韩懿侯在位 12 年，由此可以推定韩懿侯元年为周烈王三年（公元前 373 年）。由此，则韩懿（庄、共）侯的年代应当为公元前 373 年至前 362 年。

如何看待《史记》中韩庄（懿）侯的年代？《史记》中的韩庄（懿）

---

① 钱穆：《先秦诸子系年（外一种）》，河北教育出版社 2002 年版，第 233 页。
② （清）梁玉绳：《史记志疑》，中华书局 1984 年 4 月第 1 版，2013 年 11 月北京第 3 次印刷，第 411 页。
③ 徐文珊：《史记刊误举例》，北平研究院史学集刊编辑委员会编：《史学集刊》（第 1 辑），北平研究院史学研究所 1936 年版，第 237 页。

侯元年至九年，实际上对应韩庄（懿）侯在位的四至十二年；《史记》中的韩庄（懿）侯十年至十二年，实际上对应韩昭侯在位的一年至三年。

4. 韩昭侯年代问题

韩昭侯（《史记·韩世家》《六国年表》），又作"韩昭釐"（《淮南子·要略》）、"韩昭厘侯"（《吕氏春秋·任数》）、"昭僖侯"（《韩非子·内储说下》）、"僖侯"和"郑釐侯"及"昭侯"（《竹书纪年》）。

依据《水经·济水注》引《纪年》：

> 梁惠成王九年（公元前361年），王会郑釐侯（韩昭釐—僖侯武）于巫沙。①

则韩昭侯的元年应该为公元前361年。《史记·六国年表》记载其在位26年（公元前358年至前333年），《史记·韩世家》也记载其在位26年：

> 十一年昭侯如秦……二十五年，旱，作高门……二十六年，高门成，昭侯卒……子宣惠王立。

但如前所述，《史记》中韩庄（懿）侯的年代误后三年，因此韩昭侯的在位年代，应当在《史记》的基础上增加三年，而为29年，其年代为公元前361年至前333年。

如何看待《史记》中韩昭侯的年代？《史记》中的韩昭侯年代，实际上对应韩昭侯在位的四年至二十九年。

于此附论《竹书纪年》中的"郑威侯"是否为《史记》中的"韩宣惠王"及其年代问题。"韩宣王"为韩昭侯之子，《史记·苏秦列传》索隐引《世本》："韩宣王，昭侯之子"，"韩宣王"（《史记·赵世家》《汉书·古今人表》《韩非子·说林》），又作"韩宣惠王"（《史记·六国年表》）。文献中另有"郑威侯"的记载，《史记·韩世家》索隐引《竹书纪

---

① （北魏）郦道元著，陈桥驿校证：《水经注校证》，中华书局2013年版，第382页。

年》记载韩昭侯之后为威侯：

> "郑昭侯武薨，次威侯立，威侯七年与邯郸围襄陵，[八年]五月梁惠王会威侯于巫沙，十月郑宣王朝梁"，不见威侯之卒，下败韩举在威侯八年，而此《韩世家》即以为宣惠王之年。

钱穆认为此处"五月"之前误省"八年"之纪年①，可从。
《史记·韩世家》：

> （韩宣惠王）八年，魏败我将韩举。

学者多认为，此处的"郑（韩）威侯"与"郑（韩）宣王"为同一人，以公元前326年的巫沙之会为界，之前为"威侯"，之后为"宣王"。②

关于韩宣王在位时间，《史记·六国年表》记载为公元前332年至前312年，《史记·韩世家》：

> 二十一年……是岁，宣惠王卒，太子仓立，是为襄王。

《史记·韩世家》集解引徐广：

> 《秦本纪》惠王后元十三年、周赧王三年、楚怀王十七年，齐愍王十二年（公元前312年），皆云"楚围雍氏"。《纪年》于此亦说"楚景翠围雍氏。韩宣王卒，秦助韩共败楚屈丐"。

由此可见，韩宣王卒年为公元前312年，《史记》与《竹书纪年》的记载相同，故由此可以确定韩宣王的在位年代为公元前332年至前312年。

此外，还有一条材料值得注意，《水经·河水注》引《竹书纪年》：

---

① 钱穆：《先秦诸子系年（外一种）》，河北教育出版社2002年版，第365页。
② 杨宽：《战国史料编年辑证》，上海人民出版社2001年版，第416页；范祥雍：《古本竹书纪年辑校订补》，上海古籍出版社2011年版，第79页；晁福林：《春秋战国的社会变迁》，商务印书馆2011年版，第1011页。

第四章 周、齐、韩、中山、燕诸国王年问题

（晋烈公）十年（公元前406年；按：应当是魏惠王后元十年，公元前325年），齐田朌及邯郸、韩举战于平邑，邯郸之师败逋，获韩举，取平邑、新城。①

但《竹书纪年》亦见有所记载的本事年代与之不同，《史记·韩世家》索隐：

《纪年》云：韩举，赵将……又《纪年》云：其败当韩威王八年（公元前325年）。

清代学者朱右曾指出两种记载之间相差80余年，是由于《水经注》误将魏惠王后元十年（公元前325年）当成晋烈公十年（公元前406年），同时《史记·韩世家》将韩举当成韩将，也存在问题②；此说为学界所遵从。

韩宣（威）王以后的韩国诸王年代，意见较为一致，文献记载的相关王年也能得到出土材料的支持，如《史记》记载韩桓惠王在位34年（公元前272年至前239年），目前发现的一些铜器的铭文，如《卅一年郑令戈》（《集成》11398）与《卅一年郑令戈》（《二编》1254），《卅二年郑令矛》（《集成》11555），《卅三年郑令戈》（《集成》11693），《卅四年郑令矛》（《集成》11560），由于战国时期韩国国君在位年数超过30年的只有韩桓惠王，故一般以为上述器物年代为韩桓惠王时期③，而这也与《史记》关于韩桓惠王在位年代的记载相符合。此外，战国韩国兵器铭文中也有一些较为独特的资料，如1971年河南郑州出土、现藏河南省博物院的《濩泽君戈》④，其铭文为：

濩泽君七年，库啬夫乐须、冶余□造。

---

① （北魏）郦道元著，陈桥驿校证：《水经注校证》，中华书局2013年版，第129页。这条材料的纪年，有"九年"和"十年"两种不同刻本，现在认为应当为"十年"。见方诗铭、王修龄《古本竹书纪年辑证》，《方诗铭文集》（第一卷），上海社会科学院出版社2010年版，第405页。
② 方诗铭、王修龄：《古本竹书纪年辑证》，《方诗铭文集》（第一卷），上海社会科学院出版社2010年版，第405页。
③ 苏辉：《秦三晋纪年兵器研究》，上海古籍出版社2013年版，第158页。
④ 秦文生、张锴生主编：《中原文化大典》（文物典·青铜器），中州古籍出版社2008年版，第1003页。

有学者依此认为战国时期的韩国，在王年纪年开始的同时，也存在有封君纪年。① 这一观点是否成立？铭文中的"濩泽"是否为刻于前的地名？限于相关资料，本器的纪年铭文性质还需要日后更充分的探讨。

综上所述，本书赞同陈梦家等的意见，拟定战国时期韩国诸王世系如表4—5所示：

表4—5　　　　战国韩诸王年表（年代均为公元前）　　　（单位：年）

世系	本书
韩武子	424—409
韩景侯	408—400
韩列（文）侯	399—377
韩哀侯	376—374
韩懿（庄、共）侯	373—362
韩昭（厘）侯	361—333
韩宣（威）王	332—312
韩襄王	311—296
韩僖（厘）王	295—273
韩桓惠王	272—239
韩王安	238—230

四　中山国王年问题

关于战国时期中山国王年问题的研究，已经有许多重要成果，如表4—6所示：

---

① ［日］平势隆郎：《历与元法》，载［日］佐竹靖彦主编《殷周秦汉史学的基本问题》，中华书局2010年版，第110页；苏辉：《秦三晋纪年兵器研究》，上海古籍出版社2013年版，第133页。

表4—6　　　　中山国世系年代拟定表（年代均为公元前）　　　　（单位：年）

世系	李学勤、李零①	段连勤②	尚志儒③	吕苏生④	河北省博物馆⑤	刘昀华⑥	何艳杰等⑦
文公	？—414	？—415		？—415	？—415	？—415	450—415
武公	414—406	414—407		414—407	414—407	414—407	414—408
桓公	378—340	406—353			406—340	379—？	407—406；380年复国，至356年卒
成公	340—320	353—328		339—328		？—328	355—323；在位最少27年
王𫲨	322—309 或 321—308	328—308	322—309		327—313	327—313	327—313，在位最少14年
王䜣䖳		307—296		？—301	312—296	312—299	312—299
王尚		295		301—296	296—295	298—296	298—295

由于资料的有限，中山国诸国君年代的探讨，目前还难以做到十分精确，本书在学界已有的基础上，稍加以补论。

1. 中山武公年代问题

对于中山文公年代问题目前还难以做进一步的探讨，本书主要就中山武公以下诸王的年代进行一些推测。

《史记·赵世家》：

---

① 李学勤、李零：《平山三器与中山国史的若干问题》，载《待兔轩文存》（读史卷），广西师范大学出版社2011年版，第236—255页。
② 段连勤：《北狄族与中山国》，广西师范大学出版社2007年版，第94—97页。
③ 尚志儒：《试论平山三器的铸造年代及中山王𫲨的在位时间——兼与段连勤同志商榷》，《河北学刊》1985年第6期。
④ （清）王先谦撰，吕苏生补释：《鲜虞中山国事表疆域图说补释》，上海古籍出版社1993年版，第27—65页。
⑤ 河北省博物馆编：《战国中山国史话》，地质出版社1997年版，第9页。
⑥ 刘昀华：《中山国的秘密》，花山文艺出版社2007年版，第78页。
⑦ 何艳杰、曹迎春、冯秀环、刘英：《鲜虞中山史》，科学出版社2011年版，第60—61页。

(赵献侯)十年(公元前414年),中山武公初立。

《史记·六国年表》与之同,记载周威烈王十二年(公元前414年)"中山武公初立"。关于"初立",或认为即始称公、始建国之意,吕苏生认为"初立"为"初即位"之意[1],学者并多依此确定中山武公元年为公元前414年。从文献中"初立"的用例,如《左传》闵公二年杜预注:"言即位者,亦谓初立之年也"[2],又如《史记·周本纪》:"合十七岁而霸王者出焉",索隐:"至始皇初立,政由太后、嫪毐",认为"初立"为即位初年是合理的;但如此一来,则其元年应当是次年,即公元前413年,故本书暂从此说。

《史记·赵世家》索隐引《世本》:"中山武公居顾",关于中山武公所居之"顾"所在,目前主要有定州、唐县、河南范县、鼓(河北藁城)等观点,其中前两者观点基本上一致。[3]

文献中有魏文侯时期灭中山的记载,如《战国策·赵策一》"魏文侯借道于赵攻中山",《水经·滱水注》记载周王问太史余哪一个诸侯国将先灭亡,其回答中山将先亡国,"后二年果灭,魏文侯以封太子击也",王先谦指出这即指中山桓公灭国之事。[4] 本书从王氏之说。上述资料记载,魏文侯(公元前445年至前396年)时期曾经灭亡中山桓公时期的中山国。

在灭中山之后,魏文侯曾经在中山居留,《吕氏春秋·适威篇》记载魏武侯"居中山"之时,询问李克吴国灭亡之原因,吕苏生指出应当从《韩诗外传》卷10等文献记载此事的人物作"魏文侯"。[5] 又《说苑·尊贤》记载:

魏文侯从中山奔命安邑,田子方从。[6]

---

[1] (清)王先谦撰,吕苏生补释:《鲜虞中山国事表疆域图说补释》,上海古籍出版社1993年版,第28页。
[2] (清)阮元校刻:《十三经注疏》,中华书局1980年版,第1787页。
[3] 何艳杰、曹迎春、冯秀环、刘英:《鲜虞中山国史》,科学出版社2011年版,第66—67页。
[4] (清)王先谦撰,吕苏生补释:《鲜虞中山国事表疆域图说补释》,上海古籍出版社1993年版,第29页。
[5] 同上书,第38页。
[6] 向宗鲁:《说苑校证》,中华书局1987年版,第194页。

表明魏文侯在灭中山后，可能还曾在中山停留过。

值得注意的一个问题是，关于魏灭中山是在中山武公，还是中山桓公时期，学界曾有不同意见，如李学勤、李零、段连勤、刘昫等认为是在中山武公时期①，而何艳杰等则认为是在中山桓公时期。这两种观点的分歧在于对中山武公末年的看法不一样，何艳杰等所拟定的中山武公的年代要较前几位学者的意见为少，从而将其魏文侯灭中山划入了中山桓公时期。具体来说，是由于对魏文侯时期灭中山之役的时间认识不同，《史记·魏世家》记载：

（魏文侯）十七年（公元前408年），伐中山，使子击守之，赵仓唐傅之。

《史记·六国年表》也记载为魏文侯十七年（公元前408年）。何艳杰等认为，在此年，中山即已经被灭。而更多的学者则认为，要结合《战国策·秦策二》所说的"魏文侯令乐羊将攻中山，三年而拔之"，及《史记·樗里子甘茂列传》也有"魏文侯令乐羊将而攻中山，三年而拔之"的记载。从此条记载可见，魏国攻打中山之战役可能延续3年，因此魏灭中山国的年代是在公元前406年。文献中并无关于魏灭中山时候，中山国君是中山武公还是中山桓公的相关记载，本书暂从通行观点认为魏文侯时期所灭中山国的在位君主是中山武公。中山武公的年代可以拟定为公元前413年至前406年。

2. 中山桓公年代问题

《世本》记载中山武公之后为桓公，《中山王方壶》（《集成》9735）铭文中记载了战国时期中山国的世系：

唯朕皇祖文、武、趄（桓）祖，成考，寔（是）又（有）䋣（纯）德遗忩（训），以陁（陁、施）及子孙，用唯朕所放（仿）。

此处铭文记载中山国世系为"文→武→趄（桓）→成→䚂"，同时《中山王方鼎》（《集成》2840），其铭文记载：

---

① 段连勤：《北狄族与中山国》，广西师范大学出版社2007年版，第65页。

> 昔者，吾先考成王……昔者吾先祖桓王、邵考成王……

此处记载的世系为"先考成王"与"先祖桓王、邵考成王"，与《中山王方壶》中相关世系是一致的。上述两处铭文的记载表明《世本》中山桓公在中山武公之后世系的记载是可信的。

值得注意的是，河北平山县中山王墓（M19 车马坑 2∶13）出土有一件中山侯钺（《集成》11758）[①]，其铭文为：

> 天子建邦，中山侯㾗乍（作）兹军鈲，以敬（儆）厥众。

其中"㾗"字的释读，目前主要有如下几种意见[②]：

①《集成》（修）隶为"忩（忱）"，何琳仪也隶为"忩"，认为是中山王圆壶器主名"䖒螯"之"螯"的省简字，器主应即中山王圆壶器主"䖒螯"。

②也有学者将本字隶为"惢"、读为"稳"，又认为"譻"读如"错"，"稳"与"譻"为一名一字的关系，中山侯钺的器主可能即中山王譻。董珊指出本字上半部所从为"斤"而旁有残泐，之前的摹本误以泐痕为笔画，故没有字形方面的依据。

③王素芳、石永士隶为"惌"，但未具体指出其为何人。

④更多地学者认为是"中山侯㾗"，应当是中山桓公，但是具体意见也有不同。其中张政烺隶"㾗"为"惪"，读为"惟"，认为可能是中山桓公；吴振武认为可能是"忻"字，董珊在前引文中从此说，并认为从中山复国于

[①] 本文采用董珊摹本，参考董珊《中山国题铭考释拾遗三则》，载北京大学中国古文献研究中心编《北京大学中国古文献研究中心集刊》（第 4 辑），北京大学出版社 2004 年版，第 347 页。

[②] 上述几种意见分别参考：①何琳仪：《战国文字通论》（订补），江苏教育出版社 2003 年版，第 136 页。②河北省文物研究所编著《厝墓——战国中山国国王之墓》，文物出版社 1996 年版，第 398 页；董珊：《中山国题铭考释拾遗三则》，载北京大学中国古文献研究中心编《北京大学中国古文献研究中心集刊》（第 4 辑），北京大学出版社 2004 年版，第 347—348 页。③王素芳、石永士《中山国探秘》，河北教育出版社 2002 年版，第 75 页。④张政烺：《中山王譻壶及鼎铭考释》，载《甲骨金文与商周史研究》，中华书局 2012 年版，第 309—343 页；吴振武：《释平山战国中山王墓器物铭文中的"鈲"和"私库"》，《史学集刊》1982 年第 3 期；徐海斌：《"中山侯钺"器名小考》，《南方文物》2008 年第 1 期。

公元前 378 年来看,"中山侯忻"是中山桓公,近来徐海斌认为当隶为"忑",读为"桓",即文献所见的中山桓公。但依照徐先生的意见,则应当是称为"中山忑(桓)侯"为是,而非铭文中的"中山侯忑(桓)"。不过,总体来看,此说是目前几种观点中较有说服力的,故本书从此说。

中山国在中山桓公时期复国,《史记·乐毅列传》:

> 中山复国,至赵武灵王时复灭中山。

并于复国之后迁徙都灵寿,《史记·赵世家》索隐引《世本》:

> (中山)桓公徙灵寿。

关于中山桓公复国的时间,《史记·乐毅列传》:

> 乐羊死……中山复国。

《史记·赵世家》:

> (赵敬侯十年,公元前 377 年)与中山战于房子……(赵敬侯十一年,公元前 376 年)伐中山,又战于中人。

吕苏生据此认为中山复国年代不应当晚于公元前 377 年[①],此说可从。中山复国的具体时间,主要有如下几种看法:

①公元前 378 年。如蒙文通认为,《史记·魏世家》所记载的"武侯九年,翟败我于浍",其中的"翟"即中山,并依据《史记·六国年表》等,认为本年为魏武侯九年、赵敬侯九年(公元前 378 年),由此后赵敬侯十年(公元前 377 年)、十一年(公元前 376 年)赵与中山的房子、中人之战等,也可以推测公元前 378 年中山已经复国。[②]

---

① (清)王先谦撰,吕苏生补释:《鲜虞中山国事表疆域图说补释》,上海古籍出版社 1993 年版,第 39 页。
② 蒙文通:《周秦少数民族研究》,《蒙文通文集》(第 2 卷·古族甄微),巴蜀书社 1993 年版,第 138—140 页。

②公元前380年前后。段连勤、路洪昌、杨宽等认为上一说的主要依据,即《史记·魏世家》所记载的"武侯九年,翟败我于浍",其中的"翟"在山西翼城,并非中山,如杨宽指出应当是浍水附近之翟,中山复国可能在公元前381年至前378年之间。[①] 此外,段连勤认为中山复国是公元前381年前后。关于中山复国的具体时间,目前还难以精确断定,大致可以如杨宽所说,在公元前381年至前378年之间。

值得注意的一个问题是,《史记·六国年表》记载魏惠王二十九年(公元前342年)"中山君为相",《史记·魏世家》记载在魏惠王二十八年(公元前343年)。吕苏生认为此于魏国为相者,应当是挚或者其后人,是魏人由于其受封于中山国而沿用"中山君"之称呼[②],吕此说较为合理,因此不能据《史记》中的记载即认为中山国王曾为魏国之相。

关于中山桓公的在位末年,目前由于相关资料的阙如,本书暂不拟定。

3. 中山成公年代问题

由《中山王方壶》(《集成》9735)等,可以推定中山王𰯽元年为公元前327年;如此则中山成公末年为公元前328年。由于相关记载的阙如,目前还不好直接拟定其元年的年代。

4. 中山王𰯽

目前发现有一些王𰯽时期的纪年铜器,主要如下:
① "三茉(異—祀[③])"类,如《三年壶》(《集成》9692)。
② "八茉(異—祀)"类,如《八年匜》(《集成》10257)、《八年鸟柱盆》(《集成》10328)。

---

① 段连勤:《北狄族与中山国》,广西师范大学出版社2007年版,第84页;路洪昌:《战国中山国若干历史问题考辨》,《河北学刊》1987年第6期;杨宽:《战国史编年辑证》,上海人民出版社2001年版,第247页;《战国史》(增订本),上海人民出版社2003年版,第299、705页。
② (清)王先谦撰,吕苏生补释:《鲜虞中山国事表疆域图说补释》,上海古籍出版社1993年版,第42页。
③ 朱德熙先生认为"茉"可能为"異"的简字,假借为"祀",其义为"年",参考朱德熙《中山王器的祀字》,《文物》1987年第11期,又载《朱德熙古文字论集》,中华书局1995年版,第172页。

third章　周、齐、韩、中山、燕诸国王年问题

③ "十䇓（異—祀）"类，如《十年盆》（《集成》10333）、《十年左使车䇓》（《集成》10396、10397，《铭图》19278）、《十年右使壶》（《集成》9674）、《十年扁壶》（《集成》9683）、《十年铜盒》（《集成》10358、《铭图》19241）、《十年灯座》（《集成》10402、《铭图》19286）。

④ "十一䇓（異—祀）"类，如《十一年盉》（《集成》9448）、《十一年壶》（《集成》9684）。

⑤ "十二䇓（異—祀）"类，如《十二年盉》（《集成》9450）、《十二年铜盒》（《集成》10359、《铭图》19242）、《十二年扁壶》（《集成》9685）。

⑥ "十三䇓（異—祀）"类，如《十三年壶》（《集成》9675）、《十三年勺》（《集成》9933、9934）、《十三年壶》（《集成》9686、9693）。

又《㚘䖝圆壶》（《集成》9734）铭文记载：

胤昇（嗣）㚘䖝敢明昜（扬）告：……得贤佐司马赒，而冢（重）賃（任）之邦。逢郾（燕）无道湯上，子之大臂（辟）不宜（义），仮（反）臣丌（其）宗。佳（唯）司马赒欣（𠮯）䇂（愕）战（僤）忞（怒）……率师征郾（燕），大启邦汙……

十三䇓，左使车□夫孙固，工□，冢（重）一石三百三十九刀之冢（重）。

对于其中的"十三䇓"，段连勤认为是王𫍷十三年，即其去世之年。①

⑦ "十四䇓（異—祀）"类，如《十四年方壶》（《集成》9665、9666）、《十四年铜牛》（《集成》10441、《铭图》19348）、《十四年铜犀》（《集成》10442、《铭图》19349）、《十四年铜虎》（《集成》10443、《铭图》19350）、《十四年双翼神兽》（《集成》10444—10447、《铭图》19351—19354）、《十四年帐架》（《集成》10472、《铭图》19414）、《十四年帐橛》（《集成》10473—10475、《铭图》19435—19437）、《十四年凤方案》（《集成》10477、《铭图》19246）、《十四年左使车啬夫扣》（《集成》12054—12063、《铭图》19415—19434）、《十四年私库啬夫车軎》

---

① 段连勤：《北狄族与中山国》，广西师范大学出版社2007年版，第94—95页。

· 183 ·

(《集成》12042、12043)、《十四年𫓧》(《二编》54)、《中山王方壶》(《集成》9735)、《中山王方鼎》(《集成》2840)。

目前发现的《中山王方壶》《中山王方鼎》中均有"唯十四年"的铭文记载，表明中山王𫲨的在位年限不少于14年。先结合上述两器铭文文字，对中山王𫲨年代及相关问题进行探讨。

①《中山王方壶》(《集成》9735)，该铭文篇幅较长，其中记载了一些历史事件，本书仅就铭文中如下部分进行讨论。

> 唯十四年，中山王𫲨（错）命相邦賙（贮—周），择郾（燕）吉金，铸为彝壶……倘（适）曹（遭）郾（燕）君子噲（哙），不顾大宜（义）……寡人非之。周曰："……賙（贮—周）忎（忱、愿）从在［士］大夫以请（靖）郾（燕）疆"……郾（燕）旃（故）君子噲（哙），新君子之……旃（故）邦亡身死，曾亡鼠［一］夫之救。"

与上述铭文记载相关的历史事件是：公元前314年，燕王哙禅让子之，燕国发生内乱；公元前312年，齐国攻打燕国，燕王噲（哙）、子之死于此役。目前关于中山王𫲨时期征伐燕国的时间，尚志儒等认为发生于公元前314年至公元前311年之间①，段连勤、何艳杰等认为发生于公元前314年内②。但从中山王鼎铭文中"今吾老周，亲率三军之众，以征不义之邦"的以时人记时事的口吻来看，可能中山伐燕的时间应当是始于公元前314年；及此处铭文的"择郾（燕）吉金，铸为彝壶"的时间，结合其后"郾（燕）旃（故）君子噲（哙），新君子之……旃（故）邦亡身死"的记载来看，表明中山国参与对燕国战争的时间，应当持续到公元前312之后。但是目前还不能确定中山铸造本壶的年代，是在中山从燕国回师的同年，还是次年之后，本文暂时定为同一年。而铭文中的"十四年"，应当理解为公元前314年，如此则中山王𫲨的元年可以定为公元前327年，其末年应该在公元前312年之后。

②《中山王方鼎》(《集成》2840)，其铭文中与中山国王年问题相关

---

① 尚志儒：《试论平山三器的铸造年代及中山王𫲨的在位时间》，《河北学刊》1985年第6期。
② 段连勤：《北狄族与中山国》，广西师范大学出版社2007年版，第106页；何艳杰、曹迎春、冯秀环、刘英：《鲜虞中山国史》，科学出版社2011年版，第88页。

的记载主要有如下文字：

> 唯十四年，中山王作鼎于铭曰："……昔者燕君子哙……犹迷惑于子之而亡其邦，为天下戮……今吾老喜亲帅三军之众，以征不义之邦……克敌大邦"。

此处铭文中的"喜"是否即文献中的"司马熹"、《中山王方壶》中的"相邦赒（貯—周）"及《好盗圆壶》中的"司马赒"，学者还有争论，本书暂不讨论。此处铭文也记载了中山国伐燕，及公元前312年燕王哙身死之事。

关于中山王𰯂的在位年代，李学勤、李零认为中山王𰯂元年应晚于公元前323年，王𰯂十四年早于公元前307年，可能为公元前309年或者前308年。① 段连勤认为王𰯂十四年应该为公元前314年或者前313年。② 尚志儒认为应当为公元前311年前后。③

此外，中山称王的问题也应当注意。《史记·燕召公世家》及《六国年表》记载，燕易王十年（公元前323年）"燕君为王"，《战国策·中山策》也记载中山参与五国相王：

> 中山与燕、赵为王。
> 犀首立五王，而中山后持……田婴不听。果召中山君而许之王。

因此学界多依此认为中山也曾称王，但是对于具体是哪一位王，尚有不同意见，如李学勤、李零、尚志儒认为中山成公时已经称王④；而段连勤认为应当是王𰯂时期才称王，何艳杰等从用鼎制度、墓葬形制等推断中山成公也没有称王，吕苏生也认为中山王鼎称"桓公"为"赵王"是后世

---

① 李学勤、李零：《平山三器与中山国史的若干问题》，《待兔轩文存》（读史卷），广西师范大学出版社2011年版，第236—255页。
② 段连勤：《北狄族与中山国》，广西师范大学出版社2007年版，第93页。
③ 尚志儒：《试论平山三器的铸造年代及中山王𰯂的在位时间——兼与段连勤同志商榷》，《河北学刊》1985年第6期。
④ 李学勤、李零：《平山三器与中山国史的若干问题》，《待兔轩文存》（读史卷），广西师范大学出版社2011年版，第236—255页。

的追谥，中山称王应当是从王䰜开始①。而从中山王䰜与中山成公的年代来看，公元前323年是在中山王䰜的在位时限之内，因此，中山国称王应当是在王䰜时期。

5. 中山王𧊒𧊒

《𧊒𧊒圆壶》(《集成》9734) 铭文记载：

　　胤嗣（嗣）𧊒𧊒敢明易（扬）告："……得贤佐司马赒，而豕（重）賃（任）之邦。逢郾（燕）无道烫上，子之大臂（辟）不宜（义），伋（反）臣丌（其）宗。隹（唯）司马赒欣（慨）硌（愕）战（懼）态（怒）……率师征郾（燕），大启邦汻……"
　　十三苿，左使车口夫孙固，工口，豕（重）一石三百三十九刀之豕（重）。

关于此处铭文中的"十三年"，当如前引段连勤文中所指处的为王䰜十三年，而非中山王𧊒𧊒之年。

近来公布有一件二苿（異—祀）戈，其铭文为：

　　二苿，中口倫挂竿，右库守工师涅昇，工隊。

李学勤认为其年代可能为"𧊒𧊒"或"尚"的二年，即公元前308年或前295年。②

中山王𧊒𧊒时期，中山国逐渐没落。《史记·赵世家》记载赵武灵王之二十一、二十三、二十五年均进攻中山，《史记·六国年表》也记载赵武灵王二十五年（公元前301年）攻打中山，《资治通鉴》记载周赧王十四年（赵武灵王二十五年，公元前301年）"赵王伐中山，中山君奔齐"③，清代学者王先谦认为此奔齐之君，与赵灭中山而迁之于肤施的中山

---

① 段连勤：《北狄族与中山国》，广西师范大学出版社2007年版，第94页；何艳杰、曹迎春、冯秀环、刘英：《鲜虞中山国史》，科学出版社2011年版，第82—83页；（清）王先谦撰，吕苏生补释：《鲜虞中山国事表疆域图说补释》，上海古籍出版社1993年版，第43页。
② 李学勤：《论一件中山国有铭铜戈》，载李宗焜主编《古文字与古代史》（第2辑），"中央研究院"历史语言研究所2009年版，第216页。
③ （宋）司马光编著，（元）胡三省音注：《资治通鉴》，中华书局2013年版，第110页。

君为二人，后者继立前者。吕苏生进一步认为此奔齐之中山王即为"姧蚉"，而被赵所迁之君为中山王尚（胜）①，本书暂从上述之说。中山王姧蚉的末年可以拟定为公元前301年，而其元年目前则还难以确定。

6. 中山王尚

文献中记载中山王"尚"为中山灭国之君，如《墨子·所染篇》：

> 中山尚染于魏义、偃长……所染不当，故国家残亡。

清孙诒让曾认为《世本》"桓公徙灵寿，为赵武灵王所灭"，指中山桓公为赵所灭，推测中山王尚为中山桓公②，孙氏的说法不确，苏时学《墨子刊误》认为"尚"应当为中山最后之国君③，杨宽指出《世本》此处的记载，应当理解为中山桓公复国之后为赵所灭，而不是桓公被赵所灭④。《中山王壶》铭文记载中山国世系为文、武、桓、成、䣃、姧蚉，文献中又记载中山灭国之君为"胜"，如《战国策·赵策四》"必起中山与胜焉"，"胜"上古音为书纽蒸部，"尚"上古音为禅纽阳部，两者声纽同为舌音而旁纽，韵部蒸、阳旁转，故"胜""尚"在上古音中读音相近，因此学者一般认为上述文献中的尚、胜为同一人，即中山国的末代国君。⑤

中山王尚（胜）时期的年代问题，主要包含楚伐中山与中山国的灭亡时间，现分述如下。

关于楚伐中山问题。文献中关于"楚伐中山"的记载，如《战国策·赵策》：

> 昔者，楚人久伐而中山亡。⑥

---

① （清）王先谦撰，吕苏生补释：《鲜虞中山国事表疆域图说补释》，上海古籍出版社1993年版，第61、66页。
② （清）孙诒让撰，孙启治点校：《墨子闲诂》，中华书局2001年版，第17页。
③ 转引自（清）孙诒让撰，孙启治点校：《墨子闲诂》，中华书局2001年版，第17页。
④ 杨宽：《战国史料编年辑证》，上海人民出版社2001年版，第688页。
⑤ （清）王先谦撰，吕苏生补释：《鲜虞中山国事表疆域图说补释》，上海古籍出版社1993年版，第68页。
⑥ 诸祖耿：《战国策集注汇考》（增补本），凤凰出版社2008年版，第901页。

而更为详细的则是楚司马子期劝说楚王伐中山，见于《战国策·中山策》：

> 中山君飨都士，大夫司马子期在焉。羊羹不遍，司马子期怒而走于楚，说楚王伐中山，中山君亡①。

对于上述所记载的楚伐中山之事，学界的主要看法，如：①天平、程如峰赞同之。②何浩认为是赵伐中山的讹写，何艳杰等赞同此说。③段连勤认为是"司马子期说楚王使晋伐中山"的省写。②④徐海斌认为《战国策·中山策》所记载的"楚亡中山"与《史记·赵世家》所记载的"（赵敬侯）六年，借兵于楚伐魏，取棘蒲"有关，楚所亡之中山为魏属中山，而白狄中山国趁此机会复国，年代在赵敬侯六年（公元前381年）至十年（前377年）间。③⑤而缪文远则认为本事为拟托④，《左传》宣公二年记载：

> 将战，华元杀羊食士，其御羊斟不与。及战，曰："畴昔之羊，子为政，今日之事，我为政。"与入郑师，故败。⑤

缪文远指出《战国策·中山策》即依此故事拟托而来。笔者从此说，故《战国策·中山策》所记载的"楚伐中山"可能并非史实。

此外，关于上述记载中的"楚久伐"，有学者认为"伐"可能应理解为"被攻伐"，而不是"攻伐"，"楚久伐，中山亡"指的是诸国多次伐楚，中山失助而亡，并非指楚国多次攻打中山，中山因此灭亡。吕苏生即指出上述

---

① 诸祖耿：《战国策集注汇考》（增补本），凤凰出版社2008年版，第1731页。
② 程如峰：《从山字镜谈楚伐中山》，《江淮论坛》1981年第6期；天平等：《试论楚伐中山与司马子期》，《河北学刊》1988年第1期；何浩：《司马子期的国别与"楚伐中山"的真伪——兼与天平、王晋同志商榷》，《河北学刊》1990年第6期；段连勤：《北狄族与中山国》，广西师范大学出版社2007年版，第140页。
③ 徐海斌：《先秦中山国史研究》，安徽大学博士学位论文，2008年，第38—50页。
④ 缪文远：《战国策考辨》，中华书局1984年版，第327页。
⑤ （清）阮元校刻：《十三经注疏》，中华书局1980年版，第1866页。

第四章 周、齐、韩、中山、燕诸国王年问题

"楚久伐"指的是列国久伐楚国，赵国遂趁机灭亡中山。① 总之，目前所见文献中关于"楚伐中山"的记载，尚不能认为即反映存在楚灭中山之事。

关于中山国的灭亡年代问题。文献中记载赵武灵王时期多次有攻打中山之意向，《史记·赵世家》：

> （赵武灵王十七年，公元前309年）出九门，为野台，以望齐、中山之境。

《韩非子·外储说左上》：

> 赵主父使李疵视中山可攻不也……举兵而伐中山，遂灭也。②

此后从赵武灵王十九年（公元前307年）至二十六年（公元前300年），赵国多次进攻中山国。文献中明确记载中山国为赵国所灭。
《战国策·魏策四》：

> 中山恃齐、魏以轻赵，齐、魏伐楚而赵亡中山。

此外，从文献的记载来看，赵国灭中山之战役历经五年。
《战国策·赵策四》：

> 三国攻秦，赵攻中山，取扶柳，五年以擅呼沱。

《战国策·赵策三》

> 赵以二十万之众攻中山，五年乃归。

关于《史记》所记载的赵惠文王迁中山王于肤施之所在，一般认为在陕

---

① （清）王先谦撰，吕苏生补释：《鲜虞中山国事表疆域图说补释》，上海古籍出版社1993年版，第62页。
② （清）王先谦：《韩非子集解》，中华书局1998年版，第281—282页。

西榆林，近来李零认为应当在汉代的虑虒、即今山西五台县。①

关于赵灭中山国的时间，文献中有几种记载：其一是公元前301年赵灭中山，《史记·六国年表》记载赵武灵王二十五年（公元前301年）攻打中山，《资治通鉴》记载周赧王十四年（赵武灵王二十五年，公元前301年）"赵王伐中山，中山君奔齐"，《史记·乐毅列传》"至赵武灵王时复灭中山"，《战国策·齐策五》记载中山君臣于齐。

其二，《史记·秦本纪》记载秦昭王八年（赵武灵王二十七年，公元前299年）"赵破中山，其君亡，竟死齐"。

其三，是公元前296年赵灭中山。《史记·赵世家》记载：

> （赵惠文王）三年（公元前296年）灭中山，迁其王于肤施。

《太平寰宇记》卷六十一引《史记》：

> 赵武灵王以惠文王三年灭中山，迁其君尚于肤施。②

此处也记载赵惠文王三年（公元前296年）中山国灭亡。

其四，《史记·六国年表》记载赵惠文王四年（公元前295年）赵与齐、燕灭中山，《史记·田敬仲完世家》等也记载在齐愍（闵）王二十九年、赵惠文四年（公元前295年），上述记载与《史记·赵世家》中的记载相差1年，《史记·六国年表》赵国部分记载赵惠文王四年（公元前295年）"围杀主父，与齐、燕共灭中山"，齐国部分记载齐愍（闵）王二十九年"佐赵灭中山"，《史记·田敬仲完世家》记载齐闵王二十九年"赵杀其主父，齐佐赵灭中山"，《史记·乐毅列传》记载"齐闵王强，南败楚相唐昧于重丘……遂与三晋击秦，助赵灭中山"，《吕氏春秋·饰邪篇》："当燕之方明《奉法》，审官断之时，东县齐国，南尽中山之地"，《史记·田敬仲完世家》记载齐闵王在位40年，但由前文的讨论可见，《史记》中的齐闵王二十四年至四十年，才是实际上齐闵王在位17年的年代，故本事应该发生在齐闵王

---

① 李零：《再说滹沱——赵惠文王迁中山王于肤施考》，《中华文史论丛》2008年第4期。
② （宋）乐史：《太平寰宇记》，中华书局2007年版，第1254页。

在位的 17 年内。因此，此处的齐闵王在位 29 年、齐灭中山的年代应该为齐闵王六年（公元前 295 年）。

《战国策·齐策五》"齐、燕战而赵氏兼中山"，徐中舒指出齐、燕两国间的战争，发生于赵灭中山之时，正当公元前 295 年。①

关于中山国的灭亡，可能存在有两种国亡标准。

一种是认为军事战争失败、国家陷落即为国亡。如《战国策·齐策》：

> 中山国亡，君臣于齐者。

《史记·秦本纪》：

> 赵破中山，其君亡，竟死齐。

另外一种观点则是认为国君被俘或者死亡为国亡。上述文献中不同的记载实际上即已经包含了这两种不同的评判标准。前辈学者早已注意到上述几种记载之间的差异，如梁玉绳认为赵灭中山国在赵武灵王二十五年（公元前 301 年），赵惠文王三年（公元前 296 年）只是迁徙其王：

> 以惠文三年（公元前 296 年）灭者，以得其君为灭，重在君也。至若武灵二十六年（公元前 300 年）之攻攘，不过拓并余地，申尽其疆界耳。②

杨宽似乎认为应当以国君被俘，而非国家陷落为标准，他认为赵武灵王二十五年（公元前 301 年）灭中山的看法不可信，他的主要依据是：

第一，据《战国策·赵策三》所记载赵惠文王元年（公元前 298 年）司马浅建议赵主父攻打中山，"我分兵而孤中山，中山必亡……是我一举而两取地于秦、中山也"，表明此时中山尚存。

---

① 徐中舒：《论〈战国策〉的编写及有关苏秦诸问题》，《历史研究》1964 年第 1 期，载《徐中舒历史论文选辑》，中华书局 1998 年版，第 1179—1208 页。
② （清）梁玉绳：《史记志疑》，中华书局 1984 年 4 月第 1 版，2013 年 11 月北京第 3 次印刷，第 437 页。

第二,《战国策·赵策四》记载"三国攻秦,赵攻中山,取扶柳,五年以擅呼沲",此处的"五年"应该是"三年"之误,即赵惠文王三年(公元前296年)灭之。①

吕苏生认为公元前296年为赵迁中山王于肤施之年,而公元前295年为赵最后灭中山王及中山残余势力之年。② 而由《战国策·赵策四》等记载的"五年以擅呼沲"来看,可以推定中山王尚的年代为公元前300年至前295年。总之,从目前的文献记载来看,以公元前295年为中山国灭亡的标准,可能较为合理。

综上所述,由于目前关于战国时期中山国王年的资料还较少,要确立较为精确的中山国王年序列还难以实现,笔者不试图另立新说,只是在学界已有的基础上,进行一些归纳,试图总结出在目前条件下较为合理的年代认识。本书拟定年代如表4—7所示:

表4—7　　　　战国中山国王年拟定表（年代均为公元前）　　　（单位：年）

世系	本书
文公	？—414
武公	413—406
桓公	380—？
成公	？—328
王䁝	327—312年明确为其在位年代,在位最少14年,在位末年不详
王𧏿盗	？—301
王尚	300—295

---

① 杨宽:《战国史料编年辑证》,上海人民出版社2001年版,第691—692页。
② （清）王先谦撰,吕苏生补释:《鲜虞中山国事表疆域图说补释》,上海古籍出版社1993年版,第66页。

第四章 周、齐、韩、中山、燕诸国王年问题

五 燕国王年问题

目前关于燕国王年的研究，已经有较多成果，代表性的意见如表4—8所示：

表4—8　　　战国燕诸王年比较表（年代均为公元前）　　　（单位：年）

世系	《史记》、陈平、彭华①	钱穆②	陈梦家③	范祥雍④	杨宽、方诗铭⑤	平势隆郎⑥	吉本道雅⑦	缪文远⑧	白光琦⑨	晁福林⑩
前简公	504—493			?—493		494—467	482—471			504—498
献公	492—465								498—471	
孝公	464—450		497—455	497—455	492—455	467—453	470—455		470—456	497—455
成公	449—434	454—439	454—439	454—440	454—439	453—436	454—440		455—440	454—439
愍公	433—403	438—415	438—415		438—415	436—416	439—416			438—415
文公				439—416					439—416	
釐公	402—373									
后简公		414—370	414—370	415—371	414—373	416—372	415—371	415—370	415—371	414—370
桓公	372—362	369—362	369—359	370—360	372—362	372—360	370—360	369—359	370—360	369—362
成侯				359—333						
文公	361—333	361—333	358—330		361—333	360—332	359—333	358—333	359—331	361—333

---

① 陈平：《燕史纪事编年会按》（上册），北京大学出版社1995年版，第269—369页；《燕史纪事编年会按》（下册），北京大学出版社1995年版，第1—330页；彭华：《燕国史稿》（修订本），（台北）花木兰出版社2013年版，第285—287页。
② 钱穆：《先秦诸子系年（外一种）》，河北教育出版社2002年版，第558—594页。
③ 陈梦家：《西周年代考·六国纪年》，中华书局2005年版，第83—91页。
④ 范祥雍：《古本竹书纪年辑校订补》，上海古籍出版社2011年版，第51、106—129页。
⑤ 杨宽：《战国史》（增订本），上海人民出版社2003年版，第698—699页；方诗铭：《中国历史纪年表》，《方诗铭文集》（第三卷），上海社会科学院出版社2010年版，第527—542页。
⑥ ［日］平势隆郎：《新编史记东周年表》，东京大学东洋文化研究所1995年版，第266—270页。
⑦ ［日］吉本道雅：《〈史记〉战国纪年考》，《立命馆文学》1998年第7期。
⑧ 缪文远：《战国史系年辑证》，巴蜀书社1997年版，第4—247页。
⑨ 白光琦：《先秦年代探略》，中国社会科学出版社2008年版，第119—124页。
⑩ 晁福林：《春秋战国的社会变迁》，商务印书馆2011年版，第984—986、998—1006页。

· 193 ·

续表

世系	《史记》、陈平、彭华	钱穆	陈梦家	范祥雍	杨宽、方诗铭	平势隆郎	吉本道雅	缪文远	白光琦	晁福林
易王	332—321	332—321	329—321	332—321	332—321	332—320	332—321	332—321	330—318	332—321
子之									317—314	
燕王哙	320—312	320—?	320—314	320—314	320—312	319—314	320—314	320—314		320—312
昭王	311—279	311—279	311—?	311—?	311—279	313—280	313—279	313—279	313—281	311—279
惠王	278—272	278—272			278—272	279—271	278—272	278—272	280—270	278—272
武成王	271—258	271—258			271—258	270—257	271—258	271—258	269—258	271—258
孝王	257—255	257—255			257—255	257—256	257—255	257—255	257—255	257—255
燕王喜	254—222	254—222			254—222	256—222	254—222	254—222	254—222	254—222

说明：（1）方诗铭所拟定的春秋与战国时期燕国诸王年表，两者不能很好地衔接，在燕前简公的年代问题上，他赞同陈平、彭华的公元前504年至公元前493年之说，也赞同燕献公元年为公元前492年；（2）方诗铭认为燕孝公年代为公元前497年至公元前455年，除此之外，所定燕国诸王年代均与杨宽意见相同。

从表4—8来看，关于燕国王年的问题主要集中在燕桓公以前，及子之是否为燕国诸王中的一世。本书就其中可以讨论的地方稍加补论。

1. 燕成公年代问题

由表4—8可见，燕成公及其之前的燕献公、燕孝公、燕简公诸王的年代上均还存在一定问题，其中燕成公的年代问题是上述诸王年代的关键，本文先从燕成公的年代进行讨论。

燕成公年代。《史记·六国年表》记载"（燕）成公载"元年为周定王二十年（公元前449年），在位16年后卒（公元前434年）；《史记·燕召公世家》记载"成公十六年卒，湣公立"，其年为周考王七年（公元前434年），索隐引《竹书纪年》："成公名载"，即"燕成公"的年代，依照《史记》为公元前449年至前434年，前引陈平、彭华的论著赞同此种看法。

《史记·燕召公世家》："孝公十二年，韩、赵、魏灭知伯……十五年，孝公卒"，索隐："《纪年》：'智伯灭在成公二年也'"，范祥雍列燕孝公卒、燕成侯载立的年代为晋出公二十年，不赞同王国维依据智伯灭在燕成

第四章　周、齐、韩、中山、燕诸国王年问题

公三年推算而来的燕孝公在晋出公十九年卒、燕成公改元在晋出公二十年的看法①；又认为燕成侯在位15年，而非16年②。

但是从《竹书纪年》的资料来看，燕成公元年为公元前454年。《史记·周本纪》等记载公元前453年三家分晋，又依照《史记·燕召公世家》索隐引《竹书纪年》：

> 简公后次孝公，无献公……智伯灭在（燕）成公二年也。

由此可以确定燕成公元年为公元前454年。将《史记》所记载的燕成公元年（公元前449年），与《竹书纪年》所记载的燕成公元年（公元前454年）相比较，可以发现《史记》所记载的年代晚了5年。现在学界一般依据《竹书纪年》所记载的燕成公元年为公元前454年，笔者也赞同此说。《史记·燕召公世家》："（燕）成公十六年卒，湣公立"，由此可以确定燕成公的年代为公元前454年至前439年，目前学界一般也赞同此说。③由《竹书纪年》可见，燕成公的元年应当在晋出公二十一年（公元前454年）。《史记·晋世家》索隐引《竹书纪年》记载其年代为晋出公二十二年，因此燕成公元年应该为晋出公二十一年，又依据逾年改元，则燕孝公卒、燕成公之立，在晋出公二十年。

值得注意的是，文献中关于赵成侯时期与燕国相盟会之事，有不同的记载，《竹书纪年》记载为赵成侯与燕成侯于公元前356年相盟会。

《史记·六国年表》：

> （魏惠王十五年，公元前355年）鲁、卫、宋、郑侯来，集解引徐广曰："《纪年》一曰：'鲁共侯来朝。邯郸成侯会燕成侯平（当为'于'）安邑。'"

《史记·赵世家》：

---

① 范祥雍：《古本竹书纪年辑校订补》，上海古籍出版社2011年版，第54—55页。
② 同上书，第56页。
③ 冯胜君：《战国燕王戈研究》，载饶宗颐主编《华学》（第3辑），紫禁城出版社1998年版，第239—246页。

（赵成侯）十九年（公元前356年），与齐、宋会平陆，与燕会阿。

但是依据《史记·六国年表》的记载，公元前356年为燕文公的在位时期，因此关于公元前356年与赵成侯盟会的燕君，有燕成侯（《竹书纪年》）与燕文公（《六国年表》）两种不同的记载，对此，陈梦家、范祥雍认为《史记》的"燕文公"，与《竹书纪年》的"燕成侯"为同一人[1]，董珊认为"成""文"可能为双字谥，因而也赞同陈梦家等的意见[2]。而方诗铭、王修龄等则认为《竹书纪年》此处的"燕成侯"可能因前文的"邯郸成侯"而误，实际应该为"燕文侯"。[3]《竹书纪年》明确记载了燕成公（侯）元年为公元前454年，而这与公元前356年相隔较远，故《史记》中与赵成侯于公元前356年相会的"燕文侯"，不应当是《竹书纪年》中的赵成侯。目前看来，关于这一问题的解释，方诗铭、王修龄等的意见较有说服力，本书暂从之。但这一问题究竟该如何理解，还需要日后更多的思考。

附带提及的是，目前发现有一些"燕侯䇳"器，主要如下。

①《郾侯䇳矛》，铭文为：

《集成》11185：

郾侯䇳乍（作）□鍨鈹。六。

《集成》11186：

郾侯䇳乍（作）萃锯。

《集成》11218：

---

[1] 陈梦家：《西周年代考·六国纪年》，中华书局2005年版，第146—148页；范祥雍：《古本竹书纪年辑校订补》，上海古籍出版社2011年版，第131页。
[2] 董珊：《战国题铭与工官制度》，北京大学博士学位论文，2002年，第91页。
[3] 方诗铭、王修龄：《古本竹书纪年辑证》，《方诗铭文集》（第一卷），上海社会科学院出版社2010年版，第386页。

第四章 周、齐、韩、中山、燕诸国王年问题

郾侯庫乍（作）左宫锯。

《集成》11219：

郾侯庫乍（作）师萃鉘。

《集成》11220：

郾侯庫乍（作）右军鉘，□。

《集成》11513：

郾侯庫乍（作）左军。

《集成》11383：

䲨生不（丕）乍（作）戎帀（戒—械），郾侯庫自洹徕，大庀钦祗，乃甿。

《二编》1158：

郾侯庫止萃锯。

② 《郾侯庫簋》（《集成》10583）。

目前主要是对《郾侯庫戈》（《集成》11383）的国别存在争议，沈融认为是燕戈[1]，黄盛璋、何琳仪认为是非燕国戈[2]。关于上述铭文中的

---

[1] 沈融：《燕兵器铭文格式、内容及相关问题》，《考古与文物》1994年第3期。
[2] 黄盛璋：《燕、齐兵器研究》，中国古文字研究会等编《古文字研究》（第19辑），中华书局1992年版，第1—65页；何琳仪：《战国兵器铭文选释》，《考古与文物》1999年第5期。

"燕侯庳",一般认为即燕成公载[1],也有学者认为是燕文公[2],应当以认为是燕成公为宜。

燕孝公年代。《汉书·古今人表》记载有"燕考公桓",疑"考"为"孝"之误。《史记·燕召公世家》记载:

> 二十八年,献公卒,孝公立。

《史记·六国年表》记载燕孝公元年正当周定王五年(公元前464年),又记载其在位15年而卒(公元前450年),《史记·燕召公世家》:"十五年,孝公卒,成公立",故《史记》所见燕孝公的年代为公元前464年至前450年。但是如前所述,由《竹书纪年》所定的燕成公元年为公元前454年,《史记·燕召公世家》记载"孝公卒,成公立",由此可以逆推燕孝公卒年为公元前455年。

要确定燕孝公的年代,一个重要问题是确定燕前简公与燕孝公之间是否存在在位28年的燕献公一世。由前文资料可见,学者们关于燕孝公的在位年限,提出了在位15年、16年、38年、43年等几种看法。其中燕孝公在位15年与在位43年这两种看法的差异,是基于前者认为燕国世系中存在在位28年的燕献公这一世而产生。

《史记·燕召公世家》记载燕简公之后为燕献公:

> 燕简公十二年卒,献公立。

依照《史记·十二诸侯年表》,燕献公元年当周敬王28年(公元前492年);《史记·六国年表》记载燕献公在位28年卒,当周定王四年(公元前465年);《史记·燕召公世家》也记载:"二十八年,献公卒,孝公立"。上述资料记载了燕简公之后,由燕献公继位(公元前493年),其在位28年后卒(公元前465年),由燕孝公即位。

但《竹书纪年》中没有《史记》记载的"燕简公"与"燕孝公"之

---

[1] 郭沫若:《释庳》,《郭沫若全集·考古编》(第5卷·金文丛考),科学出版社2002年版,第211—212页;石永士:《郾王铜兵器研究》,中国考古学会编《中国考古学会第四次年会论文集》,文物出版社1985年版,第98—107页。
[2] 董珊:《战国题铭与工官制度》,北京大学博士学位论文,2002年,第108页。

间的"燕献公",其所记载的世系是"燕简公"之后为"燕孝公",索隐引《竹书纪年》:

> 王劭按:"《纪年》简公后次孝公,无献公"。

由此,对燕简公与燕孝公之间,是否存在在位28年的燕献公一世,文献中有抵牾;而这也影响到了学者们关于燕孝公年代的拟定。

如前所述,燕简公与燕孝公之间,《史记》中记载有在位28年的"燕献公"一世,而《竹书纪年》则记载"燕简公"之后即为"燕孝公",本书同大多数学者的观点一样,赞同《史记》中所记载的在位28年的"燕献公"一世可能并不存在,其年代应当并入"燕孝公"在位年代,"燕孝公"的实际在位年代应该是43年。由公元前455年逆推43年,则燕孝公的年代可以定为公元前497年至前455年。

燕简公年代。基于前文的讨论,燕简公的年代问题也可以进行探讨。《史记》记载燕平公之后是燕简公,《史记·燕召公世家》:

> (平公)十九年卒,简公立。

《资治通鉴外纪》则记载:

> (周敬王十五年,公元前505年)是岁燕平公薨,简公立,或云惠公。①

陈平指出《资治通鉴外纪》燕平公之后为燕惠公的记载不可信,应当从《史记·燕召公世家》的记载,即燕平公之后,是燕简公即位。② 不过由《史记·十二诸侯年表》及《资治通鉴外纪》此处记载来看,可以确定燕前简公元年相当于周敬王十六年(公元前504年)。而由前文讨论可见,燕孝公元年为公元前497年,则可以逆推燕简公末年为公元前498年;如此则燕前简公年代为公元前504年至前498年。

---

① (宋)刘恕:《资治通鉴外纪》,上海古籍出版社1987年版,第86页。
② 陈平:《燕史纪事编年会按》,北京大学出版社1995年版,第264页。

而上述结论与《史记》中的记载有些不同。《史记·十二诸侯年表》记载燕前简公在位12年，卒于周敬王二十七年（公元前493年），《史记·燕召公世家》也记载其在位12年：

  燕简公十二年卒，献公立。

故由《史记》的记载来看，燕前简公的年代为公元前504年至前493年。

将《史记》中所列燕前简公至燕成公的年代来看（年代均为公元前）：

  燕前简公（504—493）→燕献公（492—465）→燕孝公（464—450）→燕成公（449—434）

依据《竹书纪年》所拟定的相关诸王世系如下（年代均为公元前）：

  燕前简公（504—498）→燕孝公（497—455）→燕成公（454—439）

可以发现如下几个问题：①《史记》误将燕前简公的年代后移5年，从而导致其后诸王的年代整体后移5年，其记载的燕前简公七年至十二年，实际上应当为燕孝公元年至五年；②《史记》中所记载的燕献公年代相当于燕孝公六年至三十三年；③《史记》中的燕孝公元年至十年，相当于实际上燕孝公年代的三十四年至末年（即四十三年）；④《史记》中的燕孝公十一年至十五年，实际上应该为燕成公元年至五年。

不过需要注意的是，关于燕前简公的年代问题，可能还需要深入地讨论。

首先，在其在位年限问题上，一些学者遵从《史记》的记载，认为其可能在位12年；本书认为依据《竹书纪年》来看，《史记》中的记载可能误将其末年后移了5年，故应该在位7年；此外还有学者提出了燕前简公在位27年的意见。

其次，一些学者还认为燕孝公之前的世系可能不应该是燕简公，应是燕惠公。如清代学者梁玉绳认为：

第四章 周、齐、韩、中山、燕诸国王年问题

简公，当作惠公；十二年，当作十五年。①

常征也有相近意见，他认为齐景公四年（公元前544年）即位的燕侯懿公之子应该是燕简公，而非燕惠公，齐景公四十四年（公元前504年）即位的燕侯应该是燕惠公，而非燕简公，《史记》将二者的位置颠倒，《史记》此处所记载的"燕简公"应该为"燕惠公"。② 陈平讨论了上述几位学人的意见，认为仍应当是如《史记》所记载。③ 本问题较为复杂，但与本书关系不大，暂时不加讨论。

《史记·十二诸侯年表》记载燕简公卒于在位的第十二年（晋定公十九年，公元前493年），《史记·燕召公世家》索隐："王劭按《纪年》简公卒，次孝公立，无献公"，范祥雍认为晋定公在位35年（公元前509年至前475年），而非在位37年（公元前511年至前475年），依此认为燕前简公卒、燕孝公立的年代为晋定公十九年（公元前491年）；并认为"燕釐公"，在《竹书纪年》中作"简公"，与此处的简公同谥，认为此处的简公可能在《竹书纪年》中本为其他谥号，王劭因《史记》仅记载其世系之不同，而可能没有注意到谥号的差异。④ 不过，由于范先生在晋定公年代问题上的改订没有充分的依据，从而影响了其关于燕简公年代改订的可靠性。

2. 燕愍（闵、文）公年代问题

《世本》记载：

成公卒，愍公立。愍公卒，釐公立。釐公卒，桓公立。⑤

---

① （清）梁玉绳：《史记志疑》，中华书局1984年4月第1版，2013年11月北京第3次印刷，第896页。
② 常征：《古燕国史探微》，聊城地区新闻出版局1992年版，第279、423页。
③ 陈平：《燕史纪事编年会按》，北京大学出版社1995年版，第265页。
④ 范祥雍：《古本竹书纪年辑校订补》，上海古籍出版社2011年版，第51页。
⑤ 秦嘉谟辑补本：《世本》，《世本八种》，中华书局2008年10月第1版，2010年6月第2次印刷，第39页。

> 文公生懿公。《史记·燕召公世家》:"桓公十一年卒,文公立。"索隐曰:"系本以上文公为闵公,则闵与懿同。而上懿公之父又谥文公。"①

雷学淇所列燕国世系与之相同,只是认为是燕文公生燕易王,而非燕闵公。②

目前在燕愍公(《世本》作"燕闵公")年代问题上也还存在一些争议,《史记·周本纪》等记载三晋列为诸侯是在公元前 403 年,据《史记·燕召公世家》:

> (燕)成公十六年卒,湣公立。湣公三十一年卒,釐公立。是岁,三晋列为诸侯。

由此可见,《史记·燕召公世家》所记载的燕愍公年代为公元前 433 年至前 403 年;此外,《史记·六国年表》所记载的燕愍公年代也是如此。

但是,如上文所讨论,依据《竹书纪年》,燕成公的年代为公元前 454 年至前 439 年;《竹书纪年》又记载燕成公之后为燕文公,那么燕文公元年应该为公元前 438 年;《史记》所记载燕愍公的元年,相较于依据《竹书纪年》所推定的燕文公元年,晚了 5 年。这与上文所讨论的《史记》误将燕前简公的年代后移 5 年,从而导致其后诸王的年代整体后移 5 年的现象,表现出一定的相关性。

因此,要确定燕闵公的年代,需要讨论的一个问题即是:文献中所见一部分"燕文公"与"燕闵(愍)公"的关系。《史记·燕召公世家》:

> (燕)成公十六年卒,湣公立。湣公三十一年卒,釐公立。是岁,三晋列为诸侯。釐公三十年,伐败齐于林营。釐公卒,桓公立。

此外,《史记·六国年表》记载的燕愍公年代为公元前 433 年至前 403

---

① 陈其荣增订本:《世本》,《世本八种》,中华书局 2008 年 10 月第 1 版,2010 年 6 月第 2 次印刷,第 37 页。
② 雷学淇校辑本:《世本》,《世本八种》,中华书局 2008 年 10 月第 1 版,2010 年 6 月第 2 次印刷,第 16 页。

年，燕釐公年代为公元前402年至前373年。

从上述几条资料来看，《史记》所记载的世系为（年代均为公元前）：

燕愍公（433—403）—燕釐公（402—373）

王国维《古本竹书纪年辑校》在晋敬公12年下列有"燕成公十六年卒，燕文公立"，范祥雍指出本条可能是依据雷学淇《考订竹书纪年》卷五"（晋敬公）十二年，燕成侯载卒，次文公立"而来①，但范祥雍、方诗铭与王修龄均指出上述二书所引《竹书纪年》材料在今本中无明文，应当存疑②。不过，由《竹书纪年》的相关记载，我们仍然可以确定《竹书纪年》所记载的燕成公之后的世系为燕文公。上引《史记·燕召公世家》索隐指出：

> 按《纪年》作"文公二十四年卒，简公立，十三年而三晋命邑为诸侯"，与此不同。

范祥雍由此认为燕文公二十四年卒、燕简公立的年代为晋幽公十八年。③

《竹书纪年》此处所记载的世系为（年代均为公元前）：

燕文公（439—416）—燕简公（415—371）

但是，由前文的讨论可见，燕愍公元年应该为公元前438年，那么此处《史记·燕召公世家》所引《竹书纪年》中"简公立，十三年而三晋命邑为诸侯"应该是"十二年"之误，如此则相关世系可以拟定为（年代均为公元前）：

燕文公（438—415）—燕简公（414—370）

---

① 范祥雍：《古本竹书纪年辑校订补》，上海古籍出版社2011年版，第56页。
② 方诗铭、王修龄：《古本竹书纪年辑证》，《方诗铭文集》（第一卷），上海社会科学院出版社2010年版，第429页。
③ 范祥雍：《古本竹书纪年辑校订补》，上海古籍出版社2011年版，第58页。

在《史记》"燕愍公"与《竹书纪年》"燕文公"两者的关系上，学界有两种意见，梁玉绳则认为《史记》索隐依《竹书纪年》，认为燕愍公为燕文公，这一看法有误，因为这么一来则前后共有两代文公了，因此他认为《竹书纪年》中的"燕文公"世系有误。① 而杨宽则认为"闵""文"形似而误，《竹书纪年》中的"燕文公"即《史记》中的"燕愍公"、《世本》中的"燕闵公"②。笔者赞同这一看法，上述这一现象可能与古音有关，"愍"上古音为明纽真部字、"闵"为明纽文部字、"文"为明纽文部字，"文""闵"古音相同，韵部真、文旁转，故"愍""闵""文"在上古音中是相近的，又如鲁文公贾，在《世本》中又作"愍公"③，因此《竹书纪年》中的"燕文公"、中的《史记》"燕愍公"、中的《世本》"燕闵公"很有可能为同一人。因此，可以依据《竹书纪年》，确定燕愍（闵、文）公年代为公元前438年至前415年。

再来看看《史记》"燕釐公"与《竹书纪年》中的"燕简公"之间的关系问题。《史记》记载燕釐公在位30年，《燕召公世家》等记载燕釐公三十年伐齐并卒，《六国年表》列燕桓公元年于周烈王四年（公元前372年），故《史记》所记载的燕桓公年代为公元前402至前373年。

《史记·燕召公世家》索隐：

《纪年》作（燕）简公四十五年卒。

一般依据《燕召公世家》所引《竹书纪年》，认为晋简公立于公元前415年。④ 如前所述，此处的"简公立十三年，而三晋命邑为诸侯"可能应该为"十二年"之误，燕简公元年应该为公元前414年。由公元前414年顺推45年，则依据《竹书纪年》，燕简公的年代可以定为公元前414年至前370年。如此则《史记》中的"燕釐公"与《竹书纪年》中的"燕

---

① （清）梁玉绳：《史记志疑》，中华书局1984年4月第1版，2013年11月北京第3次印刷，第396页。
② 杨宽：《战国史料编年辑证》，上海人民出版社2001年版，第130、149页。
③ 王谟辑本：《世本》，《世本八种》，中华书局2008年10月第1版，2010年6月第2次印刷，第10页。
④ 杨宽：《战国史料编年辑证》，上海人民出版社2001年版，第149页。

简公"之间在世系上、年代上也有一定的关联性，因此杨宽即认为两者是同一人①，笔者也赞同这一看法。

因此，《史记》中所记载的燕愍公元年至十九年，相当于实际中燕愍（闵、文）公的六年至末年；所记载的燕愍公二十年至末年（三十一年），相当于实际中燕简公元年至十二年；《史记》中所记载的燕釐公元年至其末年（三十年），相当于实际汉中燕简公十三年至四十二年。

3. 燕易王年代问题

燕桓公、燕文王、燕易王这三位燕王的年代问题，主要是在于《史记》以为"燕釐公"末年为公元前373年，《竹书纪年》记载"燕简公"末年为公元前370年，表明《史记》记载的年代提前了三年，从而使得"燕釐（简）公"之后的燕桓公、燕文王、燕易王三位之中，必有一位燕王在位年限多算了3年，从而要在保持上述三位燕王总体在位王年不变的情况下，对其中一位燕王的在位年限进行改订。学者们有不同的意见，如《史记》记载燕桓公在位11年，钱穆、晁福林将其改为在位8年；《史记》记载燕文公在位29年，缪文远改为在位26年；《史记》记载燕易王在位12年，陈梦家将其改为9年。哪一种观点较为合理，需要结合材料进行分析。

从目前的材料来看，燕易王年代有较为明确的记载。《史记·燕召公世家》记载：

（燕易王）十年燕君为王……（燕）易王立十二年卒，子燕哙立。

学界一般认为燕易王在位12年，而陈梦家认为在位9年。关于燕易王的年代问题，可以从其"号为君"这一事件来加以推定。

《史记·燕召公世家》：

（燕易王）十年燕君为王。

《史记·楚世家》：

---

① 杨宽：《战国史料编年辑证》，上海人民出版社2001年版，第149页。

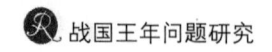

（楚怀王六年，公元前323年）燕、韩君初称王。

如此则燕易王元年的年代可定为公元前332年。由其在位12年，可以推定其在位年代为公元前332年至前321年。如前所述，陈梦家赞同燕易王的卒年为公元前321年，而同时认为燕易王在位9年，定其年代为公元前329年至前321年，这一观点目前说服力还不是很强。因此，《史记》燕易王在位12年的年代还不好改订为9年。

文献中关于燕文公年代的相关记载也较多，如：

《史记·赵世家》：

（赵）成侯十九年，与齐、宋会平陆，与燕会阿。

《史记·六国年表》于公元前356年（赵成侯十九年、魏惠王十四年、燕文公六年）赵国部分记载"与燕会阿，与齐、宋会平陆"，《史记·六国年表》魏表《集解》引《竹书纪年》：

（梁惠成王十五年，公元前355年）邯郸成侯会燕成侯于安邑。

关于《竹书纪年》中的"燕成侯"，范祥雍认为燕简公（《史记》作"釐公"）以下，《史记·六国年表》记载燕桓公在位11年，燕文公在位29年，结合《竹书纪年》魏惠王十五年（公元前355年）赵成侯与燕成侯相会的记载，距离燕简公卒年已经有14年，由此可以确定《竹书纪年》中的燕成侯应当是《史记》中的燕文公，不过其在位年代推算为27年，与《史记》的29年相差两年。① 由前文所述可见，《史记》中关于魏惠王的年代误提前了一年，从而导致将魏惠王与燕文公相见的年代相应提前了一年，实际上应该为公元前355年（魏惠王十五年、燕文公七年）时，两者相会，由此可以确定燕文公元年为公元前361年。

又《水经·鲍丘水注》引《竹书纪年》：

---

① 范祥雍：《古本竹书纪年辑校订补》，上海古籍出版社2011年版，第131页。

第四章　周、齐、韩、中山、燕诸国王年问题

梁惠成王十六年（公元前354年），齐师及燕师战于泃水，齐师遁。①

依照《史记·六国年表》，魏惠王十六年当燕文公七年，而如上所述，《史记》中关于魏惠王的年代误提前了1年，从而导致相关的事件的年代提前了一年，因此结合《竹书纪年》，可以确定梁惠成王十六年（公元前354年）、即燕文公八年两者相会，因此也可以确定燕文公元年为公元前361年。

由燕易王年代为公元前332年至前321年，可以推定燕文公末年为公元前333年，《史记·燕召公世家》记载燕文公在位29年：

（燕文公）二十九年，文公卒，太子立，是为易王。

由此可以推断燕文公的年代为公元前361年至前333年，这也与上文依据《竹书纪年》所推断的燕文公年代是一致的。

如果推断是燕文公在位年限误增了3年，即应该是在位26年，那么其年代如缪文远所推定为公元前358年至前333年，此外吉本道雅也可能是基于改订燕文公在位年限的认识，从而将其年代改订为公元前359年至前333年。但是由于从上述资料的记载来看，目前关于燕文公年代记载的资料较多，因此对燕文公年代进行改订，可能还没有充分依据。

要改动的可能是燕桓公的在位年代。《史记·六国年表》记载燕桓公二年是周烈王五年（公元前371年），其元年为公元前372年，卒于前362年。《史记·燕召公世家》索隐引《竹书纪年》：

（燕）简公四十五年卒。

由前文讨论可见，燕后简公末年为公元前370年，如此则其后即位的燕桓公元年为公元前369年。将《竹书纪年》与《史记》中燕桓公的年代相比较，可以发现《史记》中的燕桓公元年提前了3年，从而导致了《史记》所记载的燕桓公年代多了3年，《史记·燕召公世家》记载：

---

① （北魏）郦道元著，陈桥驿校证：《水经注校证》，中华书局2013年版，第131页。

· 207 ·

> （燕）釐公卒，桓公立。（燕）桓公十一年卒，文公立。

如此，则燕桓公的实际在位年代应该为 8 年，其年代应当如钱穆、晁福林所拟定为公元前 369 年至前 362 年。

此外，徐中舒曾认为燕王哙、燕文公、燕易王为同一人在不同时期的称呼，"文公"为称王之前的生称，"易王"为称王之后的称呼，王哙为死后之称①，但是此说还有待更多证据来加以证明②。

4. 燕王哙年代问题

《世本》所记载的燕世系如下：

> 易王卒，燕哙立。燕哙卒，昭王平立。③

董珊在其博士论文中还提到一件"郾侯逌"戈，认为器主为燕王哙④；韩自强、刘海洋公布了一件"郾王逌器"，其铭文为：

> 郾侯逌作中萃锯。

铭文中的"郾侯逌"即燕王哙（公元前 320 年至前 312 年）。⑤ 文献相关记载如下。

《史记·燕召公世家》：

> 燕哙三年与楚、三晋攻秦，不胜而还。

---

① 徐中舒：《论战国策的编写及有关苏秦诸问题》，载《徐中舒历史论文选辑》，中华书局 1998 年版，第 1193—1197 页。
② 董珊：《战国题铭与工官制度》，北京大学博士学位论文，2002 年，第 92 页。
③ 秦嘉谟辑补本：《世本》，《世本八种》，中华书局 2008 年 10 月第 1 版，2010 年 6 月第 2 次印刷，第 39 页。
④ 董珊：《战国题铭与工官制度》，北京大学博士学位论文，2002 年，第 108 页。
⑤ 韩自强、刘海洋：《首见燕王哙铭文兵器》，载中国古文字研究会等编《古文字研究》（第 28 辑），中华书局 2010 年版，第 345—346 页。

第四章 周、齐、韩、中山、燕诸国王年问题

《史记·秦本纪》：

> （秦惠文王更元）七年（公元前318年）……韩、赵、魏、燕、齐帅匈奴共攻秦。

由上述资料可以确定燕王哙元年应该为公元前320年。

从上述资料来看，齐国伐燕发生在齐宣王时期。《史记》中关于齐国的世系有遗漏，从而使得齐伐燕之事系于齐闵王时期。齐伐燕的年代，在周赧王元年、燕王哙七年、齐宣王六年（公元前314年）。燕王哙时期的"子之之乱"及其相关联的燕、齐战争是战国时期的一件大事，学者基于此对燕王哙的年代或有不同意见，《战国策·燕策一》第九章记载：

> 燕哙三年（公元前318年），与楚、三晋攻秦，不胜而还……子之南面行王事……子之三年（公元前315年）……将军市被、太子平谋攻子之……将军市被及百姓乃反攻，太子平、将军市被死已殉……王因令章子将五都之兵，以因北地之众，以伐燕（公元前314年），燕王哙死，齐大胜燕，子之亡。二年（公元前312年），燕人立公子平，是为燕昭王。

上述资料记载，燕王哙三年（公元前318年）让国于子之，子之三年（公元前315年）为齐所破，其后三年（公元前312年）而燕昭王立。

与上述燕王哙三年让位子之的记载不同，文献中又有燕王哙五年（公元前316年）让位子之的记载。

《史记·六国年表》：

> （燕王哙五年，公元前316年）君让其臣子之国，愿为臣。

《史记·赵世家》：

> （赵武灵王）十年（公元前316年）……齐破燕，燕相子之为君，君反为臣。

· 209 ·

《史记·赵世家》又记载赵武灵王十一年（公元前315年）赵召燕公子职而送立，《史记·六国年表》记载公元前314年燕王哙、子之卒于此年。

此外，《史记·秦本纪》记载秦惠文王更元十一年（公元前314年）"（燕）君让其臣子之"，则是在燕王哙七年让位子之了，但结合前引两种记载来看，《史记·秦本纪》这处记载可信度较低。

从上述记载来看，本书认为，燕王哙的在位年代应该如《史记·六国年表》所记载的公元前320年至前314年；其后燕国王位出现了空缺，直到公元前312年又重新立燕昭王（其元年为公元前311年）。

5. 燕昭王年代问题

《世本》所记载的燕世系如下：

燕哙卒，昭王平立。昭王卒，惠王立。[1]

目前发现有许多"燕王职"器，相关的器物主要有：
① 《郾王职戈》，著录于《集成》11187—11191、11221—11236、11304，《新收》1152，《新收》1286，《二编》1172、《二编》补81等，如《集成》11187："郾（燕）王职乍（作）王萃。"《集成》11224："郾（燕）王职乍鄂萃锯。"《集成》11225："郾（燕）王职乍师萃锯"，《新收》1152："郾王职作黄（广）卒鐱。"

② 《郾王职矛》，《集成》11480、11483、11514—11521、11525—11527，《新收》1153，《二编》1266，如《集成》11517："郾（燕）王职乍（作）黄（广）衣（卒）鈇。"《集成》11525："郾（燕）王职隆齐之岁，台（以）为㲋萃鋅（矛）。"《新收》1153、《二编》1266："郾侯职。"

③ 《郾王职剑》，著录于《集成》11634、11643，《近出》1221，《新

---

[1] 秦嘉谟辑补本：《世本》，《世本八种》，中华书局2008年10月第1版，2010年6月第2次印刷，第39页。

收》1170，另有《郾王职剑》发现于山东省淄博市齐都镇。① 如《集成》11634："郾王职恣武无旅鎵（剑）。" 《近出》1221："郾王职作武 □□剑。"

④《郾王职壶》，著录于《新收》1483、《二编》877，铭文为："唯郾王职践阼承祀，庶机卅，东会盟国，命日壬午，克邦堕城，灭齐之获。"

张震泽曾认为"燕王职"是被传世文献所失载的一代燕王，其为王在昭王前二年（公元前313年至前312年），本戈的年代也在此范围之内。② 而石永士、黄盛璋、沈融认为可能是燕昭王职（公元前311年至前279年），现在学界一般从此说。③

燕昭王是公子职还是公子平，学界曾有不同意见。《史记·燕召公世家》"燕子之亡，二年，而燕人共立太子平，是为燕昭王"，《战国策·燕策一》"二年，燕人立公子平"，《史记》集解也赞同这一记载，认为赵国"遥立职为燕王，事竟不就，则昭王明平，非职明矣"，认为燕昭王为太子平，而否定赵国送公子职回国继位的说法，有学者依此认为燕昭王是太子平、公子平。

也有学者认为应当是公子职④，因为从《竹书纪年》等文献记载来看，太子平与将军市被同在内乱中被杀，后来继位的燕昭王是原先在赵国的质子公子职。

《史记·赵世家》：

> （赵武灵王）十一年（公元前315年），王召公子职于韩，立以为燕王，使乐池送之。

《史记·六国年表》：

---

① 张龙海、张爱云：《山东临淄齐国故城发现郾王职剑》，《考古》1998年第6期。
② 张震泽：《燕王职戈考释》，《考古》1973年第4期。
③ 石永士：《郾王铜兵器研究》，载中国考古学会编《中国考古学会第四次年会论文集》，文物出版社1985年版，第98—107页；黄盛璋：《燕、齐兵器研究》，载中国古文字研究会等《古文字研究》（第19辑），中华书局1992年版，第9页；沈融：《燕兵器铭文格式、内容及其相关问题》，《考古与文物》1994年第3期。
④ 杨宽：《战国史》（增订本），上海人民出版社2003年版，第17页。

"赵武灵王十二年"条集解引徐广："《纪年》云立燕公子职。"

现在从相关铜器铭文来看，燕昭王是公子职而非公子平，已经可以定论了。

《史记·六国年表》及《燕召公世家》记载燕昭王在位33年（公元前311年至前279年），如《史记·燕召公世家》：

（燕）昭王三十三年卒，子惠王立。

目前学者一般多从《史记》的记载。而平势隆郎认为燕昭王在位34年（公元前313年至前280年），吉本道雅、缪文远认为燕昭王在位35年（公元前313年至前279年）。这两种改订的观点在文献上并没有充分的依据。

此外，需要注意的是《燕王职壶》与燕昭王年代问题。本器铭文记载：

唯郾王职，践阼承祀，氒（庶）几三十，东会盟国，命日壬午，克邦毁城，灭郊之获。

《史记·六国年表》记载，公元前284年诸国伐齐，燕栏记载"与秦、三晋击齐，燕独入至临淄，取其宝器"，齐栏记载"五国共击愍王，王走莒"，故黄锡全认为本器铭文所记载的即为此事，并指出燕入临淄在燕昭王三十年，燕昭王元年应在公元前313年前后[1]。汤志彪认为"氒"应当读为"庶"，"氒（庶）几三十"即大约三十年[2]，从燕昭王元年（公元前311年）到破齐（公元前284年），正好接近30年，因此，据《燕王职壶》"氒（庶）几三十"铭文来看，《史记》中记载的燕昭王元年在公元前311年，是可以依据的。

---

[1] 黄锡全：《燕破齐史料的重要发现——燕王职壶铭文的再研究》，载中国古文字研究会等编《古文字研究》（第24辑），中华书局2002年版，第247—252页，收入《古文字与古货币文集》，文物出版社2009年版，第55—62页。
[2] 汤志彪：《郾王职壶"宅几卅"考》，载《考古与文物》编委会编《考古与文物》2005年增刊，第141—145页。

第四章 周、齐、韩、中山、燕诸国王年问题

白光琦则认为燕昭王的年代应该为公元前313年至前281年，相较于通行观点，前移了2年。他的依据是文献中关于乐毅事迹的歧义。据《史记·乐毅列传》记载，乐毅于燕昭王时率军攻齐，燕惠王即位后被疑而奔赵。

> 乐毅留徇齐五岁……会燕昭王死，子立为燕惠王……乐毅知燕惠王之不善代之，畏诛，遂西降赵。

但也有文献记载乐毅在燕昭王在位时期即已经率领赵军攻打魏国，《史记·赵世家》记载：

> （惠文王）十七年（公元前282年），乐毅将赵师攻魏伯阳。

根据现在通行的看法，燕昭王年代为公元前311年至前279年，燕惠王年代为公元前278年至前272年，《史记·赵世家》此处记载乐毅在燕昭王在位期间率赵师攻打魏国，从而与《史记·乐毅列传》中所记载的乐毅在燕昭王卒后才奔赵的记载相矛盾，白先生因此认为燕昭王在位33年，卒年在公元前281年。[1] 但是，学界对此段资料的理解，也还有不同的意见，梁玉绳认为攻魏伯阳之将非乐毅[2]，杨宽认为伯阳在赵魏边界处，乐毅身兼赵、燕诸国之相，故能率赵军攻魏[3]。总之，在本段材料的理解上，可能还需要更多探讨，本书暂认为还不能据此来对燕昭王的年代进行改订。

此外，《韩非子·有度篇》记载有"燕襄王"：

> 燕襄王以河为境，以蓟为国，袭涿、方城，残齐、平中山。[4]

---

[1] 白光琦：《先秦年代探略》，中国社会科学出版社2008年版，第115、123页。
[2] （清）梁玉绳：《史记志疑》，中华书局1984年4月第1版，2013年11月北京第3次印刷，第1068页。
[3] 杨宽：《战国史料编年辑证》，上海人民出版社2001年版，第824页。
[4] 王先慎：《韩非子集解》，中华书局1998年版，第31页。

"燕襄王"仅见于此，吕苏生认为应当为"燕昭王"之误。①

附带讨论一下，关于学者改订燕昭王之后的燕惠王、燕武成王、燕孝王、燕王喜年代的几个问题。

第一，燕惠王年代。《史记·燕召公世家》记载："（燕）惠王七年卒。韩、魏、楚共伐燕。燕武成王立。"学者一般多据以认为燕惠王在位7年（公元前278年至前272年）。杨宽则认为可能是燕惠王八年被杀，燕武成王未逾年而改元，《燕召公世家》讳言此事而记载"惠王七年卒"。②平势隆郎认为燕惠王在位9年（公元前279年至前271年），这一改订在文献上并没有充分的依据。目前来看，仍应当是以《史记·燕召公世家》所记载的燕惠王在位7年为合适。

第二，燕武成王年代。《史记·燕召公世家》："（燕武成王）十四年武成王卒，子孝王立"，学者一般依此定其年代为公元前271年至前258年，平势隆郎定其年代为公元前270年至前257年，此一改订与燕惠王的年代直接相联系，不过由于平势隆郎关于燕惠王年代的改订，说服力不强，因此燕武成王的年代目前也不宜改订。

第三，燕孝王年代。《史记·燕召公世家》："（燕孝王）三年卒，子今王喜立"，学者一般依此定其年代为公元前257年至前255年；平势隆郎定其年代为公元前257年至前256年，在位2年。从目前的材料来看，这一改订暂时没有充分的文献依据。

第四，燕王喜年代。燕王喜的年代一般以为是公元前254年至前222年，在位33年；而平势隆郎定燕王喜的年代为公元前256年至前222年，在位35年。

首先，关于燕王喜的元年。

《史记·燕召公世家》：

今王喜四年，秦昭王卒。

睡虎地秦简《编年记》：

---

① （清）王先谦撰，吕苏生补释：《鲜虞中山国事表疆域图说补释》，上海古籍出版社1993年版，第67页。
② 杨宽：《战国史料编年辑证》，上海人民出版社2001年版，第899—900页。

第四章 周、齐、韩、中山、燕诸国王年问题

（秦昭王）五十六年（公元前251年）后九月昭死①。

由此可以推定燕王喜的元年应该为公元前254年。
其次，从燕王喜在位年限来看：
《史记·秦始皇本纪》：

（秦王政）二十五年（公元前222年），大兴兵，使王贲将，攻燕辽东，得燕王喜。

《史记·燕召公世家》：

（燕王喜）三十三年，秦拔辽东，虏燕王喜，卒灭燕。

故一般多依此定燕王喜的年代为公元前254年至公元前222年。另外，《史记·秦始皇本纪》正义本条下注："燕王喜之五十三年，燕亡"，此处"五十三年"当为"三十三年"之误。平势隆郎定燕王喜的年代为公元前256年至前222年，在位35年，从目前的文献记载来看，并没有充分的文献依据。

需要注意的是，战国铜器铭文中还有一些燕王之名，还难以与传世文献中的燕王世系直接对应，主要有如下几种。

①燕侯脮。相关器物主要有郾侯脮戈，其铭文如下。
《集成》11184：

［郾（燕）］侯脮乍（作）师萃鍨鏱。

《集成》11272：

郾（燕）侯脮乍（作）师萃鍨鏱。

---

① 陈伟主编，彭浩、刘乐贤等撰著：《秦简牍合集》（释文修订本·一），武汉大学出版社2016年版，第11页。

· 215 ·

关于燕侯脮的身份，目前主要有"燕易王"[1]"燕武成王"[2]"燕鳌侯庄"[3]"燕成公与燕易王间的某位燕王"[4]等不同观点，也有学者认为"燕侯脮"应当在燕成侯之后[5]。

②燕王詈。相关器物主要有《郾王詈戈》，其铭文为：

《集成》11058：

　　郾（燕）王詈戈（？）。

《集成》11193：

　　郾（燕）王詈乍（作）攻锯。

《集成》11194：

　　郾（燕）王詈愁攻锯。

《集成》11196：

　　郾（燕）王詈愁行议鏺。

《集成》11240：

---

[1] 吴镇烽：《金文人名汇编》（修订本），中华书局2006年版，第312页；沈融：《燕兵器铭文格式、内容及其相关问题》，《考古与文物》1994年第3期；李学勤、郑绍宗：《论河北近年出土的战国有铭铜器》，载中国古文字研究会等编《古文字研究》（第7辑），中华书局1982年版，第123—138页；石永士：《郾王铜兵器研究》，载中国考古学会编《中国考古学会第四次年会论文集》，文物出版社1985年版，第98—107页；董珊：《战国题铭与工官制度》，北京大学博士学位论文，2002年，第108页。

[2] 李学勤：《战国题铭概述》，《文物》1959年第3、7期。

[3] 沈融：《燕兵器铭文格式、内容及其相关问题》，《考古与文物》1994年第3期。

[4] 冯胜君：《战国燕王戈研究》，载饶宗颐主编《华学》（第3辑），紫禁城出版社1998年版，第239—246页。

[5] 黄盛璋：《燕、齐兵器研究》，中国古文字研究会等主编《古文字研究》（第19辑），中华书局1992年版，第12页。

第四章 周、齐、韩、中山、燕诸国王年问题

郾（燕）王詈恕巨敀锯。

《集成》11241、11242：

郾（燕）王詈恕霓萃锯。

《集成》11243、11244：

［正］郾（燕）王詈恕行议鐆，［背］右攻（工）肴（尹），其攻（工）众。

《集成》11245：

郾（燕）王詈乍（作）巨敀锯。

《集成》11305：

郾（燕）王詈恕行议自䍐司马鋪。

《集成》11350：

［正］郾（燕）王詈恕行议鐆，［背］右攻（工）肴（尹）青，其攻（工）竖。

《近出》1166、《新收》1831：

郾王詈造□司马。

还有《郾王詈矛》，其铭文为：
《集成》11497：

郾（燕）王詈恕。

《集成》11524：

郾（燕）王䜌乍攻鈦。

《集成》11530：

郾（燕）王䜌怒☐萃攻。

《集成》11540：

郾（燕）王䜌乍巨攻鋯。

关于"燕王䜌"的身份，何琳仪与《集成》（修）读"䜌"为"䜌"，认为"燕王䜌"为燕易王之子哙（公元前320年至前311年）①，但这与前文提及的已发现的《燕侯逡器》矛盾。此外，还有"燕惠王"②"燕武成王"③等看法，也有学者认为其年代应该在郾王戎人之后④。

③燕王戎人。相关器物主要有《郾王戎人戈》，其铭文为：

《集成》11292：

郾（燕）王戎人王萃锯。

---

① 何琳仪：《战国文字通论（订补）》，江苏教育出版社2003年版，第103、113页。
② 李学勤：《战国题铭概述》，《文物》1959年第3、7期；沈融：《燕兵器铭文格式、内容及其相关问题》，《考古与文物》1994年第3期；陈平：《燕文化》，文物出版社2006年版，第179页。
③ 石永士：《郾王铜兵器研究》，载中国考古学会编《中国考古学会第四次年会论文集》，文物出版社1985年版，第98—107页；黄盛璋：《燕、齐兵器研究》，载中国古文字研究会等编《古文字研究》（第19辑），中华书局1992年版，第12页；董珊：《战国题铭与工官制度》，北京大学博士学位论文，2002年，第108页。
④ 冯胜君：《战国燕王戈研究》，载饶宗颐主编《华学》（第3辑），紫禁城出版社1998年版，第239—246页。

第四章 周、齐、韩、中山、燕诸国王年问题

《集成》11237—11239：

郾（燕）王戎人乍（作）攺锯。

《集成》11273—11275：

郾（燕）王戎人乍（作）霄萃锯。

《集成》11276：

郾（燕）王戎人乍（作）巨攺锯。

《新收》1989、《二编》1176：

郾（燕）王戎人作王萃。

此外，还有《郾王戎人矛》，其铭文为：
《集成》11498：

郾（燕）王戎人。

《集成》11531：

郾（燕）王戎人乍（作）攺鈇。

《集成》11536、11537、11539：

郾（燕）王戎人乍（作）巨攺鈇。

《集成》11538：

郾（燕）王戎人乍（作）王萃鈇。

《集成》11543：

郾（燕）王戎人乍（作）自[?]率鈹。

一般认为《集成》11538号器铭是伪刻。① "燕王戎人"的身份，目前主要有"燕惠王（公元前278年至前272年）"② "燕孝王"③ "燕易王"④ "燕武成王"⑤ 等看法，也有学者认为其年代应当是在燕王职之后⑥。

④燕王遇。董珊在其博士论文中还提到另外一件为"郾王遇"戈，认为器主为燕孝王⑦。

上述关于燕国铭文中的燕君之名具体所指，还需要留待日后仔细加以考察。

6. 小结

综上所述，本书赞同晁福林等所拟定的战国时期燕国诸王年表，见表4—9（年代均为公元前）：

---

① 冯胜君：《战国燕王戈研究》，载饶宗颐主编《华学》（第3辑），紫禁城出版社1998年版，第239—246页；林清源：《战国燕王戈器铭特征及其定名辨伪问题》，《中央研究院历史语言所集刊》（第70本第1分册），"中央研究院"历史语言研究所1999年版，第263—268页。
② 石永士：《郾王铜兵器研究》，载中国考古学会编《中国考古学会第四次年会论文集》，文物出版社1985年版，第98—107页；吴镇烽：《金文人名汇编》（修订本），中华书局2006年版，第311页；李学勤、郑绍宗：《论河北近年出土的战国有铭青铜器》，《古文字研究》（第7辑），中华书局1982年版，第123—138页；董珊：《战国题铭与工官制度》，北京大学博士学位论文，2002年，第108页。
③ 李学勤：《战国题铭概述》，《文物》1959年第3、7期。
④ 黄盛璋：《燕齐兵器研究》，中国古文字研究会等编《古文字研究》（第19辑），中华书局1992年版，第12页。
⑤ 沈融：《燕兵器铭文格式、内容及其相关问题》，《考古与文物》1994年第3期。
⑥ 冯胜君：《战国燕王戈研究》，载饶宗颐主编《华学》（第3辑），紫禁城出版社1998年版，第239—246页。
⑦ 董珊：《战国题铭与工官制度》，北京大学博士学位论文，2002年，第108页。

表 4—9　　　战国燕国王年拟定表（年代均为公元前）　　　（单位：年）

孝公	497—455
成公	454—439
愍（闵、文）公	438—415
后简（釐）公	414—370
桓公	369—362
文公	361—333
易王	332—321
燕王哙	320—312
昭王	311—279
惠王	278—272
武成王	271—258
孝王	257—255
燕王喜	254—222

如何认识《史记》中的燕国世系？将本书意见与《史记》世系相对比，可以发现：①《史记》中的燕献公、燕孝公年代总体对应实际的燕孝公年代，并且《史记》中所记载的年代相应后移了5年；②《史记》中燕成公的年代也相应后移了5年，其年代相当于实际上燕成公五年至二十年；③《史记》中的燕愍公年代，相当于实际中的燕愍公四年至二十四年，及燕后简（釐）公元年至十二年；④《史记》中的燕后简（釐）公年代，相当于实际上燕后简（釐）公十三年至四十二年；⑤《史记》中的燕桓公年代，相当于燕后简（釐）公四十三年至四十五年，及整个燕桓公的在位年代。而此后的诸燕王年代，则均一致了。

第五章　楚国王年问题

关于战国时期的楚王纪年，学界一般遵从《史记》中的记载，清华简《系年》记载有楚简王至楚悼王诸王的年代，提供了本问题的新材料，清华简《系年》公布后，许多学者就其中的战国年代问题进行讨论，提出了很好的意见[1]，学者或依此认为战国时期楚国年表应重新调整并重订战国楚王年年表（见表5—1）。笔者对此问题也有一些思考，现对《系年》中所见的战国楚年代及相关问题进行讨论。

表5—1　　　关于战国楚王年年表（年代均为公元前）　　（单位：年）

楚世系	楚国年表主要观点				
	《史记·十二诸侯年表》及《六国年表》	平势隆郎[2]	依清华简《系年》订楚年表		
			白光琦[3]	陶金[4]	李锐[5]
楚惠王	488—432	489—433	60年（488—429）	488—432	

---

[1] 可参考董珊《读清华简〈系年〉》，"复旦古文字网"，2011年12月26日，收入《简帛文献考释论丛》，上海古籍出版社2014年版，第102—110页；陶金：《由清华简〈系年〉谈洹子孟姜壶相关问题》，"复旦古文字网"，2012年2月14日，http://www.gwz.fudan.edu.cn/SrcShow.asp?Src_ID=1785；白光琦《由清华简〈系年〉订正战国楚年》，"简帛网"，2012年3月26日，http://www.bsm.org.cn/show_article.php?id=1659，收入《先秦年代续探》，首都师范大学出版社2016年版，第111—114页；梁立勇《读〈系年〉札记》，《深圳大学学报》2012年第3期；李锐：《由清华简〈系年〉谈战国初楚史年代的问题》，《史学史研究》2013年第2期，100—104页。李锐此文由如下两篇文章修订而成：《读〈系年〉札记（修订）》，"confucius2000网"，2011年11月22日，http://www.confucius2000.com/admin/list.asp?id=5147；《读〈系年〉札记（二）》，"confucius2000网"，2011年11月25日，http://www.confucius.com/admin/list.asp?id=5148。本书引用时以正式发表文本为主。

[2] ［日］平势隆郎：《新编史记东周年表》，东京大学出版社1995年版，第311—317页。

[3] 陶金：《由清华简〈系年〉谈洹子孟姜壶相关问题》，"复旦古文字网"，2012年2月14日，http://www.gwz.fudan.edu.cn/SrcShow.asp?Src_ID=1785。

[4] 白光琦：《由清华简〈系年〉订正战国楚年》，"简帛网"，2012年3月26日，http://www.bsm.org.cn/show_article.php?id=1659，收入《先秦年代续探》，首都师范大学出版社2016年版，第111—114页。

[5] 李锐：《由清华简〈系年〉谈战国初楚史年代的问题》，《史学史研究》2013年第2期。

续表

楚世系	楚国年表主要观点				
	《史记·十二诸侯年表》及《六国年表》	平势隆郎	依清华简《系年》订楚年表		
			白光琦	陶金	李锐
楚简王	24年（431—408）	433—410	428—405	428—405	27年（431—405）
楚声王	6年（407—402）	410—405	4年（404—401）	4年（404—401）	4年（404—401）
楚悼王	401—381	405—385	400—380		400—？
楚肃王	380—370	385—375	12年（379—368）		
楚宣王	369—340	375—346	367—338		
楚威王	339—329	346—326	337—327		
楚怀王	328—299	326—296	326—297		
楚顷襄王	298—263	296—261	33年（296—264）		
楚考烈王	262—238	261—237	263—239		
楚幽王	237—228	237—228	238—229		
楚哀王	228	228	1年（229）		
王负刍	227—223	228—224	228—224		
昌平君		224—223	223		

说明：（1）目前学界一般赞同《史记》楚年表，其中缪文远未对楚惠王、楚简王年代进行说明；陈梦家未对楚考烈王至昌平君年代进行说明。（2）关于楚简王年代，陶金认为其在公元前431年至前429年间监国，这一段时间未被计入其王年。

一 楚简王与楚惠王年代

楚简王年代。《史记·楚世家》记载楚简王的年代为：

> 简王元年，北伐灭莒。八年，魏文侯、韩武子、赵桓子始列为诸侯。二十四年，简王卒，子声王当立。

其中《楚世家》关于三晋为侯在楚简王八年的记载有误，陈梦家指出，这是误将魏文侯、韩武子、赵桓子之元年当成其列为诸侯之年。① 楚简王的末年，一般依照《六国年表》所载三晋始侯之年为周威烈王二十三年（前403 年，即楚声王五年），从而推断为前 408 年，结合《楚世家》的记载再上推 24 年，从而定楚简王的年代为前 431 至前 408 年。《系年》简文中所记载的楚简王年代具有关键意义，本书从其开始加以讨论。与楚简王有关的记载主要见于《系年》第 21 章中：

> 楚简大王立七年，宋悼公朝于楚，告以宋司城㱇之约公室。王命莫敖阳为率师以定公室，城黄池，城雍丘。晋魏斯、赵浣、韩启章率师围黄池，遹䢛而归之于楚。二年，王命莫敖阳为率师侵晋，拕宜阳，围赤岸，以复黄池之师。魏斯、赵浣、韩启章率师救赤岸，楚人舍围而还，与晋师战于长城。②

由于对简文的理解不同，学者对楚简王的年代发生了分歧。一些学者认为简文中所见的宋悼公朝楚发生在楚简王七年，前引白光琦文章认为由此处记载可定简王元年为前 429 年，他认为公元前 422 年宋昭公卒、宋悼公即位，可以推测楚简王七年不会早于此年，楚简王元年应当在公元前 429 年之后；由楚声王元年为公元前 404 年，结合《史记》记载的楚简王在位 24 年，可以推测楚简王元年应当为公元前 429 年。③ 前引陶金文章认为楚简王八年即宋悼公元年，由此楚简王元年在在位整体期限不变的情况下，但要相应后移 3 年，而楚悼王的元年要后移 1 年，在位年数减去 1 年。④

一些学者则认为由相关年代及其古文字中"七""十"形体接近易讹的情况来看，此处简文中的"七年"当理解为"十年"。清华简整理者指出《史记·六国年表》记载楚简王年代为公元前 431 年至前 408 年，同篇又记

---

① 陈梦家：《西周年代考·六国纪年》，中华书局 2005 年版，第 109 页。
② 清华大学出土文献与研究中心编，李学勤主编：《清华大学藏战国竹简（二）》，中西书局 2011 年版，第 189 页。
③ 白光琦：《由清华简〈系年〉订正战国楚年》，《先秦年代续探》，首都师范大学出版社 2016 年版，第 111—114 页。
④ 陶金：《由清华简〈系年〉谈洹子孟姜壶相关问题》，"复旦古文字网"，2012 年 2 月 14 日，http://www.gwz.fudan.edu.cn/SrcShow.asp? Src_ID = 1785。

载宋悼公年代为公元前403年至前396年，这与《系年》"楚简大王立七年，宋悼公朝于楚"的记载有较大差距。《竹书纪年》记载宋悼公在位18年，由此记载并结合《六国年表》中宋悼公卒年的记载，则其年代似当为公元前413年至前396年，但仍与《系年》的上述记载有差距。① 针对这一问题，梁立勇从梁玉绳《史记志疑》、钱穆《先秦诸子系年》定宋悼公元年在周威烈王五年（前421年）之说，认为由于古文字中"七""十"字形相近，简中的"七年"当理解为"十年"，简文中所记载的是宋悼公于即位之年（即楚简王十年，前422年）至楚国之事。② 李锐赞同宋悼公见楚简王是在楚简王十年，但认为由其后简文所记载宋悼公卒年（周威烈王二十二年、楚声王元年）来看，楚简王在位当是27年。③

由此可见，上述学者关于《系年》中所见楚简王年代的讨论形成了三种观点：①梁立勇认为《系年》所见宋悼公朝楚之年在楚简王十年（公元前422年），则楚简王元年即公元前431年，这是与《楚世家》的记载相符合的。②白光琦、陶金在前引文中认为宋悼公朝楚发生在楚简王七年；楚简王在位年限为24年，但相应年代应后移3年而定为公元前428年至前405年；对于多出的3年，白光琦认为《史记》惠王立五十七年卒当为六十年之误，而陶金认为楚惠王五十七年以下空出来的3年不属于楚惠王纪年，很可能是楚简王作为王太子重新掌管楚国全境的空白期，因此没有计入楚简王纪年。③李锐则认为楚简王在位年限应该为27年而非《史记》记载的24年，其年代应该相应调整为公元前431年至前405年。

学者们对《系年》中所见的楚简王年代意见的差别，主要在于对《系年》第21章所记载的如下资料的理解不同。

楚简大王立七年，宋悼公朝于楚，告以宋司城𢻷之约公室。④

---

① 清华大学出土文献与研究中心编，李学勤主编：《清华大学藏战国竹简（二）》，中西书局2011年版，第189页。
② 梁立勇：《读〈系年〉札记》，《深圳大学学报》2012年第3期。
③ 李锐：《由清华简〈系年〉谈战国初楚史年代的问题》，《史学史研究》2013年第2期。
④ 清华大学出土文献与研究中心编，李学勤主编：《清华大学藏战国竹简（二）》，中西书局2011年版，第189页。

依《系年》而改订楚简王年代的学者多认为此事发生在宋悼公即位之年，宋悼公元年即为楚简王八年①，白光琦在前引文中也从此说，并结合钱穆所定宋昭公卒年为前422年之说，进而认为楚简王元年不可能在前429年之前②。

但是上述学者认为宋悼公朝楚发生在其即位之年的观点，实际并无充分的依据，因此基于此说而对楚简王元年及年代的改订可能并无充分材料可以支持。由于《系年》中并无楚简王在位年限的明确记载，笔者认为此处的"七年"当以暂从梁立勇理解为"十年"较为合适，对楚简王在位年限的改订也并无充分依据，故《系年》所见楚简王在位的年代目前应以同于《史记》所记载的公元前431年至前408年为宜。至于《系年》中此处所记载的"七年"问题最终应当如何解释，可以留待后考。

楚惠王年代。《史记·楚世家》："（楚惠王）五十七年惠王卒，子简公中立"，而由此，楚惠王在位57年，还是60年的问题也可以得到解决。《史记·六国年表》列楚惠王年代为公元前488年至前432年，与《史记·楚世家》所记楚惠王在位57年卒相同，故学者多依此定楚惠王的年代为公元前488年至前432年。

学者对于依《系年》是否可以改订楚惠王年代有不同的意见，陶金在前引文章中将多出的3年归入楚简王纪年，因而认为楚惠王年代不需改订；而白光琦前引文章则认为楚惠王的卒年应该后移3年。由上文的讨论来看，并不能由《系年》第21章的记载得出楚简王与楚惠王间较《史记》中的二者王年多出3年的观点，故楚惠王的年代不需要改订。

二 楚声王与楚悼王年代

楚声王年代。《史记·周本纪》："（周威烈王）二十四年崩，子安王骄

---

① 陶金：《由清华简〈系年〉谈洹子孟姜壶相关问题》，"复旦古文字网"，2012年2月14日，http://www.gwz.fudan.edu.cn/SrcShow.asp?Src_ID=1785。
② 白光琦：《由清华简〈系年〉订正战国楚年》，《先秦年代续探》，首都师范大学出版社2016年版，第111—114页。

立。是岁盗杀楚声王。"《史记·楚世家》:"(楚)声王六年盗杀声王,子悼王熊疑立",《史记·六国年表》列楚声王的年代为公元前407年至前402年,《史记·楚世家》记载楚声王六年为盗所杀,故学者一般依此定其年代为公元前407年至前402年。

关于楚声王年代的记载主要见于《系年》第22章中,《系年》第23章也有相关记载:

> 楚声桓王立四年,宋公田、郑伯骀皆朝于楚。王率宋公以城榆关,是武阳。秦人败晋师于洛阴,以为楚援。①

上述简文记载的事情较多,由于对上述事件是否发生在同一年的理解不同,因此学者关于楚声王的王年有不同的意见。一些学者将《系年》第22章中所记载的诸事均理解为发生在同一年,从此观点出发,学者认为对楚声王的年代加以改订,如陶金在前引文章中指出,《系年》第22章所记载均为楚声王元年之事,第23章则表明楚声王在位四年,而非《史记》的六年,这一差别是由于篆书中的"四""六"容易混淆。②李锐也认为由此处的记载来看,楚声王在位年限应当为四年(元年为公元前400年),简文所记载的楚悼王二年有关"王子定"的事情,与《史记·六国年表》公元前399年"王子定奔晋"的记载相符合,楚悼王三年有关太宰欣的时间,与《六国年表》所记载的公元前398年"郑杀其相驷子阳"相符合。③他认为楚声王元年当较《史记》中的记载后移3年而定为公元前404年,卒年为前401年,其在位年限应当为4年而非6年。白光琦、清华大学出土文献读书会在前引文章中也认为楚声王元年应当改订为公元前404年。④

也有学者认为《系年》在同一章中所记载的事情并非完全是在同年,对所记载的事件年代应该加以区别。董珊依据《系年》第22章,认为三晋伐

---

① 清华大学出土文献与研究中心编,李学勤主编:《清华大学藏战国竹简(二)》,中西书局2011年版,第196页。
② 陶金:《由清华简〈系年〉谈洹子孟姜壶相关问题》,"复旦古文字网",2012年2月14日,http://www.gwz.fudan.edu.cn/SrcShow.asp?Src_ID=1785。
③ 李锐:《由清华简〈系年〉谈战国初楚史年代的问题》,《史学史研究》2013年第2期。
④ 清华大学出土文献读书会:《〈清华大学藏战国竹简(二)〉研读札记(二)》,"复旦古文字网",2011年12月31日,http://www.gwz.fudan.edu.cn/SrcShow.asp?Src_ID=1760。

齐发生在周威烈王二十二年（即《竹书纪年》中的晋烈公十二年）的观点可信，但同时又指出《系年》第22章"楚声桓王即位，元年"之后，关于晋烈公与诸侯盟会、齐与越议和、及三晋伐齐，这几件事情都没有标明年代，而不是说这些事情都发生于楚声王元年。① 笔者认为董珊的这一观点是较为审慎且合理的，此外，如本文下文所讨论的《系年》第23章中记载有楚悼王在位5年间的事情，相关事件也并非发生在同年，故将《系年》第22章中的事情认为是同年发生的观点并不可信，具体看来其中的事件年代可以分为如下两个部分：

第一部分，"楚声桓王即位，元年，晋公止会诸侯于任，宋悼公将会晋公，卒于鼛。"此事发生于楚声王元年（公元前407年）。

第二部分，"韩虔、赵籍、魏击率师与越公翳伐齐，齐与越成，以建阳、郚陵之田，且男女服。越公与齐侯贷、鲁侯衍盟于鲁稷门之外。越公入飨于鲁，鲁侯御，齐侯参乘以入。晋魏文侯斯从晋师，晋师大败齐师，齐师北，晋师逐之，入至汧水，齐人且有陈虿子牛之祸，齐与晋成，齐侯盟于晋军。晋三子之大夫入齐，盟陈和与陈淏于溋门之外，曰：'毋修长城，毋伐廪丘。'晋公献齐俘馘于周王，遂以齐侯贷、鲁侯羴（显）、宋公田、卫侯虔、郑伯骀朝周王于周。"如前引董珊所指出的此事即《竹书纪年》中所载周威烈王二十二年（公元前404年）三晋伐齐之事。

《系年》第23章记载有楚声王四年宋、郑朝楚及楚、郑城榆关之事，应该发生在同年之内，但是并没有充分依据依此而认为楚声王在位只有四年。有学者认为篆文中的"四""六"易混，《史记》所记载的楚声王在位6年为4年之讹，也并无充分的依据。因此笔者认为上述关于改订楚声王年代的观点并不具有很强的说服力，《系年》关于楚声王的记载并不支持对其年代进行改订。

楚悼王年代。《史记·楚世家》："（楚悼王）二十一年悼王卒，子肃王臧立。"《史记·六国年表》列楚悼王的年代为公元前401年至前381年，两者相符合，故学者多从《六国年表》的观点。关于楚悼王的记载主要见于《系年》第23章中，学者或依此认为楚悼王的年代应该加以改订，如白光琦在前引文章中定楚悼王元年为公元前400年，他认为本章连续记事在五年以

---

① 董珊：《读清华简〈系年〉》，载《简帛文献考释论丛》，上海古籍出版社2014年版，第102—110页。

上，楚声王在位4年，楚悼王元年应该为公元前400年。①

笔者认为，本章其实并不是连续记事，其中关于"厌年"，清华简整理者读为"荐年"，指再一年②；孟蓬生和邬可晶皆读为"翌年"③；而陈爻读为"浃年"，指前后两事间隔一年之长的时段④，本书认为，"厌年"当依前面两种意见而将其理解为事后一年为宜。依照陈颖飞的意见⑤，上述五件事所发生的年代如下：

公元前401年：

> 声王即世，悼哲王即位。郑人侵榆关，阳城桓定君率榆关之师与上国之师以交之，与之战于桂陵，楚师无功。景之贾与舒子共止而死（简127、128）。

公元前400年：

> 明岁，晋𪱤余率晋师与郑师以入王子定。鲁阳公率师以交晋人，晋人还，不果入王子（简129）。

公元前399年：

> 明岁，郎庄平君率师侵郑，郑皇子、子马、子池、子封子率师以交楚人，楚人涉洇，将与之战，郑师逃入于蔑。楚师围之于蔑，尽逾郑师与其四将军，以归于郢。郑太宰欣亦起祸于郑，郑子阳用灭，无后于郑（简129—132）。

---

① 白光琦：《由清华简〈系年〉订正战国楚年》，《先秦年代续探》，首都师范大学出版社2016年版，第111—114页。
② 清华大学出土文献与研究中心编，李学勤主编：《清华大学藏战国竹简（二）》，中西书局2011年版，第200页。
③ 孟蓬生：《清华简〈系年〉初札（二则）》，"复旦古文字网"，2011年12月21日，http://www.gwz.fudan.edu.cn/SrcShow.asp? Src_ ID=1740。
④ 陈爻：《也谈〈系年〉的"厌年"》，"复旦古文字网"，2012年10月29日，http://www.gwz.fudan.edu.ca/web/show/1955。
⑤ 陈颖飞：《楚悼王初期的大战与楚封君——清华简〈系年〉札记之一》，《文史知识》2012年第5期。

公元前398年：

明岁，楚人归郑之四将军与其万民于郑。晋人围津、长陵，克之。王命平夜悼武君率师侵晋，逾（降）郜，止滕公涉洹以归，以复长陵之师（简132、133）。

公元前397年：

厭年，韩取、魏击率师围武阳，以复郜之师。鲁阳公率师救武阳，与晋师战于武阳之城下，楚师大败，鲁阳公、平夜悼武君、阳城桓定君，三执珪之君与右尹昭之竢死焉……陈人焉反而入王子定于陈……楚师将救武阳，王命平夜悼武君李人于齐陈淏求师。陈疾目率车千乘，以从楚师于武阳。甲戌，晋楚以战。丙子，齐师至喦，遂还（简133—138）。

由《系年》本章的记载也可以订正一些史事的年代，其一为《史记·六国年表》记载王子定于公元前399年奔晋，依《系年》看来此事的年代应在公元前399之前；其二为《史记·六国年表》记载周安王四年（楚悼王四年，公元前398年）楚围郑，郑人杀其相驷子阳，应即简文129—132所记载的内容，李锐依《系年》指出本事年代应该提前至楚悼王三年①，其说可从；其三为《史记·六国年表》所记载的公元前399年"楚归榆关于郑"，从简文的记载来看，从公元前401年郑人攻打榆关到公元前399年的楚、郑交战中，郑国一直处于下风，因此楚将榆关归还于郑国当在公元前398年之后。

总之，由于白先生对楚声王年代的改订还需要更多材料支持，故其关于楚悼王年代的改订并无充分说服力，目前应仍依从《史记》中的相关记载为宜。

---

① 李锐：《由清华简〈系年〉谈战国初楚史年代的问题》，《史学史研究》2013年第2期。

三 楚肃王与楚宣王年代

楚肃王年代。《史记·楚世家》："楚肃王十一年肃王卒，无子，立其弟熊良夫，是为宣王。"《史记·六国年表》记载其年代为公元前380年至前370年，学界多从此记载。白光琦在前引文章中认为楚肃王元年应为公元前379年①，《史记·魏世家》记载"（魏武侯）十六年（按：应为二十五年）伐楚，取鲁阳"，《史记·楚世家》"（楚肃王）十年，魏取我鲁阳"与之同，《六国年表》记载魏武侯年代为公元前386年至前371年，学界目前一般以为有误而订为公元前395年至前370年，在位26年②，楚悼王卒于魏武侯十五年，故楚肃王十年应为魏武侯二十五年（公元前371年），并非魏武侯二十六年（公元前370年），白光琦指出楚悼王在位年限应为21年的观点可以信从，但是白先生误将楚悼王元年后移1年，使得其相应将楚肃王元年后移1年，同时在将楚肃王与魏武侯的年代对应中也发生相隔1年的错误，因而导致了其所订的楚肃王年代较《史记》为晚，且总体王年多出1年，总体看来，其关于楚肃王年代的改订缺乏足够的依据。

楚宣王年代。《史记·六国年表》记载楚宣王年代为公元前369年至前340年，《史记·楚世家》记载楚宣王三十年卒，故学者多从此说。白光琦在前引文章中认为楚宣王元年为前367年，他认为《史记·六国年表》所载赵成侯十九年（公元前356年）"与燕会阿，与齐、宋会平陆"，前一事即《史记·六国年表》所载楚宣王十三年（公元前357年）"赵孟如齐"之事，后一事即《竹书纪年》所载魏惠成王十五年（公元前355年）"邯郸成侯会燕成侯于安邑"③，由于"赵孟如齐"之事不见于楚国以外诸国的记载，因此其史料应是采自楚国楚宣王十三年的材料记事，他由此认为此事与魏惠王十五年（公元前355年）赵、燕会于安邑发生在同一年，进而定楚宣王元年

---

① 白光琦：《由清华简〈系年〉订正战国楚年》，《先秦年代续探》，首都师范大学出版社2016年版，第111—114页。
② 晁福林：《春秋战国的社会变迁》，商务印书馆2011年版，第1001页。
③ 方诗铭、王修龄：《古本竹书纪年辑证》，《方诗铭文集》（第一卷），上海社会科学院出版社2010年版，第386页。

为公元前367年。① 笔者认为白光琦将上述诸事相联系的观点值得重视，但是由于战国时期各国历法、岁首不同，同一件事在不同国家会有逾年的可能，将上述两件事情的年代均定为公元前355年尚无较为充分的依据，如果理解成赵孟公元前357年从赵国出发，于公元前356年到达齐国，这种可能性是存在的；而如果理解为公元前357年出发，公元前355年到达齐国，此种可能性则较前者为小，上述事件可能应做如下理解，即楚宣王十三年（公元前357年）赵孟从赵国出发，于赵成侯十九年（公元前356年）到达齐国，并与赵、宋于此年相会，其后又与燕国会于阿。因此赵、燕会阿的年代应该提前至公元前356年而非公元前355年，也不能把这一年作为"赵孟如齐"的年代。因此笔者认为据此对楚宣王年代的改订是不能成立的。

于此附带讨论一下《曾姬壶》的年代（《集成》9710、9711），其铭文为：

> 佳（唯）王廿又六年，圣趄之夫人曾姬无恤，虐宅兹漾陵蒿閒（间）之无駇（匹），甬（用）乍（作）宗彝尊壶，后嗣甬（用）之，职在王室。

学界关于本器年代的观点主要如下：①春秋中期楚成王或者楚共王时代器物说②；②楚惠王二十六年说（公元前463年）③；③楚宣王二十六年（公元前344年）说④；④周显王二十六年（公元前343年）说⑤；⑤李义海认为铭文中的"无匹"即楚怀王太子横，本器年代为楚怀王二十六年（公元前303年）⑥；⑥楚顷襄王二十六年说（公元前273年）⑦。

---

① 白光琦：《由清华简〈系年〉订正战国楚年》，《先秦年代续探》，首都师范大学出版社2016年版，第111—114页。
② 郭沫若：《寿县所出楚器之年代》，《郭沫若全集：考古编·第5卷：金文丛考》，科学出版社2002年版，第409—416页。
③ 殷涤涤：《商周考古简编》，黄山书社1986年版，第121页。
④ 刘节：《寿县所出楚器考释》，载《古史考存》，人民出版社1958年版，第108—140页；刘彬徽：《楚系青铜器研究》，湖北教育出版社1995年版，第341—342页；邹芙都：《楚系铭文综合研究》，巴蜀书社2007年版，第161页。
⑤ 崔恒升：《安徽出土金文订补》，黄山书社1998年版，第71页。
⑥ 李义海：《曾姬无恤壶铭文补释》，《考古与文物》2009年第2期。
⑦ 容庚、张维持：《殷周青铜器通论》，文物出版社1984年版，第99页。

从战国时期楚国及列国纪年铭文中的王年纪年方式来看，一般是以本国国君王年纪年，而较少以此时的周君年代纪年，因此上述观点④中定本器铭文"隹（唯）王廿又六年"为周显王二十六年（公元前343年）缺少依据。本器铭文中的"趄"，有读为"桓"或"宣"的可能，如文献中所见的"陈桓子"在《陈逆簠》即作"陈趄子"，而"周宣王"在清华简《系年》第1章中写作"逗王"①；因此可见，关于本器年代的①"春秋中期楚成王或者楚共王时代器物说"、②"楚惠王二十六年说（公元前463年）"两种观点从此处的解读上还缺乏充分依据。刘节曾指出"圣""声"二字音通，"趄"当读为"桓"，"圣趄"即楚声王，铭文中"圣趄之夫人"即楚声王之夫人，从而认为本器年代当为楚声王之后，并进一步定其年代为楚宣王二十六年（公元前344年）。②笔者认为讨论本器的年代，可以从谥号角度来探讨。出土文献中所见的楚国国王谥号，如：

①单字谥：

楚声桓王，见于望山楚简M1卜筮简88（"圣王"）、简109"逗王"，新蔡葛陵甲三137、267，清华简《系年》简119、126。

楚悼哲王，见于望山楚简M1卜筮简88（"悼王"）、简109、简112（"折王"），夕阳坡M2楚简2，清华简《楚居》，《系年》简127。

②双字谥：

楚平王（竞平王、景平王），见于清华简《楚居》、《系年》简80、97—99、104，《申公臣灵王》、上博九《灵王遂申》、《君人者何必安哉》甲本简9。

楚惠王（献惠王），见于清华简《楚居》、《系年》简166，新蔡葛陵楚简乙四12、乙21、零361、甲三83和213、乙三241、甲一21、乙一29—30、甲一5、乙一21+33。

楚简中所见楚王的双字谥号，有时又可以只采用其中的一个字，而简化为一字谥。从上述材料来看，楚简中所见的楚声王谥号为"圣王""逗王""声桓王"，而这与《曾姬壶》铭文中的"圣趄"是一致的，故刘节指出《曾姬壶》铭文中"圣趄之夫人"即楚声王之夫人，认为本器年代为

---

① 清华大学出土文献研究中心编，李学勤主编：《清华大学藏战国竹简（二）》，中西书局2011年版，第136页；陶金：《由清华简〈系年〉谈逗子孟姜壶相关问题》，"复旦古文字网"，2012年2月14日，http://www.gwz.fudan.edu.cn/SrcShow.asp?Src_ID=1785。
② 刘节：《寿县所出楚器考释》，载《古史考存》，人民出版社1958年版，第108—140页。

楚宣王二十六年（公元前344年）的观点是可信的。

四 改订楚威王与楚怀王年代的几个问题

关于楚宣王以下年代，白光琦所拟定的诸王年代依其旧作《战国纪年疑义》修改而成①，对于这一部分的改订已经有学者加以讨论②。本书对此适当加以补论。

楚威王年代。关于楚威王年代，一般认为是公元前339年至公元前329年，平势隆郎与白光琦分别提出了在位于公元前346年至前326年，和公元前337年至前327年的观点，于此对上述两种观点进行述评。

首先来看看楚威王在位11年，还是21年。《史记·楚世家》记载其在位11年：

（楚威王）十一年威王卒，子怀王熊槐立。

因此，要改订楚威王在位为21年目前还缺乏有充分说服力的依据。
再来看看楚威王的实际在位年代，如关于周显王致胙之事。
《史记·楚世家》：

威王六年，周显王致文武胙于秦惠王。

《史记·秦本纪》：

（惠文君）四年（公元前334年），天子致文武胙。

由此可定楚威王元年为前339年。而平势隆郎与白光琦所拟定的年表

---

① 白光琦：《战国纪年疑义》，载中国先秦史学会秘书处编《中国古代史论丛》（第8辑），福建人民出版社1983年版，第424—458页，收入《先秦年代探略》，中国社会科学出版社2008年版，第102—124页。
② 王胜利：《战国楚年辩证》，《江汉考古》1988年第2期。

与这一记载都是不符合的。

楚怀王年代。关于楚怀王在位年代的意见，见表5—2：

表5—2　　　　　楚怀王年代不同意见　　　　　（单位：年）

《史记·十二诸侯年表》及《六国年表》	平势隆郎	白光琦
328—299	326—296	326—297

目前一般遵从《史记》的记载，《史记·周本纪》记载周显王四十四年（公元前325年）秦惠王称王，《史记·楚世家》记载"（楚怀王）四年秦惠王初称王"，由此可推定楚怀王元年为公元前328年，可见平势隆郎与白光琦的拟定，于此明显不符。

五　改订楚顷襄王以下诸王年代的几个问题

关于楚顷襄王的年代，其主要意见见表5—3：

表5—3　　楚顷襄王年代不同意见（年代均为公元前）　　（单位：年）

《史记·十二诸侯年表》及《六国年表》	平势隆郎	白光琦
298—263	296—261	296—264

先来看看楚顷襄王在位33年，还是36年。《史记·楚世家》记载其在位36年：

（楚顷襄王）三十六年，顷襄王病，太子亡归。秋，顷襄王卒，太子熊元代立，是为考烈王。

因此，要将楚顷襄王在位改订为33年，可能还缺乏有力的证据。

再来看看楚顷襄王的年代。如关于公元前298年秦取析之事。

睡虎地秦简《编年记》：

（秦昭王）九年（公元前298年）攻析①。

《史记·楚世家》：

> 顷襄王横元年……（秦）大败楚军……取析十五城而去。

由此可以确定楚顷襄王元年为公元前298年。上述平势隆郎与白光琦关于楚顷襄王年代的改订，也是与上述记载不符。

接下来再讨论关于楚考烈王、楚幽王、楚哀王、楚王负刍年代的改订意见。先来看看楚考烈王年代。目前关于楚考烈王在位的意见见表5—4：

表5—4　　　　楚考烈王年代不同意见（年代均为公元前）　　（单位：年）

《史记·十二诸侯年表》及《六国年表》	平势隆郎	白光琦
262—238	261—237	263—239

本书对其年代问题稍加以补论。

目前发现有许多"楚王酓朏"器，主要有以下几种。

《楚王酓朏鼎》：

> 楚王酓朏乍（作）铸钛鼎，以供岁尝。集脰䲧鼎。集脰。

《楚王酓朏簠》：

> 楚王酓朏乍（作）铸金簠，以供岁尝。

《楚王酓朏盘》：

> 楚王酓朏乍（作）为铸盘，以供岁尝。

---

① 陈伟主编，彭浩、刘乐贤等撰著：《秦简牍合集》（释文修订本·一），武汉大学出版社2016年版，第9页。

第五章　楚国王年问题

"![字]"字的释读是理解上述铭文的关键,程鹏万、李天虹曾就本字释读的学术史进行概述①,可以参考。本字的释读曾经先后有"胐""肯""育""肯""前"等观点,近来刘洪涛释"䏍",并认为是楚考烈王元②。目前一般从刘洪涛的观点,"楚王酓䏍"即楚考烈王元。现在具体来看看其在位年代。《史记·楚世家》:

（楚考烈王）二十五年考烈王卒,子幽王悍立。李园杀春申君。

目前一般都认为楚考烈王在位 25 年,而对其具体年代主要有公元前 262 年至前 238 年、平势隆郎定为公元前 261 年至前 237 年、白光琦定为公元前 263 年至前 239 年三种意见,现在就此进行一些分析。从相关事件来看,如公元前 256 年的楚救赵之事:

《史记·六国年表》:

（韩桓惠王十七年,公元前 256 年）秦击我阳城。救赵新中。

《史记·楚世家》:

（楚考烈王）七年,至新中,秦兵去。

由此可以确定楚考烈王元年为公元前 262 年。平势隆郎与白光琦的拟定也与此明显不同。

再来看看楚幽王年代。目前发现有一些"楚王酓忎"器,主要有以下几种。

《楚王酓忎盘》:

---

① 程鹏万:《安徽寿县朱家集出土青铜器铭文集释》,黑龙江人民出版社 2009 年版,第 38—55 页;李天虹:《楚国铜器与竹简文字研究》,湖北教育出版社 2012 年版,第 24—33 页。
② 小虫（刘洪涛）:《说〈上博五·弟子问〉"延陵季子"的"延"字》,"简帛网",2006 年 5 月 20 日,http://www.bsm.org.cn/show_article.php?id=351。

楚王酓忎，战获兵铜，正月吉日，窒铸少盘，以供岁尝。冶师绍圣、差陈共为之。

《楚王酓忎鼎》：

楚王酓忎，战获兵铜，正月吉日，窒铸鐈鼎，以供岁尝。冶师盘野、差秦忎为之。楚王酓忎，战活（获）兵铜，正月吉日，窒铸鐈鼎之盖，以供岁尝。冶师傅秦、差苟賸为之。集脰。三楚。

铭文中的"楚王酓忎"即《史记·楚世家》中的楚幽王熊悍，《史记·六国年表》中楚幽王之名为"悼"是由于形近而讹。① 铭文中有"正月吉日"之语，刘节依此认为本器的铸造时间应当在战事后的下一年，即楚幽王四年（公元前234年），刘彬徽依据《史记·楚世家》所记载的"（楚）幽王三年，秦魏伐楚，秦相吕不韦卒"，认为此可能即铭文中所提及的战事并赞同其年代为楚幽王四年（公元前234年）的观点。②

目前关于楚幽王的年代，一般赞同《史记》所记载的公元前237年至前228年之说，而白光琦改订为公元前238年至前229年，于是对此稍加讨论。《史记·楚世家》：

（楚幽王十年）幽王卒，同母弟犹代立，是为哀王。

《史记·六国年表》：

楚幽王十年，幽王卒，弟郝立，为哀王。

上述资料均记载楚幽王在位十年而卒。此外，文献中有楚幽王十一年杀春申君的记载，见《越绝书·越绝外传·记吴地传》：

---

① 商承祚：《十二家吉金图录》，载刘庆柱、段志洪、冯时主编《金文文献集成》（第20册），线装书局2005年版，第261页。
② 刘节：《寿县所出楚器考释》，载《古史考存》，人民出版社1958年版，第108—140页；刘彬徽：《楚系青铜器研究》，湖北教育出版社1995年版，第341—342页。

第五章 楚国王年问题

春申君自使其子为假君治吴。十一年幽王征假君与春申君，并杀之。二君治吴凡十四年。后十六年秦始皇并楚，百越叛去。①

杨宽指出《越绝书》中关于春申君的记载，很多是出于杜撰，而不符合史实②，因此，不能据此认为楚幽王曾在位十一年。再来看看具体年代，如关于公元前235年，秦、魏曾攻打楚国之事。

《史记·六国年表》：

（秦始皇十二年，公元前235年）发四郡兵助魏击楚。

《史记·楚世家》：

（楚幽王）三年，秦、魏伐楚。

如此则楚幽王三年即秦王政十二年（公元前235年），由此可以逆推楚幽王元年为公元前237年。白光琦关于楚幽王在位年代的改订，也是与此不相符合的，从而又导致其后的楚哀王年代，因此而发生了错误。

再来看看楚王负刍年代。目前关于楚王负刍的年代，一般认为是公元前227年至前223年，而平势隆郎、白光琦则改订为公元前228年至前224年，但文献记载如下：

《史记·楚世家》：

（楚王负刍）五年秦将王翦、蒙武遂破楚国，虏楚王负刍。

《史记·六国年表》：

（秦王政二十四年，公元前223年）王翦、蒙武破楚，虏其王负刍。

---

① 李步嘉：《越绝书校释》，武汉大学出版社1992年版，第36页。
② 杨宽：《战国史料编年辑证》，上海人民出版社2001年版，第1095页。

因此很明显，关于楚王负刍年代的改订意见，并没有充分证据。

此外，关于昌平君的事迹（？—公元前 223 年），虽然尚有一些不明晰指出，但是经过学者们的探讨①，已经大体明了，由于本书主要讨论王年问题，故对其行年暂不拟多加讨论。

综上所述，本书认为目前学者依据清华简《系年》对战国楚王年进行的改订并无充分依据，而通过分析《系年》的相关记载来看，其所反映的战国楚王年是与《史记》相一致的，目前尚无充分依据可以依《系年》对战国楚国的王年进行改订，《史记》中关于楚国王年的记载，是较为可信的。

---

① 田余庆：《说张楚——关于"亡秦必楚"问题的探讨》，《秦汉魏晋史探微》（重订本），中华书局 2004 年版，第 1—29 页；李开元：《末代楚王史迹钩沉——补〈史记·昌平君列传〉》，《史学集刊》2010 年第 1 期；辛德勇：《云梦睡虎地秦人简牍与李信、王翦南灭荆楚的地理进程》，载李学勤主编《出土文献》（第 5 辑），中西书局 2014 年版，第 190—258 页。

第六章　晋国王年问题

晋国是东周时期强盛的大国，一直延续到战国初期才灭亡。不过关于其在春秋晚期至战国早中期的王年问题由于记载有限，尚有一些不明确之处，见表6—1。

表6—1　　文献中的晋国世系（年代均为公元前）　　（单位：年）

世系	《史记·六国年表》	《史记·晋世家》	《竹书纪年》今本	《竹书纪年》古本
定公	511—475	511—475	511—475	31 年
出公	474—457	474—458	474—452	23 年
敬公				18 年
哀公	456—438	457—440	451—430	18 年
幽公	437—420	439—422	429—420	13 年
烈公	419—393	421—395	419—393	12 年
孝公	392—378	394—378	392—370	
桓公				
静公	377—376	377—376		

在清华简《系年》公布之前，学者们对于晋国自晋定公至于晋烈公的世系与年代多有讨论，见表6—2所示：

表 6—2　　学者拟定春秋末至战国初年晋国诸王年比较表（年代均为公元前）　　（单位：年）

世系	《史记》、李尚师①	钱穆、范祥雍②	陈梦家③	李孟存1④	李孟存2⑤	杨宽⑥	平势隆郎⑦	吉本道雅	晁福林⑧
定公	511—475	511—475		511—475	511—475		512—476	511—475	511—475
出公	474—457	474—452	474—452	474—?	474—458	474—457	476—454	474—452	474—452
哀公	456—438			456—?	457—440	456—455	454—?		
懿公						454—452		451—434	
敬公		451—434	451—434			451—434			451—434
幽公	437—420	433—416	433—416			433—416		433—416	433—416
烈公	419—393	415—390	415—389			415—389		415—389	415—389
桓公		389—370	388—369			388—369			388—369
孝公	392—378							388—351	
静公	377—376							350—349	

由表 6—2 来看，尚有的疑问主要在：①晋出公的年代问题；②晋哀

---

① 李尚师：《晋国通史》，山西人民出版社 2014 年版，第 234—258 页。
② 钱穆：《先秦诸子系年（外一种）》，河北教育出版社 2002 年版，第 556—569 页；范祥雍：《古本竹书纪年辑校订补》，上海古籍出版社 2011 年版，第 51—52、106—117 页。
③ 陈梦家：《西周年代考·六国纪年》，中华书局 2005 年版，第 83—87 页。
④ 李孟存、常金仓：《晋国史纲要》，山西人民出版社 1988 年版，第 137—139、302 页。按李、常二位先生所列晋出公、晋哀公的年代，两者似乎有抵触。
⑤ 李孟存、李尚师：《晋国史》（第 2 版），三晋出版社 2015 年版，第 545 页。
⑥ 杨宽：《战国史料编年辑证》，上海人民出版社 2001 年版，第 1165—1176 页。
⑦ ［日］平势隆郎：《新编史记东周年表》，东京大学出版会 1995 年版，第 303—304 页。
⑧ 晁福林：《春秋战国的社会变迁》，商务印书馆 2011 年版，第 984—1001 页。

公、晋懿公与晋敬公的关系问题；③晋桓公与晋孝公、晋静公三世国君的年代，也有不清晰之处。

清华简《系年》为此提供了新的材料，如其记载有传世文献所不见的"晋柬（简）公"和"晋敬公"，清华简《系年》记载了春秋至战国早期晋国诸王世系，所记载的"晋柬（简）公"可能即文献中的"晋定公"，所记载的"晋敬公"也见于《竹书纪年》，《史记·晋世家》及《六国年表》中的"晋哀公"、《史记·赵世家》中的"晋懿公"等从年代来看，应该就是《系年》《竹书纪年》中的"晋敬公"，《系年》所记载的东周晋国世系与传世文献中的基本一致，仅少了晋出公一代。并就《系年》中所记载的春秋战国之际晋国诸王年代进行了探讨。笔者拟在学界已有基础上对相关《系年》中所记载的东周时期晋国诸王世系及其年代问题进行讨论。

一 清华简《系年》所见东周晋国世系及年代

传世文献中的晋国世系，据《史记·晋世家》及《世本》[①] 等的记载，东周时期晋国自晋献公至晋烈公的世系及其年代一般以为如下[②]：

晋献公诡诸→奚齐→卓（悼）子→晋惠公夷吾→晋怀公圉→晋文公重耳→晋襄公讙→晋灵公夷皋→晋成公黑臀→晋景公据→晋厉公寿曼→晋悼公周→晋平公彪→晋昭公夷→晋顷公去疾→晋定公午→晋出公凿→晋哀（懿）公骄→晋幽公柳→晋烈公止

清华简《系年》也有关于东周时期晋国世系的记载，整理如下：

晋献公→奚齐→悼子→晋惠公→晋怀公→晋文公→晋襄公→晋灵

---

① 秦嘉谟辑补本：《世本》，《世本八种》，中华书局2008年10月第1版，2010年6月第2次印刷，第43—44页。
② 李孟存、常金仓：《晋国史纲要》，山西人民出版社1988年版，第138、291—302页。

公→晋成公→晋景公→晋厉公→晋悼公→晋庄平公→晋昭公→晋顷公→晋柬（简）公→（晋出公）→晋敬公→晋幽公→晋（烈）公止

将两种世系相对比，可以发现《系年》所记晋顷公至晋幽公间的世系为晋简公、晋敬公二世，一般则以为是晋定公、晋出公、晋哀公三世，《系年》中所见晋君的记载，不仅世系上少了一代，而且王名也不同，两者存在一定差异，需要加以探讨。

我们先将《系年》中记载的晋国世系及其年代进行梳理，由于文献中关于晋国在晋定公及其之前的诸王世系与年代较为统一，歧义不大，而清华简《系年》中关于晋献公之前晋国诸王的年代记载并不是都有详细的纪年资料，对于这部分没有详细纪年资料的晋国诸王年代，本文暂从通行的看法。

1.《系年》所见晋献公至晋顷公年代

①晋献公（及奚齐、悼子）。见于《系年》第6章的记载：

> 晋献公之嬖妾曰骊姬，欲其子奚齐之为君也，乃谗太子共君而杀之，又谗惠公及文公，文公奔狄，惠公奔于梁。献公卒，乃立奚齐。①

奚齐、悼子亦见于《系年》第6章的记载：

> 献公卒，乃立奚齐。其大夫里之克乃杀奚齐，而立其弟悼子，里之克又杀悼子。②

《史记·晋世家》记载晋献公在位26年，一般以为其在位的年代为公元前676年至前651年，《系年》中关于晋献公的年代无明确纪年资料，本书从之通行看法。《系年》中所记载的奚齐、悼子事迹也与传世文献相

---

① 清华大学出土文献研究与保护中心编，李学勤主编：《清华大学藏战国竹简（二）》，中西书局2011年版，第150页。
② 同上书，第150页。

第六章　晋国王年问题

同，故其年代也应与传世文献中相符合。

②晋惠公（及晋怀公）。均见于《系年》第6章的记载：

> 晋献公之嬖妾曰骊姬，欲其子奚齐之为君也，乃谗太子共君而杀之，又谗惠公及文公，文公奔狄，惠公奔于梁……秦穆公乃纳惠公于晋，惠公赂秦公曰："我苟果入，使君涉河，至于梁城。"惠公既入，乃背秦公弗予。立六年，秦公率师与惠公战于韩，止惠公以归。惠公焉以其子怀公为质于秦，秦穆公以其子妻之……晋惠公卒，怀公即位。①

本章所记载"立六年，秦公率师与惠公战于韩"，即《左传》僖公十五年（公元前645年）记载的秦、晋韩之战，《系年》的记载与《左传》相同，故可推定《系年》中所记晋惠公的年代正与传世文献中所记载相同。《系年》中所见晋怀公的事迹也与传世文献一致。《史记·晋世家》记载晋惠公在位14年，一般以为晋惠公年代为公元前650年至前637年，晋怀公年代一般以为公元前637年至前636年，本书从之。

③晋文公。见于《系年》第6—8章的记载：

> 文公奔狄……文公十又二年居狄……晋惠公卒，怀公即位。秦人起师以纳文公于晋……晋文公立四年……文公率秦、齐、宋及群戎之师以败楚师于城濮，遂朝周襄王于衡雍，献楚俘馘，盟诸侯于践土。晋文公立七年，秦、晋围郑……秦师乃复，伐滑，取之。晋文公卒，未葬，襄公亲率师御秦师于崤，大败之。②

《系年》中关于晋文公事迹的记载，多可与传世文献相对应，如"文公十又二年居狄"的记载正与《史记·晋世家》中同，《系年》第7章记载了晋文公四年楚围宋国之事，一般以为此事发生于楚成王三十九年（公元前633年），晋文公围曹及五鹿的年代为成王四十年（公元前632

---

① 清华大学出土文献研究与保护中心编，李学勤主编：《清华大学藏战国竹简（二）》，中西书局2011年版，第150页。
② 同上书，第150—155页。

· 245 ·

年),则由《系年》所见其当为晋文公五年,如此则《系年》中的晋文公元年正同于传世文献所记载为公元前 636 年。简文"晋文公卒,未葬"而发生秦、晋崤之战(公元前 627 年)的记载也与传世文献相同,故由《系年》可见晋文公的年代为公元前 636 年至前 628 年,《史记·晋世家》记载晋文公在位九年,《系年》也正与其相符合。

④晋襄公。见于《系年》第 8 章:"晋文公卒,未葬,襄公亲率师御秦师于崤,大败之。"第 9 章也有"晋襄公卒,灵公高幼"的记载。《史记·晋世家》记载晋襄公在位 7 年,一般以为其年代为公元前 627 年至前 621 年,由《系年》后文所记载晋灵公元年为公元前 620 年来看,则《系年》中晋襄公的年代也可以认为是相同的。

⑤晋灵公。见于《系年》第 10 章的记载:

灵公高立六年,秦公以战于堇阴之故,率师为河曲之战。①

本章所记载的秦、晋堇阴之战发生于公元前 620 年,《史记·晋世家》记载:"灵公元年……赵盾为将,往击秦,败之令狐。先蔑、随会亡奔秦。"《系年》的记载与之相同,如此则河曲之战发生于晋灵公六年(公元前 615 年),此事即《史记·晋世家》所载:"六年,秦康公伐晋,取羁马。晋侯怒,使赵盾、赵穿、郤缺击秦,大战河曲。"则可见《系年》中晋灵公元年为公元前 620 年。一般以为晋灵公的年代为公元前 620 年至前 607 年,故可推定《系年》中所见的晋灵公年代与传世文献所记载的是一致的。

⑥晋成公。见于《系年》第 12 章的记载:"楚庄王立十又四年,王会诸侯于厉,郑成公自厉逃归,庄王遂加郑乱。晋成公会诸侯以救郑,楚师未还,晋成公卒于扈。"本章所记载即楚庄王十四年(公元前 600 年)楚人伐郑、晋国救郑之事,《史记·晋世家》记载:"七年,成公与楚庄王争强,会诸侯于扈……是年,成公卒。"《系年》的记载与之相同,一般以晋成公年代为公元前 606 年至前 600 年,《系年》中所见晋成公年代也与之相同。

---

① 清华大学出土文献研究与保护中心编,李学勤主编:《清华大学藏战国竹简(二)》,中西书局 2011 年版,第 159 页。

⑦晋景公。见于《系年》第 14 章：

  晋景公立八年，随会率师，会诸侯于断道，公命驹之克先聘于齐……明岁，齐顷公朝于晋景公。①

  本章所载驹之克使齐的事情亦见于《史记·晋世家》晋景公八年的记载，"靡笄之战"见于《史记·晋世家》晋景公十一年的记载，齐顷公朝晋景公之事见于《史记·晋世家》晋景公十二年的记载，《系年》中关于晋景公时期历史事件的记载与《史记》中是一致的。一般以为晋景公年代为公元前 599 年至前 583 年，故可推定《系年》所记载的晋景公年代也是如此。

⑧晋厉公。见于《系年》第 17 章：

  景公卒，厉公即位。共王使王子辰聘于晋，又修成，王又使宋右师华孙元行晋楚之成。明岁，楚王子罢会晋文子燮及诸侯之大夫，盟于宋……明岁，厉公先起兵，率师会诸侯以伐秦，至于泾。共王亦率师围郑，厉公救郑，败楚师于鄢。厉公亦见祸以死，亡（无）后。②

  一般以为楚派公子辰到晋国为楚共王九年（公元前 582 年），晋厉公年代一般以为公元前 580 年至前 574 年，华元召集晋、楚会盟一般认为在楚共王十二年（公元前 579 年），则楚王子辰至晋的年代应该订正为楚共王十一年（公元前 580 年）。晋厉公伐秦之事在晋厉公三年（公元前 578 年），与《系年》此处记载相同，由后文晋悼公十一年盟会的记载与传世文献相同来看，故《系年》中晋厉公的年代正与传世文献相同，亦为公元前 580 年至前 574 年。

⑨晋悼公。见于《系年》第 20 章："悼公立十又一年，公会诸侯，以吴王寿梦相见于虢。"③《左传》襄公十年（公元前 563 年）记载有此年晋、吴盟会之事，《系年》所记即此事。一般以为晋悼公年代为公元前

---

① 清华大学出土文献研究与保护中心编，李学勤主编：《清华大学藏战国竹简（二）》，中西书局 2011 年版，第 167 页。
② 同上书，第 177 页。
③ 同上书，第 186 页。

· 247 ·

573年至前558年，故可推定《系年》晋悼公的年代也与此相同。

⑩晋庄平公。见于《系年》第17章："晋庄平公即位年，公会诸侯于溴梁，遂以迁许于叶而不果……平公率师会诸侯，为平阴之师以围齐……平公立五年，晋乱，栾盈出奔齐……晋人既杀栾盈于曲沃，平公率师会诸侯，伐齐。"又见于《系年》第18章："晋庄平公立十又二年，楚康王立十又四年，令尹子木会赵文子武及诸侯之大夫，盟于宋。"①

此次盟会即《左传》襄公二十七年所记载的第二次弭兵之盟（公元前546年），一般以为晋平公的年代为公元前557年至前532年，《系年》记载其时在晋平公十二年，故可以由此推定《系年》中所记载的晋平公年代也是如此。

⑪晋昭公、晋顷公。见于《系年》第18章记载："灵王见祸，景平王即位。晋庄平公即世，昭公、顷公皆早世，简公即位。景平王即世，昭王即位。"苏建洲认为这段记载的顺序应该为"灵王见祸，景平王即位。景平王即世，昭王即位。晋庄平公即世，昭公、顷公皆早世，简公即位"，此说可从。②《系年》中所见晋昭公、晋顷公事迹较为简略，其年代本书暂从通行看法。

2.《系年》"晋简公"与《史记》"晋定公"

《左传》哀公十八年（公元前477年）记载"宋杀皇瑗"，《水经·获水注》引《竹书纪年》："宋杀其大夫皇瑗于丹水之上"，范祥雍认为《竹书纪年》此条材料应当依据《左传》，可以推断为晋定公三十五年，因此范氏的意见是晋定公元年为公元前511年。③《史记·十二诸侯年表》及《六国年表》记载晋定公年代为公元前511年至前475年，学界目前一般从此说。

再来看看清华简《系年》中与"晋简公"有关的记载，主要如下：

第18章：

晋庄平公即世，昭公、顷公皆早世，简公即位。

---

① 清华大学出土文献研究与保护中心编，李学勤主编：《清华大学藏战国竹简（二）》，中西书局2011年版，第177、180页。
② 苏建洲：《〈清华大学藏战国竹简（二）·系年〉考释七则》，《中国文字研究》（第19辑），上海书店出版社2014年版，第67页。
③ 范祥雍：《古本竹书纪年辑校订补》，上海古籍出版社2011年版，第52页。

第20章：

> 晋简公立五年，与吴王阖卢伐楚……晋简公会诸侯，以与夫秦（差）王相见于黄池。

"晋简公"为传世文献所不载，孙飞燕、魏慈德、苏建洲在前引用文中认为即《史记·晋世家》中所记载的"晋定公"[①]，从《晋世家》的记载来看：

> （晋定公）三十年（公元前482年），定公与吴王夫差会黄池，争长，赵鞅时从，卒长吴。

上述资料记载了晋定公三十年与吴王夫差盟于黄池，从这一事迹上看，《系年》中的"晋简公"与《史记》中的"晋定公"两者有共同之处，故《系年》中的"晋简公"可能即是晋定公，苏建洲在前引文中指出作为谥号的"简""定"有区别，并对"简""定"在读音上的联系进行了探讨，具有很好的启发意义。笔者推测"晋简公""晋定公"也有可能都是"晋简定公"的省称。晋定公的年代一般定为公元前511年至前475年，此应该也就是《系年》中"晋简（定）公"的年代。

3.《系年》、《竹书纪年》"晋敬公"与传世文献"晋哀（懿）公"

文献中关于晋出公以后的世系，记载有不同。
①《史记·赵世家》记载为"晋懿公（骄）"；《史记·晋世家》索隐

[①] 孙飞燕：《试谈〈系年〉中厥貉之会与晋吴伐楚的纪年》，"复旦古文字网"，2012年3月31日，http://www.gwz.fudan.edu.cn/SrcShow.asp?Src_ID=1810，又见《清华简〈系年〉初探》，中西书局2015年版，第125页；魏慈德：《清华简〈系年〉与〈左传〉中楚史的异同》，《东华汉学》（第17期），第1—48页；苏建洲、吴雯雯、赖怡璇：《清华二〈系年〉集解》，万卷楼图书股份有限公司2013年版，第713—714页。

引《世本》:"(晋)昭公生桓子雍,雍生忌,忌生懿公骄"。

②《史记·晋世家》与《赵世家》所记载为同一人,但是名为"晋哀公(骄)"。《史记·晋世家》记载:

> 哀公大父雍,晋昭公少子也,号为戴子。戴子生忌。忌善知伯,蚤死,故知伯欲尽并晋,未敢,乃立忌子骄为君……哀公四年,赵襄子、韩康子、魏桓子共杀知伯,尽并其地。十八年,哀公卒,子幽公柳立。

《史记·晋世家》记载晋哀公在位18年,韩、赵、魏于其在位的第四年灭知氏。《史记·六国年表》于公元前456年记载为"晋哀公忌元年",《正义》指出:

> 表云"晋出公错十八年,晋哀公忌二年,晋懿公骄立十七年而卒",《世本》云"昭公生桓子雝,雝生忌,忌生懿公骄"。《世家》云"晋出公十七年,晋哀公骄十八年",而无懿公。按:"出公道死,智伯乃立昭公曾孙骄为晋君,是为哀公。哀公大父雍,晋昭公少子,号戴子,生忌。忌善智伯,欲并晋,未敢,乃立忌子骄为君。"据三处不同,未知孰是。

杨宽认为《晋世家》的"晋哀公"即《竹书纪年》中的"晋敬公"[①]。
③《竹书纪年》记载为"晋敬公(骄)"。
清代学者梁玉绳曾认为《世本》中的"忌"应当为晋哀公,为"晋懿公(骄)"之父[②];目前来看,上述几种文献记载的实际上应该为同一人,只是在文献中所见的名号有不同[③]。

《系年》记载"晋简公"之后为"晋敬公",这是由于其可能没有记载在这其中的晋出公一世。《系年》第20章记载:

[①] 杨宽:《战国史料编年辑证》,上海人民出版社2001年版,第115、135页。
[②] (清)梁玉绳:《史记志疑》,中华书局1981年4月第1版,2013年11月北京第3次印刷,第393页。
[③] 杨宽:《战国史料编年辑证》,上海人民出版社2001年版,第115页。

第六章 晋国王年问题

> 晋敬公立十又一年，赵桓子会诸侯之大夫，以与越令尹宋盟于巩，遂以伐齐，齐人焉始为长城于济，自南山属之北海。①

清华简《系年》所记载的晋出公以后的"晋敬公"，正好可以与《竹书纪年》的记载相印证，本书结合这些资料，对其与文献中另见的"晋哀公""晋懿公"等的关系稍加探讨。

今本《竹书纪年》记载晋敬公在位 22 年，又记载"周考王十一年（公元前 430 年），晋敬公卒"，但是此说存在明显的问题。②《竹书纪年》记载晋敬公在位 18 年，范祥雍等从之。③《史记·晋世家》索隐引《竹书纪年》：

> 按《纪年》，魏文侯初立在敬公十八年。

此条资料中所记载的魏文侯与晋敬公年代间关系值得注意。清华简《系年》第 20 章记载"楚声桓王即位，元年，晋公止会诸侯于任，宋悼公将会晋公，卒于鬭……晋魏文侯斯从晋师，晋师大败齐师"，楚声王在位于公元前 407 年至前 402 年，《史记·魏世家》及《史记·晋世家》、《史记·六国年表》等记载魏文侯在位 38 年（公元前 424 年至前 387 年），前引夏含夷文中认为是公元前 433 年至前 396 年④；而《史记·魏世家》索隐引《竹书纪年》记载："（魏文侯）五十年卒"，一般依此认为魏文侯在位于公元前 445 年至前 396 年。如何理解上述魏文侯年代与晋敬公年代间的关系，笔者认为需要从这里的"初立"是指"即位"还是"称侯"来加以突破。第一种，如果以"初立"为即位，则公元前 445 年为晋敬公六年而非十八年，对此王国维曾指出："案《魏世家》索隐引《纪年》：'文侯五十年卒，武侯二十六年卒。'由武侯卒年上推之，文侯初立，当在敬

---

① 清华大学出土文献研究与保护中心编，李学勤主编：《清华大学藏战国竹简（二）》，中西书局 2011 年版，第 186 页。
② 夏含夷：《晋出公奔卒考——兼论〈竹书纪年〉的两个纂本》，载上海博物馆编《上海博物馆集刊》（第 9 辑），上海书画出版社 2002 年版，第 186—194 页，收入《古史异观》，上海古籍出版社 2005 年版，第 470—482 页。
③ 范祥雍：《古本竹书纪年辑校订补》，上海古籍出版社 2011 年版，第 55 页。
④ 夏含夷：《晋出公奔卒考——兼论〈竹书纪年〉的两个纂本》，载上海博物馆编《上海博物馆集刊》（第 9 辑），上海书画出版社 2002 年版，第 470—482 页。

公六年,《索隐》作'十八年','十八'二字乃'六'字误离为二也。"[1]第二种,如果以"初立"为"称侯"来看,陈梦家曾提出魏文侯在位50年,以公元前433年为"后元"元年[2],笔者在这里结合陈梦家、夏含夷的意见,认为可能是魏文侯以公元前445年为掌权元年,而其于公元前434年改元称侯(即晋敬公十八年)、并以公元前433年为元年,如此一来则以"初立"为"称侯",《纪年》"魏文侯初立在敬公十八年"的问题也可以得到解释,即魏文侯改元之年(公元前434年)在晋敬公十八年。在上述两种可能的理解方式中,笔者觉得第二种解释可能更为合理一点。

魏慈德认为《系年》中所见的"晋敬公"世系应该在"晋定公"之后[3],其说可从。《系年》所记的"晋敬公"与《竹书纪年》相同,故《史记·晋世家》《史记·六国年表》中的"晋哀公",《史记·赵世家》中的"晋懿公"应即《系年》《竹书纪年》中的"晋敬公",故相应的世系应拟定为"晋定(简)公→晋出公→晋敬(哀、懿)公→晋幽公"。

《竹书纪年》记载"魏文侯初立,在晋敬公十八年",王国维在前文已经指出当为"六年",《水经·瓠子河注》引《竹书纪年》"(晋)烈公十一年,田悼子卒,田布杀公孙孙,公孙会以廪丘叛于赵"[4],《史记·田敬仲完世家》索隐记载此年为"齐宣公五十一年",范祥雍认为由此可确定晋敬公在位18年,晋烈公在位26年[5]。范先生此处关于晋敬公在位18年的意见可从,但晋烈公的年代可能则少算了1年。《史记·晋世家》索隐:

（晋）出公二十三年（公元前452年），奔楚，乃立昭公之孙，是为敬公。

《史记·晋世家》记载晋哀公在位18年,由此晋敬公的年代可以定为公元前451年至前434年。

---

[1] （清）朱右曾辑、王国维校补、黄永年校点：《古本竹书纪年辑证·今本竹书纪年疏证》，辽宁教育出版社1997年版，第22页。
[2] 陈梦家：《西周年代考·六国纪年》，中华书局2005年版，第112页。
[3] 魏慈德：《清华简〈系年〉与〈左传〉中楚史的异同》，《东华汉学》（第17期），第1—48页，又《新出楚简中的楚国语料与史料》，五南图书出版公司2014年版，第276—299页。
[4] （北魏）郦道元著，陈桥驿校证：《水经注校证》，中华书局2013年版，第551页。
[5] 范祥雍：《古本竹书纪年辑校订补》，上海古籍出版社2011年版，第130页。

由上述讨论可见,《系年》中所见的"晋简公"(也曾见于《竹书纪年》)即传世文献中的晋定公,"晋敬公"即传世文献中的"晋哀(懿)公",本节所讨论的《系年》与目前学者所认为的晋国东周时期自晋献公至晋烈公(除晋出公暂未讨论之外)的世系及其年代大体是一致的。

4.《系年》"晋幽公"与"晋烈公"年代

①晋幽公。《史记·晋世家》记载:

> (晋幽公)十五年,魏文侯初立。《索隐》:按纪年,魏文侯初立在敬公十八年。十八年(公元前420年),幽公淫妇人……盗杀幽公。《索隐》引《纪年》:夫人秦嬴贼公于高寝之上。

《史记·六国年表》中周考王四年(前437年),魏栏记"晋幽公柳元年。服韩、魏",《史记》等文献记载的晋幽公在位年代为公元前437年至前420年。但应当注意到的是,《史记·六国年表》等关于晋出公的年代记载有误,从而导致了其所记载的晋幽公年代也不准确。由于《史记》在晋出公的年代上少了5年,晋哀公元年又误后了1年[①],从而整体《史记》所记载的晋幽公年代整体提前了4年,故杨宽指出《史记·六国年表》"(魏文侯五年、周威烈王六年,公元前420年)魏诛晋幽公,立其弟止",此事依据《竹书纪年》应当为晋幽公十四年[②],范祥雍则认为此处《史记》索隐引《竹书纪年》,没有专门标明其年代,应该是《史记》与《竹书纪年》一致,因而才省略年代记载[③],本书从杨宽的意见。综上所述,本书赞同晋幽公年代为公元前433年至前416年的意见。《系年》第20章记载"晋幽公立四年,赵狗率师与越公朱句伐齐",结合简文前后的记载来看,也是与上述意见相符合的。

②晋公止。《史记·六国年表》记载晋烈公在位27年(公元前419年

[①] 钱穆:《先秦诸子系年(外一种)》,河北教育出版社2002年版,第146页。
[②] 杨宽:《战国史料编年辑证》,上海人民出版社2001年版,第145页。
[③] 范祥雍:《古本竹书纪年辑校订补》,上海古籍出版社2011年版,第130页。

至前393年),《史记·晋世家》也记载其在位27年。

> 烈公十九年,周威烈王赐赵、韩、魏皆命为诸侯。二十七年,烈公卒,子孝公颀立。

但是《竹书纪年》中所见晋烈公的年代与此不同,从文献的相关记载,如公孙会叛乱之事有如下记载。
《史记·田敬仲完世家》索隐引《竹书纪年》:

> 宣公五十一年(公元前405年),公孙会以廪丘叛于赵。十二月,宣公薨。

《水经·瓠子河注》引《竹书纪年》:

> 晋烈公十一年,田悼子卒。田布杀其大夫公孙孙,公孙会以廪丘叛于赵。

由此,可以确定晋烈公元年为公元前415年。又《水经·汶水注》引《竹书纪年》:

> 晋烈公十二年,王命韩景子、赵烈子、翟员伐齐,入长城。①

现在一般认为三晋伐齐之事在公元前404年,由此也可以确定晋烈公元年为公元前415年。再结合《史记》关于晋烈公在位27年的记载,可以确定晋烈公的年代为公元前415年至前389年。
清华简《系年》关于晋烈公的记载,见于第20章:

> 楚声桓王即位,元年,晋公止会诸侯于任,宋悼公将会晋公,卒于鼃。韩虔、赵籍、魏击率师与越公翳伐齐……晋公献齐俘馘于周

---

① (北魏)郦道元著,陈桥驿校证:《水经注校证》,中华书局2013年版,第604页。

王，遂以齐侯贷、鲁侯羴（显）、宋公田、卫侯虔、郑伯骀朝周王于周。①

一般以为楚声王年代为公元前407年至前402年。

《骉羌钟》记载"廿又再祀"（周威烈王二十二年，公元前404年）"入长城，先会于平阴"，其事即上述《水经注·汶水注》引《竹书纪年》所记载"入长城"之事，故一般定晋烈公元年为公元前415年；关于晋烈公的在位年限，《史记·晋世家》记载："烈公十九年，周威烈王赐赵、韩、魏皆命为诸侯。二十七年，烈公卒，子孝公颀立。"《史记·晋世家》记载晋烈公在位27年，在位第十九年，韩、赵、魏为诸侯，以为其在位27年，而今本《竹书纪年》则记载晋烈公二十二年，及次年太子喜出奔之事，学者或依此认为晋烈公在位22年，范祥雍已指出此观点还缺乏说服力。② 总之，目前一般据《史记》记载而定晋烈公的年代为公元前415年至前389年。

5.《系年》晋世系未记载"晋出公"

不过需要注意的是，由上述讨论可见，《系年》记载的"晋定（简）公"（公元前511年至前475年）、"晋敬（哀、懿）公"（公元前451年至前434年）之间的年代上还存在缺环，表明见于《系年》所记载的晋国世系，在晋简公与晋敬公间可能少记录了传世文献中所记载的"晋出公"一世。《史记·晋世家》主要记载了晋出公十七年，知、韩、赵、魏分范、中行氏之地的事情，因此《系年》中没有记载"晋出公"一世是有较大可能性的。晋国自晋出公以后的年代世系记载较为混乱，因此讨论东周时期晋国世系，就不能不讨论晋出公的年代问题。

《史记·六国年表》记载晋出公的年代为公元前474年至前457年，《史记·晋世家》：

---

① 清华大学出土文献研究与保护中心编，李学勤主编：《清华大学藏战国竹简（二）》，中西书局2011年版，第186页。
② 范祥雍：《古本竹书纪年辑校订补》，上海古籍出版社2011年版，第62页。

· 255 ·

出公十七年，《集解》：徐广曰："年表云出公立十八年。或云二十年。"知伯与赵、韩、魏共分范、中行地以为邑。出公怒，告齐、鲁，欲以伐四卿。四卿恐，遂反攻出公。出公奔齐，道死。故知伯乃立昭公曾孙骄为晋君，是为哀公。《索隐》按：《赵系家》云"骄是为懿公"。又《年表》云出公十八年，次哀公忌二年，次懿公骄十七年。《纪年》又云"出公二十三年奔楚，乃立昭公之孙，是为敬公"。《系本》亦云昭公生桓子雍，雍生忌，忌生懿公骄。然晋、赵系家及年表各各不同，何况纪年之说也。

《竹书纪年》的记载，与此略有不同。

第一，《史记·越王勾践世家》索隐引《竹书纪年》："晋出公十年十一月，于粤子句践卒（公元前465年）。"

第二，《史记·晋世家》："（晋）哀公四年，赵襄子、韩康子、魏桓子共杀智伯，尽并其地"，索隐："如《纪年》之说，此乃出公二十二年事"。

由此可以确定晋出公元年为公元前474年。此外，今本《竹书纪年》记载晋出公在周贞定王十一年（公元前458年）出奔齐，后于周贞定王十七年（公元前452年）卒，并"乃立昭公之孙，是为敬公"[1]，今本《纪年》的记载，在绝对年代上，也与古本《纪年》较为接近。值得注意的有以下几点。

首先，《史记·赵世家》：

> 晋出公十七年，简子卒，太子无恤代立，是为襄子……立四年（公元前473年），知伯与赵、韩、魏尽分其范、中行故地。晋出公怒，告齐、鲁，欲以伐四卿。四卿恐，遂共攻出公。出公奔齐，道死。知伯乃立昭公曾孙骄，是为晋懿公。

《史记·赵世家》将晋出公出奔的年代记载为"（赵襄子）立四年"（公元前473年），现在看来是明显不合理的。需要注意的是，知、韩、

---

[1] （清）朱右曾辑、王国维校补、黄永年校点：《古本竹书纪年辑证·今本竹书纪年疏证》，辽宁教育出版社1997年版，第113—114页。

赵、魏分范、中行氏之地的年代与知伯被韩、赵、魏三家所灭，此后晋出公奔亡应该是两件不同的事情，年代上也应该有所区别。由本书关于赵国年代的讨论来看，赵襄子卒于公元前475年，《史记·赵世家》记载为"晋出公十七年，简子卒"，如此则晋出公元年应该为公元前491年，但是如前所述，《史记·赵世家》误将赵简子卒年推后17年，从而导致了赵襄子的年代也顺延17年（定其元年为公元前457年），从而形成了《史记·赵世家》所记载的"襄子立四年，知伯与赵、韩、魏尽分范、中行故地"，实际上来看应该是赵襄子二十二年，因而应该是晋出公即位年，赵襄子卒，故晋出公元年应该为公元前474年，而不能直接认为是公元前491年。如此则文献中关于知伯被韩、赵、魏三家所灭及其晋出公奔亡的不同记载之间的差异就可以解释了：《史记·晋世家》《史记·六国年表》记载为晋出公十七年，《竹书纪年》记载为晋出公二十一年，是由于《史记》中将赵简子、赵襄子的年代推后了17年，《竹书纪年》中注意到了其事发生在赵襄子时期并定为赵襄子四年，《晋世家》《六国年表》则由于没有注意到这一材料从而将其年代定在出公十七年。另外需要注意的是，注意到《史记》中赵简子、赵襄子的年代存在晚了17年的这一讹误之后，其所记载的赵襄子二十一年（即晋出公二十一年）时晋出公出奔与古本《竹书纪年》所记载的晋出公二十二年三家灭智伯、晋出公出奔仍然存在1年的差异，这1年的差异可能是由于当时各国的历法差异所导致，从而产生了在不同记载中的跨年，再联系《史记·晋世家》索隐引"《纪年》又云出公二十三年奔楚，乃立昭公之孙，是为敬公"的记载，可以认为晋出公出奔是在其在位的二十二年，而卒于其在位的二十三年，从而可以定其年代为公元前474年至前452年。

附带提及的是，夏含夷曾依据今本《竹书纪年》中此处的记载，认为晋出公出奔之事，见于《史记》与古、今本《竹书纪年》的记载，其中今本《竹书纪年》的记载最符合当时的历史条件，由此可证今本《竹书纪年》应当是传承了《汲冢竹书》的某一个整理本，而非明代以后伪造。[①] 由本文上述讨论来看，《史记》中关于晋出公出奔及死亡的年代与古本

---

① 夏含夷：《晋出公奔卒考——兼论〈竹书纪年〉的两个篡本》，载上海博物馆编《上海博物馆集刊》（第9辑），上海书画出版社2002年版，第186—194页，收入《古史异观》，上海古籍出版社2005年版，第470—482页。

《竹书纪年》之间的差异实际上是可以调和的,如果看到了《史记》中关于赵简子、赵襄子的年代存在晚了17年的这一讹误之后,就会发现《史记》、古本及今本《竹书纪年》关于晋出公死亡年代的记载差别不大;而今本《竹书纪年》所记载的晋出公出奔同于《史记》,所记载的晋出公亡年又接近于古本《竹书纪年》,按照本文的相关年代讨论来看,晋出公不大可能在其在位的第十七年出奔,今本《竹书纪年》此处的记载同于《史记》,但《史记》中此处的记载是有不足的,因此认为今本《竹书纪年》关于晋出公出奔一事的记载价值要比《史记》和古本《竹书纪年》高,目前来看需要更多材料加以证实。

其次,《史记·晋世家》将三晋灭智伯之事,记于晋哀公四年(《六国年表》定为公元前453年),表明《晋世家》关于此事的绝对年代记载无误,但是相对王年系年上则不准确。

再来看看晋出公的在位时限。《史记·晋世家》记载为在位17年,《史记·晋世家》:

> 出公十七年(《史记·六国年表》为公元前458年),知伯与赵、韩、魏共分范、中行地以为邑……出公奔齐,道死。

上引《史记·晋世家》索隐引《竹书纪年》,记载晋出公二十三年(公元前452年)奔楚,与《史记·晋世家》此处的记载不同。杨宽依据《韩非子·十过》《战国策·赵策一》等记载,表明智伯与三晋灭范、中行在前,而三晋灭智伯、晋出公奔亡在后,是不同的两件事。[①] 晋出公出奔在智伯被三晋所灭之后,而并非《史记》此处所记载的韩、赵、魏与智伯分范、中行氏之后。

又《史记·赵世家》记载赵简子卒于晋出公十七年:

> 晋出公十七年(《史记·六国年表》为公元前458年),简子卒,太子毋恤代立,是为襄子,赵襄子元年越围吴。襄子降丧食,使楚隆问吴王。

---

① 杨宽:《战国史料编年辑证》,上海人民出版社2011年版,第88页。

而《左传》鲁哀公二十年（公元前475年）则记载本年赵襄子已经称呼赵简子为"先主"，故赵简子已经卒于晋定公末年，不会如《赵世家》所记载的卒于晋出公十七年（公元前458年）。

并且依据《竹书纪年》的记载来看，晋出公的在位年限也不止17年，如《水经·洛水注》引《竹书纪年》：

晋出公十九年，晋韩龙取卢氏城。①

此条记载晋出公在位的十九年之事。又如《水经·河水注》引《竹书纪年》：

晋出公二十二年，河绝于扈。

（清）赵一清、戴震等改作"晋出公十二年"，方诗铭、王修龄认为是晋出公二十二年②，此条材料的年代还尚待讨论。

此外，有一条材料的理解应当注意，《水经·汾水注》引《竹书纪年》：

晋出公三十年，智伯瑶城高梁。

有学者认为其年代应当是晋出公二十年③；也有学者依据今本《竹书纪年》：

（周贞定王）七年（公元前462年），晋荀瑶城南梁。

认为其年代应当是晋出公十三年，"三十"为"十三"之误倒，晋出

---

① 方诗铭、王修龄：《古本竹书纪年辑证》，《方诗铭文集》（第一卷），上海社会科学院出版社2010年版，第352页。
② 同上书，第353—354页。
③ 同上书，第353页。

公在位并没有30年。① 本书暂从后一种观点，这一问题还需要日后仔细考察。

总之，目前学者多依《竹书纪年》的记载，确定晋出公年代为公元前474年至前452年，本书也赞同这一看法。

6.《系年》所见晋国世系年代

由本书关于《系年》中诸位晋君世系与年代的讨论可见，其所记载的"晋柬（简）公"可能即文献中的"晋定公"，所记载的"晋敬公"也见于《竹书纪年》，《史记·晋世家》《六国年表》中的"晋哀公"、《史记·赵世家》中的"晋懿公"等从年代来看，应该就是《系年》《竹书纪年》中的"晋敬公"，《系年》所记载的东周晋国世系与传世文献中的基本一致，仅少了晋出公一代。从年代上来说，东周时期晋国国君在位年代经过诸多学者的探讨，目前意见已经较为一致，《系年》所记载的东周时期晋国国君的在位年代也与学界的通行看法是一致的。

表6—3　　　　清华简《系年》所见春秋战国之际晋国国君
世系年表（年代均为公元前）　　　（单位：年）

晋世系	本书
晋简（定）公	511—475
（晋出公）	474—452
晋敬（哀、懿）公	451—434
晋幽公	433—416
晋烈公	415—389

---

① 范祥雍：《古本竹书纪年辑校订补》，上海古籍出版社2011年版，第54页；杨宽：《战国史料编年辑证》，上海人民出版社2001年版，第86页。

二 晋国末世诸王年代

文献中关于晋烈公以后世系的记载较为少见，其世系主要有如下几种记载。

① "晋烈公→晋孝公→晋静公"。见于《史记·晋世家》与《世本》[①]的记载，主要史实可以概括为：第一，晋孝公在位17年，在位的第9年，魏武侯初立并攻打邯郸；在位的第17年卒，本年亦为齐威王元年。第二，晋静公在位二年，为三晋灭。此外，《史记·赵世家》记载："晋国且世衰，七世而亡。"《正义》指出："晋定公、出公、哀公、幽公、烈公、孝公、静公为七世，静公二年为三晋所灭"。

② "晋烈公→晋桓公"。古本《竹书纪年》记载晋烈公在位22年，其之后的世系为晋桓公，而没有晋孝公、晋静公。

因此，晋烈公以后的晋国世系主要是如下几个问题。

1. 晋桓公是否为晋国国君中的一世及其年代

文献中关于晋桓公的年代，有如下几种记载。
《史记·晋世家》索隐：

《纪年》以孝公为桓公，故《韩子》有"晋桓侯"，《纪年》云桓公二十年赵成侯、韩共侯迁桓公于屯留。已后更无晋事。

《史记·晋世家》索隐：

《纪年》：魏武侯以桓公十九年（公元前370年）卒，韩哀侯、赵敬侯并以桓公十五年卒。又赵系家烈侯十六年（公元前393年）与韩

[①] 陈其荣增订本：《世本》，《世本八种》，中华书局2008年10月第1版，2010年6月第2次印刷，第29页。

分晋，封晋君端氏，其后十年，肃侯迁晋君于屯留。

《史记·魏世家》索隐：

> 按《纪年》：武侯二十六年（公元前370年）卒。

《水经注·浊漳水》引《竹书纪年》：

> 梁惠成王元年（公元前369年），韩共侯、赵成侯迁晋桓公于屯留。①

今本《竹书纪年》：

> 安王九年，晋烈公卒，子桓公立……周烈王六年，韩共侯、赵成侯迁晋桓公于屯留。②

由此，可以确定晋桓公为晋国世系中的一代，其元年为公元前388年③，并且在位年代可能在19年及以上。又结合上述《水经注·浊漳水》引《竹书纪年》的记载，可以确定晋桓公年代为公元前388年至前369年，在位20年。

晋桓公曾经干涉韩国的内政，《史记·韩世家》索隐引《竹书纪年》：

> 魏武侯二十一年（公元前375年），韩灭郑，哀侯入于郑。二十二年（公元前374年），晋桓公邑哀侯于郑……韩山坚贼其君哀侯而立韩若山。

由此可见，晋桓公在其第十五年（公元前374年）时候，曾经"邑（韩）哀侯于郑"。

---

① （北魏）郦道元著，陈桥驿校证：《水经注校证》，中华书局2013年版，第243页。
② （清）朱右曾辑、王国维校补、黄永年校点：《古本竹书纪年辑证·今本竹书纪年疏证》，辽宁教育出版社1997年版，第117—118页。
③ 白光琦：《侯马盟书的年代》，《史学月刊》1984年第4期。

2. 晋孝公、晋静公是否为晋国国君

《史记·晋世家》："二十七年，烈公卒，子孝公颀立。"索隐："《系本》云：孝公倾。《纪年》以孝公为桓公，故《韩子》有晋桓侯。"对于《竹书纪年》中的"晋桓公"，与《史记》中的"晋孝公"，杨宽认为是同一人。① 又《吕氏春秋·审应》记载有"出公之后声氏为晋公"，孙诒让认为此处的"声氏"可能为晋静公，杨宽则认为"声氏"可能为晋桓公或晋孝公。② 又《汉书·古今人表》中有"晋靖公任伯，为韩魏所灭"，清代学者张澍曾疑其即晋静公俱酒。③

今本《竹书纪年》记载晋静公卒于周考王十一年（公元前430年），夏含夷指出此说的年代存在明显的问题④，本书从之。《史记·六国年表》记载其年代为公元前377年至前376年，《六国年表》在相关诸栏，分别有公元前376年"（晋静公二年）魏、韩、赵灭晋，绝无后"，"（赵敬侯十一年）分晋国"，"三晋灭其君"。

此外，《史记》中还记载有公元前349年，与晋君的相关记载。

《史记·赵世家》：

（赵成侯十六年，公元前358年）与韩、魏分晋，封晋君以端氏……肃侯元年（公元前349年），夺晋君端氏，徙处屯留。

《史记·韩世家》：

（韩昭侯）十年（按：当为十三年，公元前349年），韩姬弑其君悼公。

---

① 杨宽：《战国史料编年辑证》，上海人民出版社2001年版，第347页。
② 同上书，第348页。
③ 张澍粹集补注：《世本》，《世本八种》，中华书局2008年10月第1版，2010年6月第2次印刷，第124—125页。
④ 夏含夷：《晋出公奔卒考——兼论〈竹书纪年〉的两个篡本》，载上海博物馆编《上海博物馆集刊》（第9辑），上海书画出版社2002年版，第186—194页，收入《古史异观》，上海古籍出版社2005年版，第470—482页。

梁玉绳认为"晋静公"与韩玘所杀"悼公",两者为同一人,而范祥雍认为韩玘所弑之"悼公"非晋君。① 目前对这一问题,暂时还难以定论。

目前关于晋国末世国君,是如《竹书纪年》记载的晋桓公一代,还是《史记》所记载的晋孝公、晋静公二世,暂且留待后考。

---

① 范祥雍:《古本竹书纪年辑校订补》,上海古籍出版社2011年版,第75页。

第七章　赵国王年问题

关于战国时期赵国诸王年代问题已有较多成果①，清华简《系年》提供了有关此问题的新资料，也有学者进行了讨论②，相关成果如表7—1所示。

表7—1　战国初期赵诸王年表的主要拟定意见（年代均为公元前）（单位：年）

世系	《史记》	钱穆	范祥雍③	杨宽	平势隆郎	吉本道雅	沈长云	晁福林	王政冬 观点A	王政冬 观点B	冯小红
简子	517—458	?—475		?—476	517—475		?—475	517—477	517—477		
襄子	457—425	474—425		475—426	475—426	475—425	475—425	476—425	476—444	476—444	475—422
赵起									443		
桓子	424	424		425	426	424	424	424	442—424	443—424	442—441

---

① 相关成果可参考：钱穆《先秦诸子系年（外一种）》，河北教育出版社2002年版，第556—594页；张午时、冯志刚《赵国史》，河北人民出版社1996年版，第194—201页；沈长云等《赵国史稿》，中华书局2000年版，第137—138页；侯廷生《赵简子卒年及相关问题》，《邯郸师专学报》2000年第1期；杨宽《战国史料编年辑证》，上海人民出版社2001年版，第1165—1173页；晁福林：《试论赵简子卒年与相关历史问题》，《河北学刊》2001年第1期；晁福林：《春秋战国的社会变迁》，商务印书馆2011年版，第998—1000页；白国红《春秋晋国赵氏研究》，中华书局2007年版，第165—173页。
② Bearn：《清华简〈系年〉第20章读后记》，"水木社区"，2012年8月12日，http：//www.newsmth.net/nForum/#！article/HistoryClub/14961；王政冬：《由清华简〈系年〉订正赵国世系》，"复旦古文字网"，2014年4月3日，http：//www.gwz.fudan.edu.cn/SrcShow.asp？Src_ID＝2246；王政冬：《赵桓子年代考》，《中国史研究》2014年第4期；冯小红：《由清华简〈系年〉所见赵襄子至赵献侯世系新说》，《邯郸学院学报》2014年第4期。
③ 范祥雍：《古本竹书纪年辑校订补》，上海古籍出版社2011年版，第112—129页。

续表

世系	《史记》	钱穆	范祥雍	杨宽	平势隆郎	吉本道雅	沈长云	晁福林	王政冬 观点A	王政冬 观点B	冯小红
赵狗											440—430—425
献侯	423—409	423—409		424—409	426—408	423—409	423—409	423—409	423—409		元年 430—425
烈侯	408—400	408—387	409—387	408—387	408—395	408—387	408—400	408—387			
武公	399—387						399—387				
敬侯	386—375	386—375	386—375	386—375	395—374	386—375	386—375	386—374			
成侯	374—350	374—350	374—350	374—350	374—350	374—350	374—350	373—350			
肃侯	349—326	349—326	349—326	349—326	350—325	349—326	349—326	349—326			
武灵王	325—299	325—299	325—	325—299	324—298	325—299	325—299	325—299			
惠文王	298—266	298—266		298—266	298—266	298—266	298—266	298—266			
孝成王	265—245	265—245		265—245	265—245	265—245	265—245	265—245			
悼襄王	244—236	244—236		244—236	244—236	244—236	244—236	244—236			
赵王迁	235—228	235—228		235—228	235—229	235—228	235—228	235—228			
代王	227—222	227—222		227—222		227—222	227—222	227—222			

说明：（1）陈梦家自赵烈侯至赵武灵王的年代意见，与钱穆相同；（2）缪文远自赵烈侯至代王的年代意见，与晁福林相同；（3）侯廷生认为赵简子卒于公元前462年，赵襄子元年为公元前461年。

第七章 赵国王年问题

从已有成果来看，赵烈侯以下诸王年代的意见较为统一，主要在赵武公是否为赵国世系中的一代，与赵敬侯、赵成侯年代上有一定差异；此外，关于战国初期赵襄子至赵桓子的年代问题，也还有一些可讨论之处，本书试就此进行讨论。

一　赵简子至赵献侯四世年代

赵简子的年代。赵简子的年代与战国初期赵国诸王的年代关系较为紧密，先就其进行讨论。赵简子的卒年有《左传》的晋定公三十七年（公元前475年）与《史记》的晋出公十七年（公元前458年）两种记载。

①《左传·鲁哀公二十年》：

> 十一月越围吴，赵孟降于丧食……赵孟曰："黄池之役（公元前482年），先主与吴王有质……今越围吴，嗣子不废旧业而敌之，非晋之所能及也。"①

现在一般以为此处记载中的"先主""志父"即赵简子，"赵孟""嗣子""无恤"即赵襄子，"楚隆"是赵襄子家臣。②

②《史记·赵世家》《六国年表》记载赵简子卒于晋出公十七年（公元前458年）：

《史记·赵世家》：

> （晋）定公三十七年（公元前475年）卒，而简子除三年之丧，期而已。是岁，越王勾践灭吴。

《史记·赵世家》：

---

① （清）阮元校刻：《十三经注疏》，中华书局1980年版，第2180页。
② 杨宽：《战国史料编年辑证》，上海人民出版社2001年版，第84页。

晋出公十七年（公元前458年），简子卒，太子毋恤代立，是为襄子。赵襄子元年，越围吴，襄子降丧食，使楚隆问吴王。

但是，此处所记载的赵襄子元年"越围吴"，在《史记·吴太伯世家》中的年代为吴王夫差二十一年（公元前475年）。《史记·越王勾践世家》也记载：

（黄池之会，公元前482年）其后四年，越复伐吴，吴士民疲罢弊，轻锐死于齐、晋，而越大破吴，因而留围之三年，吴师败，越遂复栖吴王于姑苏之山。

由于文献中关于赵简子年代的记载有上述两种差异，故历来对《史记》中关于赵简子卒年的记载有较多争议。张守节《正义》指出《史记·赵世家》关于赵简子卒年的记载，与《左传》不同，应当存在错误，目前一般认为《史记》所记载的赵简子卒年有误，大多认可《左传》中关于赵简子卒年的记载，认为赵简子在晋定公末年已卒，而不是《史记》所记载的晋出公十七年（公元前458年）[1]，不过学界在具体认识上也有一些差异。第一种，晁福林认为赵简子卒于鲁哀公十八年（公元前477年）。[2] 第二种，梁玉绳认为是鲁哀公十九年（公元前476年）[3]。第三种，钱穆认为是鲁哀公二十年（公元前475年）。[4] 第四种，侯廷生认为赵简子卒年为晋出公十三年（公元前462年），《史记·赵世家》中所记载的晋出公"十七"年为"十三"年的形近或笔误。[5] 前引《左传》鲁哀公二十年的相关记载中，侯廷生认为此处的"赵孟"是赵简子，降丧食的也是赵简子；文中的"嗣子"是吴王，"嗣子不废旧业而敌之"是说吴国的继承者为吴国的存亡而进行抵抗，"无恤"不是人名，而是说晋国正在哀丧中，侯氏在前引文中依上述观点并

---

[1] （清）梁玉绳：《史记志疑》，中华书局1984年4月第1版，2013年11月北京第3次印刷，第1055页。
[2] 晁福林：《春秋战国的社会变迁》，商务印书馆2011年版，第1026页。
[3] （清）梁玉绳：《史记志疑》，中华书局1984年4月第1版，2013年11月北京第3次印刷，第389页。
[4] 钱穆：《先秦诸子系年（外一种）》，河北教育出版社2002年版，第130—133页。
[5] 侯廷生：《赵简子卒年及相关问题》，《邯郸师专学报》2000年第1期。

对赵襄子的年代进行了改订，认为其元年应该为公元前461年。

笔者认为侯氏上述关于文句的理解还没有确切的证据。首先，从本段中的"今君在难，无恤不敢惮劳"来看，如果说"无恤"指晋国正在哀丧中，则文句有所不通，因此"无恤"还是以理解为人名为宜。其次，依照侯氏以"赵孟"为赵简子的观点，则"黄池之役，先主与吴王有质"中的"先主"为赵简子之前的人物，这与《左传》等记载的赵简子参与黄池之会是相抵牾的，因此以"赵孟"为赵简子的看法并不能成立。最后，如果以"嗣子"为吴王，理解"嗣子不废旧业而敌之"指吴国的继承者为吴国的存亡而进行抵抗，在语气上则有所不敬，按照礼制上也不当称吴王为"嗣子"。因此，本段材料中相关人物的身份还是应该认为"先主"指赵简子，"赵孟""嗣子""无恤"即赵襄子（无恤），侯廷生以为此处的"赵孟"是赵简子，"嗣子"是吴王并依此对赵襄子年代的改订还有待证实。

此外，《左传》哀公二十七年记载：

> （鲁）悼公四年（公元前464年），晋荀瑶帅师围郑……将门，知伯谓赵孟："入之。"对曰："主在此。"……知伯不悛，赵襄子由是甚知伯[①]。

由此处的"主在此"可见，此时赵简子已卒。《史记》中也记载有此事。

《史记·赵世家》：

> 晋出公十一年（公元前464年），知伯伐郑。赵简子疾，使太子毋恤将而围郑……知伯归，因谓简子，使废毋恤。

《史记·六国年表》：

> （赵简子五十四年，公元前464年）知伯谓简子，欲废太子襄子，襄子怨知伯。

《史记》的记载已经与《左传》有不同，杨宽就此指出，知伯所言"恶

---

① （清）阮元校刻：《十三经注疏》，中华书局1980年版，第2183页。

而无勇，何以为子"，是讽刺赵襄子何以成为赵氏之宗子和晋卿；而不是讽刺其被立为太子，并进而以为本年赵简子尚存。①《史记》的记载有别于《左传》，正是由于这一误会而虚构之故事。从上述两段记载来看，实际上应为同一件事情，而《史记》则记载此时赵简子尚存，而从《左传》来看，则并没有这一段因为赵简子病而以赵襄子无恤替代之事，根本原因是赵简子在此前即已死去，《史记》在此事的记载上是进行了再创造。总之，由《左传》来看，在公元前464年时，赵孟（襄子无恤）已经为赵氏之首领，赵简子应该在此年之前已卒，故侯廷生的意见可能还需要更多证据来加以证实。上述几种看法中，笔者赞同钱穆的看法，赵简子的卒年应该为公元前475年。

赵襄子年代。赵简子废嫡子伯鲁而立赵襄子，《史记·赵世家》记载赵襄子立三十三年卒：

襄子立三十三年卒，浣立，是为献侯。

《史记·六国年表》也记载其在位33年（公元前457年至前425年）。钱穆则依《左传》对赵简子年代进行改订，将《史记》赵简子在位年代误多的17年算入赵襄子在位年限之内，即在位50年，进而订赵襄子年代为公元前474年至前425年。学者多从钱穆依《左传》订正《史记》战国赵年的看法，并曾提出了赵襄子在位于公元前474年至前425年②、公元前475年至前426年③、公元前475年至前425年④、公元前476年至前425年⑤等不同看法，前引侯廷生文则认为赵襄子元年为晋出公十四年（公元前461年）。由于侯氏关于赵简子卒年的改订还缺乏有力的证据，故关于赵襄子元年的意见也还有待于更多证据证实。

《史记·周本纪》等记载周定王十六年（公元前453年）三晋灭智伯，亦见于《史记·六国年表》：

---

① 杨宽：《战国史料编年辑证》，上海人民出版社2001年版，第84页。
② 钱穆：《先秦诸子系年（外一种）》，河北教育出版社2002年版，第556—561页。
③ ［日］平势隆郎：《新编史记东周年表》，东京大学出版会1995年版，第329—330页；杨宽：《战国史料编年辑证》，上海人民出版社2001年版，第1165—1170页。
④ ［日］吉本道雅：《〈史记〉战国纪年考》，《立命馆文学》1998年第9期。
⑤ 晁福林：《春秋战国的社会变迁》，商务印书馆2011年版，第998—999页。

第七章 赵国王年问题

（赵襄子五年，公元前453年）襄子败智伯晋阳，与魏、韩三分其地。

如前所述，《史记》中将赵襄子在位的前17年误归赵简子，故此事的年代应该为赵襄子二十二年，由此可以确定赵简子元年为公元前474年。

清华简《系年》所见赵襄子在位33年。由清华简《系年》来看，赵襄子的年代可以有一些新的认识，《系年》记载晋敬公十一年（公元前441年）赵桓子已主持诸侯会盟，因此赵桓子代替赵襄子执政应在此之前，《史记·六国年表》所载赵襄子在位33年（公元前457年至前425年），及上述以赵襄子末年在公元前425年前后、在位50年的看法，与《系年》此处所记载赵桓子于公元前441年已经执政是相抵牾的，赵襄子的年代可能应该重新考虑。

由《系年》此处记载来看，赵桓子执政不晚于公元前441年，因此赵襄子的卒年应在公元前442年之前。网友"bearn"在前引文中曾指出赵襄子在位年限为公元前475年至前442年[①]，此外王政冬也注意到《系年》的这一记载，提出赵襄子在位于公元前476年至前444年[②]。本书认为赵襄子的年代可以拟定为公元前474年至公元前442年，在位33年。

总之，关于赵襄子的执政期限，现在看来当依清华简《系年》所见赵襄子执政于公元前474年至前442年，在位33年的可能性较为合理。

此外，文献中有一些关于赵襄子的事迹为虚构。

如：①《战国策·中山策》记载有赵襄子进谏魏文侯（公元前395年至前370年）勿攻中山之事：

魏文侯欲残中山，常庄谈谓赵襄子曰："魏并中山，必无赵矣。公何不请公子倾以为正妻，因封之中山，是中山复立也。"[③]

关于此条记载，学者的意见有很多不同，吴师道认为应当是赵献侯时

[①] Bearn：《清华简〈系年〉第20章读后记》，"水木社区"，2012年8月12日。
[②] 王政冬：《由清华简〈系年〉订正赵国世系》，"复旦古文字网"，2014年4月3日，http://www.gwz.fudan.edu.cn/SrcShow.asp?Src_ID=2246。
[③] 诸祖耿：《战国策集注汇考》（增补本），凤凰出版社2008年版，第1712页。

之事；金正炜、钟凤年认为是赵烈侯时之事①；缪文远指出本处记载为拟托。②

②《韩非子·难一》记载：

> 襄子围于晋阳中，出围。赏有功者五人……仲尼闻之曰："善赏哉!"③

由于孔子卒于公元前 479 年，其在赵襄子的即位年之前，因此《列子》《韩非子》上述记载，只能认为是关于赵襄子的虚构故事。

赵襄子之后王位的传承。

赵桓子年代。文献中一般所见赵襄子之后为赵桓子，或以为赵桓子为赵襄子之弟（《史记·赵世家》），或以为是赵襄子之子（《史记·赵世家》索隐："襄子子桓子"），现在一般赞同《世本》的看法④。

①传世文献中关于赵桓子在位 1 年的记载及其年代。《史记·赵世家》记载赵桓子在位 1 年：

> 襄子弟桓子逐献侯，自立于代，一年卒。

《赵世家》记载赵桓子在位 1 年，《史记·六国年表》也记载其仅仅在位于公元前 424 年。

②清华简《系年》所见赵桓子在位 18 年。由清华简《系年》第 20 章来看，对赵桓子年代也可以有一些新的认识，《系年》第 20 章记载：

> 晋敬公立十又一年（公元前 441 年），赵桓子会（诸）侯之大夫，以与越令尹宋盟于巩，遂以伐齐。⑤

---

① 参见（清）王先谦撰，吕苏生补释《鲜虞中山国事表疆域图说补释》，上海古籍出版社 1993 年版，第 25—26 页。
② 缪文远：《战国策考辨》，中华书局 1984 年版，第 321 页。
③ 王先慎：《韩非子集解》，中华书局 1998 年版，第 353—354 页。
④ （清）秦嘉谟辑：《世本》，《世本八种》，中华书局 2008 年 10 月第 1 版，2010 年 6 月第 2 次印刷，第 48 页；杨宽：《战国史料编年辑证》，上海人民出版社 2001 年版，第 142 页。
⑤ 清华大学出土文献研究与保护中心编，李学勤主编：《清华大学藏战国竹简（二）》，中西书局 2011 年版，第 186 页。

第七章　赵国王年问题

赵国曾有太子率军的记载，如《史记·赵世家》"晋出公十一年，知伯伐郑。赵简子疾，使太子无恤将而围郑"，但文献中并没有见到赵桓子为赵太子的记载，故此处赵桓子应该理解为以晋卿的身份来主持盟会。在盟会中主盟人员的身份一般应该对等，如果赵襄子在位为50年，则此年代在其年代范围之内，应该是其以晋卿的身份与越令尹盟会（见表7—2）：

表7—2　赵襄子至赵桓子年表的主要拟定意见（年代均为公元前）（单位：年）

赵世系	《史记》	钱穆	杨宽	平势隆郎	吉本道雅	沈长云	晁福林	王政冬
襄子	457—425	474—425	475—426	475—426	475—425	475—425	476—425	476—444
赵起								443
桓子	424	424	425	426	424	424	424	442—424

而清华简《系年》此处是赵桓子以晋卿的身份与越令尹盟会，故结合《系年》赵桓子在晋敬公十一年（即公元前441年）已经执政的记载来看，表明赵襄子可能在位并非50年，而应该是《史记》等所记载的33年。同时由后文关于赵献候年代的讨论来看，《史记》记载赵桓子嘉在位于公元前424年，而《系年》则记载于公元前441年赵桓子已经执政，故网友"bearn"推断，赵桓子执政的时间实际上是公元前441年至前424年，他并认为《史记》将赵桓子实际在位年限中的17年误增入了赵简子在位时间中[1]，王政冬亦注意到此，并改订赵桓子的年代为公元前442年至前424年[2]，本书从网友"bearn"之说。

对于赵桓子的年代，此前多只注意到有1年的执政时期（有在位于公元前426年、公元前425年、公元前424年等不同说法），而由清华简《系年》来看，赵桓子的执政年限并不止1年，可以定为公元前441年至前424年。《史记》中将赵桓子在位年限中的17年移到赵简子在位的年限之内，从而导致了《史记》中所记载的赵襄子年代相较《左传》所记载后移17年。

---

[1] Bearn：《清华简〈系年〉第20章读后记》，"水木社区"，2012年8月12日，http://www.newsmth.net/nForum/#!articlc/HistoryClub/14961。

[2] 王政冬：《由清华简〈系年〉订正赵国世系》，"复旦古文字网"，2014年4月3日，http://www.gwz.fudan.edu.cn/SrcShow.asp?Src_ID=2246。

此外，清华简《系年》第 20 章有"赵狗"的记载：

> 晋幽公立四年，赵狗率师与越公朱句伐齐。①

简文记载晋幽公四年（公元前 430 年）赵狗与越王朱句伐齐，从《系年》所记载的率军之赵氏人物来看，如"赵桓子"（第 20 章，简 111）、"赵浣"（赵献侯，第 21 章，简 115）、"赵籍"（赵烈侯，第 22 章，简 119）等都是赵氏中的重要人物并曾经执掌大权，因此赵狗也可能是这一类人物，但《系年》中赵狗于公元前 430 年率师的年代在赵桓子执政期限之内，目前还并不能认定赵狗也是战国初期赵国世系中的一代，而应该如整理者所指出的是赵国的贵族。

附带需要注意的是，关于赵襄子与赵献侯间，是否有赵起在位的问题，《史记·赵世家》记载：

> 晋出公十七年，简子卒，太子无恤代立，是为襄子……遂以代封伯鲁子周为代成君……成君先死，乃取代成君子浣为太子。襄子三十三年卒，浣立，是为献侯。

上述文献所记载的世系如下：

①赵简子→伯鲁→代成君周→③、⑤赵献侯浣→⑥赵烈侯籍
    ↘②赵襄子毋恤
    ↘④赵桓子嘉

王政冬认为《史记》上述的记载中存在着一定错误，秦嘉谟辑本《世本》有"无恤生献侯浣及桓子嘉"这一条记载②，他结合此条与《史记·赵世家》记载天帝告诉赵简子的预言：

---

① 清华大学出土文献研究与保护中心编，李学勤主编：《清华大学藏战国竹简（二）》，中西书局 2011 年版，第 186 页。
② （清）秦嘉谟辑：《世本》，《世本八种》，中华书局 2008 年 10 月第 1 版，2010 年 6 月第 2 次印刷，第 48 页。

第七章 赵国王年问题

适余将以其冑女孟姚配而七世之孙。

认为由此可以确定赵桓子非赵襄子之弟，而应为赵襄子之子、赵献侯之兄，由此可以认为赵襄子卒到赵献侯继位（公元前423年）间，曾有赵起在位1年（公元前443年）。① 有学者对王政冬此说提出了一些疑问，首先《世本》"无恤生献侯浣及桓子嘉"的记载仅见于秦嘉谟辑本，可信度成疑；其次"七世之孙"应该为"十世之孙"之讹，因此王政冬的观点存在一些问题。② 笔者赞同这一看法，此外，还应注意的是，《史记》索隐：

代成君名周，伯鲁之子。《世本》云代成君子起即襄子之子，不云伯鲁，非也。

提到了代成君有子名"起"，王政冬认为其曾继承赵襄子之位，也还缺乏依据，故目前还没有充分证据可以表明战国初年的赵王世系中有"赵起"一世。

赵献侯年代。赵桓子死后，赵浣复立为王，即赵献侯。《史记·赵世家》：

（赵献侯）十五年献侯卒，子烈侯籍立。

《史记·六国年表》也记载赵献侯在位15年（公元前423年至前409年）。依据《史记·赵世家》的记载，赵献侯为赵襄子之兄伯鲁的孙子，而《世本》则记载代成君子起为赵襄子之子，赵襄子因太子早死而传位于太子之子，即赵献侯，如此则赵献侯即赵襄子之孙。

清华简《系年》第21章记载：

---

① 王政冬：《由清华简〈系年〉订正赵国世系》，"复旦古文字网"，2014年4月3日，http://www.gwz.fudan.edu.cn/SrcShow.asp?Src_ID=2246。
② Elevator：《关于王政冬的"由清华简〈系年〉订正赵国世系"》，"复旦古文字网"，2014年5月27日，http://www.gwz.fudan.edu.cn/forum/forum.php?mod=viewthread&tid=7082&highlight=。

楚简大王立七年……晋魏斯、赵浣、韩启章率师围黄池，遷涸而归之于楚。二年……魏斯、赵浣、韩启章率师救赤岸。①

简文中的"楚简大王立七年"应当如梁立勇理解为楚简王十年（公元前422年），"二年……魏斯、赵浣、韩启章率师救赤岸"的年代应如苏建洲等理解为楚简王十二年（公元前420年）。②《系年》此处的记载表明赵浣开始主政的年代不晚于公元前422年，其记载与传世文献等的记载是符合的，因此可以定赵浣的年代为公元前423年至前409年。

综上所述，本书所拟定的春秋战国之际赵国诸王年表如表7—3所示：

表7—3　　　本书拟定战国初赵诸王年表（年代均为公元前）　　（单位：年）

世系	本书拟定年代
赵简子	？—475
赵襄子	474—442
赵桓子	441—424
赵献侯	423—409

本书认为：①赵简子卒于公元前475年。②赵襄子执政时间为公元前474年至前442年，在位33年。③赵桓子执政时间为公元前441年至前424年，在位18年，《史记》误将其在位中的17年计入赵简子在位年之内，导致《史记》所载的赵襄子的年代较《左传》等后移了17年及赵桓子则只在位1年。④赵献侯的执政时间为公元前423年至前409年，在位15年。⑤战国初期赵国世系中并不存在赵襄子之后、赵桓子之前的"赵起"一世。

---

① 清华大学出土文献研究与保护中心编，李学勤主编：《清华大学藏战国竹简（二）》，中西书局2011年版，第189页。
② 梁立勇：《读〈系年〉札记》，《深圳大学学报》（人文社会科学版）2012年第3期；苏建洲、吴雯雯、赖怡璇：《清华二〈系年〉集解》，万卷楼图书出版公司2013年版，第807—808页。

二　赵烈侯与赵武公、赵敬侯年代

①赵烈侯年代，与赵武公是否为赵国诸王中的一世。《史记·赵世家》：

> （赵烈侯）九年，烈侯卒，弟武公立。武公十三年卒，赵复立烈侯太子章，是为敬侯。是岁，魏文侯卒。

《史记·六国年表》亦记载赵烈侯在位9年（公元前408年至前400年），其后为在位13年的赵武公（公元前399年至前387年）。但是从《竹书纪年》的记载来看，《史记》的记载可能有误，《史记·魏世家》记载"魏武侯元年，赵敬侯初立"，《索隐》按：

> 《纪年》：魏武侯之元年（公元前395年）当赵烈侯之十四年……

由此可以确定赵烈侯十四年为公元前395年，赵烈侯元年为公元前408年。又如关于《史记·周本纪》等记载的周威烈王二十三年（公元前403年）的三晋称侯之事，亦见于《史记·赵世家》：

> （赵烈侯）六年魏、韩、赵皆相立为诸侯，追尊献子为献侯。

由此也可以确定赵烈侯元年为公元前408年。而由后文所引《竹书纪年》来看，赵敬侯元年为公元前386年，由此可以确定赵烈侯末年为公元前387年，如此则赵烈侯在位22年（公元前408年至前387年）。

《竹书纪年》记载赵烈侯在位22年（公元前408年至前387年），而《史记》则记载在此段时间内，在位的赵王为赵烈侯（公元前408年至前400年）与赵武公（公元前399年至前387年），《史记》与《竹书纪年》关于赵烈侯在位年代记载间的差异，学者早已注意到，一些学者赞同《史记》的记载，认为存在赵武公一代①，也有学者赞同《竹书纪年》的记载，认为"赵武公"一世并不存在②，本书赞同《竹书纪年》的记载，也认为《史记》所记载的"赵武公"一世并不存在，赵烈侯的年代可以拟定为公元前408年至公元前387年。

②赵敬侯年代。《史记·晋世家》索隐引《竹书纪年》：

> 韩哀侯、赵敬侯并以（晋）桓公十五年（公元前374年）卒。

可见赵敬侯卒于公元前374年，《史记·赵世家》记载：

> 十二年，敬侯卒，子成侯种立。

《史记·六国年表》也记载赵敬侯在位12年（公元前386年至前375年），而从《竹书纪年》中赵敬侯卒年来看，其应该是在位13年。由此，可以确定赵敬侯年代为公元前386年至前374年。

值得注意的是平势隆郎将赵敬侯元年改订为公元前395年的观点，文献的相关记载有如下几种。

《史记·魏世家》：

> （魏武侯）十一年（公元前385年——按：应该为二十年，公元前376年）与韩、赵三分晋地灭其后。

《史记·赵世家》：

> （赵敬侯）十一年（公元前376年），魏、韩、赵共灭晋，分其地。

《史记·韩世家》索隐引《竹书纪年》：

---

① 沈长云等：《赵国史稿》，中华书局2000年版，第137—138页。
② 杨宽：《战国史料编年辑证》，上海人民出版社2001年版，第230页；范祥雍：《古本竹书纪年辑校订补》，上海古籍出版社2011年版，第131页。

魏武侯二十一年（公元前375年）韩灭郑，哀侯入于郑。

上述事件的年代，《史记·魏世家》与《赵世家》和《竹书纪年》相差10年，平势隆郎似乎没有注意到《魏世家》此处的魏武侯十一年，实际上应当为魏武侯二十一年（公元前375年），他采用《史记·魏世家》所记载的魏武侯十一年之说，而不是《竹书纪年》的魏武侯二十一年之说，从而将赵敬侯元年改订为公元前395年，这一观点可能还需要更多材料来支持。

三 改订赵成侯、赵肃侯、赵武灵王、赵王迁年代的几个问题

①赵成侯年代。《史记·赵世家》记载：

> 二十五年，成侯卒。

《史记·六国年表》也记载赵成侯在位25年（公元前374年至前350年），也有学者认为赵成侯在位24年，《史记》的记载可能是基于立年改元。[①] 本书仍遵从《史记》赵成侯在位25年之说。

②赵肃侯年代。《史记·赵世家》记载：

> 二十四年，肃侯卒……子武灵王立。

而《史记·六国年表》也记载赵肃侯在位24年（公元前349年至前326年），学界一般也赞同此说；而平势隆郎改订为在位26年（公元前350年至前325年），但平势隆郎的这一改订还缺乏文献上的充分依据，本书暂不从此说。

③赵武灵王年代。《史记·赵世家》：

---

① 杨宽：《战国史料编年辑证》，上海人民出版社2011年版，第252、346页。

(赵武灵王)二十七年五月戊申……传国,立王子何以为王。

《史记·六国年表》也记载赵武灵王在位 27 年(公元前 325 年至前 299 年),目前学界也一般从此说。平势隆郎改订为公元前 324 年至前 298 年,但由于平势隆郎改订赵肃侯在位 24 年为 26 年的意见,还缺乏有力证据,故关于赵武灵王在位年代的讨论,也还缺乏说服力。

目前所发现的战国纪年铜器中,有一些可能与赵武灵王传位赵惠文王这一事件有关,如《王何立事戈》(公元前 299 年,《近出》1180),其铭文为:

王何立(莅)事,冢=工冶❀(朘?)尿(厗?)、教马❀(童?)为。宜安。

铭文中的"王何"一般以为即赵武灵王之子赵惠文王何,而对于铭文中"王何立(莅)事"的具体年代,主要有以下五种看法:第一种,赵武灵王去世之年;第二种,赵武灵王死后,李兑去世之年;第三种,赵惠文王元年;第四种,赵武灵王传国后,至第二年改元以前的时间,即公元前 299 年[①];第五种,赵惠文王何在位期间。[②] 本书暂从公元前 299 年之说。

另有一件《二年主父戈》(公元前 297 年,《集成》11364),其铭文为:

二年,宔(主)父攻(工)正明我,左工师邬许、马重(童)丹所为,虎奔(贲)。

董珊上引文认为"主父"即赵武灵王,此戈铸于赵惠文王二年(公元前 297 年),苏辉也赞同这一意见。[③] 从两件器物来看,戈铭分别记有"主父"和"王何"父子二人名号,可以作为赵武灵王传国王子何这一事件的

[①] 董珊:《二年主父戈与王何立事戈考》,《文物》2004 年第 8 期。
[②] 陶正刚:《山西临县窑头古城出土铜戈铭文考释》,《文物》1994 年第 4 期。
[③] 苏辉:《秦三晋纪年兵器研究》,上海古籍出版社 2013 年版,第 76 页。

旁证，表明在公元前 299 年的时候，赵武灵王已经传位给赵惠文王了。

此外，现存河北永年县的《朱山刻石》，其刻铭为：

> 赵廿二年八月丙寅，群臣上酬此石北。

近来有学者认为其年代为赵武灵王时期①，从"赵廿二年"这一纪年格式来看，并不应该是战国时期赵国的纪年方式，应当仍以为是汉代较为合适②。

④赵王迁末年问题。《史记·赵世家》记载：

> （赵王迁）八年十月邯郸为秦。

《史记·六国年表》也记载其在位 8 年（公元前 235 年至前 228 年）。这也是学界的通行看法，而平势隆郎改订为在位 7 年（公元前 235 年至前 229 年），对此改订也稍加以讨论。《史记·赵世家》记载：

> （赵王迁）七年（公元前 229 年）秦人攻赵，赵大将李牧，将军司马尚将，击之。李牧诛，司马尚免，赵怱及齐将颜聚代之。赵怱军破，颜聚亡去。以王迁降。

从此处记载来看，容易以为赵王迁七年（公元前 229 年）被秦俘。杨宽指出，《史记·赵世家》将李牧被诛与王迁降秦，同记在赵王迁七年（秦王政十八年，公元前 229 年），实际上依据《战国策·秦策五》李牧死后"五月，赵亡"的记载，表明王翦破赵已在赵王迁八年（公元前 228 年），《史记·赵世家》是将上述两件事情混合在同一年了③。因此，并不能依据上述文献认为赵王迁七年（公元前 229 年），赵王即已经被俘虏，也并不能改订赵王迁末年为公元前 229 年。

---

① 宋涟圭：《猪山群臣上酬刻石年代"赵武灵王说"辨正》，《邯郸职业技术学院学报》2010 年第 4 期。
② 秦进才：《西汉群臣上酬刻石探微》，载《燕赵历史文献研究》，中华书局 2005 年版，第 83—101 页。
③ 杨宽：《战国史料编年辑证》，上海人民出版社 2001 年版，第 1128 页。

四　小结

综上所述，本书主要据清华简《系年》，对战国初赵襄子与赵桓子的年代进行了改订，同时认为赵武公一世应当不存在。并拟定战国时期赵国诸王世系如表7—4：

表7—4　　　　本书拟定战国赵世系表（年代均为公元前）　　（单位：年）

赵世系	《史记》	本书
简子	517—458	？—475
襄子	457—425	474—442
桓子	424	441—424
献侯	423—409	423—409
烈侯	408—400	408—387
武公	399—387	
敬侯	386—375	386—375
成侯	374—350	374—350
肃侯	349—326	349—326
武灵王	325—299	325—299
惠文王	298—266	298—266
孝成王	265—245	265—245
悼襄王	244—236	244—236
赵王迁	235—228	235—228
代王	227—222	227—222

第八章　宋国王年问题

关于战国时期的宋国诸王纪年，学界尚无明确结论，目前关于战国时期宋国年代的看法见表8—1。清华简《系年》为本问题提供了新的资料，笔者试在学界已有基础上加以讨论。

表8—1　　　战国宋国诸王年比较表（年代均为公元前）　　（单位：年）

宋世系	《宋微子世家》	《六国年表》	钱穆[①]	平势隆郎[②]	吉本道雅	杨宽[③]	白光琦[④]	缪文远[⑤]
宋昭公	450—404	450—404	468—422	469—423	468—422	468—404	468—422	
宋悼公	403—396	403—396	421—404	423—406	421—404	403—385	421—404	?—404
宋休公	395—373	395—373	403—381	406—384	403—381	385—363	403—385	403—381
宋辟公		372—370						
宋桓侯	372—370		380—341	384—382	380—340	362—356	384—355	380—?
宋剔成	369—329	369—329	340—338	382—332	340—338	356—329	355—333	?—339
宋王偃	328—286	328—286	337—286	332—286	338—286	328—286	332—286	338—286

其中钱穆的观点为缪文远所赞同，庄大钧也赞同钱穆关于宋桓侯至宋王偃诸王年代的看法[⑥]。《系年》中关于战国宋纪年的记载多与楚国相关联，而由上文的讨论可见《系年》中的战国楚王年与《史记》中的记载是一致

---

① 钱穆：《先秦诸子系年（外一种）》，河北教育出版社2002年版，第557—586页。
② [日]平势隆郎：《新编史记东周年表》，东京大学出版社1995年版，第292—293页。
③ 杨宽：《战国史料编年辑证》，上海人民出版社2001年版，第1165—1189页。
④ 白光琦：《战国纪年疑义》，载《先秦年代探略》，中国社会科学出版社2008年版，第102—124页。
⑤ 缪文远：《战国史系年辑证》，巴蜀书社1997年版，第49—174页。
⑥ 庄大钧：《战国宋末世三君考》，《齐鲁学刊》1991年第3期。

的。现以此为基础就本问题加以讨论。

一 宋悼公与宋昭公年代问题

先来看看宋悼公的在位年限。《史记·六国年表》记载为在位8年（公元前403年至前396年）。《史记·宋微子世家》记载：

> 悼公八年卒，子休公田立，《索隐》：按《纪年》为十八年。

可见宋悼公的在位年限，有《史记》的8年与《竹书纪年》的18年两种记载。杨宽比较上述两种关于宋悼公在位年限的记载之后指出，《史记》所记载的宋悼公年代少了10年，宋悼公卒于公元前385年，而宋休公于本年未逾年而改元。[①]

《竹书纪年》关于宋悼公在位18年的记载，可与清华简《系年》的记载相印证。再来看看清华简《系年》中关于宋悼公年代的记载。《系年》中关于宋悼公的年代是关于战国宋王年的关键，故本书首先对此加以讨论。《系年》第21章记载：

> 楚简大王立七年，宋悼公朝于楚，告以宋司城㔻之约公室。[②]

学者多依此认为宋悼公元年即为楚简王八年[③]，从而可以根据这一记载来确定宋悼公元年。如前文所述，关于《系年》与《史记》中所记载的战国王年是一致的。如此则宋悼公元年为公元前424年。

《系年》第22章又记载了宋悼公的卒年：

[①] 杨宽：《战国史料编年辑证》，上海人民出版社2001年版，第234页。
[②] 清华大学出土文献研究与保护中心编，李学勤主编：《清华大学藏战国竹简（二）》，中西书局2011年版，第189页。
[③] 陶金：《由清华简〈系年〉谈洹子孟姜壶相关问题》，"复旦古文字网"，2012年2月14日，http://www.gwz.fudan.edu.cn/SrcShow.asp?Src_ID=1785。

第八章 宋国王年问题

楚声桓王即位，元年（公元前407年），晋公止会诸侯于任，宋悼公将会晋公，卒于鼠。①

则宋悼公末年为公元前407年。《史记·六国年表》记载宋悼公元年为公元前403年，钱穆曾认为宋悼公的卒年为周威烈王二十二年（公元前404年），其所拟定年代当据《系年》加以改正，故由《系年》可见宋悼公的年代当为公元前424年至前407年，在位18年。《史记·宋微子世家》记载"悼公八年卒"，庄大钧曾指出此处《史记》误将其在位年数减少10年②，其观点是可信从的。又白光琦认为宋昭公卒于公元前422年，宋悼公元年为前421年③，由于白先生所拟定的战国楚王年不是十分可靠，其观点本书不予采信。

由此再来讨论一下宋昭公的年代。文献中关于宋景公与宋昭公在位年代的记载如表8—2。

表8—2　　　宋景公、宋昭公年代比较表（年代均为公元前）　　（单位：年）

世系	《十二诸侯年表》《六国年表》	《宋微子世家》
宋景公	在位66年（516—451）	在位64年
宋昭公	在位47年（450—404）	在位47年

《左传》哀公二十六年（公元前469年）记载：

冬十月，（宋景）公游于空泽；辛巳，卒于连中。④

可见《史记》所记载的宋景公年代要较《左传》为多，学界多注意到这一问题，做法如下：

第一，梁玉绳将宋景公之后的诸王，元年均依次前移18年，即宋昭公

---

① 清华大学出土文献研究与保护中心编，李学勤主编：《清华大学藏战国竹简（二）》，中西书局2011年版，第192页。
② 庄大钧：《战国宋末世三君考》，《齐鲁学刊》1991年第3期。
③ 白光琦：《由清华简〈系年〉订正战国楚年》，《先秦年代续探》，首都师范大学出版社2016年版，第111—114页。
④ （清）阮元校刻：《十三经注疏》，中华书局1980年版，第2182页。

元年为公元前468年，宋悼公元年为公元前421年，宋休公元年在前413年。

第二，孙诒让《墨子年表》据《左传》定宋昭公年代为公元前468年至前404年，将昭公在位年限由47年改订为65年，从而没有将此后相关宋国国君的元年依次前移。杨宽也采用这一意见，由此杨宽将这多出的18年放在昭公之世，从而认为宋昭公在位65年（公元前468年至前404年）。

第三，而钱穆则将宋昭公的年代整体前提18年（亦即将宋景公年代减少18年），仍认为宋昭公在位为47年（公元前468年至前422年），而将宋景公年代在《十二诸侯年表》基础上，减去18年而为在位48年（公元前516年至前469年）。

现在一般采用钱穆的看法。而由本书关于《系年》中宋昭公年代的讨论来看，宋昭公末年当为公元前425年，则宋昭公的年代可以订为公元前468年至前425年，《史记·宋微子世家》记载"昭公四十七年卒"，《六国年表》也为在位47年，而《集解》云："《年表》云四十九年"，表明《史记》误将宋昭公的年代增加了3年或者5年。由此，也可以确定宋景公的年代，应当仍如钱穆所拟定，在位48年（公元前516年至前469年）。潘润依照上述记载，改订宋后昭公年代为公元前469年至前425年，宋悼公年代为公元前425年至前407年，其意见与笔者大体相似，但在宋后昭公与宋悼公的元年年代上，均误提前了1年。[①]

二　宋休公年代问题

先来看看宋休公的在位年代。《史记·宋微子世家》：

（宋）休公田二十三年卒，子辟公辟兵立。

《史记·六国年表》也记载其在位23年（公元前395年至前373年）。清华简《系年》中关于宋休公的记载，主要见于第23章：

[①] 潘润：《从清华简〈系年〉看戴氏取宋的开始时间及其历史意义》，"confucius2000网"，2014年12月18日，http://www.confucius2000.com/admin/list.asp?id=6038。

楚声桓王立四年，宋公田、郑伯骀皆朝于楚。王率宋公以城榆关，是武阳。①

"宋公田"即宋休公，楚声王四年即公元前404年，《史记·六国年表》记载宋休公元年为公元前395年，钱穆曾定宋休公元年为周威烈王二十三年（公元前403年），而按照《史记·宋微子世家》、杨宽、白光琦、钱穆等关于宋休公年代的观点，则其不可能在此年朝楚，因此关于其在位的年限需要重新拟定，其在位元年应该在公元前404年之前。由前文关于宋悼公年代应为公元前424年至前407年的讨论可见，宋休公元年应为公元前406年，《宋微子世家》记载"休公田二十三年卒"，如此则宋休公的年代可以订为公元前406年至前384年，平势隆郎关于宋休公元年的拟定，由本文的讨论看来是可从的。

《史记·韩世家》及《六国年表》又有公元前385年，韩国"伐宋，到彭城，执宋君"的记载，宋君被韩国俘虏的记载，杨宽认为所俘之君为宋悼公②，而依本书的讨论来看，则应该是宋休公（公元前406年至前384年）被俘虏。

三　宋桓侯年代问题

首先应当注意的是宋桓侯之名，《世本》记载其名为"购由"：

昭公生辟公购由。购由生剔成君及王偃。③

《史记·宋微子世家》则记载为"辟兵"：

---

① 清华大学出土文献研究与保护中心编，李学勤主编：《清华大学藏战国竹简（二）》，中西书局2011年版，第196页。
② 杨宽：《战国史料编年辑证》，上海人民出版社2001年版，第193页。
③ （清）秦嘉谟辑本：《世本》，《世本八种》，中华书局2008年10月第1版，2010年6月第2次印刷，第42页。

休公田二十三年卒，子辟公辟兵立。《集解》徐广曰：一云"辟公兵"。《索隐》按：《纪年》作"桓侯璧兵"，则璧兵谥桓也。又《庄子》云"桓侯行，未出城门，其前驱呼辟，蒙人止之，后为狂也"。司马彪云：呼辟，使人避道。蒙人以桓侯名辟，而前驱呼"辟"，故为狂也。

洪颐煊《读书丛录》卷2指出：

辟公既名辟兵，不得谥为辟公，当从《纪年》作桓公，"辟"字即涉其名而讹。①

现在学者也一般赞同此说，认为应当是"宋桓侯"（辟兵）。再来看看宋桓侯的在位年代。《史记·宋微子世家》：

辟公三年卒。

《史记·六国年表》也记载世系相对应的宋桓侯在位3年（公元前372至前370年），记载其后在位的宋剔成在位41年（公元前369年至前329年），钱穆指出《史记》将宋桓侯与剔成的在位年限误倒，宋桓侯的在位年限应该为41年②，此说极具洞见，唯资料所限，钱穆定其年代为公元前380年至前340年，现在看来应依《系年》定宋桓侯的年代为公元前383年至前343年。《史记·六国年表》记载魏惠王六年（公元前364年）伐宋，取仪台；十五年（公元前355年）鲁、卫、宋、郑侯来；十六年（公元前354年）侵宋黄池，宋复取之。又载韩昭侯二年（公元前360年）宋取黄池、魏取朱。又载赵成侯十九年（公元前355年）与齐、宋会平陆，上述诸事都发生在宋桓侯在位期间。

---

① （清）洪颐煊：《读书丛录》，中华书局1985年版，第20页。
② 钱穆：《先秦诸子系年：（外一种）》，河北教育出版社2002年版，第229页。

四　宋剔成年代问题

"剔成"之名，亦作"司城子罕""皇喜""剔城肝""戴氏"，苏时学曾就此指出：

> 则战国之宋为戴氏之宋，而非昔日子氏之宋固甚明。然韩非既言戴氏，又曰皇喜、曰子罕者何也？则戴其氏，而喜其名，子罕乃其字也。①

杨宽进一步认为"剔成肝"即"司城子罕"。② 按，"司"为心纽之部，"易"为喻纽阳部，"易"为喻纽锡部，心、喻为舌、齿邻纽，"之"与"阳"、"锡"可以分别旁对转，故"剔成肝"与"司城子罕"可能即同一人。而宋之皇氏也是出于戴氏③，故"皇喜"实际上也是戴氏。

《史记·宋微子世家》记载：

> 剔成四十一年，剔成弟偃攻袭剔成，剔成败奔齐。

《史记·六国年表》也记载其在位 41 年（公元前 369 年至前 329 年）。杨宽认为其废桓公自立可能应当在周显王十四年（公元前 355 年）前后，又结合《六国年表》记载宋王偃元年（公元前 328 年）的记载，则其应当在位 28 年前后，而非《史记》记载的 41 年。④ 钱穆指出《史记》误将宋桓侯与宋剔成的年代相互误置，剔成其应该在位 3 年⑤，此说详尽可从，唯限于材料问题钱穆定其年代为公元前 340 年至前 338 年，现在看来应该依《系年》定宋剔成的年代为公元前 342 年至前 340 年。

附带讨论一下"戴氏夺宋"事件。"戴氏夺宋"，是与"三家分晋""田

---

① 转引自陈奇猷《韩非子新校注》上海古籍出版社 2000 年版，第 123—124 页。
② 杨宽：《战国史》（增订本），上海人民出版社 2003 年版，第 174 页。
③ 杨宽：《战国史料编年辑证》，上海人民出版社 2001 年版，第 312 页。
④ 同上书，第 423、482 页。
⑤ 钱穆：《先秦诸子系年（外一种）》，河北教育出版社 2002 年版，第 229 页。

氏篡齐"一样，表现战国社会发生重大变化的事件之一①，见于《韩非子》等书记载，《韩非子·说疑》指出"司城子罕取宋"是同三家分晋一样的代表性事件。

> 田成子取齐，司城子罕取宋，太宰欣取郑，单氏取周，易牙之取卫，韩、魏、赵三子分晋，此六人者，臣之弑其君者也。②

学界一般认为"戴氏夺宋"指的是战国中期的宋"剔成肝"废宋桓侯辟兵而自立之事；目前有学者结合清华简《系年》，认为戴氏取宋的开始时间为战国早期的宋后昭公时期，而非战国中期的宋桓侯时期，《韩非子》中篡夺宋公室政权的"司城子罕"是战国早期的"皇喜"而非中期的"剔成肝"。③ 关于"戴氏夺宋"这一问题，现亦就此问题做出一些讨论。

传世文献中关于"戴氏（司城子罕）夺宋"的记载。相关记载，如《史记·宋微子世家》记载：

> 昭公四十七年卒，子悼公购由立。悼公八年卒，子休公田立。休公田二十三年卒，子辟公辟兵立。辟公三年卒，子剔成立。司马贞《索隐》："《纪年》云宋剔成肝废其君辟而自立也。"

《史记·宋微子世家》以宋剔成为宋桓侯之子，这与《竹书纪年》《韩非子》等记载的宋剔成肝废宋桓侯不同，而这也就是一般所说的"戴氏（司城子罕）夺宋"所指，文献的记载如：

第一，"子罕夺宋"，见于《韩非子·二柄》及《外储说》《内储说》《说疑》《人主》诸篇，与《淮南子·道应训》《史记·李斯列传》等，如《韩非子·外储说右下》：

> 司城子罕谓宋君曰："庆赏赐与，民之所喜也，君自行之；杀戮诛罚，民之所恶也，臣请当之。"……处期年，子罕杀宋君而夺政。故子

---

① 浦卫忠：《春秋三传综合研究》，（台北）文津出版社1995年版，第188页。
② 王先慎：《韩非子集解》，中华书局1998年版，第407页。
③ 潘润：《从清华简〈系年〉看戴氏取宋的开始时间及其历史意义》，"confucius2000网"，2014年12月18日，http://www.confucius2000.com/admin/list.asp?id=6038。

第八章 宋国王年问题

罕为出彘以夺其君国。①

第二,"皇喜杀宋君",见于《韩非子·内储说下》:

戴驩为宋太宰,皇喜重于君……皇喜遂杀宋君而夺其政。②

第三,"杀宋君""戴氏夺宋"。
《韩非子·爱臣第四》:

夫燕、宋之所以弑其君者,皆以类也。③

《韩非子·忠孝第五十一》:

田氏夺吕氏于齐,戴氏夺子氏于宋。④

也有学者认为"戴氏取宋"发生在战国初期的宋昭公时期,《史记·鲁仲连邹阳列传》记载:"宋信子罕之计而囚墨翟",《新书·先醒》:"宋昭公出亡,至于境……二年美闻于宋,宋人车徒迎而复位,卒为贤君,谥为昭公。"孙诒让曾认为宋昭公可能被子罕所逐而失国,后又误传为被杀。⑤ 但学者一般不从此说。⑥

总之,从传世文献的记载来看,"戴氏夺宋"指的是战国中期以后,"剔成肝"("子罕""皇喜""戴氏")废宋桓侯而自立之事;又依据《竹书纪年》记载,梁惠王十四年(公元前356年)宋桓侯与鲁、卫、韩之君来朝,则司城子罕杀宋桓侯而自立,当在此年以后,但确切年代还难以确定。⑦

清华简《系年》是否有与"戴氏夺宋"相关的记载。再来看看清华简

---

① 王先慎:《韩非子集解》,中华书局1998年版,第334页。
② 同上书,第256页。
③ 同上书,第25页。
④ 同上书,第466页。
⑤ (清)孙诒让撰,孙启治点校:《墨子闲诂》,中华书局2001年版,第690页。
⑥ 杨宽:《战国史》(增订本),上海人民出版社2003年版,第174页。
⑦ 杨宽:《战国史料编年辑证》,上海人民出版社2001年版,第313页。

· 291 ·

《系年》关于宋国的相关记载。

第 21 章：

> 楚柬（简）大王立七年，宋悼公朝于楚，告以宋司城皮之约（弱）公室。王命莫嚣昜为率师以定公室。城黄池，城雍丘。

第 22 章：

> 楚圣（声）桓王即立（位），兀（元）年，晋公止会者（诸）侯于任，宋悼公将会晋公，卒于鼩。①

陶金认为简文中的"司城皮"应该即"司城子罕（皇喜）"②。潘润认为：

> 宋悼公在楚国"告以宋司城皮之约公室"，皮从立从皮，读音与喜相近，疑为皇喜，即《韩非子》中取宋的司城子罕。

潘先生在其认为的"皮""喜"读音相近的基础上，并进一步推断：

> 司城子罕夺取宋国政权，开始"戴氏取宋"的时间其实是在战国早期的宋后昭公晚年，而非此前大多数学者所认为的战国中期。

苏建洲已经指出陶金观点的不足。③ 关于潘润的意见，按，"皮"上古音为并纽歌部字，"喜"上古音为晓纽之部字，并、晓二纽唇、牙相隔较远，韵部歌、之也相隔较远，故认为"皮""喜"两者读音相近，并没有充分的古音证据，而在此基础上推断《系年》"司城皮"为皇喜（司城子

---

① 清华大学出土文献研究与保护中心编，李学勤主编：《清华大学藏战国竹简（二）》，中西书局 2011 年版，第 189、192 页。
② 陶金：《由清华简〈系年〉谈洹子孟姜壶相关问题》，"复旦古文字网"，2012 年 2 月 14 日，http：//www.gwz.fudan.edu.cn/SrcShow.asp？Src_ID=1785。
③ 苏建洲、吴雯雯、赖怡璇：《清华二〈系年〉集解》，万卷楼图书出版有限公司 2013 年版，第 794 页。

第八章　宋国王年问题

罕）因而也是缺乏依据的。从而进一步认为"戴氏取宋"的年代是在战国早期，而非战国中期的宋桓公以后，也缺乏依据了。

五　宋王偃年代问题

关于宋王偃之名，文献中又作"宋康王"（《墨子·所染》《吕氏春秋·当染》和《顺说》《战国策·宋策》）、"宋献"（《荀子·王霸》）。

再来看看宋王偃的在位年代。《世本》记载其在位的第47年，被齐愍王所灭。[①]《史记·宋微子世家》记载：

> 剔成四十一年，剔成弟偃攻袭剔成，剔成败，奔齐，偃自立为宋君（公元前330年）。君偃十一年，自立为王（公元前320年）。

《史记·六国年表》列宋君偃元年为公元前328年，自立为王于公元前318年。故宋王偃元年有公元前330年（《史记·宋微子世家》）、公元前328年（《史记·六国年表》）两种观点。钱穆曾指出《史记》中误将其改元之年当作其开始即位之年，使得其在位年限少了10年[②]，并定偃元年在周显王三十一年（公元前338年），宋偃称王为周显王四十一年（公元前328年）而非周慎靓王三年（公元前318年）。如此则宋王偃元年应分别为公元前339年（《史记·宋微子世家》）、公元前337年（《史记·六国年表》）。

关于宋王偃自立为王的年代，文献的记载如下。

《史记·宋微子世家》：

> （宋）君偃十一年自立为王。

[①] （清）秦嘉谟辑本：《世本》，《世本八种》，中华书局2008年10月第1版，2010年6月第2次印刷，第42页。
[②] 钱穆：《先秦诸子系年（外一种）》，河北教育出版社2002年版，第309页。

《史记·六国年表》：

>（齐愍王六年——按：当作齐宣王二年，公元前318年）"宋自立为王"。

宋王偃的在位年代，有如下几种记载：第一种，47年。《史记·宋微子世家》记载王偃立47年为齐愍王所杀；《吕氏春秋·禁塞》高诱注亦指出在位47年①。第二种，45年，见《吕氏春秋·顺说》高诱注②。第三种，43年，见《史记·六国年表》。

又关于宋国的灭亡年代。《史记·宋微子世家》：

>东败齐，取五城，南败楚，取地三百里；西败魏军，乃与齐、魏为敌国。

宋王偃时期曾经灭亡滕国，《战国策·宋策》第8章：

>宋康王之时……灭滕伐薛，取淮北之地。③

《新序·杂事四》第28章的记载与之大体相同，《资治通鉴》记载为周赧王二十九年（公元前286年）。现在一般以为宋灭滕国的年代在公元前298年至前296年之间。④ 相关记载又如：

马王堆帛书《战国纵横家书》第8章：

>薛公相齐也，伐楚九岁，攻秦三年，欲以残宋，取淮北，宋不残，淮北不得。……王弃薛公，身断事……攻宋，宋残。⑤

---

① 许维遹：《吕氏春秋集释》，中华书局2009年版，第169页。
② 同上书，第378页。
③ 诸祖耿：《战国策集注汇考》（增补本），凤凰出版社2008年版，第1689页。
④ 钱穆：《先秦诸子系年（外一种）》，河北教育出版社2002年版，第457页；杨宽：《战国史料编年辑证》，上海人民出版社2001年版，第699页。
⑤ 裘锡圭主编：《马王堆汉墓简帛集成》（三），中华书局2014年版，第215页。

第八章 宋国王年问题

《战国策·燕策二》第 11 章：

> 客谓燕王曰："齐南破楚，西屈秦"……齐王曰："善。"遂兴兵伐宋，三覆宋，宋遂举。①

《战国策·韩策三》第 3 章记载"韩人攻宋，秦王大怒"，《史记·田敬仲完世家》如下记载可以与之对应。

> （齐湣王）三十八年（按：当作十五年）伐宋。秦昭王怒……于是齐遂伐宋，宋王出亡，死于温。

文献中关于齐灭宋的记载，如《史记·魏世家》《六国年表》记载魏昭王十年（公元前 286 年）齐灭宋，"宋王死我温"；而《史记·秦本纪》则记载秦昭王十九年（公元前 288 年）"齐破宋，宋王在魏，死温"。

关于宋王偃末年的记载也有两种观点，《史记·宋微子世家》记载：

> 王偃立四十七年，齐湣王与魏、楚伐宋，杀王偃，遂灭宋而三分其地。

并定此年为公元前 283 年。而《史记·六国年表》记载宋王偃末年为公元前 286 年，《史记·魏世家》亦记载：

> （昭王）十年（公元前 286 年②），齐灭宋，宋王死我温。

《史记·魏世家》所载齐灭宋的年代为公元前 286 年，这和《史记·六国年表》是相同的。故关于宋王偃末年的记载则有公元前 286 年（《史记·六国年表》《史记·魏世家》）与公元前 283 年（《史记·宋微子世

---

① 诸祖耿：《战国策集注汇考》（增补本），凤凰出版社 2008 年版，第 1629 页。
② 晁福林：《春秋战国的社会变迁》，商务印书馆 2011 年版，第 1004 页。

· 295 ·

家》）两种可能性。

由上述讨论可见，关于宋王偃在位的年限依《史记》的记载有：

第一，公元前339年至前283年（《史记·宋微子世家》。在位57年，其中前10年并未称王，其称王年限为公元前329年至前283年）。

第二，公元前337年至前286年（在位52年，《史记·六国年表》）。

由本书前述讨论可见，宋剔成卒于公元前340年，则宋王偃元年应为公元前339年，其元年当为公元前329年，这和《史记·宋微子世家》是一致的。宋王偃的末年当依《史记·六国年表》的记载定为公元前286年[①]，如此则宋王偃的年代为公元前339年至前286年，共在位54年。

六　小结

综上所述，本文拟定战国时期宋国诸王世系与年代如表8—3所示：

表8—3　　本书拟定战国宋国诸王年代表（年代均为公元前）　　（单位：年）

宋世系	《宋微子世家》	《六国年表》	本书拟定
宋昭公	450—404	450—404	468—425
宋悼公	403—396	403—396	424—407
宋休公	395—373	395—373	406—384
宋辟公		372—370	
宋桓侯	372—370		383—343
宋剔成	369—329	369—329	342—340
宋王偃	328—286	328—286	339—286

[①] 庄大钧：《战国宋末世三君考》，《齐鲁学刊》1991年第3期。

第九章 鲁国王年问题

关于战国时期鲁国王年的讨论，已经有一些比较重要的成果，如表9—1所示：

表9—1　　　战国鲁国诸王年比较表（年代均为公元前）　　（单位：年）

鲁世系	《史记·十二诸侯年表》及《六国年表》、郭克煜、陈东	《史记·鲁周公世家》	钱穆	平势隆郎	吉本道雅	缪文远	晁福林
鲁哀公	494—467	494—468	494—468	494—468	494—468		494—468
鲁悼公	466—429	467—431	467—437	468—432	467—431		467—431
鲁元公	428—408	430—410	436—416	432—412	430—410		430—410
鲁穆公	407—377	409—377	415—383	412—380	409—377	？—377	409—377
鲁共公	376—353	376—355	382—351	380—359	376—355	376—355	376—353
鲁康公	352—344	354—346	350—342	359—352	354—346	354—344	352—344
鲁景公	343—315	345—317	341—323	351—323	345—317	343—？	343—315
鲁平公	314—296	316—295	322—303	323—302	316—297	？—296	314—296
鲁文公	295—273	294—272	302—280	302—280	296—274	295—273	295—273
鲁顷公	272—249	271—248	279—256	280—257	273—250	272—249	272—249

总体来看，战国时期鲁国王年存在的疑问并不多，目前的主要问题是：第一，鲁悼公的在位年代；第二，《史记·鲁周公世家》明确列出了诸王在位年限，其中有一些与其在位时间内的大事，在年代上存在一些矛盾。

《史记·鲁周公世家》关于在位诸王年代的记载，虽然有明确的年代与大事，但是实际上存在很多的问题，学者们或主要依据《史记·鲁周公世家》所记载的诸王在位年代进行拟定，而不大重视《史记·鲁周公世家》中所记载的大事之年代；或侧重从《史记·鲁周公世家》所记载的大事年代，来推定诸王年代，从而导致了改订诸王的在位年代，而又没有充分的文献证据。从现有的讨论来看，这两种方式，都不能很好地兼顾《史记·鲁周公世家》中较为明确的王年与大事年代。

从文献记载来看，鲁悼公在位30年与37年的两种记载，与鲁国灭亡于公元前256年与前249年，这两组记载之间相差的7年，可能存在一定关联，如果理解了这两组之间所相差的7年的关系，对探讨战国时期鲁国王年问题或许有帮助。

一　战国鲁末世四君的年代

战国末年鲁国几位国君的年代较为明确，先从他们的年代开始讨论。

①鲁顷公年代。《史记·六国年表》记载鲁顷公二十四年被楚所灭，《史记·鲁周公世家》记载：

> 顷公二年，秦拔楚之郢（公元前278年），楚顷王东徙于陈。十九年，楚伐我，取徐州。二十四年，楚考烈王伐灭鲁。顷公亡……鲁绝祀。

由于《史记·六国年表》将楚废鲁顷公的年代（公元前249年），误当成鲁国灭亡的年代（公元前256年），从而导致了鲁顷公的年代整体后延了7年，因此《史记·六国年表》记载的鲁顷公年代（公元前272年至前249年），应当依据《史记·鲁周公世家》拟定为公元前279年至前256年。

值得注意的是，关于鲁国灭亡的时间，文献中有不同的意见。其一是公元前256年为楚国所灭，参见前引《鲁周公世家》。其二是公元前255年为楚国所灭。《史记·春申君列传》记载：

> 春申君相楚八年（考烈王八年，公元前255年），为楚北伐灭鲁。

其三是公元前249年为楚国所灭。《汉书·律历志》：

> （秦孝文王）元年（公元前250年），楚考烈王灭鲁。顷公为家人。周灭后六年也。①

《史记·六国年表》：

> （考烈王八年，公元前255年）取鲁。鲁君封于莒。
> （考烈王）十四年（公元前249年），楚灭鲁。

表明楚国在公元前256年灭鲁国之后，并未正式废掉鲁国国君，而是到公元前249年的时候才废掉鲁国国君。由此可以确定鲁顷公年代为公元前279年至前256年，鲁顷公在国灭后的7年正式被废。

②鲁文公年代。《汉书·古今人表》作"愍公"，《律历志》作"缗公"，《世本》作"湣公"②，均是《史记·鲁周公世家》中的"文公"。《史记·六国年表》记载鲁文公在位23年，《史记·鲁周公世家》亦如此：

> （鲁平公）二十年平公卒，子贾立，是为文公。文公元（按：应为"七"③）年，楚怀王死于秦（公元前296年）。二十三年，文公卒，子雠立，是为顷公。

由后文鲁顷公的年代来看，可以确定为鲁文公的年代为公元前302年至前280年。《史记·六国年表》中鲁文公的年代（公元前295年至前273年），也是受到误将鲁顷公年代后移7年所误致。

③鲁平公年代。《世本》记载"（鲁景公）匽生平公旅"④，故一般认

---

① （汉）班固撰，（唐）颜师古注：《汉书》，中华书局1999年版，第877页。
② 秦嘉谟辑本：《世本》，《世本八种》，中华书局2008年10月第1版，2010年6月第2次印刷，第38—39页。
③ 钱穆：《先秦诸子系年（外一种）》，河北教育出版社2002年版，第496—498页；罗运环：《楚国八百年》，武汉大学出版社1992年版，第375—377页。
④ 秦嘉谟辑本：《世本》，《世本八种》，中华书局2008年10月第1版，2010年6月第2次印刷，第38—39页。

为《史记·鲁周公世家》作"叔"是形近之讹①。《史记·鲁周公世家》：

> 平公十二年，秦惠王卒（公元前311年）。二十二年，平公卒。

值得注意的是，《史记·六国年表》记载其在位19年，《汉书·律历志》记载其在位20年②，故关于此处的"二十二年，平公卒"，有很多学者认为应当是"二十年"③，本书从之。由此可以确定鲁平公年代为公元前322年至前303年，即位在公元前323年，正是诸国称王之岁。

④鲁景公年代。《史记·六国年表》记载在位29年，《鲁周公世家》亦如此：

> 景公二十九年卒，子叔立，是为平公。

由此，《史记·六国年表》与《鲁周公世家》均记载鲁景公在位29年（公元前343年至前315年），由此可以拟定鲁景公的在位年代为公元前351年至前323年。

总之，战国鲁末世四君的世系可以拟定为（年代均为公元前）：

> 鲁景公（351—323）→鲁平公（322—303）→鲁文公（302—280）→鲁顷公（279—256）

二 战国早期鲁哀公至鲁穆公四世国君年代

①鲁哀公年代。《史记·鲁周公世家》记载：

> （哀公）十六年，孔子卒……二十七年……国人迎哀公复归，卒

---

① 杨宽：《战国史料编年辑证》，上海人民出版社2001年版，第438页。
② （汉）班固撰，（唐）颜师古注：《汉书》，中华书局1999年版，第877页。
③ 钱穆：《先秦诸子系年（外一种）》，河北教育出版社2002年版，第373页；杨宽：《战国史料编年辑证》，上海人民出版社2001年版，第632页。

于有山氏。

依据上述记载，可以确定鲁哀公年代为公元前494年至前468年。《六国年表》的记载，误将其后延1年。

②鲁悼公年代问题。《史记·鲁周公世家》记载鲁悼公年代为：

> （哀公）子宁立，是为悼公……十三年，三晋灭智伯……三十七年，悼公卒，子嘉立，是为元公。

对于鲁悼公的在位年代，目前主要有如下四种看法：

第一种，《史记·鲁周公世家》记载为公元前467年至前431年，在位37年。从所记载的公元前453年三家灭智伯来看，《鲁周公世家》记载本事为：

> （鲁悼公）十三年，三晋灭智伯。

可以确定鲁悼公元年为公元前465年，似乎由此可以确定其年代为公元前465年至前429年。但是如此则与上文鲁哀公的年代相矛盾。故学者多认为《鲁周公世家》将"十三年，三晋灭智伯"系于鲁悼公十三年有误，从而径直与上文相接，确定鲁悼公年代为公元前467年至前431年。

第二种，《史记·六国年表》记载为公元前466年至前429年，在位38年。这是由于《六国年表》首先误将鲁哀公的年代误后1年，其次又误将鲁悼公的年代误增1年。从而导致《史记·六国年表》中的鲁悼公末年（公元前429年），较《史记·鲁周公世家》（公元前431年）要晚了2年。

第三种，《集解》引徐广：

> 一本悼公即位三十年，乃于秦惠王卒、楚怀王死年合……皇甫谧云悼公四十年，元辛未（公元前470年），终庚戌（公元前431年）。

钱穆认为上述记载有一定道理，进一步指出鲁悼公应该在位31年，才与秦惠文王卒年（公元前311年）相符合，《史记》引徐广"悼公即位三十年",或脱一"一"字,应为"三十一年"。① 杨宽也赞同鲁悼公在位31年。② 结合后文的相关内容,本书采用鲁悼公在位30年之说,如此则拟定鲁悼公年代为公元前467年至前438年。

③鲁元公在位年代。《史记·六国年表》记载为在位21年,《史记·鲁周公世家》也是如此:

元公二十一年卒,子显立,是为穆公。

依据《鲁周公世家》,可以确定鲁元公年代为公元前430年至前410年;《六国年表》由于沿袭关于其将鲁悼公末年误后2年,从而误为公元前428年至前408年。而由上文关于鲁悼公年代(公元前467年至前438年)的讨论来看,鲁元公年代为公元前437年至前417年。

④鲁穆公在位年代。《史记·六国年表》记载为在位31年,而《史记·鲁周公世家》记载为33年:

穆公三十三年卒,子奋立,是为共公。

由于《史记·六国年表》误将此前的鲁悼公末年后移2年,因此《史记·六国年表》的鲁穆公在位31年,与《鲁周公世家》的鲁穆公在位33年,其实是一致的。由此可以依《史记·鲁周公世家》确定鲁穆公元年为公元前409年至前377年,《史记·六国年表》将鲁穆公元年确定为公元前407年,存在错误。

《礼记·檀弓》记载:"陈庄子死,赴于鲁。鲁缪公召县子而问。"③ 钱穆依此认为陈庄子应卒于齐宣公四十五年(公元前411年)④;若依《史记·六国年表》,鲁穆公元年是在齐宣王四十九年(公元前407年),与陈庄子卒已相差4年;而前推8年,则鲁穆公元年为齐宣王四十一年(公元前415年),而可与陈庄子相及,并依此认为鲁穆公元年应该在公元前415年,而非《史记·六国年表》的公元前407年。杨宽也赞同鲁穆公

---

① 钱穆:《先秦诸子系年(外一种)》,河北教育出版社2002年版,第186—187页。
② 杨宽:《战国史料编年辑证》,上海人民出版社2001年版,第131、147页。
③ (清)阮元校刻:《十三经注疏》,中华书局1980年版,第1290页。
④ 钱穆:《先秦诸子系年(外一种)》,河北教育出版社2002年版,第187页。

第九章 鲁国王年问题

元年为公元前415年的看法。① 范祥雍认为依据《竹书纪年》的记载，将田庄子卒年改为齐宣公四十五年，较为合理；但同时，他仍然谨慎地认为这只是一种有道理的悬测，还应该需要更多材料来证实。②

总之，目前学者一般认为田庄子是卒于齐宣公四十五年（公元前411年）。陈东的另外一个观点是，《吕氏春秋·顺民》记载：

> 齐庄子请攻越，问于和子。和子曰："先君有遗令曰：无攻越，越猛虎也。"庄子曰："虽猛虎也，而今已死矣。"③

他认为其中的"猛虎"指的是越王朱句，依据越灭滕在公元前414年，灭郯在公元前413年。朱句卒当在公元前411年。实则上述观点也还缺乏有力的证据，首先"猛虎"是否指越王朱句，没有直接证据；其次，由本文相关章节的讨论可见，越王朱句的年代为公元前448年至前412年，故《吕氏春秋·顺民》这一段记载是有可能为事实的。总之，本书认为田庄子卒于齐宣公四十五年（公元前411年）的观点是可信的，并赞同钱穆关于鲁穆公年代的意见。

值得注意的是，《史记·十二诸侯年表》与《史记·六国年表》误将鲁哀公在位年代记成28年，从而误后1年而变成公元前467年。又《史记·鲁周公世家》记载鲁悼公在位37年，而《史记·六国年表》又当成了在位38年，于在位年限上多了1年，从而《史记·六国年表》与《史记·鲁周公世家》的王年，已经累积了2年的差别，从而两者关于鲁元公、鲁穆公的年代也有2年的差别。不过由于《史记·十二诸侯年表》记载鲁穆公在位31年，而《史记·鲁周公世家》记载鲁穆公在位33年，《史记·十二诸侯年表》于此将其所累积的2年误差由此而消解，故在鲁穆公末年的年代上，与《史记·鲁周公世家》是一致的，它们实际上均反映了鲁穆公在位33年，故本书确定鲁穆公年代为公元前416年至前384年。

---

① 杨宽：《战国史料编年辑证》，上海人民出版社2001年版，第131、147页。
② 范祥雍：《古本竹书纪年辑校订补》，上海古籍出版社2011年版，第130页。
③ 许维遹：《吕氏春秋集释》，中华书局2009年版，第204页。

三 鲁共公与鲁康公年代

①鲁共公在位年代。《史记·六国年表》记载为在位 24 年，而《史记·鲁周公世家》记载为在位 22 年。

共公二十二年卒，子屯立，是为康公。

《史记·六国年表》与《史记·鲁周公世家》均记载鲁共公元年为公元前 376 年，而关于其在位年限，则分别为 24 年与 22 年；由其后《史记·六国年表》与《史记·鲁周公世家》所记载的鲁康公、鲁共公、鲁景公、鲁文公、鲁顷公在位年代均相同，而在鲁平公在位年限上有差别，分别为 19 年（《史记·六国年表》）、20 年（《汉书·律历志》）、22 年（《史记·鲁周公世家》），由此一来，则在不改变《鲁周公世家》中鲁悼公在位 37 年的前提下，关于鲁国世系年代的拟定有如下两种可能（年代均为公元前）：

第一，鲁共公（376—353）→鲁康公（352—344）→鲁景公（343—315）→鲁平公（314—296）→鲁文公（295—273）→鲁顷公（272—249）（《史记·六国年表》）
第二，鲁共公（376—355）→鲁康公（354—346）→鲁景公（345—317）→鲁平公（316—295）→鲁文公（294—272）→鲁顷公（271—248）（《史记·鲁周公世家》）

但是这两种方式都存在着一些问题，如鲁顷公年代，均不符合《史记·鲁周公世家》"顷公二年，秦拔楚之郢（公元前 278 年）"的记载，故均存在一些问题。表明采取完全依照《史记·六国年表》与《史记·鲁周公世家》中的王年在位年限，采取从前往后顺推，而不考虑相关大事年代的做法，并不可行。

《竹书纪年》中有"鲁恭（共）侯"，即《鲁周公世家》《六国年表》

中的"鲁共公"。《史记·六国年表》于周显王十三年（魏惠王十四年，即公元前356年）记载"鲁、卫、宋、郑侯来"，《集解》：

> 徐广曰：《纪年》一曰"鲁共侯来朝，邯郸成侯会燕成侯于安邑"。

《史记·魏世家》索隐引《竹书纪年》：

> 鲁共侯、宋桓侯、卫成侯、郑釐侯来朝，皆在十四年（梁惠成王十四年，公元前356年）。

表明在公元前356年的时候，鲁共侯还存在于世，故平势隆郎关于鲁共公在位年代的意见，与此不相符合。其实，钱穆也未肯定其关于鲁共公年代的拟定，他认为《庄子·胠箧》"鲁酒薄而邯郸围"可能指鲁恭公朝拜楚宣王之后赵国乘机攻打邯郸之事，年代在魏惠王十七年（公元前353年），表明《史记·六国年表》所记载的鲁共公卒于魏惠王十八年（公元前352年）可能是合理的[①]。杨宽则认为鲁共公可能在位30年，而不是22年。[②]

《史记·六国年表》记载鲁共公在位24年，《史记·鲁周公世家》记载为22年，本书采用在位22年之说，由于《史记》误将在位30年的鲁穆公记载为在位37年或38年，那么必定鲁国诸位国君实际在位世系中，必定有一位的在位年代要较《史记》的记载多7年，本书认为以鲁共公较为合适，如此则可以拟定鲁共公年代为公元前383年至前355年。

②鲁康公年代。《史记·六国年表》记载在位9年，《史记·鲁周公世家》也是如此："康公九年卒，子匽立，是为景公。"

由前文关于鲁共公年代的拟定，则鲁康公的年代为公元前354年至前352年，本书的拟定则与《史记》的此处记载不同。同时，这一改订也说明了《史记·六国年表》为何在鲁顷公等的年代问题上，均存在7年差别的原因。

[①] 钱穆：《先秦诸子系年（外一种）》，河北教育出版社2002年版，第504—505页。
[②] 杨宽：《战国史料编年辑证》，上海人民出版社2011年版，第333页。

四 小结

综合所述，本书重新拟定相关世系如表9—2所示：

表9—2　　本书拟定鲁国世系表（年代均为公元前）　　（单位：年）

鲁世系	《史记·十二诸侯年表》及《六国年表》	《史记·鲁周公世家》	本书
鲁哀公	494—467	494—468	494—468
鲁悼公	466—429	467—431	467—438
鲁元公	428—408	430—410	437—417
鲁穆公	407—377	409—377	416—384
鲁共公	376—353	376—355	383—355
鲁康公	352—344	354—346	354—352
鲁景公	343—315	345—317	351—323
鲁平公	314—296	316—295	322—303
鲁文公	295—273	294—272	302—280
鲁顷公	272—249	271—248	279—256

前文已经讨论过，发现主要依靠《鲁周公世家》中的鲁王在位年限，来推断鲁国诸王年代，这一办法并不可行，因此本文采用以相关王年大事来推断王年的办法，其中对一些王的在位年限进行了改订。钱穆采取"姑定共公为三十二年、康公九年、景公十九年"[1] 的办法，进行了改订，杨宽对上述鲁共公至鲁景公年代的拟定，持有不同的意见[2]。本文赞同钱穆的这一思路，而具体的意见稍有不同，主要改动：

---

[1] 钱穆：《先秦诸子系年（外一种）》，河北教育出版社2002年版，第471—472页。
[2] 杨宽：《战国史料编年辑证》，上海人民出版社2001年版，第333页。

第一，依据《史记》集解的记载，改订鲁悼公在位为 30 年，区别于《六国年表》的 38 年、《史记·鲁周公世家》的 37 年。

第二，改订鲁共公在位为 29 年，区别于《史记·六国年表》的 24 年、《鲁周公世家》的 22 年。

第三，改订鲁康公在位 2 年，与《史记·六国年表》与《史记·鲁周公世家》的 9 年不同。

由于战国时期鲁国王年问题的资料较少，鲁国王年的讨论还需要更多材料的发现，才能有希望拟定出较为合理的年表，本书的探讨还远不能视为结论，《史记·鲁周公世家》中关于鲁国王年的记载，与相关史事的年代差异，需要日后更多考察。

第十章　卫国王年问题[①]

[①] 本章内容，已被《中国史研究》录用，待刊，故本书在此存目，不再刊出内容。

结　语

前文在总结前辈学者成果的基础上，结合清华简《系年》等新出材料，对战国王年问题进行了补论和一些讨论。

秦国部分，先探讨了《竹书纪年》中的秦敬公一世是否应当存在，再结合学界关于《诅楚文》的年代及其文中"十八世"所指的意见，认为应当将见于《竹书纪年》而不见于《史记》的秦敬公一世，补入战国时期秦的世系中，从而《诅楚文》"十八世"所指及其年代问题可以得到较为明晰的理解和结论，因而《竹书纪年》与《诅楚文》关于秦国世系的记载可以互证。

越国部分则结合铜器铭文中的越王名探讨了越国世系，并结合《越王差徐戈》，认为《竹书纪年》所记载的越王翳时迁都吴地的记载是可信的。

此外，对魏国以及东周王朝、齐国、韩国、中山国、燕国诸王年代探讨的现状进行了归纳与评述。

第五章主要是楚国王年问题，清华简《系年》中有关于楚简王七年诸事的相关记载，对其是该理解为楚简王七年，还是楚简王十年，学界有不同的意见，有学者认为应当依此改订战国时期的楚国王年，本书在讨论《系年》的相关材料之后，认为持改订的学者所依据的"《系年》同章所记载之事发生在同年"的观点并不可信，并且如果改订楚国王年之后，则《系年》中所记载的宋休公朝楚之事就成为无本之木了，因此本文认为不应当据《系年》改订战国时期的楚国王年。

第六章结合《系年》，探讨了其所见的东周晋国世系，认为《系年》中的东周晋国世系，除了没有记载晋出公以外，与目前的通行看法是一致的。

第七章主要探讨赵国王年问题，结合《系年》的记载，认为赵桓子可能在位18年而非1年，并认为赵武公应当不是赵国世系中的一代。

关于宋国的讨论集中在第八章，《系年》中记载有宋休公朝楚声王之事，而依据《史记·宋微子世家》及《六国年表》，与目前大多数学者关于宋国王年的拟定，和有的学者据清华简《系年》改订楚国王年的意见，从上述诸观点所拟定的宋休公年代来看，《系年》中所记载的宋休公朝楚均是不可能的，因此有必要重新审视宋国的王年问题。由清华简《系年》来看，战国时期楚国与宋国的王年，其中之一可能需要改订，在综合考虑各种可能之后，笔者认为以改变宋国王年为宜，并由此对宋国王年进行了新的探讨。

第九章对鲁国的王年问题进行了讨论，由于单独依据《史记·鲁周公世家》中的鲁国王年，或者相关的大事纪年，都无法得出较为可靠的战国时期鲁国世系与王年，本书从学界所指出的战国鲁王年问题的核心，即鲁穆公的年代出发，结合《鲁周公世家》中的王年及大事纪年资料，对鲁国的王年问题进行了一些思考。

第十章对卫国的王年问题进行了探讨，对《史记》公元前209年卫灭亡的记载进行了探讨。本章已被《中国史研究》录用，本书在此存目。

目前来看，本书所讨论的诸国中，秦、周、魏、齐、楚、韩、燕等国的王年问题基本上已经解决，其余中山、晋、宋、赵、鲁、越、卫诸国等，则还存在一些问题。另外，《韩非子·说疑》中还提到"单氏取周，易牙之取卫"，这是与三家分晋等相类似的事件，可能和战国王年问题有较大关系，但是目前还难以详细考察。

此外，与本书相关并尚待讨论的问题还有：①战国纪年铜器的年代问题；②战国后期史事的辨别与编年；③战国人物行年问题等。如就人物的行年来说，人物行踪与思想变迁，通常是互相关联的，生活在朝代末世之时人物的事迹、行踪与心态，尤其值得留意，如韩之南阳守腾，与秦之内史腾及睡虎地秦简中的南郡守腾，是否为同一人，由此反映秦国在灭六国的过程中，是否任用原来六国的降服之将领？通过对战国人物行年问题的讨论，不仅可以补充战国王年及其战国年代问题的相关内容，也能加深对这一段历史的理解。同时，通过考察文献所见的列国诸王世系与年代，有一个值得注意的问题，即司马迁在撰写《史记》的过程中，自述关于秦国的部分资料较为充分，按理而言，秦国的世系应该是完整的，但为何秦国的世系如同其余诸国一样，同样存在问题；而战国七雄中，只有楚国的世系基本上完整？上述都是与本书相关，需要继续思索的问题。

附录——《史记·六国年表》史事对应王年校正

《史记·六国年表》中许多史事的绝对年代是准确的，但由于王年的记载有误，导致史事对应的王世不准确，不方便对《史记·六国年表》资料的直接运用。前文已就《史记·六国年表》中的王年问题进行讨论，其与相关诸侯国世家中的年代系统是一致的，故此处再拟定一份《六国年表》战国史事对应王年的校正表，以方便学者对《史记·六国年表》及相关诸侯国世家中纪年史料的运用，见表11—1。

表11—1 《史记·六国年表》史事对应校正表（年代均为公元前）（单位：年）

年代	周《六国》	校	秦《六国》	校	魏《六国》	校	韩《六国》	校	赵《六国》	校	楚《六国》①	燕《六国》	校	齐《六国》	校
476	周元王元年	周敬王二十四年	秦厉共公元年		魏献子卫出公辄后元年		韩宣子		赵简子四十二		楚惠王章十三年吴伐我	燕献公十七年		燕孝公22	齐平公骜五年
475	二	周元王元年	二．蜀人来赂		晋定公卒				四十三		十四．越围吴，吴怨	十八	23	六	
474	三	2	三		晋出公错元年				四十四		十五	十九	24	七．越人始来	
473	四	3	四						四十五	2	十六．越灭吴	二十	25	八	
472	五	4	五．楚人来赂						四十六	3	十七．蔡景侯卒	二十一	26	九．晋知伯瑶来伐我	

---

① 六国年表中楚国王年与《系年》一致，故本列不出校。

续表

年代	周《六国》	校	秦《六国》	校	魏《六国》	校	韩《六国》	校	赵《六国》	校	楚《六国》	燕《六国》	校	齐《六国》	校
471	六	5	六．义渠来赂绵诸乞援						四十七	4	十八．蔡声侯元年	二十二	27	十	
470	七	6	七．彗星见		卫出公饮，大夫不解袜，公怒，即攻公，公奔宋				四十八	5	十九．王子英奔秦	二十三	28	十一	
469	八	7	八						四十九	6	二十	二十四	29	十二	
468	定王元年	下同	九						五十	7	二十一	二十五	30	十三	
467	二		十．庶长将兵拔魏城，彗星见						五十一	8	二十二．鲁哀公卒	二十六	31	十四	
466	三		十一						五十二	9	二十三．鲁悼公元年三桓胜，鲁如小侯	二十七	32	十五	
465	四		十二						五十三		二十四	二十八	33	十六	
464	五		十三		知伯伐郑，驷桓子如齐求救				五十四．知伯谓简子，欲废太子襄子，襄子怨知伯	11	二十五	燕孝公元年	34	十七．救郑，晋师去中行文子谓田常："乃今知所以亡"	
463	六		十四．晋人、楚人来赂				郑声公卒		五十五	12	二十六	二	35	十八	
462	七		十五				郑哀公元年		五十六	13	二十七	三	36	十九	
461	八		十六．堑阿旁伐大荔，补庞戏城						五十七	14	二十八	四	37	二十	
460	九		十七						五十八	15	二十九	五	38	二十一	
459	十		十八						五十九	16	三十	六	39	二十二	
458	十一		十九						六十	17	三十一	七	40	二十三	

附录——《史记·六国年表》史事对应王年校正

续表

年代	周《六国》	校	秦《六国》	校	魏《六国》	校	韩《六国》	校	赵《六国》	校	楚《六国》	燕《六国》	校	齐《六国》	校
457	十二		二十.公将师与绵诸战						襄子元年未除服，登夏屋，诱代王，以金斗杀代王，封伯鲁子周为代成君	18	三十二.蔡声侯卒	八	41	二十四	
456	十三		二十一		晋哀公忌元年				二	19	三十三.蔡元侯元年	九	42	二十五	
455	十四		二十二		卫悼公黔元年				三	20	三十四	十	43	齐宣公就匝元年	
454	十五		二十三						四.与智伯分范、中行地	21	三十五	十一	燕成公元年	二	
453	十六		二十四		魏桓子败智伯于晋阳		韩康子败智伯于晋阳		五.襄子败智伯晋阳，与魏、韩三分其地	22	三十六	十二	2	三	
452	十七		二十五.晋大夫智开率其邑来奔						六	23	三十七	十三	3	四	
451	十八		二十六.左庶长城南郑						七	24	三十八	十四	4	五.宋景公卒	
450	十九		二十七		卫敬公元年				八	25	三十九.蔡侯齐元年	十五	5	六.宋昭公元年	
449	二十		二十八.越人来迎女						九	26	四十	燕成公元年	6	七	
448	二十一		二十九.晋大夫智宽率其邑人来奔						十	27	四十一	二	7	八	

· 313 ·

续表

年代	周《六国》	校	秦《六国》	校	魏《六国》	校	韩《六国》	校	赵《六国》	校	楚《六国》	燕《六国》	校	齐《六国》	校
447	二十二		三十						十一	28	四十二. 楚灭蔡	三	8	九	
446	二十三		三十一						十二	29	四十三	四	9	十	
445	二十四		三十二		魏文侯元年				十三	30	四十四. 灭杞。杞，夏之后	五	10	十一	
444	二十五		三十三. 伐义渠，虏其王		2				十四	31	四十五	六	11	十二	
443	二十六		三十四. 日蚀，昼晦星见		3				十五	32	四十六	七	12	十三	
442	二十七		秦躁公元年		4				十六	33	四十七	八	13	十四	
441	二十八		二. 南郑反		5				十七	赵桓子元年	四十八	九	14	十五	
440	考王元年		三		6				十八	2	四十九	十	15	十六	
439	二		四		7				十九	3	五十	十一	16	十七	
438	三		五		8				二十	4	五十一	十二	燕滑（闵、文）公元年	十八	
437	四		六		晋幽公柳元年服韩、魏	9			二十一	5	五十二	十三	2	十九	
436	五		七			10			二十二	6	五十三	十四	3	二十	
435	六		八. 六月，雨雪日、月蚀			11			二十三	7	五十四	十五	4	二十一	
434	七		九			12			二十四	8	五十五	十六	5	二十二	
433	八		十			13			二十五	9	五十六	燕泯公元年	6	二十三	
432	九		十一			14			二十六	10	五十七	二	7	二十四	
431	十		十二		卫昭公元年	15			二十七	11	楚简王仲元年灭莒	三	8	二十五	
430	十一		十三. 义渠伐秦，侵至渭阳			16			二十八	12	二	四	9	二十六	

· 314 ·

续表

年代	周《六国》	校	秦《六国》	校	魏《六国》	校	韩《六国》	校	赵《六国》	校	楚《六国》	燕《六国》	校	齐《六国》	校
429	十二		十四			17			二十九	13	三．鲁悼公卒	五	10	二十七	
428	十三		秦怀公元年，生灵公			18			三十	14	四．鲁元公元年	六	11	二十八	
427	十四		二			19			三十一	15	五	七	12	二十九	
426	十五		三			20			三十二	16	六	八	13	三十	
425	威烈王元年		四．庶长晁杀怀公，太子蚤死，大臣立太子之子，为灵公		卫悼公亹元年	21			三十三．襄子卒	17	七	九	14	三十一	
424	二		秦灵公元年，生献公		魏文侯斯元年	22	韩武子元年		赵桓子元年	18	八	十	15	三十二	
423	三		二		二	23	二．郑幽公元年，韩杀之		赵献侯元年	赵献侯元年	九	十一	16	三十三	
422	四		三．作上下畤		三	24	三．郑立幽公子，为繻公，元年		二	2	十	十二	17	三十四	
421	五		四		四	25	四		三	3	十一	十三	18	三十五	
420	六		五		五．魏诛晋幽公，立其弟止	26	五		四	4	十二	十四	19	三十六	
419	七		六		六．晋烈公止元年，魏城少梁	27	六		五	5	十三	十五	20	三十七	
418	八		七．与魏战少梁		七	28	七		六	6	十四	十六	21	三十八	
417	九		八．城堑河濒初以君主妻河		八．复城少梁	29	八		七	7	十五	十七	22	三十九	
416	十		九		九	30	九		八	8	十六	十八	23	四十	

续表

年代	周《六国》	秦《六国》	校	魏《六国》	校	韩《六国》	校	赵《六国》	校	楚《六国》	燕《六国》	校	齐《六国》	校
415	十一	十．补庞，城籍姑灵公卒，立其季父悼子，是为简公		十	31	十		九	9	十七	十九	24	四十一	
414	十二	秦简公元年	秦简公元	十一．卫慎公元年	32	十一		十．中山武公初立	10	十八	二十		后简（釐）公元年	四十二
413	十三	二．与晋战，败郑下	2	十二	33	十二		十一	11	十九	二十一	2	四十三．伐晋，毁黄城，围阳狐	
412	十四	三	3	十三．公子击围繁庞，出其民	34	十三		十二	12	二十	二十二	3	四十四．伐鲁、莒及安阳	
411	十五	四	4	十四	35	十四		十三．城平邑	13	二十一	二十三	4	四十五．伐鲁，取都	
410	十六	五．日蚀	5	十五	36	十五		十四	14	二十二	二十四	5	四十六	
409	十七	六．初令吏带剑	6	十六．伐秦，筑临晋、元里	37	十六		十五	15	二十三	二十五	6	四十七	
408	十八	七．堑洛，城重泉，初租禾	7	十七．击守中山伐秦至郑，还筑洛阴、合阳	38	韩景侯虔元年，伐郑，取雍丘，郑城京		赵烈侯籍元年，魏使太子伐中山		二十四．简王卒	二十六	7	四十八．取鲁郕	
407	十九	八	8	十八．文侯受经子夏过段干木之闾常式	39	二．郑败韩于负黍		二	2	楚声王当元年，鲁穆公元年	二十七	8	四十九．与郑会于西城，伐卫，取毌	

· 316 ·

附录——《史记·六国年表》史事对应王年校正

续表

年代	周《六国》	校	秦《六国》	校	魏《六国》	校	韩《六国》	校	赵《六国》	校	楚《六国》	燕《六国》	校	齐《六国》	校
406	二十		九	9	十九	40	三		三	3	二	二十八	9	五十	
405	二十一		十		秦敬公元		二十.卜相,李克、翟璜争	41	四		四	4	三	二十九	10	五十一.田会以廪丘反
404	二十二		十一	2	二十一	42	五		五	5	四	三十	11	齐康公贷元年	
403	二十三.九鼎震		十二	3	二十二.初为侯	43	六.初为侯		六.初为侯	6	五.魏、韩、赵始列为诸侯	三十一	12	二.宋悼公元年	
402	二十四		十三	4	二十三	44	七		七.烈侯好音,欲赐歌者田,徐越侍以仁义,乃止	7	六.盗杀声王	燕釐公元年	13	三	
401	安王元年		十四.伐魏,至阳狐	5	二十四.秦伐我,至阳狐	45	八		八	8	楚悼王类元年	二	14	四	
400	二		十五	6	二十五.太子䇾生	46	九.郑围阳翟		九	9	二.三晋来伐我,至乘丘	三	15	五	
399	三.王子定奔晋		秦惠公元年	7	二十六.虢山崩,壅河	47	韩烈侯元年		韩烈（文）侯元年		赵武公元年	10	三.归榆关于郑	四	16	六
398	四		二	8	二十七	48	二.郑杀其相驷子阳		二	2	二	11	四.败郑师,围郑郑人杀子阳	五	17	七
397	五		三.日蚀	9	二十八	49	三.（郑人杀君）三月,盗杀韩相侠累		三	3	三	12	五	六	18	八

317

续表

年代	周《六国》	校	秦《六国》	校	魏《六国》	校	韩《六国》	校	赵《六国》	校	楚《六国》	燕《六国》	校	齐《六国》	校
396	六		四	10	二十九	50	四．郑相子阳之徒杀其君繻公	4	四	13	六	七	19	九	
395	七		五．伐绵诸	11	三十	魏武侯元	五．郑康公元年	5	五	14	七	八	20	十．宋休公元年	
394	八		六	12	三十一	2	六．救鲁郑负黍反	6	六	15	八	九	21	十一．伐鲁，取最	
393	九		七	秦惠公元	三十二．伐郑，城酸枣	3	七	7	七	16	九．伐韩，取负黍	十	22	十二	
392	十		八	2	三十三．晋孝公倾元年	4	八	8	八	17	十	十一	23	十三	
391	十一		九．伐韩宜阳，取六邑	3	三十四	5	九．秦伐宜阳，取六邑	9	九	18	十一	十二	24	十四	
390	十二		十．与晋战武城县陕	4	三十五．齐伐取襄陵	6	十	10	十	19	十二	十三	25	十五．鲁败我平陆	
389	十三		十一．太子生	5	三十六．秦侵阴晋	7	十一	11	十一	20	十三	十四	26	十六．与晋、卫会浊泽	
388	十四		十二	6	三十七	8	十二	12	十二	21	十四	十五	27	十七	
387	十五		十三．蜀取我南郑	7	三十八	9	十三	13	十三	22	十五	十六	28	十八	
386	十六		秦出公元年	下均同	魏武侯元年，袭邯郸，败焉	10	韩文侯元年	14	赵敬侯元年，武公子朝作乱，奔魏	下均同	十六	十七	29	十九．田常曾孙田和始列为诸侯，迁康公海上，食一城	田和元年

318

续表

年代	周《六国》	校	秦《六国》	校	魏《六国》	校	韩《六国》	校	赵《六国》	校	楚《六国》	燕《六国》	校	齐《六国》	校
385	十七		二．庶长改迎灵公太子，立为献公，诛出公		二．城安邑、王垣	11	二．伐郑，取阳城，伐宋，到彭城，执宋君	15	二		十七	十八	30	二十．伐鲁，破之，田和卒	2
384	十八		秦献公元年		三	12	三	16	三		十八	十九	31	二十一．田和子桓公午立	3
383	十九		二．城栎阳		四	13	四	17	四．魏败我兔台		十九	二十	32	二十二	田侯郯元年
382	二十		三．日蚀，昼晦		五	14	五	18	五		二十	二十一	33	二十三	2
381	二十一		四．孝公生		六	15	六	19	六		二十一	二十二	34	二十四	3
380	二十二		五		七．伐齐，至桑丘	16	七．伐齐，至桑丘，郑败晋	20	七．伐齐，至桑丘		楚肃王臧元年	二十三	35	二十五．伐燕，取桑丘	4
379	二十三		六．初县蒲、蓝田、善明氏		八	17	八	21	八．袭卫，不克		二	二十四	36	二十六．康公卒，田氏遂并齐而有之，太公望之后绝祀	5
378	二十四		七		九．翟败我浍，伐齐，至灵丘	18	九．伐齐，至灵丘	22	九．伐齐，至灵丘		三	二十五	37	齐威王因元年自田常，至威王，威王始以齐强天下	6
377	二十五		八		十．晋静公俱酒元年	19	十	23	十		四．蜀伐我兹方	二十六	38	二	7

续表

年代	周《六国》	校	秦《六国》	校	魏《六国》	校	韩《六国》	校	赵《六国》	校	楚《六国》	校	燕《六国》	校	齐《六国》	校
376	二十六		九		十一.魏、韩、赵灭晋，绝无后	20	韩哀侯元年分晋国		韩哀侯元年		十一.分晋国		五.鲁共公元年		二十七	39	三.三晋灭其君	8
375	烈王元年		十.日蚀		十二	21	二.灭郑康公二十年灭，无后	2	十二		六		二十八	40	四	9
374	二		十一.县栎阳		十三	22	三	3	赵成侯元年		七		二十九	41	五		齐桓公元年
373	三		十二		十四	23	四		韩懿（庄、共）侯元年		二		八		三十.败齐林孤	42	六.鲁伐入阳关，晋伐到鄟陵	2
372	四		十三		十五.卫声公元年败赵北蔺	24	五	2	三.伐卫，取都鄘七十三。魏败我蔺		九		燕桓公元年	43	七.宋辟公元年	3
371	五		十四		十六.伐楚，取鲁阳	25	六.韩严杀其君	3	四		十.魏取我鲁阳		二	44	八	4
370	六		十五		惠王元年	26	庄侯元年	4	五.伐齐于甄。魏败我怀		十一		三	45	九.赵伐我甄	5
369	七		十六.民大疫，日蚀		二.败韩马陵		魏惠王元年		二.魏败我马陵	5	六.败魏涿泽，围惠王		楚宣王良夫元年		燕桓公元年		十.宋剔成元年	6
368	显王元年		十七.栎阳雨金，四月至八月		三.齐伐我观	2	三	6	七.侵齐，至长城		二		五	2	十一.伐魏取观，赵侵我长城	7
367	二		十八		四	3	四	7	八		三		六	3	十二	8

320

附录——《史记·六国年表》史事对应王年校正

续表

年代	周《六国》	校	秦《六国》	校	魏《六国》	校	韩《六国》	校	赵《六国》	校	楚《六国》	燕《六国》	校	齐《六国》	校
366	三		十九．败韩、魏洛阴		五．与韩会宅阳城、武都	4	五	8	九		四	七	4	十三	9
365	四		二十		六．伐宋，取仪台	5	六	9	十		五	八	5	十四	10
364	五．贺秦		二十一．章蟜与晋战石门，斩首六万，天子贺		七	6	七	10	十一		六	九	6	十五	11
363	六		二十二		八	7	八	11	十二		七	十	7	十六	12
362	七		二十三．与魏战少梁，虏其太子		九．与秦战少梁，虏我太子	8	九．魏败我于浍，大雨三月	12	十三．魏败我于浍		八	十一	8	十七	13
361	八		秦孝公元年，彗星见西方		十．取赵皮牢，卫成侯元年	9	十		韩昭（釐）候元	十四		九	燕文公元年	下均同	十八	14
360	九．致胙于秦		二．天子致胙		十一	10	十一	2	十五		十	二		十九	15
359	十		三		十二．星昼堕，有声	11	十二	3	十六		十一	三		二十	16
358	十一		四		十三	12	韩昭侯元年，秦败我西山	4	十七		十二	四		二十一．邹忌以鼓琴见威王	17
357	十二		五		十四．与赵会鄗	13	二．宋取我黄池，魏取我朱	5	十八．赵孟如齐		十三．君尹黑迎女秦	五		二十二．封邹忌为成侯	18

续表

年代	周《六国》	校	秦《六国》	校	魏《六国》	校	韩《六国》	校	赵《六国》	校	楚《六国》	燕《六国》	校	齐《六国》	校
356	十三		六		十五．鲁、卫、宋、郑侯来	14	三	6	十九．与燕会阿，与齐、宋会平陆		十四	六		二十三．与赵会平陆	齐威王元年
355	十四		七．与魏王会杜平		十六．与秦孝公会杜平。侵宋黄池，宋复取之	15	四	7	二十		十五	七		二十四．与魏会田于郊	2
354	十五		八．与魏战元里，斩首七千，取少梁		十七．与秦战元里，秦取我少梁	16	五	8	二十一．魏围我邯郸		十六	八		二十五	3
353	十六		九		十八．邯郸降齐，败我桂陵	17	六．伐东周，取陵观、廪丘	9	二十二．魏拔邯郸		十七	九		二十六．败魏桂陵	4
352	十七		十．卫公孙鞅为大良造，伐安邑，降之		十九．诸侯围我襄陵，筑长城，塞固阳	18	七	10	二十三		十八．鲁康公元年	十		二十七	5
351	十八		十一．城商塞卫鞅围固阳，降之		二十．归赵邯郸	19	八．申不害相	11	二十四．魏归邯郸，与魏盟漳水上		十九	十一		二十八	6
350	十九		十二．初聚小邑为三十一县，令为田开阡陌		二十一．与秦遇彤	20	九	12	二十五		二十	十二		二十九	7

附录——《史记·六国年表》史事对应王年校正

续表

年代	周《六国》	校	秦《六国》	校	魏《六国》	校	韩《六国》	校	赵《六国》	校	楚《六国》	校	燕《六国》	校	齐《六国》	校
349	二十		十三．初为县，有秩史		二十二	21	十．韩姬弑其君悼公	13	赵肃侯元年		二十一		十三		三十	8
348	二十一		十四．初为赋		二十三	22	十一．昭侯如秦	14	二		二十二		十四		三十一	9
347	二十二		十五		二十四	23	十二	15	三．公子范袭邯郸，不胜，死		二十三		十五		三十二	10
346	二十三		十六		二十五	24	十三	16	四		二十四		十六		三十三．杀其大夫牟辛	11
345	二十四		十七		二十六	25	十四	17	五		二十五		十七		三十四	12
344	二十五．诸侯会		十八		二十七．丹封名会丹，魏大臣	26	十五	18	六		二十六		十八		三十五．田忌袭齐，不胜	13
343	二十六．致伯秦		十九．城武城从东方牡丘来归天子，致伯		二十八	27	十六	19	七		二十七．鲁景公偃元年		十九		三十六	14
342	二十七		二十．诸侯毕贺，会诸侯于泽，朝天子		二十九．中山君为相	28	十七	20	八		二十八		二十		齐宣王辟强元年	15
341	二十八		二十一．马生人		三十．齐虏我太子申，杀将军庞涓	29	十八	21	九		二十九		二十一		二．败魏马陵田忌、田婴、田盼将，孙子为师	16
340	二十九		二十二．封大良造商鞅		三十一．秦商君伐我，虏我公子卬	30	十九	22	十		三十		二十二		三．与赵会，伐魏	17

续表

年代	周《六国》	校	秦《六国》	校	魏《六国》	校	韩《六国》	校	赵《六国》	校	楚《六国》	校	燕《六国》	校	齐《六国》	校
339	三十		二十三.与晋战岸门		三十二.公子赫为太子	31	二十	23	十一		楚威王熊商元年		二十三		四	18
338	三十一		二十四.（秦）大荔围合阳，孝公薨，商君反，死彤地		三十三.卫鞅亡归我，我恐，弗内	32	二十一	24	十二		二		二十四		五	19
337	三十二		秦惠文王元年，楚、韩、赵、蜀人来		三十四	33	二十二.申不害卒	25	十三		三		二十五		六	20
336	三十三.贺秦		二.天子贺。行钱。宋太丘社亡		三十五.孟子来，王问利国，对曰：「君不可言利」	34	二十三	26	十四		四		二十六		七.与魏会平阿南	21
335	三十四		三.王冠拔韩宜阳		三十六	35	二十四.秦拔我宜阳	27	十五		五		二十七		八.与魏会于甄	22
334	三十五		四.天子致文武胙，魏夫人来		魏襄王元年与诸侯会徐州，以相王	36	二十五.旱作高门，屈宜臼曰："昭侯不出此门"	28	十六		六		二十八.苏秦说燕		九.与魏会徐州，诸侯相王	23
333	三十六		五.阴晋人犀首为大良造		二.秦败我雕阴	37	二十六.高门成，昭侯卒，不出此门	29	十七		七.围齐于徐州		二十九		十.楚围我徐州	24

附录——《史记·六国年表》史事对应王年校正

续表

年代	周《六国》	校	秦《六国》	校	魏《六国》	校	韩《六国》	校	赵《六国》	校	楚《六国》	校	燕《六国》	校	齐《六国》	校
332	三十七		六．魏以阴晋为和，命曰宁秦		三．伐赵，卫平侯元年	38	韩宣惠王元年	韩宣（威）王元年，下均同	十八．齐、魏伐我，我决河水浸之		八		燕易王元年		十一．与魏伐赵	25
331	三十八		七．义渠内乱，庶长操将兵定之		四	39	二		十九		九		二		十二	26
330	三十九		八．魏入河西地于秦		五．与秦河西地少梁，秦围我焦、曲沃	40	三		二十		十		三		十三	27
329	四十		九．度河，取汾阴、皮氏围焦，降之与魏会应		六．与秦会应，秦取汾阴、皮氏	41	四		二十一		十一．魏败我陉山		四		十四	28
328	四十一		十．张仪相公子桑围蒲阳，降之，魏纳上郡		七．入上郡于秦	42	五		二十二		楚怀王槐元年		五		十五．宋君偃元年	29
327	四十二		十一．义渠君为臣归魏焦、曲沃		八．秦归我焦、曲沃	43	六		二十三		二		六		十六	30
326	四十三		十二．初腊会龙门		九	44	七		二十四		三		七		十七	31

续表

年代	周《六国》	校	秦《六国》	校	魏《六国》	校	韩《六国》	校	赵《六国》	校	楚《六国》	校	燕《六国》	校	齐《六国》	校
325	四十四		十三．四月戊午，君为王		十	45	八．魏败我韩举		赵武灵王元年，魏败我赵护		四		八		十八	32
324	四十五		相张仪将兵取陕，初更元年		十一．卫嗣君元年	46	九		二．城鄗		五		九		十九	33
323	四十六		二．相张仪与齐、楚会啮桑		十二	47	十．君为王		三		六．败魏襄陵		十．君为王		齐湣王地元年	34
322	四十七		三．张仪免相，相魏		十三．秦取曲沃．平周女化为丈夫	48	十一		四．与韩会区鼠		七		十一		二	35
321	四十八		四		十四	49	十二		五．取韩女为夫人		八		十二		三．封田婴于薛	36
320	慎靓王元年		五．王北游戎地，至河上		十五	50	十三		六		九		燕王哙元年		四．迎妇于秦	37
319	二		六		十六	51	十四．秦来击我，取鄢		七		十．城广陵		二		五	齐宣王元年
318	三		七．五国共击秦，不胜而还		魏哀王元年，击秦不胜	52	十五．击秦不胜		八．击秦不胜		十一．击秦不胜		三．击秦不胜		六．宋自立为王	2
317	四		八．与韩、赵战，斩首八万．张仪复相		二．齐败我观泽		十六．秦败我修鱼，得将军申差		九．与韩、魏击秦，齐败我观泽		十二		四		七．败魏、赵观泽	3

附录——《史记·六国年表》史事对应王年校正

续表

年代	周《六国》	校	秦《六国》	校	魏《六国》	校	韩《六国》	校	赵《六国》	校	楚《六国》	校	燕《六国》	校	齐《六国》	校
316	五		九.击蜀,灭之,取赵中都、西阳		三	2	十七		十.秦取我中都、西阳		十三		五.君让其臣子之国,顾为臣		八	4
315	六		十		四	3	十八		十一.秦败我将军英		十四		六		九	5
314	周赧王元年		十一.侵义渠,得二十五城		五.秦拔我曲沃,归其人走犀首岸门		十九	4	十二		十五.鲁平公元年		七.君哙及太子相子之皆死		十	6
313	二		十二.樗里子击蔺阳,虏赵将。公子繇通封蜀		六.秦来立公子政为太子,与秦王会临晋		二十	5	十三.秦拔我蔺,虏将赵庄		十六.张仪来相		八		十一	7
312	三		十三.庶长章击楚,斩首八万		七.击齐,虏声子于濮,与秦击燕		二十一.我、秦攻楚,围景座	6	十四		十七.秦败我将屈匄		九.燕人共立公子平		十二	8
311	四		十四.蜀相杀蜀侯		八.围卫	7	韩襄王元年		十五		十八		燕昭王元年		十三	9
310	五		秦武王元年,诛蜀相壮,张仪、魏章皆出之魏		九.与秦会临晋	8	二		十六.吴广入女,生子何,立为惠王后		十九		二		十四	10

续表

年代	周《六国》	校	秦《六国》	校	魏《六国》	校	韩《六国》	校	赵《六国》	校	楚《六国》	燕《六国》	校	齐《六国》	校
309	六		二．初置丞相，樗里子、甘茂为丞相		十．张仪死	9	三		十七		二十	三		十五	11
308	七		三		十一．与秦会应	10	四．与秦会临晋，秦击我宜阳		十八		二十一	四		十六	12
307	八		四．拔宜阳城，斩首六万，涉河，城武遂		十二．太子往朝秦	11	五．秦拔我宜阳，斩首六万		十九．初胡服		二十二	五		十七	13
306	九		秦昭襄王元年		十三．秦击皮氏，未拔而解	12	六．秦复与我武遂		二十		二十三	六		十八	14
305	十		二．彗星见，桑君为乱，诛		十四．秦武王后来归	13	七		二十一		二十四．秦来迎妇	七		十九	15
304	十一		三		十五	14	八		二十二		二十五．与秦王会黄棘，秦复归我上庸	八		二十	16
303	十二		四．彗星见		十六．秦拔我蒲阪、晋阳、封陵	15	九．秦取武遂		二十三		二十六．太子质秦	九		二十一	17
302	十三		五．魏王来朝		十七．与秦会临晋，复归我蒲阪	16	十．太子婴与秦王会临晋，因至咸阳而归		二十四		二十七	十		二十二	18

· 328 ·

续表

年代	周《六国》	校	秦《六国》	校	魏《六国》	校	韩《六国》	校	赵《六国》	校	楚《六国》	校	燕《六国》	校	齐《六国》	校
301	十四		六.蜀反,司马错往诛蜀守辉,定蜀。日蚀,昼晦伐楚		十八.与秦击楚	17	十一.秦取我穰。与秦击楚		二十五.赵攻中山,惠后卒		二十八.秦、韩、魏、齐败我将军唐昧于重丘		十一		二十三.与秦击楚,使公子将,大有功	19
300	十五		七.樗里疾卒击楚,斩首三万,魏冉为相		十九	18	十二		二十六		二十九.秦取我襄城,杀景缺		十二		二十四.秦使泾阳君来为质	齐湣王元年
299	十六		八.楚王来,因留之		二十.与齐王会于韩	19	十三.齐、魏王来立咎为太子		二十七		三十.王入秦,秦取我八城		十三		二十五.泾阳君复归秦,薛文入相秦	2
298	十七		九		二十一.与齐、韩共击秦于函谷,河、渭绝一日	20	十四.与齐、魏共击秦		赵惠文王元年,以公子胜为相,封平原君		楚顷襄王元年,秦取我十六城		十四		二十六.与魏、韩共击秦,孟尝君归相齐	3
297	十八		十.楚怀王亡之赵,赵弗内		二十二	21	十五		二.楚怀王亡来,弗内		二		十五		二十七	4
296	十九		十一.彗星见,复与魏封陵		二十三	22	十六.(与齐魏击秦)秦与我武遂和		三		三.怀王卒于秦,来归葬		十六		二十八	5
295	二十		十二.楼缓免,穰侯魏冉为丞相		魏昭王元年,秦尉错来击我襄	下均同	韩厘王咎元年		四.围杀主父,与齐、燕共灭中山		四.鲁文公元年		十七		二十九.佐赵灭中山	6

续表

年代	周《六国》	校	秦《六国》	校	魏《六国》	校	韩《六国》	校	赵《六国》	校	楚《六国》	校	燕《六国》	校	齐《六国》	校
294	二十一		十三. 任鄙为汉中守		二. 与秦战, 我不利		二		五		五		十八		三十. 田甲劫王, 相薛文走	7
293	二十二		十四. 白起击伊阙, 斩首二十四万		三. 佐韩击秦, 秦败我兵伊阙		三. 秦败我伊阙, 斩首二十四万, 虏将喜		六		六		十九		三十一	8
292	二十三		十五. 魏冉免相		四		四		七		七. 迎妇秦		二十		三十二	9
291	二十四		十六		五		五. 秦拔我宛城		八		八		二十一		三十三	10
290	二十五		十七. 魏入河东四百里		六. 芒卯以诈见重		六. 与秦武遂地方二百里		九		九		二十二		三十四	11
289	二十六		十八. 客卿错击魏, 至轵, 取城大小六十一		七. 秦击我取城大小六十一		七		十		十		二十三		三十五	12
288	二十七		十九. 十月为帝, 十二月复为王任鄙卒		八		八		十一. 秦拔我桂阳		十一		二十四		三十六. 为东帝二月, 复为王	13
287	二十八		二十		九. 秦拔我新垣、曲阳之城		九		十二		十二		二十五		三十七	14

· 330 ·

附录——《史记·六国年表》史事对应王年校正

续表

年代	周《六国》	校	秦《六国》	校	魏《六国》	校	韩《六国》	校	赵《六国》	校	楚《六国》	燕《六国》	校	齐《六国》	校
286	二十九		二十一.魏纳安邑及河内		十.宋王死我温		十.秦败我兵夏山		十三		十三	二十六		三十八.齐灭宋	15
285	三十		二十二.蒙武击齐		十一		十一		十四.与秦会中阳		十四.与秦会宛	二十七		三十九.秦拔我列城九	16
284	三十一		二十三.尉斯离与韩、魏、燕、赵共击齐，破之		十二.与秦击齐，济西与秦王会西周		十二.与秦击齐，济西与秦王会西周		十五.取齐昔阳		十五.取齐淮北	二十八.与秦、三晋击齐，燕独入至临菑，取其宝器		四十.五国共击泯王，王走莒	17
283	三十二		二十四.与楚会穰		十三.秦拔我安城，兵至大梁而还		十三		十六		十六.与秦王会穰	二十九		齐襄王法章元年	以后均同

注：①年代均为公元前；②《史记·六国年表》简称为《六国》。③"校"这列为本书校正后的年代。

参考文献

一　基本典籍

1. （汉）班固：《汉书》，中华书局1999年版。
2. （汉）刘向编著，石光瑛校释，陈新整理：《新序校释》，中华书局2001年版。
3. （汉）司马迁：《史记》，中华书局2007年版。
4. （汉）司马迁著，[日]泷川资言会注考证：《史记会注考证》，新世界出版社2009年版。
5. （汉）宋衷注，（清）秦嘉谟等辑：《世本八种》，中华书局2008年10月第1版，2010年6月第2次印刷。
6. （晋）皇甫谧撰，徐宗元辑：《帝王世纪辑存》，中华书局1964年版。
7. （北魏）郦道元著，陈桥驿校正：《水经注校证》，中华书局2013年版。
8. （北魏）郦道元注，杨守敬、熊会贞疏，段熙仲点校，陈桥驿复校：《水经注疏》，江苏古籍出版社1989年版。
9. （清）焦循：《孟子正义》，中华书局2011年版。
10. （清）孙诒让：《墨子闲诂》，中华书局2001年版。
11. （清）王先慎：《韩非子集解》，中华书局2013年版。
12. （清）王先慎：《荀子集解》，中华书局2013年版。
13. （清）王先谦：《庄子集解》，中华书局2012年版。
14. （清）朱右曾辑，王国维校补，黄永年校点：《古本竹书纪年辑校》，辽宁教育出版社1997年版。
15. （宋）司马光：《资治通鉴》，中华书局2013年版。
16. （宋）朱熹：《楚辞集注》，中华书局1979年版。
17. 陈奇猷：《吕氏春秋新校释》，上海古籍出版社2002年版。

18. 董治安、郑杰文：《荀子汇校汇注》，齐鲁书社 1997 年版。
19. 范祥雍：《古本竹书纪年辑校订补》，上海古籍出版社 2011 年版。
20. 方诗铭、王修龄：《古本竹书纪年辑证》，《方诗铭文集》（第 1 卷），上海社会科学院出版社 2010 年版。
21. 高亨：《商君书注译》，《高亨著作集林》（第 7 卷），清华大学出版社 2004 年版。
22. 郭人民：《战国策校注系年》，中州古籍出版社 1988 年版。
23. 何建章：《战国策注释》，中华书局 2010 年版。
24. 何宁：《淮南子集释》，中华书局 1998 年版。
25. 黄怀信：《鹖冠子汇校集注》，中华书局 2004 年版。
26. 乐祖谋点校：《越绝书》，上海古籍出版社 1985 年版。
27. 刘琳：《华阳国志校注》，巴蜀书社 1984 年版。
28. 缪文远：《战国策新校注》（修订本），巴蜀书社 1998 年版。
29. 任乃强：《华阳国志校补图注》，上海古籍出版社 2007 年版。
30. 王恒杰：《春秋后语辑考》，齐鲁书社 1993 年版。
31. 向宗鲁：《说苑校证》，中华书局 1987 年版。
32. 许维遹：《韩诗外传集释》，中华书局 2005 年版。
33. 许维遹：《吕氏春秋集释》，中华书局 2009 年版。
34. 张仲清：《〈越绝书〉校注》，国家图书馆出版社 2009 年版。
35. 周生春：《吴越春秋辑校汇考》，上海古籍出版社 1997 年版。
36. 诸祖耿：《战国策集注汇考》（增补本），凤凰出版社 2008 年版。

二　考古与出土文献材料

1. 陈伟等：《楚地出土战国简册（十四种）》，武汉大学出版社 2016 年版。
2. 陈伟、何有祖、鲁家亮、凡国栋：《里耶秦简牍校释》（第 1 卷），武汉大学出版社 2012 年版。
3. 程鹏万：《安徽寿县朱家集出土青铜器铭文集释》，黑龙江人民出版社 2009 年版。
4. 高明：《古陶文汇编》，中华书局 1990 年版。
5. 河南省文物考古研究所编：《新蔡葛陵楚墓》，大象出版社 2003 年版。
6. 湖北省荆沙铁路考古队编：《包山楚简》，文物出版社 1991 年版。

7. 湖北省文物考古研究所编：《曾国青铜器》，文物出版社 2007 年版。
8. 湖北省文物考古研究所等编：《望山楚简》，中华书局 1995 年版。
9. 湖南省文物考古研究所编：《里耶秦简（一）》，文物出版社 2012 年版。
10. 荆门市博物馆编：《郭店楚墓竹简》，文物出版社 1998 年版。
11. 刘彬徽：《楚系青铜器研究》，湖北教育出版社 1995 年版。
12. 刘雨、卢岩：《近出殷周金文集录》，中华书局 2002 年版。
13. 刘雨、严志斌：《近出殷周金文集录二编》，中华书局 2010 年版。
14. 马王堆汉墓帛书整理小组编：《战国纵横家书》，文物出版社 1976 年版。
15. 秦文生、张锴生主编：《中原文化大典》（文物典—青铜器），中州古籍出版社 2008 年版。
16. 清华大学出土文献研究与保护中心编：《清华大学藏战国竹简（一）》，中西书局 2010 年版。
17. 清华大学出土文献研究与保护中心编：《清华大学藏战国竹简（二）》，中西书局 2011 年版。
18. 睡虎地秦墓竹简整理小组编：《睡虎地秦墓竹简》，文物出版社 1978 年版。
19. 苏建洲、吴雯雯、赖怡璇：《清华二〈系年〉集解》，（台北）万卷楼图书股份有限公司 2013 年版。
20. 孙占宇：《天水放马滩秦简集释》，甘肃文化出版社 2013 年版。
21. 宛鹏飞：《飞诺藏金（春秋战国篇）》，中州古籍出版社 2012 年版。
22. 王恩田：《陶文图录》，齐鲁书社 2006 年版。
23. 吴镇烽：《商周青铜器铭文暨图像集成》，上海古籍出版社 2012 年版。
24. 武汉大学简帛研究中心等编：《楚地出土战国简册合集 2：葛陵楚墓竹简、长台关楚墓竹简》，文物出版社 2013 年版。
25. 徐宝贵：《石鼓文整理研究》，中华书局 2008 年版。
26. 张颔、张守中、陶正刚：《侯马盟书》，山西古籍出版社 2004 年版。
27. 中国社会科学院考古研究所编：《殷周金文集成（修订增补本）》，中华书局 2007 年版。
28. 钟柏生、陈昭容、黄铭崇、袁国华编：《新收殷周青铜器铭文暨器影汇编》，艺文印书馆 2006 年版。
29. 朱汉民、陈松长主编：《岳麓书院藏秦简（一）》，上海辞书出版社

2010年版。
30. 朱汉民、陈松长主编：《岳麓书院藏秦简（二）》，上海辞书出版社2011年版。
31. 朱汉民、陈松长主编：《岳麓书院藏秦简（二）》，上海辞书出版社2013年版。

三　学术著作（含论文集）

1. （宋）洪迈撰，孔凡礼点校：《容斋随笔》，中华书局2005年版。
2. （宋）欧阳修：《集古录跋尾》，人民美术出版社2010年版。
3. （清）陈玉澍：《卜子年谱》，《北京图书馆珍藏年谱丛刊》（第3册），北京图书馆出版社1999年版。
4. （清）崔述：《崔东壁遗书》，上海古籍出版社2013年版。
5. （清）王先谦撰，吕苏生补释：《鲜虞中山国事表疆域图说补释》，上海古籍出版社1993年版。
6. （清）黄式三撰，程继红点校：《周季编略》，凤凰出版社2008年版。
7. （清）李慈铭：《越缦堂读书记》，上海书店出版社2000年版。
8. （清）钱大昕：《嘉定钱大昕全集》，江苏古籍出版社1997年版。
9. （清）汪之昌：《东西周世系都邑考》，《清人文集地理类汇编》（第7册），浙江人民出版社1990年版。
10. （清）王鸣盛撰，黄曙辉点校：《十七史商榷》，上海古籍出版社2013年版。
11. （清）顾炎武著，黄汝成集释：《日知录集释》，上海古籍出版社2006年版。
12. （宋）王应麟著，（清）翁元圻等注，栾保群、田松青、吕宗力校点：《困学纪闻》，上海古籍出版社2008年版。
13. （清）邹汉勋：《邹叔子遗书七种》，岳麓书社2011年版。
14. （清）魏翼龙：《春秋滕、薛、杞、越、莒、邾、许七国统表》，《四库未收书辑刊》（第3辑第16册），北京出版社2000年版。
15. （清）阎若璩：《尚书古文疏证》，上海书店出版社2012年版。
16. （清）阎若璩：《孟子生卒年月考》，四库全书存目丛书编纂委员会：《四库全书存目丛书》（史部·第81册），齐鲁书社1996年版。

17. （清）俞樾：《群经平议》，上海古籍出版社 1996 年版。
18. （清）张文虎：《校勘史记集解索隐正义札记》，中华书局 1977 年 8 月第 1 版，2012 年 3 月第 2 版。
19. （清）赵绍祖：《读书偶记》，中华书局 1997 年版。
20. （清）赵翼：《陔余丛考》，中华书局 1963 年版。
21. ［日］堀毅著：《秦汉法制史论考》，萧红燕等译，法律出版社 1988 年版。
22. 白光琦：《先秦年代探略》，中国社会科学出版社 2008 年版。
23. 白九江：《巴人寻根》，重庆出版社 2007 年版。
24. 邴尚白：《葛陵楚简研究》，台湾大学出版中心 2009 年版。
25. 蔡运章：《甲骨金文与古史研究》，中州古籍出版社 1993 年版。
26. 曹锦炎：《鸟虫书通考》（增订版），上海古籍出版社 2014 年版。
27. 曹锦炎：《吴越历史与考古论丛》，文物出版社 2007 年版。
28. 岑仲勉：《两周文史论丛》，中华书局 2004 年版。
29. 常征：《古燕国史探微》，聊城地区新闻出版局 1992 年版。
30. 晁福林：《春秋战国的社会变迁》，商务印书馆 2011 年版。
31. 陈伟：《包山楚简初探》，武汉大学出版社 1996 年版。
32. 陈伟．《燕说集》，商务印书馆 2011 年版。
33. 陈梦家：《西周年代考·六国纪年》，中华书局 2005 年版。
34. 陈长琦：《战国秦汉六朝史研究》，广东人民出版社 1997 年版。
35. 陈光汇编：《燕文化研究论文集》，中国社会科学出版社 1995 年版。
36. 陈连庆：《中国古代史研究——陈连庆教授学术论文集》，吉林文史出版社 1991 年版。
37. 陈平：《燕事纪事编年会按》，北京大学出版社 1995 年版。
38. 陈奇猷：《晚翠园论学杂著》，上海古籍出版社 2008 年版。
39. 陈瑞苗、陈国祥：《越国纪年新编》，宁波出版社 1999 年版。
40. 陈直：《史记新证》，中华书局 2006 年版。
41. 陈炜湛：《陈炜湛语言文字论集》，上海古籍出版社 2005 年版。
42. 崔恒升：《安徽出土金文订补》，黄山书社 1998 年版。
43. 董珊：《简帛文献考释论丛》，上海古籍出版社 2014 年版。
44. 董珊：《吴越题铭研究》，科学出版社 2014 年版。
45. 段连勤：《北狄族与中山国》，广西师范大学出版社 2007 年版。

46. 方诗铭：《中国历史纪年表》，《方诗铭文集》（第3卷），上海社会科学院出版社2010年版。
47. 高亨纂著，董治安整理：《古字通假会典》，齐鲁书社1988年版。
48. 高明：《高明论著选集》，科学出版社2001年版。
49. 高培华：《卜子夏考论》，社会科学文献出版社2012年版。
50. 高荣鸿：《上博楚简齐国史料研究》，（台北）花木兰文化出版社2010年版。
51. 顾颉刚：《顾颉刚读书笔记》（全11卷），中华书局2011年版。
52. 郭德维：《楚史·楚文化研究》，湖北人民出版社2013年版。
53. 郭克煜、梁方健、陈东、杨朝明：《鲁国史》，人民出版社1994年版。
54. 郭沫若：《诅楚文考释》，《郭沫若全集》（考古编·第9卷），科学出版社1982年版。
55. 郭沫若：《两周金文辞大系图录考释》，《郭沫若全集》（考古编·第8卷），科学出版社2002年版。
56. 郭沫若：《金文丛考》，《郭沫若全集》（考古编·第5卷），科学出版社2002年版。
57. 韩连琪：《先秦两汉史论丛》，齐鲁书社1986年版。
58. 韩兆琦：《史记选注汇评》，中州古籍出版社1990年版。
59. 何浩：《楚灭国研究》，武汉出版社1989年版。
60. 何琳仪：《安徽大学汉语言文字研究丛书·何琳仪卷》，安徽大学出版社2013年版。
61. 何琳仪：《〈战国文字通论〉（订补）》，江苏教育出版社2003年版。
62. 何艳杰、曹迎春、冯秀环、刘英：《鲜虞中山国史》，科学出版社2011年版。
63. 河北省博物馆编：《战国中山国史话》，地质出版社1997年版。
64. 胡文广等：《赵文化资料汇编及注释》，延边大学出版社2004年版。
65. 黄盛璋：《历史地理论集》，人民出版社1982年版。
66. 黄盛璋：《历史地理与考古论丛》，齐鲁书社1982年版。
67. 黄锡全：《古文字与古货币文集》，文物出版社2009年版。
68. 姜亮夫：《国学丛考》，浙江大学出版社2008年版。
69. 蒋礼鸿：《蒋礼鸿集》，浙江教育出版社2001年版。
70. 蒋天枢：《论学杂著》，中州古籍出版社1985年版。

71. 金景芳：《中国奴隶社会史》，上海人民出版社1983年版。
72. 逄富太：《卫国文化史考》，中州古籍出版社2013年版。
73. 李朝远：《青铜器学步集》，文物出版社2007年版。
74. 李家浩：《安徽大学汉语言文字研究丛书·李家浩卷》，安徽大学出版社2013年版。
75. 李家浩：《著名中年语言学家自选集·李家浩卷》，安徽教育出版社2002年版。
76. 李零：《待兔轩文存（读史卷）》，广西师范大学出版社2011年版。
77. 李零：《中国方术续考》，中华书局2006年版。
78. 李孟存、常金仓：《晋国史纲要》，山西人民出版社1988年版。
79. 李孟存、李尚师：《晋国史》（第2版），三晋出版社2015年版。
80. 李尚师：《晋国通史》，山西人民出版社2014年版。
81. 李天虹：《楚国铜器与竹简文字研究》，湖北教育出版社2012年版。
82. 李学勤：《初识清华简》，中西书局2013年版。
83. 李学勤：《三代文明研究》，商务印书馆2011年版。
84. 李学勤：《通向文明之路》，商务印书馆2010年版。
85. 李学勤：《文物中的古文明》，商务印书馆2008年版。
86. 李学勤：《夏商周年代学札记》，辽宁大学出版社1999年版。
87. 李学勤：《中国古代文明研究》，华东师范大学出版社2005年版。
88. 李玉洁：《楚国史》，河南大学出版社2002年版。
89. 李玉洁：《齐国史》，新华出版社2007年版。
90. 李元庆：《三晋古文化源流》，山西古籍出版社1997年版。
91. 林剑鸣：《秦汉史》，上海人民出版社2003年版。
92. 林剑鸣：《秦史稿》，上海人民出版社1981年版。
93. 林天人：《战国时代泗上十二诸侯考》，（台北）花木兰文化出版社2009年版。
94. 刘节：《古史考存》，人民出版社1958年版。
95. 刘顺安：《战国魏都大梁》，光明日报出版社2006年版。
96. 刘信芳：《楚系简帛释例》，安徽大学出版社2011年版。
97. 罗艳春、姚果源选编：《姚名达文存》，江苏人民出版社2012年版。
98. 罗运环：《出土文献与楚史研究》，商务印书馆2011年版。
99. 罗运环：《楚国八百年》，武汉大学出版社1992年版。

100. 马承源：《中国青铜器研究》，上海古籍出版社 2002 年版。
101. 马非百：《秦集史》，中华书局 1982 年版。
102. 马世之：《中原古国历史与文化》，大象出版社 1998 年版。
103. 蒙文通：《巴蜀古史论述》，四川人民出版社 1981 年版。
104. 蒙文通：《越史丛考》，人民出版社 1983 年版。
105. 蒙文通：《周秦少数民族研究》，《蒙文通文集》（第 2 卷——古族甄微），巴蜀书社 1993 年版。
106. 孟文镛：《越国史稿》，中国社会科学出版社 2010 年版。
107. 缪文远：《战国史系年辑证》，巴蜀书社 1997 年版。
108. 缪文远：《战国策考辨》，中华书局 1984 年版。
109. 聂凤峻、王洪军、高善东：《邾鲁春秋》，齐鲁书社 1993 年版。
110. 牛武成：《春秋百国探微》，中州古籍出版社 1991 年版。
111. 彭华：《燕国史稿》（修订本），（台北）花木兰文化出版社 2013 年版。
112. ［日］平势隆郎：《新编史记东周年表》，东京大学出版会 1995 年版。
113. 钱穆：《先秦诸子系年（外一种）》，河北教育出版社 2002 年版。
114. 容庚、张维持：《殷周青铜器通论》，文物出版社 1984 年版。
115. 沈长云、魏建震、白国红、张怀通、石延博：《赵国史稿》，中华书局 2000 年版。
116. 石井宏名：《东周王朝研究》，中央民族大学出版社 1999 年版。
117. 宋华强：《新蔡葛陵楚简初探》，武汉大学出版社 2010 年版。
118. 宋治民：《宋治民考古文集》，科学出版社 2004 年版。
119. 苏辉：《秦三晋纪年兵器研究》，上海古籍出版社 2013 年版。
120. 孙常叙：《孙常叙古文字学论集》，上海古籍出版社 2016 年版。
121. 孙敬明：《考古发现与齐史类征》，齐鲁书社 2006 年版。
122. 孙作云：《孙作云文集》（第 1 卷），河南大学出版社 2003 年版。
123. 汤余惠：《战国铭文选》，吉林大学出版社 1993 年版。
124. 田余庆：《秦汉魏晋史探微》（重订本），中华书局 2004 年版。
125. 童书业：《春秋左传研究》，《童书业著作集》（第 1 卷），中华书局 2008 年版。
126. 王采枚辑：《先秦时期燕史资料》，紫禁城出版社 1989 年版。
127. 王彩梅：《燕国简史》，紫禁城出版社 2001 年版。

128. 王阁森、唐致卿主编：《齐国史》，山东人民出版社 1992 年版。
129. 王辉、王伟：《秦出土文献编年订补》，三秦出版社 2014 年版。
130. 王人聪：《古玺印与古文字论集》，香港中文大学文物馆 2000 年版。
131. 王颖：《中山国史话》，中国戏剧出版社 2000 年版。
132. 王云度：《秦汉史编年》凤凰出版社 2011 年版。
133. 王云度：《秦史编年》，陕西人民出版社 1986 年版。
134. 王仲孚：《中国上古史专题研究》，（台北）五南图书出版有限公司 1996 年版。
135. 夏含夷：《古史异观》，上海古籍出版社 2005 年版。
136. 辛德勇：《旧史舆地文录》，北京大学出版社 2013 年版。
137. 徐鸿修：《先秦史研究》，山东大学出版社 2002 年版。
138. 徐少华：《荆楚历史地理与考古探研》，商务印书馆 2011 年版。
139. 徐显之：《楚事编年辨》，学苑出版社 2009 年版。
140. 徐中舒：《徐中舒历史论文选辑》，中华书局 1998 年版。
141. 严耕望：《严耕望史学论文集》，上海古籍出版社 2009 年版。
142. 杨宽：《杨宽古史论文选集》，上海人民出版社 2003 年版。
143. 杨宽：《战国史》（增订本），上海人民出版社 2003 年版。
144. 杨宽：《战国史》（第 2 版），上海人民出版社 1980 年版。
145. 杨宽：《战国史料编年辑证》，上海人民出版社 2001 年版。
146. 雍际春：《天水放马滩木板地图研究》，甘肃人民出版社 2002 年版。
147. 曾宪通：《古文字与出土文献丛考》，中山大学出版社 2005 年版。
148. 张光明：《齐文化的考古发现与研究》，齐鲁书社 2004 年版。
149. 张光裕：《伪作先秦彝器铭文疏要》，香港书局 1974 年版，收入刘庆柱、段志洪、冯时主编《金文文献集成》（第 41 册），线装书局 2005 年版。
150. 张午时、冯志刚：《赵国史》，河北人民出版社 1996 年版。
151. 张政烺：《甲骨金文与商周史研究》，中华书局 2012 年版。
152. 张政烺著，朱凤瀚等整理：《张政烺批注两周金文辞大系考释》，中华书局 2011 年版。
153. 赵平安：《隶变研究》，河北大学出版社 2008 年版。
154. 赵平安：《金文释读与文明探索》，上海古籍出版社 2011 年版。
155. 赵瑞民、韩炳华：《晋系青铜器研究》，山西人民出版社 2005 年版。

156. 郑昌琳：《楚国史编年辑注》，湖北人民出版社 1999 年版。
157. 郑德坤：《四川古代文化史》，巴蜀书社 2004 年版。
158. 周集云：《巴族史探微》，四川省社会科学院出版社 1989 年版。
159. 朱凤瀚、徐勇：《先秦史研究概要》，天津教育出版社 1996 年版。
160. 朱萍：《楚文化的西渐—楚国经营西部的考古学观察》，巴蜀书社 2010 年版。
161. 朱希祖：《汲冢书考》，中华书局 1960 年版。
162. 朱晓雪：《包山楚简综述》，福建人民出版社 2013 年版。
163. 邹芙都：《楚系铭文综合研究》，巴蜀书社 2007 年版。
164. ［日］佐竹靖彦：《佐竹靖彦史学论集》，中华书局 2006 年版。

四　今人学术论文

1. ［法］马司帛洛撰：《战国时田齐世系年代考》，冯承钧译，《北平图书馆馆刊》1934 年第 1 期。
2. ［日］武内义雄著：《六国表订误及其商榷》，王古鲁译，《金陵学报》第 1 卷第 2 期，1931 年。又［日］武内义雄著：《六国表订误及其商榷》（外二种），王古鲁译，山西人民出版社 2015 年版。
3. 白九江：《巴文化西播与楚文化西渐》，《重庆社会科学》2009 年第 10 期。
4. 曹锦炎：《新出鸟虫书越王兵器考》，中国古文字研究会等编：《古文字研究》（第 24 辑），中华书局 2002 年版，第 240 页。
5. 曹锦炎：《新见越王兵器及其相关问题》，《文物》2000 年第 1 期。
6. 常征：《〈史记〉燕事抉误》，《北京社会科学》1991 年第 1 期。
7. 晁福林：《读〈庄子·让王〉——并论"越人三世弑君"问题》，《浙江社会科学》2002 年第 2 期。
8. 晁福林：《梁惠王后元年数考》，《史学月刊》2005 年第 5 期。
9. 晁福林：《试论赵简子卒年与相关历史问题》，《河北学刊》2001 年第 1 期。
10. 陈东：《战国时期鲁史钩沉》，《齐鲁学刊》1990 年第 4 期。
11. 陈东：《战国时期鲁史系年》，《齐鲁学刊》1994 年第 2 期。
12. 陈美东：《〈史记〉西周共和以后及东周年表初探》，《自然科学史研究》2001年第3期。

13. 陈平:《试论战国型秦兵的年代及有关问题》,《中国考古学研究论集》编委会编:《中国考古学研究论集》,三秦出版社1987年版。
14. 陈伟:《〈诅楚文〉时代新证》,《江汉考古》1988年第3期。
15. 陈振裕:《楚灭越的年代问题》,《江汉论坛》1980年第5期。
16. 丁骕:《魏安厘王廿五年的闰》,《中国文字》(新11期),(台北)艺文印书馆1986年版。
17. 董珊、陈剑:《郾王职壶铭文研究》,北京大学中国古文献研究中心编:《北京大学中国古文献研究中心集刊》(第3辑),北京大学出版社2002年版。
18. 董珊:《二年主父戈与王何立事戈考》,《文物》2004年第8期。
19. 董珊:《中山国题铭考释拾遗三则》,北京大学中国古文献研究中心编:《北京大学中国古文献研究中心集刊》(第4辑),北京大学出版社2004年版。
20. 杜呈祥:《史记六国表订误》,天津《益世报》《读书周刊》12期,1935年8月22日。
21. 杜勇:《莒国亡年辨》,《管子学刊》2010年第3期。
22. 方志军、夏良明、蒋颖、李洪斌、钟治:《重庆忠县崖脚楚墓2000年发掘简报》,《四川文物》2009年第1期。
23. 房郑:《曾姬无恤壶的铭文集释》,《淮南师范学院学报》2014年第1期。
24. 冯胜君:《战国燕王戈研究》,载饶宗颐主编:《华学》(第3辑),紫禁城出版社1998年版。
25. 冯小红:《由清华简〈系年〉所见赵襄子至赵献侯世系新说》,《邯郸学院学报》2014年第4期。
26. 关守义、罗见今:《〈史记·六国年表〉秦王纪年六问》,黄留珠、魏全瑞主编:《周秦汉唐文化研究》(第4集),三秦出版社2006年版。
27. 郭子直:《战国秦封宗邑瓦书铭文新释》,中国古文字研究会等编:《古文字研究》(第14辑),中华书局1986年版。
28. 韩自强、刘海洋:《首见燕王哙铭文兵器》,中国古文字研究会等编:《古文字研究》(第28辑),中华书局2010年版。
29. 郝良真:《赵国王陵及其出土青铜马的若干问题探微》,《文物春秋》

2003 年第 3 期。

30. 何浩：《〈史记〉楚表校误》，《求索》1983 年第 2 期。

31. 何浩：《越国史中的三个问题》，《中南民族学院学报》（哲学社会科学版）1988 年第 4 期。

32. 何浩：《周初的监国制与战国时的楚监巴》，《历史知识》1989 年第 6 期。

33. 何浩：《司马子期的国别与"楚伐中山"的真伪——兼与天平、王晋同志商榷》，《河北学刊》1990 年第 6 期。

34. 河北省文管处等：《河北邯郸赵王陵》，《考古》1982 年第 6 期。

35. 河南省文物考古所：《河南新郑胡庄韩王陵考古发现概述》，《华夏考古》2009 年第 3 期。

36. 侯乃峰：《秦骃祷病玉版铭文集解》，《文博》2005 年第 6 期。

37. 侯廷生：《百年来的赵文化研究》，侯廷生、刘东光主编：《赵文化论集》，崇文书局 2006 年版。

38. 侯廷生：《赵简子卒年及相关问题——澄清对〈左传·哀公二十年〉"使楚隆问吴"的重大误解》，《邯郸师专学报》2000 年第 1 期。

39. 胡平生：《阜阳汉简〈年表〉整理札记》，文物研究编辑部编：《文物研究》（第 7 期），黄山书社 1991 年版。

40. 胡顺利：《关于秦国杜虎符的铸造年代》，《文物》1983 年第 8 期。

41. 胡运宏：《勾践之后的越楚关系及越国历史考辨》，《绍兴文理学院学报》（社会科学版）2005 年第 3 期。

42. 黄尚明：《楚文化的西渐历程——兼论楚文化的"峡区类型"》，《华中师范大学学报》（人文社会科学版）2004 年第 6 期。

43. 黄盛璋：《三晋铜器的国别、年代与相关制度》，中国古文字研究会等编：《古文字研究》（第 17 辑），中华书局 1989 年版。

44. 黄盛璋：《战国燕国铜器铭刻新考》，《内蒙古师范大学学报》（社会科学版）1983 年第 3 期。

45. ［日］吉本道雅：《〈史记〉战国纪年考》，《立命馆文学》1998 年第 9 期。

46. ［日］吉本道雅：《清华简〈系年〉考》，《京都大学文学部研究纪要》第 52 号。

47. 江章华：《渝东地区商周时期考古学文化研究》，《考古学报》2007 年第 4 期。

48. 解恒谦：《春秋战国分野年代述论》，《辽宁大学学报》1984 年第 1 期。
49. 孔令远：《越王州句戈铭文考释》，《考古》2010 年第 8 期。
50. 劳干：《战国七雄及其他小国》，中华书局编辑部编：《中研院历史语言研究所集刊论文类编》（历史编·先秦卷），中华书局 2009 年版。
51. 李家浩：《〈越王差邻戈〉铭文新研》，李宗焜主编：《第四届国际汉学会议论文集——出土材料与新视野》，（台北）"中央研究院"2013 年版。
52. 李开元：《末代楚王史迹钩沉——补〈史记·昌平君列传〉》，《史学集刊》2010 年第 1 期。
53. 李零：《再说溥沱——赵惠文王迁中山王于肤施考》，《中华文史论丛》2008 年第 4 期。
54. 李孟楚：《楚怀王年表》，《安徽大学月刊》1933 年第 1 卷第 1 期。
55. 李孟存：《略论春秋与战国的年代界限》，《山西师范大学学报》1987 年第 1 期。
56. 李明斌：《论四川盆地的秦人墓》，《南方文物》2006 年第 3 期。
57. 李锐：《〈庄子·胠箧〉之"十二世有齐国"补论》，陈致主编：《简帛·经典·古史》，上海古籍出版社 2013 年版。
58. 李锐：《由清华简〈系年〉谈战国初楚史年代的问题》，《史学史研究》2013 年第 2 期。
59. 李三：《内蒙古准格尔旗出土一件上郡青铜戈》，《文物》1982 年第 11 期。
60. 李伟泰：《试析〈三代世表〉及〈六国年表序〉的疑义》，载徐卫民等主编：《司马迁与史记论集》（第 5 辑），陕西人民出版社 2002 年版。
61. 李学勤：《战国器物标年》，《历史学习》1956 年第 2 期，收录于刘庆柱、段志洪、冯时主编：《金文文献集成》（第 39 册），线装书局 2005 年版。
62. 李学勤：《从郭店简〈语从四〉看〈庄子·胠箧〉》，陈伟主编：《简帛》（第 1 辑），上海古籍出版社 2006 年版。
63. 李学勤：《关于楚灭越的年代》，《江汉论坛》1985 年第 7 期。
64. 李学勤：《包山楚简"鄩"即巴国说》，《四川师范大学学报》（社会科学版）2006 年第 6 期。

65. 李学勤：《论一件中山国有铭铜戈》，李宗焜主编：《古文字与古代史》（第2辑），中研院史语所2009年版。
66. 连劭名：《秦惠文王祷祠华山玉简文研究》，《中国历史博物馆馆刊》2001年第1期。
67. 梁立勇：《读〈系年〉札记》，《深圳大学学报》2012年第3期。
68. 林清源：《战国燕王戈器铭特征及其定名辨伪问题》，《中央研究院历史语言研究所集刊》（第70本第1分册），"中央研究院"历史语言研究所1999年版。
69. 林清源：《〈殷周金文集成〉新收战国秦戈考释》，吉林大学古文字研究室编：《于省吾教授百年诞辰纪念文集》，吉林大学出版社1996年版。
70. 刘绪：《晋与晋文化的年代问题》，《文物季刊》1993年第4期。
71. 刘勤：《〈史记·秦本纪〉与年表矛盾之处及校勘》，《渭南师范学院学报》2008年第4期。
72. 刘翔：《楚灭越时间再考》，《浙江学刊》1994年第2期。
73. 刘亦冰：《越国后期历史述要》，《绍兴文理学院学报》2001年第4期。
74. 刘亦冰：《越王世系考辨》，《绍兴文理学院学报》2001年第6期。
75. 刘余力：《王二年相邦义戈铭考》，《文物》2012年第8期。
76. 刘昀华：《中山王䝨鼎"至于今"的句读》，《文物春秋》2000年第4期。
77. 罗振玉：《〈史记·燕世家〉书后》，《罗振玉学术论著集》（第十集），上海古籍出版社2010年版。
78. 马非百：《云梦秦简大事记集传》，载中国历史文献研究会编《中国历史文献研究集刊》（第2集），湖南人民出版社1981年版。
79. 马非百：《云梦秦简中所见的历史新证举例》，《郑州大学学报》1978年第2期。
80. 马非百：《关于杜虎符之铸造年代》，《文物》1982年第11期。
81. 马培棠：《巴蜀归秦考》，《禹贡》1934年第2卷第2期。
82. 马卫东：《清华简〈系年〉三晋伐齐考》，《晋阳学刊》2014年第1期。
83. 马卫东：《清华简〈系年〉项子牛之祸考》，《华夏文化论坛》2013年第1期。

84. 马雍：《帛书〈战国纵横家书〉各章的年代和历史背景》，《文物》1975 年第 4 期。

85. 马雍：《读云梦秦简〈编年记〉书后》，载《西域史地文物丛考》，文物出版社 1990 年版。

86. 孟蓬生：《越王差徐戈铭文补释》，载臧克和主编《中国文字研究》（第 12 辑），大象出版社 2009 年版。

87. 宁登国：《〈左传〉记事终止时间辨正》，《古籍整理研究学刊》2006 年第 1 期。

88. 牛鸿恩：《"弑君三十六，亡国五十二"考实——兼驳"孔子所作〈春秋〉非'经'而是'传'说"》，《聊城大学学报》（社会科学版）2003 年第 5 期。

89. 潘光晟：《史记十二诸侯年表、六国表考异》（上），《中华学苑》1989 年第 39 期。

90. 潘光晟：《史记十二诸侯年表、六国表考异》（下），《中华学苑》1990 年第 40 期。

91. ［日］平势隆郎：《关于我近年对古代纪年的研究》，载北京大学震旦古代文明研究中心编《古代文明研究通讯》（第 3 辑），北京大学古代文明研究中心 2000 年版。

92. ［日］平势隆郎：《历法与称元法》，载［日］佐竹靖彦主编《殷周秦汉史学的基本问题》，中华书局 2008 年版。

93. 彭裕商：《越王差徐戈铭文释读》，《考古》2012 年第 12 期。

94. 钱公麟：《春秋时代吴大城位置新考》，《东南文化》1989 年第 4、5 期。

95. 秦进才：《赵国历史文化研究论著目录》（1987—2001），《邯郸师专学报》2004 年第 2 期。

96. 曲英杰：《周代燕国考》，《历史研究》1996 年第 5 期。

97. 曲英杰：《周代燕君世系考辨》，《史林》1996 年第 4 期。

98. 陕西省考古研究院：《陕西长安神禾塬战国秦陵园遗址田野考古新收获》，《考古与文物》2008 年第 5 期。

99. 尚志儒：《关于楚灭越之时间问题》，《求是学刊》1982 年第 6 期。

100. 尚志儒：《试论平山三器的铸造年代及中山王䜭的在位时间——兼与段连勤同志商榷》，《河北学刊》1985 年第 6 期。

101. 申茂盛：《西安北郊香客林小镇出土"十九年相邦瘠戈"考释》，《文博》2012 年第 6 期。

102. 沈融：《燕兵器铭文格式、内容及相关问题》，《考古与文物》1994 年第 3 期。

103. 石永士：《鄾王铜兵器研究》，载中国考古学会编《中国考古学会第四次年会论文集》，文物出版社 1985 年版。

104. 史党社、田静：《郭沫若〈诅楚文〉考释订补》，《文博》1998 年第 3 期。

105. 宋华强：《放马滩秦简〈邸丞谒御史书〉释读札记》，载中国文化遗产研究院编《出土文献研究》（第 10 辑），中华书局 2011 年版。

106. 苏辉：《韩兵宜阳四器和十一年少曲慎戈的特殊辞例新研究——兼论〈竹书纪年〉一条史料的解读》，"出土文献与中国古代文明研究"研讨会论文集。

107. 孙华、沈仲常：《楚国灭巴考》，《贵州社会科学》1984 年第 6 期。

108. 汤志彪：《鄾王职壶"宅几卅"考》，载《考古与文物》编委会编《考古与文物》2005 年增刊。

109. 唐兰：《司马迁所没有见过的珍贵史料—长沙马王堆帛书〈战国纵横家书〉》，载马王堆汉墓帛书整理小组编《战国纵横家书》，文物出版社 1976 年版。

110. 唐兰：《石鼓年代考》，《故宫博物院院刊》1958 年第 1 期，《序兰合集》（第四册），上海古籍出版社 2015 年版。

111. 田敏：《楚国灭巴考》，《贵州民族研究》1997 年第 1 期。

112. 天平、洪昌：《先秦中山国史研究之回顾》，《河北学刊》1987 年第 2 期。

113. 天平等：《试论楚伐中山与司马子期》，《河北学刊》1988 年第 1 期。

114. 田卫平、崔向东：《十年来赵国历史文化研究之回顾》，《中国史研究动态》1994 年第 3 期。

115. 田卫平、王晋：《中山武公新论》，《历史研究》1992 年第 2 期。

116. 田卫平：《关于魏灭中山若干史实的辨证》，《河北学刊》1996 年第 6 期。

117. 王爱华：《秦孝文王享国时间小考》，《咸阳师范学院学报》2005 年第 3 期。

118. 王博文：《甘肃镇原县富坪出土秦二十六年铜诏版》，《考古》2005 年第 12 期。
119. 王蕳：《以帛书〈战国纵横家书〉对三晋史的若干订正》，《文物世界》1990 年第 1 期。
120. 王红亮：《清华简〈系年〉中的䙴羌钟相关史实发覆》，《古代文明》2013 年第 7 期。
121. 王晖：《秦惠文王行年问题与先秦冠礼年龄的演变》，秦始皇兵马俑博物馆《论丛》编委会编：《秦文化论丛》（第 2 辑），西北大学出版社 1993 年版。
122. 王辉、萧春源：《珍秦斋藏秦铜器铭文选释》（八篇），《故宫博物院院刊》2006 年第 2 期。
123. 王辉：《秦曾孙胭告华大山明神文考释》，《考古学报》2001 年第 2 期。
124. 王胜利：《战国楚年辩证》，《江汉考古》1988 年第 2 期。
125. 王煜：《巴地氏族制在秦汉及其以后时期的遗存》，《重庆社会科学》2008 年第 10 期。
126. 王政冬：《赵桓子年代考》，《中国史研究》2014 年第 4 期。
127. 魏慈德：《清华简〈系年〉与〈左传〉中的楚史异同》，（台湾）《东华汉学》（第 17 期）。
128. 魏建震：《"王何立事"戈铭文及其相关问题》，《中原文物》2005 年第 6 期。
129. 吴良宝：《战国韩魏铭文考释》，《安徽大学学报》（哲学社会科学版）2009 年第 4 期。
130. 吴良宝、张丽娜：《战国中期魏国兵器断代研究》，《安徽大学学报》（哲学社会科学版）2013 年第 1 期。
131. 吴镇烽、朱燕玲：《二十九年弩机考》，《考古与文物》2013 年第 1 期。
132. 吴振武：《释平山战国中山王墓器物铭文中的"䤼"和"私库"》，《史学集刊》1982 年第 3 期。
133. 伍仕谦：《读秦本纪札记》，《四川大学学报》1981 年第 2 期。
134. 辛德勇：《云梦睡虎地秦人简牍与李信、王翦南灭荆楚的地理进程》，载李学勤主编：《出土文献》（第 5 辑），中西书局 2014 年版。

135. 辛土成：《越王勾践世系问题试考》，《民族研究》1988 年第 1 期。
136. 熊传新：《湖南发现的古代巴人遗物》，载文物编辑委员会编《文物资料丛刊》（第 7 辑），文物出版社 1987 年版。
137. 徐海斌：《"中山侯钺"器名小考》，《南方文物》2008 年第 1 期。
138. 徐海斌：《先秦中山国史研究综述》，《井冈山大学学报》（社会科学版）2010 年第 1 期。
139. 徐少华、李海勇：《从出土文献析楚秦洞庭、黔中、苍梧诸郡县的建置与地望》，《考古》2005 年第 11 期。
140. 徐文珊：《史记刊误举例》，载北平研究院史学集刊编辑委员会编《史学集刊》（第 1 辑），北平研究院史学研究所 1936 年版。
141. 徐勇：《魏惠王的纪年质疑》，《史学月刊》1986 年第 3 期。
142. 徐昭峰：《西周东周概念辨析》，《历史教学问题》2014 年第 1 期。
143. 阎鸿中：《史记秦楚之际月表论考》，《台大历史学报》1999 年第 23 期。
144. 严宾：《秦国纪年考实》，《安徽大学学报》（哲学社会科学版）1986 年第 2 期。
145. 严宾：《再考秦始皇统一中国的年代问题》，《河北学刊》1998 年第 5 期。
146. 严宾：《关于秦始皇统一中国的年代问题》，《文史哲》1991 年第 5 期。
147. 杨博：《先秦中山国史研究概要》，《高校社科动态》2009 年第 4 期。
148. 杨光华：《楚国设置巴郡考》，《中国历史地理论丛》2007 年第 4 期。
149. 杨善群：《楚未灭越考辨》，《史林》1986 年第 1 期。
150. 姚曼波：《孔子作〈左传〉"蓝本"的史实否定不了——再驳牛鸿恩之"驳议"》，《聊城大学学报》（社会科学版）2004 年第 3 期。
151. 叶文宪：《木渎春秋吴城遗址的发现及其意义》，《苏州铁道师范学院学报》（社会科学版）2002 年第 2 期。
152. 易铁夫：《〈史记〉三种秦世系年代之比较》，《责善半月刊》1940 年第 1 期。
153. 尹湘豪、赵树贵：《燕昭王到底是谁》，《晋阳学刊》1985 年第 5 期。
154. 于军、吴盘军：《新见燕下都陶尊及其铭文的初步研究》，《文物春秋》2011 年第 2 期。

155. 余志勇、宋冰：《战国起始年代辨析》，《宁夏社会科学》1999年第3期。
156. 袁青：《试论庄子后学对〈老子〉思想的改造——以〈胠箧〉为例》，《华北电力大学学报》（社会科学版）2013年第5期。
157. 张翀．《〈诅楚文〉真伪与版本问题新研》，载中国社会科学院历史研究所学刊编委会编《中国社会科学院历史研究所学刊》（第6辑），商务印书馆2010年版。
158. 张汉东：《秦孝文王在位三日辨》，《山东师范大学学报》（社会科学版）1994年第4期。
159. 张亚初：《燕国青铜器铭文研究》，载中国社会科学院考古研究所编《中国考古学论丛——中国社会科学院考古研究所建所40年纪念》，科学出版社1993年版。
160. 赵建朝：《赵王陵出土金牌饰小考》，《文物春秋》2004年第1期。
161. 钟凤年：《论秦举巴蜀之年代》，《禹贡》1935年第4卷第3期。
162. 中国社会科学院考古研究所、苏州市考古研究所苏州古城联合考古队：《江苏苏州市木渎春秋城址》，《考古》2011年第7期。
163. 周凤五：《〈秦惠文王祷祠华山玉版〉新探》，《中央研究院历史语言研究所集刊》（第72本第1分册），"中央研究院"历史语言研究所2001年版。
164. 周书灿：《楚怀王灭越置江东郡说质疑》，《中国历史地理论丛》2010年第3期。
165. 周书灿：《战国时期楚国置郡问题三论》，《贵州师范大学学报》（社会科学版）2010年第3期。
166. 周亚：《越王剑铭与越王世系——兼论越王丌北古剑和越王不光剑的断代问题》，载李宗焜主编《古文字与古代史》（第2辑），（台北）"中央研究院"历史语言研究所2009年版。
167. 周振鹤：《评日本学者平势隆郎所著〈新编史记东周年表〉》，《中国史研究动态》1996年第5期。
168. 朱圣钟：《论秦巴郡政区的形成》，《铜仁学院学报》2010年第1期。
169. 庄大钧：《战国宋末世三君考》，《齐鲁学刊》1991年第3期。

五　学位论文

1. 董珊：《战国题铭与工官制度》，北京大学博士学位论文，2002年。
2. 洪德荣：《先秦符节研究》，（台湾）东华大学硕士学位论文，2011年。
3. 赖怡璇：《〈楚地出土战国简册（十四种）〉校订》，（台湾）中兴大学硕士学位论文，2011年。
4. 苗永立：《周代宋国史研究》，吉林大学博士学位论文，2008年。
5. 苏建洲：《燕系文字研究》，台湾师范大学硕士学位论文，2001年。
6. 徐海斌：《先秦中山国史研究》，安徽大学博士学位论文，2008年。

六　网络论文

1. Bearn：《清华简〈系年〉第20章读后记》，"水木社区"，2012年8月12日，http：//www. newsmth. net/nForum/#! article/HistoryClub/14961。
2. 白光琦：《由清华简〈系年〉订正战国楚年》，"简帛网"，2012年3月26日，http：//www. bsm. org. cn/show_ article. php? id = 1659，收入《先秦年代续探》，首都师范大学出版社2016年版。
3. 陈民镇：《清华简〈楚居〉集释》，"复旦古文字网"，2011年9月23日，http：//www. gwz. fudan. edu. cn/SrcShow. asp? Src_ ID = 1663。
4. 高正：《"鲁穆公元年"问题考辨》，"confucius2000网"，2002年12月26日，http：//www. confucius2000. com/scholar/lmgynwtkb. htm。
5. 姜广辉：《再谈高正的治学态度和治学方法——兼谈"鲁穆公元年为公元前415年"一说之无疵》，"简帛研究网"，2003年6月2日，http：//www. confucius2000. com/scholar/ztgzxsdzxtdhzxffjtlmgyn. htm。
6. 梁涛：《历史年代真的错了吗？——与高正商榷》，"简帛研究网"，2003年6月2日，http：//www. bamboosilk. org/Xszm/Liangtao. htm。
7. 潘润：《从清华简〈系年〉看戴氏取宋的开始时间及其历史意义》，"confucius2000网"，2014年12月18日，http：//www. confucius2000. com/admin/list. asp? id = 6038。
8. 陶金：《由清华简〈系年〉谈洹子孟姜壶相关问题》，"复旦古文字网"，2012年2月14日，http：//www. gwz. fudan. edu. cn/SrcShow. asp? Src_

ID＝1785。
9. 王政冬：《由清华简〈系年〉订正赵国世系》，"复旦古文字网"，2014年4月3日，http：//www.gwz.fudan.edu.cn/SrcShow.asp？Src_ID＝2246。
10. 张颖、陈速：《秦未灭周辨——秦始皇实未完全统一中国说》，《人文杂志》1996年增刊，引自http：//blog.sina.com.cn/s/blog_4c3d3df70100dhjn.html。

索 引

B

白光琦　8，10，13，14，80，193，194，213，222—228，231，232，234—239，262，283，285，287
包山楚简　27，54，55，58，59，65
鲍炳中　82

C

蔡运章　18
曹锦炎　102，107，110，112，113，116，118
岑仲勉　6，7
常金仓　14，242，243
常征　20，21，201
晁福林　10，15，17，25，29，33，39，40，70，73，74，84，104，126，128，135，136，141，151，163，174，193，194，205，208，220，231，242，265，266，268，270，273，295，297
陈东　23，146，150，297，303
陈逢衡　8
陈光　20
陈国祥　25，104
陈家宁　10
陈剑　20
陈连庆　3
陈美东　11
陈梦家　3，8，12，15，29，33，73，74，80，84，87，101，104，128，129，135，141，163，176，193，194，196，205，206，223，242，252，266
陈平　20，21，99，193，194，199，201，218
陈伟　2，48，50，51，55，68，132，133，161，214，235
陈颖飞　150，166，229

D

董珊　8，17，20，96，97，102—104，108，110，112—119，121，126，128，144，148，149，180，196，197，208，215，218，220，222，227，228，280
杜预　2，7，86，89，105，121，178
段连勤　19，177，179，182—186，188

F

范祥雍　8，29，31，33，38，39，73，74，80，93，104—107，109，127，135，141，145，152，163，168，174，193—196，201，203，206，242，248，251—253，255，259，264，265，278，303

方诗铭　7，8，13，19，38，78，80，86—88，91—93，107，110，121，122，130，147，160，167，171，175，193，194，196，203，231，259

飞诺藏金　43，89

G

陔余丛考　22
高敏　8
高培华　82
高荣鸿　22
高善东　22
高正　23
高至喜　62
顾颉刚　4，5，7，12，15，17，19，20，22，25，38
顾炎武　2，24
郭克煜　23，297
郭沫若　4，65—71，155，197，232
郭人民　6

H

韩非子　24，98，131，132，173，189，213，258，272，289—292，310
韩连琪　8，162
韩兆琦　84
韩自强　208
汉书　34，46，89，119，173，198，263，299，300，304
郝良真　16
何浩　13，25，57，133，188
何琳仪　88，180，197，218
何艳杰　19，177—179，184，185，188
洪迈　81
洪颐煊　3，7，288
侯廷生　17，265，266，268—270
胡文广　16
华阳国志　55，56，59，61，62，65
淮南子　61，98，125，126，173，290
黄尚明　57，58
黄少荃　9，10
黄盛璋　8，16，20，98，197，211，216，218，220
黄式三　4，7，13，131
黄以周　13，131

J

吉本道雅　8，10，11，14，29，33，73，74，104，128，135，141，163，193，207，212，242，270，273，283，297
贾海生　10
翦伯赞　4
江章华　58
姜广辉　23
姜亮夫　65，70，71
蒋礼鸿　26

金景芳　4
金正炜　271

K

孔令远　110，112，113，116，118
逯富太　24
括地志　63，90

L

劳干　11
劳格　6
雷学淇　3，8，15，79，105，145，146，150，153，154，171，202，203
李朝远　20
李慈铭　11
李家浩　25，46，47，110，114—116，118，129
李零　45，46，177，179，185，189
李孟楚　13
李孟存　4，14，242，243
李锐　8，22，222，223，225，227，230
李三　52
李尚师　14，242
李天虹　237
李伟泰　7
李学勤　8，17，22，25，45—47，55，58，89，95，96，129，131，149—151，155，177，179，185，186，215，218，220，224，225，227，229，233，240，244—248，251，272，274，276，284，285，287，292

李玉洁　13，22
李元庆　15
连劭名　46
梁方健　23
梁立勇　222，225，226，276
梁涛　10，23
梁玉绳　7，21，31，41，172，191，200，201，204，213，225，250，264，268，285
林春溥　3，7
林剑鸣　12，13，29，31，33，61
林清源　20，52，220
林天人　22
刘宝才　10
刘海洋　208
刘节　232，233，238
刘蓬春　63，64
刘勤　12
刘顺安　15
刘坦　9，10
刘绪　4
刘亦冰　25，103，133
刘余力　43
鲁实先　9
路洪昌　182
路史　88，101，107—109
论衡　125
罗运环　13，299
罗振玉　20
吕氏春秋　24，40，42，46，76，81，119，125—127，148—152，173，178，190，263，294，303，332
吕世宏　81，82
吕苏生　19，177，178，181，182，185，187，188，192，213，271

· 355 ·

M

马承源　106，107
马非百　8，12，43
马培棠　60，61
马卫东　8，148，149，151
马雪芹　25
马雍　8
蒙文通　56，119，133，181
孟蓬生　110，112—118，120，229
孟文镛　25，102，120，133
苗永立　23
缪文远　6，10，29，73，74，104，135，141，163，188，193，194，205，207，212，223，266，271，283，297
墨子　187，286，291，293

N

聂凤峻　22

O

欧阳修　68，69

P

潘光晟　7
裴登峰　10
彭华　20，21，193，194
彭裕商　110，113—119
平势隆郎　10—12，16，24，29，33—35，39，40，42，47，48，51，73，74，135，140—143，160，161，163，164，176，193，212，214，215，222，223，234—239，242，270，273，278—281，283，287，297，305

Q

钱大昕　23，60
钱穆　2，3，8，14，15，23，24，28，29，32，37，41，73，74，79，80，82—85，87，104，119，128，131，135，141，152，153，155，160，163，165，167，171，174，193，194，205，208，225，226，242，253，265，266，268，270，273，283，285—289，293，294，297，299—303，305，306
谯周　7
秦进才　17，281
清华简《系年》　2，3，8，13—15，17，18，23—28，103，134，144，148，151，152，163，165，166，222，223，229，233，240，243，244，248，251，254，260，265，271—275，281，283，284，286，290，291，309，310
曲英杰　20

R

容斋随笔　81
阮芝生　11

S

尚志发　25，133
尚志儒　177，184，185
沈融　197，211，215，218，220
沈长云　16，18，105，265，266，273，277
沈仲长　56
石井宏名　11
石永士　180，197，211，215，218，220
史党社　66，67
世本　15，16，19，21，30，31，33，35，36，40，41，44，47，50，74—77，82，90—94，101，138，139，144，146，153，158，163—167，169，170，173，178—181，187，201，202，204，208，210，243，250，261，263，272，274，275，287，293，299
蜀中名胜记　56
水经注　63，108，119，122，145，150，170，171，173，175，206，252，254，255，262
睡虎地秦简《编年记》　2，8，48—51，161，162，214，235
说苑　85，97，98，178
司马彪　7，288
司马光　5，49，83，170，186
苏辉　18，43，52，88—90，96，97，175，176，280
苏建洲　20，148，248，249，276，292
苏时学　187，288
孙常叙　68，69
孙飞燕　249
孙华　56，57
孙继民　16
孙敬明　22
孙诒让　187，263，286，291
孙之騄　8
孙作云　71

T

太平寰宇记　56，190
太平御览　56
汤余惠　66，89
汤志彪　212
唐兰　65，71
唐致卿　22，142
陶金　8，222—227，233，284，292
藤田胜久　11
田静　66，67
田敏　56，59
田卫平　17，19

W

宛鹏飞　43，89
汪越　6
汪之昌　11
王柏　68
王采枚　20
王彩梅　20
王阁森　22，141，142
王古鲁　6
王国维　3，8，79，129，154，194，203，251，252，256，262
王洪军　22
王晖　12，45

王辉　43，46，52
王鸣盛　11
王青　23
王胜利　13，234
王素芳　180
王先谦　19，126，177，178，181，182，185—189，192，213，271
王修龄　7，8，13，19，38，78，80，86—88，91—93，107，110，121，122，130，147，160，167，171，175，196，203，231，259
王颖　19
王应麟　11，15，19，22
王煜　57
王元启　6
王云度　12，29，33
王仲孚　11
望山楚简　55，59，60，65，233
尾形勇　10
魏昌　13
魏慈德　8，249，252
魏翼龙　13
邬可晶　229
吴呈祥　6
吴良宝　43，95—97，99，100
吴奈夫　119
吴师道　271
吴越春秋　25，102，103，105，106，117，119—122，134
吴振武　110，112—114，116，118，180
伍仕谦　12
武内义雄　6

X

夏含夷　16，78，79，251，252，257，263
萧春源　43，51，52，96
解恒谦　4
新序　81，294
熊传新　56，62
徐海斌　19，180，181，188
徐鸿修　81，82
徐文靖　8，85
徐文珊　19，172
徐显之　13
徐勇　4，15，84
徐中舒　15，191，208

Y

阎若璩　50，85
晏子春秋　76
杨博　19
杨朝明　23
杨光华　63—65
杨宽　2，4，8，14，15，24，25，29，31—33，35，38，42，44，45，49，50，73，74，77，79，80，83—85，87，92，104，106，108，109，121，126—132，135，141，145，149，150，152—155，160，163，165，170，171，174，182，187，191—194，204，205，211，213，214，239，242，250，253，258，259，263，265—267，269，270，272，273，278，279，281，283，284，286，287，289，291，294，299，300，302，305，306
杨守敬　145，150

野间文史　10

叶文宪　123

叶志衡　10

于鬯　6

舆地纪胜　56，59

原宗子　10

越绝书　25，101—103，115，117，119—121，123，124，134，238，239

Z

曾宪通　46，47

战国策　2，6，9，10，56，61，63，98，122，132，133，149，159，172，178，179，185，187—192，208，209，211，258，271，281，293—295

战国纵横家书　2，3，8，15，61，132，294

张光明　22

张澎　41，47，91，158，170，263

张文虎　35

张午时　16，265

张颖　140

张震泽　211

张正明　13，65

张政烺　131，154，180

赵炳清　63，64

赵逵夫　10

赵平安　67，110，114—118

赵翼　22

珍秦斋　43，51—53，88，89，95，96，110，112—114，116

郑昌琳　13

钟凤年　60，61，271

周凤五　46

周谷城　4

周书灿　19，25，64，65，132，167

周亚　107，109

周运中　110，114，115，118

周振鹤　10

朱萍　57，58

朱圣钟　62

朱希祖　8，92

朱右曾　3，8，79，154，175，251，256，262

竹书纪年　2，3，7，8，11，13，15，16，18—21，25，28，31，37—40，66，68，70，71，73，78—80，83—88，90—94，101—110，119—122，126—128，130，131，134，143，145—148，150，152—161，166—175，193—196，198—207，211，225，228，231，241—243，248—265，277—279，284，290，291，303—305，309

庄大钧　24，283，285，296

资治通鉴　3，5，49，61，83，170，186，190，294

资治通鉴外纪　199

邹汉勋　6

诅楚文　27，65—72，309

左传　1，2，4，5，8，12，17，34，76，89，103，104，120—122，134，136—139，178，188，245，247—249，252，259，267—270，273，276，285，286

后　记

　　本书是在我的博士学位论文基础上修改而成的。我原计划是结合简牍等资料来探讨战国地方行政问题；在阅读文献的过程中，发现一些新出资料有助于对战国年代的探讨，与导师罗运环先生商量后，从而确定了这一选题，罗师并提出了很多具体的指导意见。在论文写作和答辩的过程中，也曾先后得到刘玉堂、万全文、徐少华、杨华、郑威、何有祖，及三位匿名评审专家、张锴生等先生的指点和帮助。河南大学李玉洁、涂白奎两位先生是我的硕士导师，一直以来，两位先生不仅关心着我的学业与工作，也曾对一些章节的撰写进行了指导。2015年8月，我从武汉大学历史学院毕业后，进入中国社会科学院历史研究所博士后流动站，在导师王震中先生的指导下，又继续对书稿加以修改，并蒙王震中、罗运环先生的鼓励和推荐，有幸入选"博士后文库"。同时，易德生先生翻译了本书的英文摘要。谨此一并致谢。

　　战国王年的探讨，还有一些重要问题，由于时间和篇幅的限制，书稿还未进行讨论，笔者因之感到惶恐和遗憾，但既有的文字往往只是所思考的一部分，学问之路也并非朝夕之功可成，一些问题只能俟诸来日了。现在这份习作即将面世，希望它能成为战国史研究园地的一朵小花，也恳请读者诸君不吝批评指正。

熊贤品

2016年9月11日于太原旅次

征稿函附件2：

第五批《中国社会科学博士后文库》专家推荐表1

推荐专家姓名	王震中	行政职务	中国社会科学院历史研究所副所长
研究专长	文明起源与先秦史	电话	
工作单位	中国社会科学院历史研究所	邮编	100732
推荐成果名称	《战国王年问题研究》		
成果作者姓名	熊贤品		

（对书稿的学术创新、理论价值、现实意义、政治理论倾向及是否达到出版水平等方面做出全面评价，并指出其缺点或不足）

　　作者是本人指导的博士后研究人员，书稿原型是其博士论文，已结合答辩意见等相关内容做了修改。战国年代问题的研究，出现了杨宽《战国史料编年辑证》、平势隆郎《新编史记东周年表》等重要成果，但囿于材料有限，相关研究尚存有问题，作者充分搜集相关材料，总结学界已有成果，系统评述并概括了近二十年来关于战国王年问题的研究概况，为学界的研究提供了便利；同时又结合新出清华简《系年》的材料，对战国诸王（及国君）年代问题进行了探讨，选题具有前沿性；从书稿中关于楚、赵、宋、卫诸国年代的探讨来看，作者均做出了独立思考，表现出一定创新性。此外，书稿中需要注意的部分，如关于战国国君即位是当年改元还是次年改元的问题，讨论尚不多，可以适当增加此部分内容。作者思想端正，学风严谨，综观本书稿，可以认为是当前关于战国年代问题研究的一部预流之作，具有一定学术价值，达到出版水平。

签字：王震中

2015年11月17日

说明：该推荐表由具有正高职称的同行专家填写。一旦推荐书稿入选《博士后文库》，推荐专家姓名及推荐意见将印入著作。

第五批《中国社会科学博士后文库》专家推荐表 2

推荐专家姓名	罗运环	行政职务	武汉大学中国地域文化研究所所长
研究专长	先秦两汉史、古文字学	电话	
工作单位	武汉大学历史学院	邮编	430072
推荐成果名称	《战国王年问题研究》		
成果作者姓名	熊贤品		

（对书稿的学术创新、理论价值、现实意义、政治理论倾向及是否达到出版水平等方面做出全面评价，并指出其缺点或不足）

　　作者是本人指导的博士生，其在博士生的学习过程中，确立了结合文字学与考古学的相关知识、依据出土文献从事东周历史研究的学术方向，书稿即是本阶段思考的一个初步成果。出土文献的大量发现，推动了先秦史研究的极大进展，作者选择结合清华简《系年》来探讨战国年代问题，表现出了一定的前沿性与创新性。作者充分搜集文献相关材料，总结海内外已有成果并进行评述与概括，便于学界参考；从书稿中关于楚、赵、宋、卫诸国年代的探讨来看，表现出一定创新性。此外，书稿中需要注意的部分，如关于战国曾国世系的探讨，似应当增入。作者政治正确，学风严谨，综观本书稿，具有一定创新性与前沿性，具有一定学术价值，达到出版水平。

签字：罗运环

2015 年 11 月 17 日

说明：该推荐表由具有正高职称的同行专家填写。一旦推荐书稿入选《博士后文库》，推荐专家姓名及推荐意见将印入著作。